上海大学出版社

城镇化视域下
城投债偿付风险之
法律研究

CHENGZHENHUA SHIYUXIA CHENGTOUZHAI CHANGFU FENGXIAN ZHI FALÜ YANJIU

李立新　等 著

图书在版编目(CIP)数据

城镇化视域下城投债偿付风险之法律研究 / 李立新著. —上海：上海大学出版社，2020. 12
ISBN 978 - 7 - 5671 - 3990 - 9

Ⅰ. ①城…　Ⅱ. ①李…　Ⅲ. ①地方财政—债务管理—债权法—研究—中国　Ⅳ. ①D923.34

中国版本图书馆 CIP 数据核字(2020)第 207130 号

责任编辑　陈　强
封面设计　倪天辰
技术编辑　金　鑫　钱宇坤

城镇化视域下城投债偿付风险之法律研究
李立新 等 著
上海大学出版社出版发行
(上海市上大路 99 号　邮政编码 200444)
(http://www.shupress.cn　发行热线 021 - 66135112)
出版人　戴骏豪
*
南京展望文化发展有限公司排版
江苏凤凰数码印务有限公司印刷　各地新华书店经销
开本 710mm×1000mm　1/16　印张 22.5　字数 391 千
2020 年 12 月第 1 版　2020 年 12 月第 1 次印刷
ISBN 978 - 7 - 5671 - 3990 - 9/D · 229　定价：68.00 元

CONTENTS

目录

下　编　城投债偿付风险的后期处置

政府融资进行规范，几乎可谓连下五道令牌：

第一道令牌是43号文——《国务院关于加强地方政府性债务管理的意见》(国发〔2014〕43号)。43号文的中心是横向画线，即把地方政府性债务和企业债务划清界限，对政府存量债务摸清底线，意在剥离地方融资平台的政府融资职能。它明确了政府债务不得通过企业举借，企业债务不得推给政府偿还，切实做到谁借谁还、风险自担，划清了地方政府债务界线，明确了政府和企业的责任。

第二道令牌是新预算法——《预算法》(2015年)与城投债关联的中心是纵向划线，它成为划分"新老城投"的分水岭。

第三道令牌是225号文——《财政部关于对地方政府债务实行限额管理的实施意见》(财预〔2015〕225号)。2015年末，地方政府融资再度受到监管重视，2015年12月颁布的225号文的中心是规定了城投债三年置换过渡期。

第四道令牌是88号文——《国务院办公厅关于印发地方政府性债务风险应急处置预案的通知》(国办函〔2016〕88号)。88号文的中心是对地方政府债务进行甄别分类。

第五道令牌是152号文——《地方政府性债务风险分类处置指南》(财预〔2016〕152号)。152号文的中心是提出了地方政府债务风险的具体处置指南。

从2014年的43号文，到2015年的225号文、2016年的88号文，再到2016年的152号文，频繁出台的监管政策，体现了中央对防控地方债务风险的坚决态度。在稳增长和防风险的博弈中，城投债的发行开始出现下滑。

从高层对地方政府债务的严格监管不难看出，其担忧的，正是债务到期之后的偿付风险，而城投债的偿付风险，正是其中最危险的一部分。长期以来，城投债因政府的隐性担保而受到市场的青睐，但随着国家对地方政府融资的规范化，城投公司将被逐渐剥离地方政府融资职能，隐性担保终将逐渐消失。虽然城投债总体风险可控，但局部风险仍需警惕。

基于城镇化建设的需要和居民财富增长之后对投资理财的需要，对金融理财项目的需求迅猛增长，未来城投债的发展潜力和空间依然存在，但从风险角度考虑，城投债的发展，必须加以引导和规范。从19号文(2010)→2881号文(2010)→43号文(2014)→《预算法》(2015)→225号文(2015)→88号文(2016)→152号文(2016)，可以清晰地看到以偿付风险为中心的城投债法律规制线。

(1) 19号文(2010年)和2881号文(2010年)。如前所述，2010年6月发布的《国务院关于加强地方政府融资平台公司管理有关问题的通知》(国发〔2010〕19号)，和2010年11月发布的《国家发展改革委办公厅关于进一步规范地方政府投融资平台公司发行债券行为有关问题的通知》(发改办财金

〔2010〕2881 号),是城投债进入平稳发展期后规范其发行的重要文件。

(2) 43 号文(2014),即《国务院关于加强地方政府性债务管理的意见》(国发〔2014〕43 号)。2014 年 10 月发布的 43 号文,重点在于划清政府存量债务界线,提出可以发行地方政府债券置换。43 号文首先对地方政府性债务存量进行甄别——对地方政府及其部门举借的债务,相应纳入一般债务和专项债务;对企事业单位举借的债务,凡属于政府应当偿还的债务,相应纳入一般债务和专项债务。对甄别后纳入预算管理的地方政府存量债务,各地区可申请发行地方政府债券置换。

(3)《预算法》(2015)。2015 年 1 月 1 日起施行的《新预算法》,进一步明确了此后地方融资平台发行的债务都不再是政府债务,限定了地方政府存量债务是 2015 年之前发行的、经过甄别属于政府债务的部分。

(4) 225 号文(2015),即《财政部关于对地方政府债务实行限额管理的实施意见》(财预〔2015〕225 号)。财政部明确,2015 年以来的城投债,不再属于地方政府融资债务,城投公司将逐步摆脱政府融资职能,实现向企业的转型。而对于 2015 年前城投公司的存量债务,225 号文指出将通过三年左右的过渡期,由省级财政部门在限额内安排发行地方政府债券置换。目前,城投债置换的最后期限已经临近,其置换亦必将加速,而未来,必将有更多的公募城投债案例出现。

(5) 88 号文(2016),即《国务院办公厅关于印发地方政府性债务风险应急处置预案的通知》(国办函〔2016〕88 号)。88 号文进一步明确了地方政府性债务的三种分类和置换方法。将 2014 年末地方政府性债务进行甄别认定,分为存量政府债务和存量或有债务,其中存量或有债务又分为存量担保债务和存量救助债务。其中只有存量政府债务可被置换,其余两类不属于政府债务。具体参见下图所示:

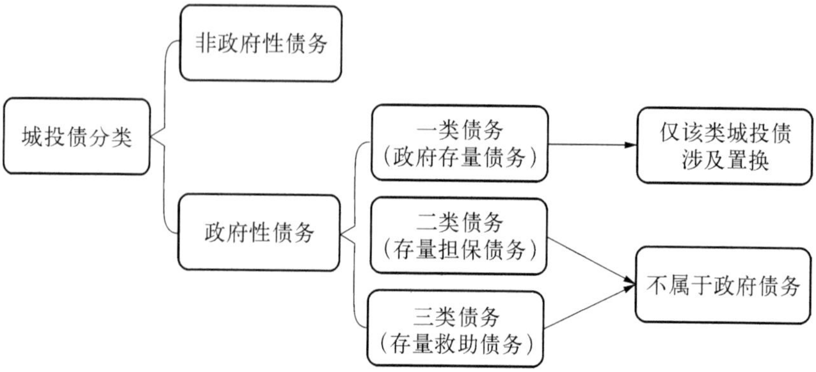

(6) 152号文(2016),即《地方政府性债务风险分类处置指南》(财预〔2016〕152号)。2016年11月颁布的《指南》在88号文的基础上,制定了更加细化的地方政府性债务处置规则。它将地方政府性债务严格分为六类:地方政府债券、银行贷款、BT类债务、企业债券类债务、信托类债务和个人借款类债务,其中企业债券类债务,也就是我们所说的城投债。《指南》规定,经地方政府同意,债务人可以通过召开债权人会议等方式,向债权人发出在规定期限内将企业债券类债务置换为地方政府债券、相应转移相关偿还义务的要约公告。凡债权人响应要约,同意按照国家有关存量地方政府债务依法转化为政府债券的要求,在规定期限内将相关债务置换为地方政府债券的,地方政府不得拒绝相关偿还义务转移。相关偿还义务转移给地方政府的,债务人应将政府前期注入支持债务人举债的补贴收入、资产或资产变现收入等返还给地方政府。尚有不足的,通过预算安排、资产处置等多种方式积极筹措资金偿还。经省级政府部门或市县级政府申请,省级政府在债券置换政策期限内,发行地方政府债券置换前述所列尚未偿还的企业债券类债务。因债权人不同意在规定期限内将相关债务依法置换成政府债券,导致合同义务无法转移的,仍由债务人依法承担偿债责任,相关债务对应的地方政府债务限额由中央统一收回。此外,针对存量救助债务,《指南》规定,对于水电气热等公用事业企业不能清偿的企业债券类债务本息,地方政府可以给予一定救助。具体救助金额由地方政府根据财政承受能力等确定。对其他企业原则上不予救助。因此,从事水电气热等公用事业的融资平台的城投债将相对更有保障。

纵观上述监管文件,城投债由于其背负的目的和发展的路径依赖,走的是一条被地方政府所拥所用、到和地方政府相分相离的道路。从你我不分到你是你、我是我,义务和责任逐渐明晰,对投资者而言,是一件好事。但是,怕就怕上有政策、下有对策,城投债依然通过或明或暗的办法和途径,和地方政府藕断丝连。

在课题组看来,城镇化视域下城投债的必要性毋庸置疑。城投债偿付风险的法律维度研究结论,首先是主体独立,即地方融资平台向企业转型成为真正独立的城投公司,唯有主体明确,偿付责任才能明确;其次是城投公司和城投债的资质信用必须提高,即发债的评级要过硬,对于各项增信措施,必须明确法律关系、明确义务和责任角度;再次是控规模、控期限、控用途。债务规模过大必然导致偿付风险在此不表,发债期限必须引起注意——长期债务由于项目战线过长及政府换届人员更迭等因素风险加大,应尽量发行还款期限较短的中期票据和短期融资券等;最后,公益性和准公益性项目的无盈利或低盈利性特征,必然需要政府的适度介入,未来,城投债向市政债的规范转化，或许是必然方向。

有一点需要补充说明的是，我国对城投债的监管法律法规政策，始终在变动；不变的逻辑是，抓住城投债发行的法律关系，抓住风险因子，明确法律责任。围绕这条主线，或许可以更加清晰地看明监管的目的和意图。

课题组的最终成果，即交付上海大学出版社出版的《城镇化视域下城投债偿付风险之法律研究》一书，上、中、下三编组成，即城投债融资法律问题研究、城投债融资所处的宏观市场环境——债券市场的创新改革与法治研究、城投债偿付风险的后期处置研究。

上编，是从城投债的发行环节，首先探究在我国现行地方政府投融资机制下地方政府发债与城投公司发债之间的关系；接着，具体研究城镇化建设中城投债融资法律问题；然后，更为具体地针对城投债发行中最为基本的担保增信问题，和地方政府隐性担保问题，寻找城投债发行环节的风险源。这部分是全书研究的基础——虽然城投债偿付风险是债券发行之后的后期问题，但其与地方政府融资机制及发行环节的发行人信用、发行人所采取的增信措施、地方政府是否为其提供隐性担保等密切关联，故而在上编中首先对此展开专题阐述。

中编，是从宏观层面，探究城投债发行所处的宏观债券市场的创新改革及其法治建设，对城投债偿付风险产生的影响。首先，从地方政府投资行为的法商二维宏观调控入手；其次探讨地方政府的隐性债务包袱如何去化，从而为城投债与地方政府债务的脱钩厘清界限；再者，从公司债券市场的创新发展与制度改良角度，为城投公司发行的城投债纳入公司债铺垫制度基础；最后，对目前政府祭出的通过债转股解决债务风险问题，基于市场风险和道德风险的角度，对债转股中诚信规则的建立与适用进行研究。城投债的偿付风险问题，并非其自身的单一问题，而是我国现行地方政府投融资机制下的系统性问题，也正因为如此，政府在债券市场的宏观制度创新与改革上做文章，力求从宏观层面上对此问题的解决贡献力量。为此，课题研究设置了第二个专题，专门针对宏观问题进行探讨。宏观层面的问题解决，对微观层面城投债偿付风险的化解至关重要。

下编，专门针对城投债偿付风险的后期处置问题进行研究。首先，在城镇化视域下对城市建设融资中城投债偿付问题，从法律的角度进行研究；接着，对市场上存在的通过公司并购等方式狸猫换太子式的偿付风险化解，提出要对城投公司逃废债行为进行商事立法规制；再者，对债券违约，必须树立违约是常态的市场理念，打破债市刚性兑付；而在债券真正违约之后，则要建立必要的后期风险处置机制，并建立和完善债券持有人利益的司法救济制度。这部分是全书的着力点，也是课题研究力求突破之处。毕竟，对于开放的市场而言，再怎么建起安全阀，城投债发行之后的违约是正常的市场表现，对此，必须要建立后期风险处置机制，有对债券持有人的利益救济机制，否则，缺少后门的保障，投资者便不敢轻易从前门进入城投债市场。

最后，感谢课题组的成员，尤其是跟着笔者一起钻研地方政府债务风险法律防控的几届研究生。他们是2011级民商法学研究生廖文娟、2012级民商法学研究生皇甫振宇和孔珊珊、2012级非法学研究生张凯以及2014级民商法学研究生陈献，他们积极参加课题研究，在笔者的指导下，分别担当了第一章《地方政府投融资机制改革背景下自主发债法律问题研究》（皇甫振宇）、第三章《我国城投债担保增信之法律问题研究》（孔珊珊）、第六章《论我国地方政府隐性债务的法治革新之道》（张凯）、第九章《城市建设融资中城投债偿付问题法律研究》（廖文娟）、第十二章《债券违约风险控制与后期处置法律问题研究》（陈献）等的专题研究。皇甫振宇还在研究生就读期间，和笔者一起合作撰写了第十章《城投公司逃废债行为的商事立法规制》。这批青年才俊，经过研究生阶段几年的学习和锻炼，从2014年开始陆续毕业走向社会，已经成为各行各业的业务骨干，多在国企、民营企业、外资企业担任法务经理或法务助理，涉及的领域有航空、金融期货、金融信息服务、新能源、商贸等，工作都非常出色。感谢他们的认真努力和倾心付出。和他们一起相处的日子，是那么的美好和令人怀念，而其璀璨的未来，更是值得期待。

未来有风险，未来有担当。如此而安好。

记于2017年末冬夜上大园

上编　城投债融资法律问题研究»

央出台了4万亿元的“一揽子经济刺激计划”，在地方政府筹措配套资金的过程中，更是使得地方融资平台的规模剧增。由于信息的不对称，形成了数额庞大的隐性债务，而且这些隐性债务大多是高风险性的，极易转化成银行的呆账坏账，与此同时，地方政府的负债规模居高不下，中国地方政府债务问题引起了社会的广泛关注和热烈讨论。从2011年开始，国务院批准广东、上海、浙江和深圳四个地方政府进行自发代还试点，到2014年的十省市的自发自还试点，这被认为是我国地方政府融资方式的一次重大突破，是地方政府从“自行发债”到“自主发债”道路上的一次重要尝试。因此，中央政府应充分考虑地方政府自主发行债券的现实必要性与可行性，放权地方政府发行地方公债来为地方公共基础建设项目筹集资金。所以，这对于如何全面认识并规范我国地方政府的债务，发展地方政府债券市场，降低其债务风险，并且有效控制和降低地方政府融资风险、规范地方债务管理，推动地方隐性债务管理朝阳光化、科学化方向发展都有很强的理论意义和现实意义。

目前学界对地方政府自主发债相关法律问题的研究，主要集中在如下四个方面：

第一，对发行地方政府债券主体的法律认定。从理论上来讲，地方政府发行债券主要有三种形式：一是由中央财政代发地方债，这一方式可看作是国债转贷的改良版。马洪范、肖娜等学者认为地方政府债券应由财政部以记账式国债发行方式代理发行，实行年度发行额管理，地方政府承担还本付息责任，支付发行费和还本付息等具体事务由财政部代办，所筹资金主要用于中央投资地方配套的及其他无法由社会投资来完成的公益性建设项目，不得安排用于经常性支出，目前我国发行地方债券采用的就是这一方式。二是地方政府通过成立隶属于政府的投融资平台融入资金，即通常所称的准地方政府债券。陈永福、李冬梅等学者认为地方政府授意一些与地方政府自身有密切关系，甚至本身就是政府下属的企业来发行债券（公司债券或者企业债券），由地方政府作后盾筹集资金用于市政建设，再由项目收益偿还债务。三是以地方政府为主体直接发债。学界以黄智正、宋英杰、郝雨时等学者为代表，目前热议且推崇的地方债券实际上就是指以地方政府为主体直接发债的形式。

第二，对我国地方政府自主发债的现实依据的论证。徐明亮（2007）指出我国已满足下列可行条件：丰富的国际经验可供借鉴、社会公众具备充分的应债能力、地方政府债券市场需求巨大、地方政府基本具备偿债能力、债券市场的监管制度和法制建设日趋完善。王朝才、邹治平（2005）认为地方公债能否顺利发行，取决于两个关键因素：一是社会公众是否具备充足的购债能力，二是地方政府是否具备足够的偿债能力。而乔新生(2006)认为,在没有明确划分中央政府与地方政府的财权事权的基础上,一旦允许地方政府发行债券,在缺乏地方人大有效监督的情况下,地方财政很可能会出现盲目扩张现象。罗云毅(2007)认为如果修改预算法,正式允许地方政府打赤字负债,则有可能对地方政府形成一个赤字有理、举债合法的强刺激,当管理措施跟不上时,很有可能诱发地方政府负债加速增长以至失控的局面。邢少文(2012)指出,之所以不允许地方发债,在于风险无法控制,即缺乏有效的监督和约束。

第三,对国外地方政府债券的借鉴和探讨。在中国有许多文献分析介绍了一些发达国家发展地方公债的经验教训,特别是美日两国发展地方债的经验做法。宋立(2005)认为,在具体的监管过程中,美国强调的是市场监管,而日本则强调中央对地方的行政监管方式。姜维壮、王倩(2009)主要介绍了日本中央政府的审批监管制度,即地方政府举债需经过中央政府的严格审批,符合条件以后才可举债,并指出美国和日本均十分重视细化风险控制指标。关于国外地方政府债券的借鉴和探讨,研究人员主要侧重分析国外的发债经验,然后直接得出我国地方政府发债政策建议。但是由于国家政治体制及经济发展程度的不同,因此,我国在设计地方政府发债模式时,应结合实际,充分考虑我国的基本国情,同时也要结合我国既有的发债模式进行分析借鉴。

第四,关于我国地方政府债券发展模式和制度建设的构建前瞻。杨萍(2004)指出地方政府债券和企业债券的不同之处,认为应该针对地方政府债券的特点,实行不同的管理制度并建立与之相对应的市场规则,她还指出信用评级制度、信息披露制度和私人债券保险制度三大机制有利于降低地方政府债券违约风险,而中央政府对地方政府债券提供的信用保证会造成发行人主动违约的道德风险和投资者忽视发行人信用特征的问题。白景明(2011)提出我国应选择中央政府控制型地方发债模式,即中央政府审批地方政府债券的发行制度、发行额度、发行方式、债券利率等。安国俊(2011)在借鉴国际经验的基础上,提出我国发展地方政府债券要完善市政债券风险管理体制、市政债券信用评级体系、多元化的机构投资者层次,还要建立流动性的市政债券市场和长、中、短期匹配的期限结构。

以上所述,基本为当前我国各界学者对地方债务问题研究的学术现状,虽既有深度,又有广度,但是仍存在一些研究不到位的地方。例如,城投债到期时偿付责任的归属博弈问题,以及 2014 年的十省市自发自还地方政府债券,这其中存在的研究价值和意义,以及新《预算法》出台后的后续跟进研究都鲜有文献资料涉及。而本书的出发角度就是先论述我国地方政府发债历程,尔后针对城投债到期时偿付责任的归属博弈问题展开讨论,接着探讨了

2014 年自发自还试点的意义和价值，并对新《预算法》等法治创新进行了比较深入的论述，最后提出了几点针对地方政府自主发债运行机制的法律维度构建的建议，以期能够对将来地方政府实现自主发债提供帮助。

第一节　我国地方政府融资机制的发展

一、投融资机制改革的依据

（一）政策背景

2014 年的国务院总理政府工作报告中就曾提到当年的重点工作是抓好财税体制改革这个重头戏，施行公正透明的预算体制。并且，逐步理顺中央与地方的收入划分，维持现有财力格局的整体稳定。规范建立各地政府发债融资的法律机制，把地方债纳入预算管理，实施政府综合财务披露制度，预防、化解地方政府的债务风险①。

2015 年的政府工作报告又一次强调要多策并举改革地方政府的投融资机制②。缩小地方政府批准投资的项目范围，下放准核权限。在公共设施、基础事业等范畴，广泛推进政府财政和民间资本的合作共赢。同时，要促进财税体制改革取得新成就，施行公正透明的预算管理体制，除法律规定的涉及国家机密的信息外，中央乃至地方的所有机构、部门的预算和决算都要向社会公开，并且，调整转移支付制度，明确中央与地方的事权和收入的划分以及支出责任划分③。

（二）法律背景

第十二届全国人大常务委员会于 2014 年第十次会议上审核通过预算法修正案草案，并将于 2015 年 1 月 1 日起施行新法。新《中华人民共和国预算法》的施行，预示着财税制度改革以及预算管理体制的改革已经在加速。2015 年的中央经济工作会议也强调要大力预防债务风险，并且把防控和化解地方债风险当作当年经济工作的首要任务④。

---

① 参见《2014 年政府工作报告》，2014 年 3 月 5 日。

② 参见《2015 年政府工作报告》，2015 年 3 月 5 日。

③ 楼继伟："健全中央和地方财力与事权相匹配的财政体制"，《经济研究参考》2014 年第 18 期，第 1 页。

④ 荆小净：《稳中求进 改革创新：2014 年中国经济工作之核心》，《国际市场》2014 年第 1 期，第 54—55 页。

与1994年《预算法》相比，2015年颁布施行的《预算法》对本法的立法宗旨、细化政府全口径预算管理体系、强化预算公开工作、赋予各地方政府一定的举债权限、加强预算审查与监督，以及强化预算责任等环节都做出了更加详细的规定。最新颁布实施的《预算法》一大特点为顶层设计的完善，强化了地方债的管理。在新的《预算法》中，明确规定经国务院批准的省、自治区、直辖市预算中必需的建设投资的部分资金，可以在国务院确定的限额内，通过发行地方政府债券以举借债务的方式筹措①。继2014年实施的地方政府债务试点"自发自还"工作后，《预算法》修正案的表决通过为地方政府债务的阳光化，再一次指明了前进的道路。

继《预算法》为地方政府的发债"开闸"后，国务院于2014年10月发布《关于加强地方政府性债务管理的意见》，又清晰地描绘了各地方政府债务化解的线路图②。紧接着，财政部就根据这份国务院发布的《管理意见》，拟定了《地方政府性存量债务清理处置办法》(征求意见稿)。《地方政府性存量债务清理处置办法》要求各地区的省一级财政部门应于2015年1月5日前，汇总上报2014年末存量地方债清理及甄别结果给国务院财政部，经国务院审批后，锁定政府债务余额。与此同时，当为合规的在建工程后续融资服务提供2015年一年的过渡期后，2016年起只能通过省级地方政府，以发行地方政府债券的形式来举借地方债务了。并且，此前一直饱受争议的各地地方融资平台的改革大幕，也由此拉开③。

2015年和2016年两年是地方政府债务的偿债高峰期，政府和市场一定要在化解存量债务、消除地方政府债务风险以及满足地方政府融资需要之间寻找平衡。在"新常态"经济环境下，面对"一带一路"国家战略、城镇基础设施建设、区域经济合作带来的合作和挑战，研究解决地方政府投资拉动经济增长所带来的资金缺口问题，逐步推进市政债券发行的法律制度，规范地方政府市场化的投融资法律机制，降低债务违约的法律风险，完善地方政府债务风险管理等相关法律制度值得我们深入探讨。

二、地方政府发债融资现状

(一) 城投债券

我国地方政府融资平台发行的债券起于20世纪90年代初上海久事公司

① 李中义：《地方政府债务：现状、成因与管控》，《国有经济评论》2013年第1期，第11页。
② 财政部预算司：《日本地方政府债务管理》，《经济研究参考》2008年第62期，第8页。
③ 黄前柏：《融资平台"软着陆"》，《新理财·政府理财》2010年第12期，第38页。

发行的企业债券，伴随着国家宏观经济政策的调整以及债市的蓬勃发展，至今已经经历了大致以下几个阶段：

1. 萌芽阶段(1992—2004)

由于此时我国的债券市场还尚在萌芽阶段，市场上流通的债券品种较少，且企业债券的发行主体仍限定在中央企业和省、自治区、直辖市创办的企业，所以城投债的发行规模较小。从 1999 年一直到 2004 年城投类企业债券总共仅发行了八只左右，合计约 154 亿元①。

2. 发展阶段(2005—2008)

从 2005 年开始，发改委开始启动地方城投类企业债券的发行工作，即作为地方政府投融资平台的地方政府全资控股国有企业可以通过发行企业债券来融集资金②；同年 5 月，中国人民银行发布《短期融资券管理办法》，短期融资券发行的重新启动为地方政府城市建设融资平台注入了新的“血液”。得益于债市的增容，城投债迅猛发展，从 2005 年初到 2008 年底，地方政府城市建设投融资平台分别发行了债券 18 只、30 只、53 只和 48 只，发行债券规模分别为 240 亿元、351 亿元、660 亿元和 740 亿元③。

3. 井喷增长阶段(2009)

2008 年初，发改委公布《国家发展改革委关于推进企业债券市场发展、简化发行核准程序有关事项的通知》，将企业债的审批环节由之前的先核准发债规模、再核定发行的两层审批，简化成只需核准发行这一个环节，同时取消了总额的限制，地方政府城投平台发行债券的空间在政策层面上得到很大放宽④。在 2009 年初，前总理温家宝推出“稳增长”的四万亿投资计划，为了更好地实行计划，提供相应配套保障，同年 3 月，银监会和中国人民银行联合发布一系列配套举措，强调要支持相关的地方政府创办投融资平台，举借企业债和其他融资工具。根据中债资信评估有限责任公司的数据显示，2009 年地方投融资平台共计发行 173 只债券，是 2008 年的三倍之多，发行债券的规模共计有 2 000 多亿元，接近 2008 年发债规模的四倍。

4. 回调阶段(2010—2011)

经过 2009 年井喷式爆发后，地方投融资平台所举借的债务，数量越来越多逐渐恶化，这引起了管理层的高度重视。2010 年，国务院发布了《关于加强

---

① 游俊、刘薇：《论我国城投债发展现状、问题及建议》，《中国外资(下半月)》2011 年第 9 期，第 54 页。

② 张志鹏、康志宏：《我国企业债券市场发展中的新特点与未来展望》，《致富时代(下半月)》2012 年第 1 期，第 16 页。

③ 吴昊：《城市建设融资的风险及化解对策》，《河北学刊》2013 年第 2 期，第 4 页。

④ 胡荣尚：《我国企业类债券发行市场的监管问题探讨》，《求是学刊》2013 年第 5 期，第 7 页。

地方政府融资平台公司管理有关问题的通知》，此后，有关的监管机构就相继发文，出台了一系列关于规范地方投融资平台的政策性文件①。伴随着“滇公路”“只付息暂不还本”消息传出以及“云投”重组等信用违约事件的发生，大大降低了债券市场对地方投融资平台债券的偏好，通过中债资信的数据显示，从 2010 年到 2011 年，地方投融资平台的发行债券数量和发债规模的增长速度都出现了放缓趋势，分别是 171 只、203 只和 2 698 亿元、3 100 亿元。

5. 规范发展阶段(2012 年至今)

2012 年初，银监会发文《关于加强 2012 年地方政府融资平台贷款风险监管的指导意见》，要求各地方银行原则上不得新增加对投融资平台的贷款规模，地方投融资平台向银行举债贷款的渠道被大大收紧②。但是，由于地方公共基础设施建设量的资金需求很大，而且正是地方政府之前债务的到期高峰，导致融资需求很庞大，不过，幸得债市监管部门的政策相对比较宽松，使得举借城投债成为地方政府最依赖的融资途径。通过中债资信的数据显示，2012 年地方投融资平台共发行 600 余只债券，发债规模 8 000 多亿元。

2013 年初，发改委规定对城投债施行三类分类管理，做到有控有保；而突如其来的债券市场“风暴”，迫使发改委从 2013 年 5 月起展开了对企业债券的检查工作，新的城投债几乎暂停发售。受到这一系列的影响，2013 年地方投融资平台仅发债 700 余只，共计 8 000 多亿元，较上年同期基本未增长③。

从 2014 年至今，新《预算法》的颁布实施及相应配套措施的发布，为地方政府发债疏通了“明渠”，势必意味着将要去治理地方通过城投公司借债的“暗道”了。通过 Wind 最新数据显示，自 2014 年底以来，城投债的发行数量只有 73 只，发债规模仅为 800 多亿元。其中，12 月这一个月来累计发行 49 只，发债规模是 689 亿元。相比上年同期的 155 只、上千亿元的发债规模，发行量微乎其微。而截止到 2015 年的第一个月以来，城投债的发行仍未见踪影，只有寥寥四只，发债规模为 50 亿元。

不过，由于先期存量城投债务的周转和大规模在建基础设施工程的继续推进所产生的巨额资本需求，以及现今地方政府举债规模受限，预计 20 年内城投债仍会是地方政府举债融集资本的主力军。

(二) 地方政府债券

2008 年底，为缓解世界金融危机，前总理温家宝提出 4 万亿元规模的投

① 黎晓武：《地方政府举债融资制度的法律思考》，《江西社会科学》2013 年第 8 期，第 6 页。
② 张波、徐国栋：《地方政府融资平台贷款浅析》，《现代经济信息》2012 年第 23 期，第 4 页。
③ 王维维：《地方融资平台债务风险分析与管理对策》，《经济视野》2014 年第 1 期，第 19 页。

资计划，由中央筹措资金1.18万亿元人民币，剩下部分交给地方筹措解决。并且，国务院采用特事特批的方式，在2009年的总理工作报告当中首次提到中央将代理发行地方债券2 000亿元，期望能够缓解4万亿元投资计划中地方筹措配套资金的一部分压力，这预示着发行地方政府债券的大门被打开①。

1. 2009年至2012年的“代发代还”模式

国务院财政部于2009年初印发的《2009年地方政府债券预算管理办法》中明确，地方政府债券就是经国务院批准同意，以省、自治区、直辖市和计划单列市政府为发行和偿还主体，并由财政部代理发行和代办还本付息、支付发行费的债券。在此定义下，地方政府债券实质上依然是国债转贷的拓展、延伸②。

在这种模式下，地方政府债券以省级地方政府为发债主体，而且债券的发售、还本付息都是由财政部来代办完成。全国地方债的发行总体额度必须由全国人大授权批准，具体到各个地方政府的发行额度就需要由国务院核准同意。在2009年到2011年间，每年全国人大批准通过的发债额度都为2 000亿元。在这个阶段下发行的地方政府债券所得收入可以用于省级直接使用，或者转贷给市、县级地方政府去支出。

2. 2011年至2013年的试点“自行发行”模式

在经历了两年的“代发代还”地方债模式后，国务院于2011年批准浙江、广东、深圳、上海四个省市试点，在中央规定的发债额度内自行发行地方政府债券，但是仍由财政部来还本付息；全国其余省市地方债仍是交由国务院财政部来代发代还③。此次试点改革之后，虽然地方债仍然由中央政府兜底，并由财政部代为还本付息，但是，地方债的自行发行制度已经初见端倪，地方政府可以就每期发行数额、发行时间、债券期限等要件同财政部一起协商制定，而且地方债的发债定价机制和招投标机制也是由试点省份自由确定④。

在四省市的“自发代还”地方债的试点工作开展两年之后，国务院又新添加了江苏省和山东省作为“自发代还”地方债的试点区域。发行和还本规则依然照旧，不过值得注意的是，这次国务院首次提出：试点省、市应积极开展工作，稳步推进地方政府的信用评级制度，这也是我们现在以及未来将要实现的任务目标，下文将有分析，此处不过多赘述。

---

① 贾璐璐：《关于地方政府发债的思考》，《长三角》2009年第5期，第4页。

② 邹焕聪：《完善我国地方政府债券发行主体制度之构想》，《中国流通经济》2011年第1期，第118页。

③ 何佳艳：《地方债“转正”任重而道远》，《投资北京》2011年第11期，第27页。

④ 万其刚：《地方政府发债权须关进法治的笼子》，《中国发展观察》2013年第10期，第56页。

3. 2014 年至今试点的“自发自还”模式

2014 年 5 月 22 日，财政部下发《2014 年地方政府债券自发自还试点办法》，在文件中指出要坚定不移地推动地方债改革，将江苏、浙江、深圳、上海、宁夏、山东、北京、青岛、广东、江西等十省市地方政府列为地方政府债券自发自还的试点改革地区，并且由广东首先发力，在 6 月中旬发行了首单“自发自还”地方债。

此次试点的“自发自还”模式是由试点省市在国务院规定的发债额度内，各省市政府自行组织本省市的地方债发行、还本付息工作。与之前试点的“自发代还”模式相比，新模式不止有自行还本付息这一点的区别，与此同时，还明确了试点省市遵照国务院规定额度举借债务之前，需要先将发债额列入本级预算方案，并报本级人大常委会表决通过，并在债券品种上取消了三年期债券品种，增加了十年期品种。

作为“市政债”的试水，“自发自还”模式下的地方政府债券的问世，预示着我国地方债距自主发债制度更加接近，这对于减轻地方政府还债的压力、降低地方债的风险、完善地方政府投融资法律机制影响颇为深远。

第二节　地方政府未来自主发债的法律依据和前景

一、预算法对地方政府发债的放开

已经于 2015 年 1 月 1 日正式生效的《预算法》中，最为瞩目的地方主要集中在解决地方债的问题上：下放给各地方政府适度的发债权，对地方政府债务施行规模控制和分类化管理，分清政府与城投公司的风险责任并公布政府资产负债表。这是第一次从法律层面批准我国地方政府有条件的自行发债，也是 2015 年生效的新《预算法》的最大进步。由《预算法》对地方债管理进行规定，标志着地方政府债券的管理制度在法律层面这一范畴上的改变，这为地方政府债券的管理搭建起了法律的制度框架，保证了地方财政稳定[①]。

具体到《预算法》中，《预算法》第三十五条第二款规定经国务院批准的省、自治区、直辖市的预算中必需的建设投资的部分资金，可以在国务院确定

① 刘念：《我国地方政府债券发行的法律问题分析》，《法制与经济（下旬刊）》2013 年第 9 期，第 9 页。

的限额内，通过发行地方政府债券举借债务的方式筹措，这可以说是从法律范畴上“建立以地方债为主体，剥离地方政府投融资平台的地方融集资金职能的地方政府投融资机制”。在有限度地放开地方债的同时，还对地方政府发债提出了许多具体要求，以防范地方债务违约风险的蔓延。例如明确限定借债主体、发债方式以及发债规模，规定地方发债应当是用来满足政府预算当中必要的基础设施建设所支出的那部分资金，并且必须用于公共性资本的投入，不能用于经营性投资，还要求借债的地方政府对发债情况进行信息披露。在此之前，地方发债主要依靠融资平台来曲线借债融资，这种做法并未受到法律的承认。新颁布实施的《预算法》构建了地方债的法律监管体系，尤其是在发债、还债和使用等环节，建立起了对地方债务进行约束的法律体系①。

有了新《预算法》对地方政府发债的放开，预示着对地方融资途径的“通明渠，拆暗道”，这对地方政府发债来说是一大利好。不过，虽然从法律层面放开了、进步了，可现实中地方政府融资方面仍存在不少困境亟待解决。

二、地方财政面临的现实困境

（一）分税制对中央地方收支范围的影响

分税制度是依靠税种来划分中央和地方的财权配属，依据财权和事权相结合原则，将税种划分为中央收入和地方收入。分税制将保证国家利益、保障全社会经济发展所必需的税种划归中央税，把与经济发展正相关的主要税种划归为中央与地方共享税；把方便地方征收管理的税种划归为地方税，用以充实地方政府征收的税务种类，提高地方政府的税收收入。中央和地方各设一套税务机构，中央税务机构专职负责收取中央税、中央与地方共享税，地方的税务机构则收取地方税。这样做的目的就是保证中央政府的财政收入增量比地方政府要适当多一些，以保障中央政府的财政平稳增长②。分税体制虽然运行了一些年份，也收到了不错的效果，逐渐地规范了政府间财政的关系，强化了中央政府对社会经济的宏观调控力，然而却使得地方政府财政的收入和支出极其不匹配，地方政府收入和支出的缺口只能依赖于税收返还制度去填补。税收返还就是指财政收入先集中到中央政府，而地方政府财政的收支缺口再通过中央政府税收返还和转移支付方式来填补，这就在财税分配上出现了先满足中央政府、后转移支付地方政府的情况。从政府财政投入的纵向层面来看，存在以下问题：属于财政投入框架内，明确支出的项目有教

① 郭宝华：《地方政府投融资平台问题研究》，《市场论坛》2010 年第 11 期，第 67 页。
② 邓尧：《我国税权划分体系问题研究》，《中外企业家》2011 年第 4 期，第 67 页。

科文卫等项，虽然规定了由中央政府与地方政府一同承担投入的资金，但是在现实中却出现责任不明、权限不清甚至互相推诿的情况，严重制约了公益项目的产出效率。

究其根本，就在于政府的财政投入在纵向层面的设定中有一些模棱两可的地方，加上各级地方政府“唯 GDP 论”，身不由己地把搞好教科文卫等公益性工程项目的义务责任一层层往下推。本身公益性项目等最基础的财政投入事宜是由中央政府与地方政府共担的，只不过，现在这些项目的费用是由地方政府财政负担得更多一些。这就直接使得许多地方为了市政项目设施的建设而发债。从 1994 年开始施行分税制度后，中央政府将容易征收、主要的几个税务种类划归过来以后，各地方的财政收入出现窘迫。2005 年国家废除农业税，这对于那些以农业经济为依托的当地政府来说，无疑损失了相当可观的一部分财政收入，这些地方政府就只好依赖中央转移支付来满足当地基础设施建设的资金需求，到 2009 年时，中央与地方的预算内财政收入比为 64∶53，然而财政投入之比却向着 19∶78 的方向接近。从上述比例当中，可以看到中央政府和地方政府收入和支出的不对等，只有靠税收返还制度来调节[①]。中央在“条条”方面的集权比较多，对于专项转移支付还要求地方应配套相应规模资金，使得地方政府财政负担不起，导致地方不仅缺乏资金和能力开展政务工作，而且没有能力负担起任内的基建工作和公共服务品的提供。

纵观分税制改革 20 余年来，宏观层面，中央的确抓住了大比例的包含税收等在内的财政命脉，也控制住了税务征收的主动权。不过，伴随新型城镇化建设的加快，地方政府税收渐渐会承担起促进城镇化建设方面资金来源的保障责任。在此背景下，重新分配税务划分，不可再止步于浅层的税收收入层面上，应当上升到立法权层面，以便充实各地方政府财权，满足城镇发展的需要。

（二）我国地方政府债务现状

1994 年《预算法》是不准地方举借债务的，从而使得各地方修“暗道”，借助地方城投企业和影子银行的力量，满足地方融资需求，导致中央不容易掌握各地方的举债规模，造成地方政府债务越积越多，潜在的法律风险逐渐上升[②]。

国家审计署在 2013 年末发布的数据显示，在 2013 年 6 月份时，全国的政府性债务额接近 30 万亿元，这其中包含全口径中央债务约 12 万亿元，全口径

① 叶培：《PFI 模式在我国基础设施建设中的运用》，《商情》2013 年第 19 期，第 21 页。

② 刘纪学：《地方政府债务风险评价体系研究》，《现代管理科学》2014 年第 1 期，第 35 页。

地方债约为 17 万亿元。在这些地方债当中，各个地方政府附带偿还义务的债务有 10 万亿元，承担担保的或有债务为两万亿元，负有一定救助义务的债务为四万亿元。根据上述数据可以发现，在最近一段时期，各地方政府将要还债最少两万亿元，且只多不少。根据国务院财政部的预测，地方在从 2015 年起一直到 2017 年的这三年间，偿还债务的比率分别是 17%、15%和 7%，2017 年之后的到期还债占比竟超过 18%。

对比 2011 年的审计结果，政府附带偿还义务的债务增长了 3 万亿元，年均增长率为 19%，这其中，省、市、县三级政府年均增长为 14%、17%和 20%。伴随着地方融资平台举债规模的急速扩大，地方欠债额节节攀升，有些地方存在一边发新债偿还旧债，一边通过土地财政的收入去还旧债的现象，虽然地方政府债务法律风险尚在控制之内，不过地方还债能力变弱、融资途径收缩也是不争的事实，极易引发法律风险和道德层面风险。特别是道德层面风险，在现今地方政府首长任命制的大环境下，大部分领导刻意提高任内的政绩表现，大修土木和基础设施，更有甚者依靠无计划的 GDP 的增长，预先攫取经济与社会发展的后劲，留下了一摊豆腐渣之后，将债务的法律风险和还债义务留给子孙。

地方债的风险与银行的信贷风险存在紧密联系，很多地方的地方债中，银行提供的贷款是重要的组成部分。地方债基本用于社会公共性工程项目建设投入，基建的投入是一种长线投入，投资回收时间长。然而，通过融资平台或者银行借贷投资，银行贷款的偿还期限大多是一至三年，最多七年，用短期借债去完成长期投资，那么短期内就得偿还贷款，肯定会导致没有相应的本息去偿还到期贷款的情况发生，这也是地方政府借债的风险所在。这样势必会引发对银行到期贷款的脱、逃，造成银行的不良贷款率升高。据不完全统计，2013 年，全国银行坏账接近一千亿，令人不安的是银行不良贷款率现在仍然一直增长，不可否认这与地方债的风险成正相关①。

从中央的角度来说，鉴于我国是单一制国家，倘若某个地方政府的债务危机爆发，从社会和政治的稳定性角度来讲，中央还是会兜底拯救当地政府。所以，各地政府地方债举债行为遍地开花，就容易诱发债务危机，可能对国家的经济安全和社会稳定产生威胁。

（三）我国城镇化建设对地方债的迫切需求

2014 年 3 月，国务院发布《国家新型城镇化规划（2014—2020 年）》，确定

① 魏国雄：《正确认识和有效防范银行不良贷款》，《银行家》2012 年第 12 期，第 11 页。

了未来城镇化的具体目标、战略方向和发展轨迹。透过城镇化道路规划被赋予的带动内需和拉动经济增长的使命，我们可以看到，城镇化肯定会更加扩大公益性设施和基础服务设施的资金投入①。笔者认为，促进城镇化建设对目前城市的都带来了更高的挑战。倘若当地政府的财政水平负担不起公共设施的建设和基础服务的供给增长所带来的大额资金投入时，地方政府必然会选择举债这条道路。

我国的城镇化率在 2002 年接近 40%，到了 2012 年时城镇化率已经超过 50%。我国城镇化率虽然增长迅猛，但与西方国家接近 80%的城镇化率相比较，我国将来的新型城镇化建设具有无可比拟的潜力。根据预测显示，建设新型城镇化将使得城市又增加将近 4 亿的城镇人口，这 4 亿人口的增长，急需社会公益设施以及公共卫生服务的数量和质量跟上要求。建设新型城镇化需要大规模政府财政的扶持，也就是说依赖于当地政府的资金投入，这就导致了建设新型城镇化需要的大笔资金和当地政府有限财政之间的矛盾更显突出。

从 2014 年 10 月开始，棚户区改造、扶持中小微、促进铁路基建和“一带一路”等战略工程的开工，城镇的公共设施、生态环境以及社保体系的完善都需要庞大的投资资金，以上项目都在 2015 年李克强总理的政府工作报告当中有所体现。这需要各地地方政府采取相应的配套措施保障，也就使得地方政府迫切需要中央对地方债开闸放水了。

三、我国各地现有融资平台面临的法律风险

城投债是一种企业债，发债主体基本是地方城市建设投资有限公司，根据旧版《预算法》的规定，除法律和国务院另有规定外，各地政府不准举借地方债。在这样的条件下，各地只好依赖于地方政府融资平台去发售城投债用以满足自己的融资需求。近些年来，社会公共服务设施建设的投资成为带动全国经济增长的一驾马车，也就是说这样的发展是依赖于地方政府融资平台的贡献②。全国各地政府创立城建开发公司、城投公司和城建资产经营公司等各种不同类型的公司，这些类型的公司通过当地政府划拨土地注资组建，现金流和资本都大致可抵法律要求的融资标准的企业，当地政府在必要时可再承诺用财政补贴或税收补贴担保，这样便可用举借城投债融集的款项满足

① 杨伟：《新型城镇化，“新”在何处——〈国家新型城镇化规划（2014—2020 年）〉解读》，《金融博览》2014 年第 8 期，第 40 页。

② 李俊文：《地方政府机构的银行融资情况研究》，《经济问题探索》2008 年第 10 期，第 110 页。

当地的公共服务设施或基础性项目建设的资金需求①。地方投融资平台实际上成为由当地政府创办、为社会基础设施建设融资的实体企业。因为受限于中央不准各地方有赤字预算和欠债，所以，土地财政长期以来都是各个地方的财政收入主要来源。地方投融资平台为各地政府所辖，可借助银行贷款、上市发行和举债来融资，也可以通过信托贷款来向影子银行筹集资金。

不过，地方投融资平台的法律风险问题越来越引起了国际信用评级机构和国家审计署的关注。著名的债券评级机构穆迪曾经在2013年6月发布报告称地方债问题是现今中国所面临的巨大挑战和风险，地方债问题一旦失去控制，也许会引发比美国的次贷危机更猛烈的一场金融危机。我国的中央政府也曾表露了对地方债问题的忧虑，在2013年新中央领导班子组成30多天后，总理李克强就在4月17日的国务院会议上指出防范地方债的风险是各地政府现今必须予以重视的问题之一②。同年7月，中央紧急召开会议部署审计署对各个地方政府的债务进行专项审查的工作任务。笔者认为自2009年开始，各地的地方基础设施建设投入的资金有相当一部分是依靠地方融资平台筹集到的。地方投融资平台与基础设施建设投资的关系密不可分，所以，这些地方政府投融资平台发展的可持续性对于全国的经济增长趋势有着举足轻重的影响。地方城投公司可用的现金流动性捉襟见肘，又依赖借新还旧，而且大部分的地方投融资平台融集到的资金都用于建设长期基础设施，导致不能在短期内收回资金并盈利。所以，现金流是地方投融资平台所面对的最大风险，不过，由于有当地政府的扶持，地方政府投融资平台的还债能力一般不会出现问题，因为当地政府会担保、兜底提供政府财政进行援助。但是，当信贷增速放缓，地方政府投融资平台就出现了流动性的问题，这一点可从2011年"云南路桥"告知债权人将暂停本金偿还，只付利息并导致地方投融资平台债券市场下挫这一首例违约问题预见到。此后，中央决定缩紧货币政策，同时展开整治影子银行行动，使得地方投融资平台的现金流动性越来越差。

（一）高负债率及缺乏还款来源存在偿付风险

到了2009年，在国际金融危机的冲击下，中央提出了4万亿元经济刺激计划，紧接着，中国银监会和中国人民银行也在当年3月联合发文《关于进一步加强信贷结构调整促进国民经济平稳较快发展的指导意见》，文中指出：支

① 李侠：《地方政府投融资平台的风险成因与规范建设》，《经济问题探索》2010年第2期，第162页。

② 徐倩旻：《地方政府性债务审计的要点分析》，《中外企业家》2013年第31期，第119页。

持有条件的地方政府组建投融资平台，发行企业债、中期票据等融资工具，拓宽中央政府投资项目的配套资金融资渠道①。2009 年的城投债举债规模迅猛发展，到年底全国城投债发行规模将近 3 000 亿元，相比 2008 年翻了一番。地方政府兴修基建，使得地方债的规模迅猛增长，于是，为加强对政府财政的金融风险的监管，国务院有关部门强化了对各地融资平台的监督，将 2010、2011 年两年的地方债的举债规模维持在 3 000 亿元上下。不过，到了 2012 年，保持经济增长的重任又一次放在了各地政府领导的面前，于是城投债发行规模再次扩大，达到了 9 000 亿元的水平，达到了一个新高度。同时，2013 年的城投债发行规模也保持在了这一水平上下。这一时期城投债发行规模的急剧增长，必然引起债务到期还款资金的剧增。因为 2009、2010 年发行的城投债大部分是五年期债，预计到时各地融资平台将迎来一波还债小高峰，根据 Wind 数据显示，2014 年第一季度的城投债还债规模达到 800 亿元，约为 2013 年整年的 1/2②。

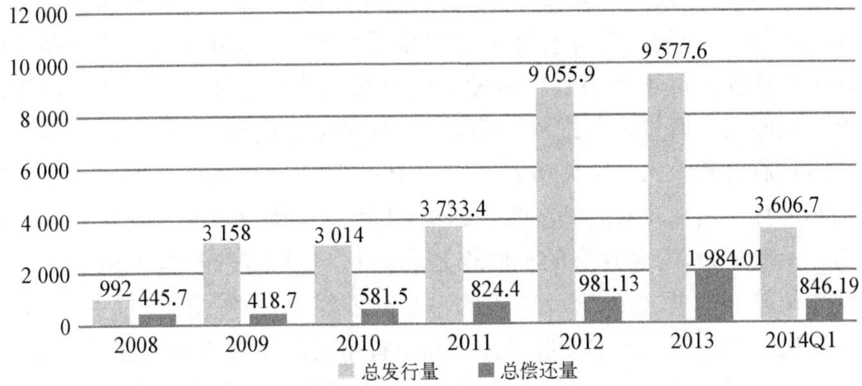

图 1－1　城投债历年发行量和到期偿还量(亿元)

数据来源：Wind 资讯

2013 年底，国家审计署发布 2013 年政府债务审计报告，截止到 2013 年 6 月底之前，包括中央政府在内的政府承担还款义务的债务有 20 万亿元，承担担保义务的债务有 2 万亿元，负有可能救助义务的债务 6 万亿元。根据国家审计署发布的审计报告研究，现今我国政府性的债务风险尚在控制，不过，区、县级政府债务的增长速度过快，导致了个别地方政府的债务率偏高。而

① 杨威：《中央部署新一轮刺激经济措施较“四万亿”内涵更深》，《中小企业管理与科技》2012 年第 17 期，第 6 页。

② 康俊：《地方政府投融资平台发展探析——以河南省为例》，《经济研究导刊》2014 年第 2 期，第 164 页。

且报告显示，地方债务资金项目的来源当中，只有 4 000 亿元的企业债，然而同期存量的城投债将近上万亿元，可以看到，有大规模的城投债务未划到地方债的统计口径当中去①。根据这些资金的运用情况来看，2013 年后两个季度当中，地方融资平台融集的资金当中有千亿元用于基础设施工程建设，其中大都是各地保障性住房建设和棚户区改造以及公共服务品的提供，将近占到了同期发行的城投债规模的一半。举债融集到的资金当中有 1 000 亿元是用到了偿还旧债和弥补资金链中去，融资的城投企业主要是公共交通、城市建筑、基础设施以及交通运输行业。由于这些投资多属于社会公共性设施项目投资，故创造的现金流周期比较长，但城投债的借债还款期限并不长，所以，地方政府还债压力会相当大。

城投债实质上不是一般的企业债，其还债能力在相当大程度上取决于地方政府的信用水平。具体分析每一个地方政府的债务风险时，必须参考该地方政府经济实力和财政收入水平等多方面因素，不可一概而论。按照不同的省份区分，举借城投债的大部分省份集中在江浙沪和珠江三角洲等经济较为发达的省份，当地的政府经济规模相对雄厚。不过，四川和湖北等我国中部地区的举债规模也不可小觑。经过分析可知，宁夏、吉林、四川、辽宁四省的政府财政收入与所欠债务之比较靠前，则政府保障度比较高，而青海和甘肃两省份政府财政收入与所欠债务之比小于一，所以，青、甘的政府债务风险应当引起重视。当地政府的经济收入结构，也可一定程度反映政府化解风险的实力。一般来说，中央政府的税收返还和转移支付力度越大，该地方政府的财政越依赖于中央，当地财政收入的自给率就越低，意味着地方城投债的信用问题也越突出②。苏、浙、北、上、广五个省市的经济收入结构相对健全，当地财政自给率超过 80%，可以自负盈亏；而大部分省接受的中央政府税收返还和当地财政收入相当；其中西藏、青海和新疆接近 70%的政府财政收入依赖中央拨款，如果没有中央政府的保障，这些地区的债务风险很大③。在地市级政府当中，值得注意的是那些经济产业结构比较单调，地区经济支柱行业过多集中在强周期性产业当中的地市。比如内蒙古鄂尔多斯市，2014 年的前三个月的政府债务额大约上百亿元，占到内蒙古自治区政府债务的五分之一多；此外就是筹资能力较弱、机构认可度不高的地区，这类地区大部分为较落

① 林中衍：《中国地方政府债务风险：原因与对策》，《国际融资》2014 年第 2 期，第 19 页。

② 巴曙松：《探寻中国地方债务的薄弱结点：时间、流量、区域三个维度的观察》，《西南金融》2014 年第 4 期，第 6 页。

③ 贾晓俊：《改革转移支付制度：基于公共服务均等化的分析》，《商业研究》2010 年第 12 期，第 122 页。

后的边疆地区，以及地区支柱行业出现产能过剩、环保任务较重的地区。

（二）投资项目效益不高及偿债主体不明确形成项目风险

1. 投资项目效益不高

相当一部分的城投债融集到的资金所投资建设的工程，其项目效益并不丰厚，需要依靠当地政府的财政补贴才可偿还欠债。这也是因为一般的地方城投公司是负责融资以推动当地政府的公共服务设施建设进程，它所投资的项目很大程度上并没有立竿见影的经济回报，单纯依靠建设工程本身的盈利很难还清债务。于是，各地政府出台各种保障措施以增强城投公司的信誉。比如特许城投公司某一项许可经营权，以保证城投公司得到较为稳定的高回报；另外，得益于当地政府给予隐性的担保，如当地政府划拨土地给城投公司作为担保、将政府的应收账款进行质押，或由政府出面与当地城投公司签订一份 BT 协议，即待该项工程完工后，由当地政府出资回购，而政府投入的回购资金就成为城投债可以按约如期还债的保证。

2. 城投债到期时偿付责任的归属博弈

（1）城投公司

按照民法规定的民事法律关系，地方城投公司实则为城投债到期之后的还债义务主体。城投公司具有独立的民事行为能力，是具有独立法人资格的经济组织，应当享有发债权，而且，在发行城投债的法律行为里，城投公司既是权益的所有者，也是偿还义务的承受主体。当城投债到期时，城投公司就是还债的直接义务主体，债权人有权利请求城投公司履行偿付义务，假设债权人起诉至法院，城投公司也会被列为适格被告。

（2）地方政府——非真正偿付责任主体

从《担保法》中的法律关系来看，依据《担保法》第八条的规定：国家机关不得为保证人，但经国务院批准为使用外国政府或者国际经济组织贷款进行转贷的除外。从这项规定当中，可见各个地方政府为城投债的发行进行担保是不受法律保护的，那么地方为城投债的担保就不符合该条法律的规定。究竟各地方政府的担保具不具备法律效力呢？最高法院“关于适用《中华人民共和国担保法》若干问题的解释”第七条规定，债务人与担保人共同承担完全连带责任的情形是指，债权人对担保合同无效不存在过错，并且主合同是有效的①。如果债权人有过错的情况下，担保人只承担债务人不能清偿部分的

---

① 田文东：《关于改进和完善有关担保制度的思考》，《贵州大学学报（社会科学版）》2005 年第 3 期，第 83 页。

1/2。综上所述,可知在城投债的还债义务中政府扮演的并非双方权利义务当事人的角色,而是幕后的角色。

（3）城投公司和地方政府——偿付责任归属博弈

综上所述,各地方政府对到期城投债的偿付仅仅履行非主要的义务,而各地方城投公司才是真正意义上的还债义务主体,不过,现实往往是复杂的,各地的城投公司是当地政府通过注资等形式创办的拥有独立法人人格的社会组织。由此可见,城投公司实则是与当地政府存在盘根错节的关系：从公司设立并缴纳的注册资本上来看,城投公司只有一个股东,即当地政府,当地政府是公司真正出资人;在城投公司人事任命上,公司曾大多由地方官员以及政府机关所指派的领导来分管;从城投公司募集资金的动向上看,当地政府是实际受益人。所以,地方城投公司虽名义是公司且具有独立法人地位,实则是由当地政府所管辖并具有当地资源垄断性的公司①。

（4）法人治理结构不完善及违规操作存在潜在风险

第一,城投公司受自身结构局限,投资运作效率低下。

最近几年,地方城投公司募集资金的成本连续超过收益率,即使这样,各地城投债的发债规模还是有增无减,这种现象与经济学原理不符,其原因大致有以下两点：首先,公司资产多是存货和土地等无形资产,而可经营性的财产占比不高,导致城投债本身还债风险居高不下。比如网络曝光的发行 2009 年岳阳市城市建设投资有限公司公司债券的岳阳市城市建设投资有限公司出现资产中含有水分的嫌疑,其公司的净资产有超过一半以上是通过评估得到的无形资产②;其次,城投公司的公司治理结构并不十分完善。因为大部分城投公司均通过当地政府注资、转让土地使用权或者国有资产和股权等形式包装成符合发债标准的一家公司,因此城投公司会在净资产和利润表中刻意美化以达到发债的要求,而且城投公司内部职员大多是政府部门的人员。这种形式的人员安排可以充分发挥当地政府的人力资源优势,不过也造成这些城投公司的管理制度不健全,管理自主权受到限制,很难控制债务的风险。

第二,城投公司财务报表质量不高,隐藏很多财务风险。

根据城投公司披露的数据报表得出,其营业范围外的净利润占所赚利润总额之比相当大,大约达 80%左右,可以看出,城投公司的利润大部分是来源于财政补贴。这也就意味着有没有及时、足够的财政补贴才是城投公司能否还债的关键所在③。

---

① 李博楠:《我国城市建设投资公司发展战略研究》,《沿海企业与科技》2008 年第 6 期,第 23 页。
② 徐翔:《城市商业银行公司治理研究》,《致富时代(下半月)》2011 年第 12 期,第 78 页。
③ 钱凯:《有效化解城投债风险的观点综述》,《经济研究参考》2013 年第 48 期,第 35 页。

第三，地方政府隐性担保的潜在风险

我国现行的法律禁止国家政府机关违规提供担保，而各地政府却为举借城投债提供隐性的担保，这其中是存在一定违法性的。各地政府用政府的信用去增加城投债信誉，投资者就将政府视为偿还城投债的最终义务主体。诚然，单就违约的风险来说，这些依靠政府担保的城投债的违约可能性确实低于市场上其他种类的债券。单从这一点考虑，大多数投资者更愿意投资这些城投债，也使得城投债在债市上的购买热情上升。总而言之，地方的隐性担保其本身就像导火线，不知何时就会引燃城投债的风险危机，同时，法律并未赋予地方政府担保权限，这将造成到期城投债追偿责任的困难。因为没有法律层面的根据，所以，在当今依法治国、法律至上的社会，城投债可以说是外表光鲜，内在缺乏完善的保障。

四、未来发行地方公债的可能性

（一）代替城投债可以使地方政府降低法律违约风险

国外发行的市政债，其还债义务在政府，举债、还债义务主体均一致，则还债主体就相对明确，当地政府是允诺将用未来地方税收以及投资项目的资金流用于为还债提供保障。具体而言，就美国来说，各州州政府每年的税收来源大抵有财产税、营业税、个人和企业所得税等，并且为了防范各地政府由于过度发债而可能造成的市政债务违约，《联邦破产法》中规定那些无钱还债的政府可以通过申请破产保护，使自己的延期合法化来筹资还债或者对相关债务进行调整，为摆脱暂时债务困境争取时间[①]。再看我国，我国城投债的举债主体虽为各地方的融资平台，但是基本都有各个地方政府的信用作为背书，同时也由更高一级政府层来提供隐性的担保，这降低了投资者的风险识别能力。而且，这也极易引起道德层面风险，使得发债主体弱视风险、过度借债。相比而言，国外发行的市政债的确更加透明和稳定。在西方发达国家，他们的地方政府只有在保证经常性预算平衡的情况下才可以举借市政债，而且发债都要经过严格预算审批，甚至有时要求进行全民投票表决。在美国早已形成以证券交易委员会、市政债券决策委员会为主体，相关中介机构各尽其责的相对完善的债市监管系统。而且，国际上通行的惯例是市政债的信誉评级工作都由惠誉国际、标普以及穆迪这三家债券评级公司来完成。穆迪公司下设专业市政债的信用评级部门；标普公司则会对在美境内发售额 1 000 万美元以上的全部公用事业债券进行评级，不论发债主体有没有申请；惠誉

---

① 张彩用：《地方税主体税种的选择》，《经济论坛》2006 年第 11 期，第 90 页。

国际的评级业务当中也涉及上万种市政债的评级工作①。

除了上述所述之外，市政债也会采取信用增进手段，比如债券投保、银行信用证、借助集合发行来增强财务透明度，以降低发债过程中出现风险的可能性。

（二）我国的市场环境已经具备发行市政公债的条件

首先，就我国目前阶段来看，已经具备较为稳妥的市场经济大环境，政府体制改革逐步深化，正是推出市政公债的好时机。我国GDP增速在2010—2014年间持续保持在7%—9%的水平上，令世界所瞩目，各地方政府尤其东部沿海地区的地方政府的经济状况大幅改善，政府的财政预决算监管机制也趋于完善，各地政府财税收入增加，行政能力加强，为推行市政公债提供了有力保障。从目前的政府体制改革可以看出，财政体制方面的改革有几个重要措施，尤其在财政预算方面，采取了国库集中收支、政府采购制度改革以及部门预算改革等一系列举措，这些举措改善了预算外资金监管松散的状况，进一步约束、规范了政府的收付行为。其次，我国的金融债券市场迅猛发展，相关政策逐渐成熟，场外中介机构的参与意愿越来越强烈，与此同时，推进利率市场化的步伐越来越快，基准利率的形成机制也在有条不紊的进展当中，为债市的良好发展打下了坚实基础。而且，面对我国国债的发债规模在扩充空间上的瓶颈，适时推出市政债可得以释放老百姓强大的购买力。再次，整个社会的信用环境有了很大改观，我国法律制度建设进一步完善，社会信用环境开始成形，诚信意识深得人心，国家信用评价系统、个人与企业的信用登记以及征信系统已经紧锣密鼓筹建，规范和发展经济的各项制度逐渐成熟，为各地政府建立良好资信打下基础。最后，中东部地区的地方政府经济条件比较雄厚，具有如约还清债务的实力。综上所述，发展市政债券市场无疑将为日后资本市场的发展指明道路，也能更好地开发资本市场的各项有用功能。

（三）部分地方政府已具备发行地方政府债券的条件

各地政府的发债愿望强烈，地方债的市场需求十分庞大。2009年，我国债券发行规模为8万亿元，这其中各地政府发行的债券占比很小，其原因就是当时我国的法律不准许地方发债。但是，各地总要进行基础设施建设，这就产生了筹集投入资金的愿望。加上中央与地方施行分税制，引发中央政府与地方之间的财、事两大权的不匹配，中央政府一边缴收财权，另一边层层下放

① 王芳：《基于信息不对称的投资者保护机制：美国市政债券市场的经验及启示》，《上海管理科学》2009年第5期，第40页。

事权，各地方财政捉襟见肘，地方赤字占国民生产总值之比节节攀升，并且各地投融资平台的债务当中有80%都来源于银行机构。2009年底，各地投融资平台的借款数超过7万亿元，与此同时，很多地方至今仍在换汤不换药地举债并开拓其他募集资金的新通道，各地欠下许多隐形债务就不足为奇了①。但是，地方可通过举借地方公债来减轻当地还债压力，地方公债势必会成为分税体制背景下的地方政府财政收入体系中不可或缺的部分。再从当前社会情况看，近些年我国每年的增长存款量大约在1万亿元，年均增长率为18%，这诚然是受益于经济的迅猛发展带动百姓生活富裕，但也有受制于目前百姓可购买的金融产品品种单一的原因存在，所以，预测地方公债的发行势必会受到民众的追捧。目前，我国商业银行储蓄充足，开展投资的愿望越来越强烈，在当前市场金融投资产品相对单一的情况下，地方公债的发行无疑也将为巨额的银行存款投资指明了方向。所以，若推出地方政府债券这样的金融投资产品，不仅免税，投资回报高于银行利息，投资风险更低于其他种类债券，必将会受到社会的追捧，发挥其重要的作用。

第三节　国外地方政府发债经验的借鉴及启示

一、市政债券和城投债的法律关系比较

表1-1　城投债、市政债、企业债法律关系表

关　系	城投债	市政债	企业债
发债主体	地方政府直属的建设投资公司	地方政府或其代理机构	符合发债条件的企业（包括公司和非公司）
信用支持	政策性银行、授信银行以及政府信用担保	政府信用	授信银行或其他担保
偿债资金来源	发债主体未来现金流以及发债项目收益	地方政府税收收入、建设经营的基础设施项目的收益	发债主体未来现金流以及发债项目收益
募集资金用途	公用基础设施建设	公用基础设施建设	企业生产经营项目
投资者	机构投资者	机构投资者和个人	机构投资者和个人

① 华国庆：《中国地方公债立法研究》，《安徽大学学报（哲学社会科学版）》2010年第4期，第132页。

根据表 1-1,我们可以看到:

(1) 市政债和城投债均具有特殊的免税待遇。城投债的发债主体多为地方城市建设投资公司,都享有当地政府的政策扶持和税收减免政策,所以和市政债有几分相近,两者都有免税性和相关政策的扶持①。

(2) 从债务的发债主体说,城市建设投资公司是我国城投债的发债人,它是当地政府为了投资基础设施建设项目而设立的公司。目前各地的城投公司经营利润大多是从政府经济补贴和地方划拨的国有资产当中获得,同时,公司的领导层以及工作人员的任用都被各地的政府所限制,与之类似,市政债的发债人也是由政府指定和授权。

(3) 从募集资金的投入方向看,城投债的投资方向大部分是建设时间长、收益周期长的各地社会公共设施项目、污染治理项目以及道路维护施工。而市政债的发行也是为了社会公共品的建造和基础性设施工程而集资,从这一点上来讲,市政债与城投债目的都是一致的②。

(4) 从偿债资金来源的角度分析,城投公司在经营过程中,一般会享有地方政府给予一定的财政支持或是经营特许权等隐性担保等,而其对外债务的偿债资金也多来自隐性方式补贴的地方财政资金,因此,城投债和市政债券及偿债资金来源于政府财政收入,在这一点上两者是相似的。

二、国外地方政府发债制度的经验借鉴

中国的市政债券刚刚起步,而国外发达国家尤其是美国的市政债券市场已有数百年的历史,很多地方值得我国借鉴。遵循“走出去、引进来”的思路,下文首先总结了美国、日本等国市政融资方面的成功经验,找出适合我国国情的部分进行研究。在此基础上,对我国市政债券融资的现状、问题及发展创新进行系统分析,为进一步研究提供一个广泛的视角和很好的框架指引。

20 世纪 90 年代中期以来,在美国为代表的金融市场主导模式的效应影响下,全球金融市场纷纷发展以银行为主导的金融系统,市政债在世界范围内呈迅速上升发展势头。受美国影响,在新兴市场,市政债也成为一种发展潮流。东南亚金融危机后,为了降低金融风险,亚洲开发银行等国际机构建议发展地方债券和公司债,债券市场成为健全金融体系的重要方向。实践表

---

① 财政部预算司:《地方政府债务规模控制与风险预警国际研讨会会议综述》,《经济研究参考》2008 年第 62 期,第 8 页。

② 邵玉君:《近期城投债情况统计研究》,《上海市经济管理干部学院学报》2014 年第 3 期,第 27 页。

明，市政债券在推动城市基础建设、促进地方经济协调发展等方面起到了积极作用。因此我国应借鉴各国市政债发展的成功经验，为政府债券发展提供政策思路。

（一）美国市政债的发行法律制度

运用法律来规定市政债的发行额度，以调节债券发行的平衡。在美国，市政债依还债资金来源以及信用担保不同，划分为收益债券与一般责任债券。收益债券大多是用项目本身创造的各种收益来进行担保，一般责任债券大多用当地政府信誉以及财政收入作为还债保证。美国的借债政府在还清一般责任债券方面是承担无限连带责任的，所以，美国有 44 个州在其法律中规定了发行一般责任债券的最高额。在美国，市政债发债主体虽包含州、市和县等各级政府，不过根据现实情况，美国各个州均被法律限制了政府债务最高额，规定市政债的发债规模应在现年未到期债券规模的 7%—21%。最高一次是在 1998 年，规模占到了 20%，最低一次是在 2011 年，规模占到了 7%，平均规模大约为 13%[①]。

1. 以发行长期及可回购债券为主，有利于缓解偿债压力

美国的市政债大多为长期债券，截止到 2013 年底，在还没有到期的市政债中，长期债的比例超过 90%。且各州和地方举借的市政债中有将近 65%是收益型债，这些债务的还债资金大多来自工程收回的利润，按照公平原则，受益人同样要负担一定比例的还债义务。所以，美国发行的市政债，其平均还款期为 17 年，融资的债券期也一定程度上体现了工程的盈利回报期，一部分市政债还可以再融资以获得更久的还债时间，从而降低了债务违约的可能。上述两点是目前美国发行长期债的基础理论。在美国，市政债基本都是可回购的，近些年，超过 85%的市政债依靠较长的还债期以及可回购性，大大减轻了政府债务负担，使得政府财力得到了灵活运用和调节。

2. 市政债券偿还的保障机制

（1）偿债准备金和保险制度降低了债券的违约风险

在政府的超期债务积攒到一定程度之时，最有效的解决措施就是由政府财政准备一项还债基金，时刻准备偿付到期债务的还款，尽可能将债务风险控制在幼苗期。美国很多的州和地方政府都预备有还债准备金，还债准备金的额度在还款总额 100%—120%，还可以是举债规模的 10%，而还债准备金

① 顾巧明：《地方政府融资平台视角下我国市政债券风险管理的思考》，《科学发展》2013 年第 10 期，第 28 页。

来自市政债溢价发行的所得和建设工程盈利回报，以及发债主体自有资产。在20世纪70年代过后，美国的债市上还出现了市政债保险，这使得购买市政债更放心和稳定①。有了市政债保险，即使发债主体在债务到期时没有能力偿还，那么保险公司也会出面避免债权人的损失，大大减弱了债务风险。

(2) 立法限制地方政府举债

到了2008年末，美国有47个州的宪法或者法规许可州举借一般责任债券。各州和地方政府举债，需要首先听证再进行公决之后，才能举借。以加利福尼亚州为例，法律规定本州任何县、市、镇、教育委员会或学区，在未经表决当中三分之二以上的适格选民赞成的情况下，不准以任何形式去偿还高于当年财政收入以及政府税收的任何形式债务。而且要求举债主体必须在得到任内三分之二适格选民同意的情况下，才可以使借债规模高于其任内当年的财政收入。

(3) 设置地方财政监控指标控制政府债务规模

为遏制地方政府无节制举债现象，美国许多州通过立法设置偿债能力指标对市政债券(主要是一般责任债券)的发行规模进行限制，常用的控制指标如下：

偿债率：债务支出/经常性财政收入，反映了地方政府的偿债能力和预算灵活性。

人均债务：债务余额/当地人口数，反映当地居民承担的当地政府债务余额的比例，人口数量的统计不考虑居民的就业、收入和财务状况。

人均债务收入比：人均债务/人均收入，可以度量一个州通过征税来偿还债务的能力。如果一个辖区人均债务负担过重，任何新增债务和税收都将影响到纳税人的纳税能力或付税意愿。

负债率：政府债务余额/GDP，主要反映地方经济增长对政府举债的依赖程度，或者地方经济总规模对政府债务的承载能力及地方政府的风险程度。该指标值越大，说明风险越高②。

通过设置地方财政监控指标，尤其是偿债率和负债率指标的设置，很好地反映了地方政府的偿债能力和预算灵活性，同时反映地方经济增长对政府举债的依赖程度，或者地方经济总规模对政府债务的承载能力及地方政府的风险程度，比较有效地控制了地方政府债务的规模。

(4) 通过破产保护制度建立地方政府债务清偿机制

《美国破产法》在第九章规定了“市政当局债务的调整”，通过允许无力偿

---

① 于舒：《地方政府债券的现状分析和未来展望》，《商业会计》2013年第17期，第73页。
② 《国外地方政府债务管理情况综述》，《经济研究参考》2008年第22期，第8页。

还债务的地方政府申请破产保护程序，该法案适用对象为符合法律要求的市政当局，不仅包括市、县、镇一级地方政府，还包括学区、公共区域等，以及诸如桥梁、高速公路等的收费运营主体，但不包含州政府。破产保护给地方政府提供扭转财政困境和财政恢复重建的时间，避免债务违约风险进一步扩大而陷入债务恶性循环。地方政府破产在保护债权人利益的同时，还必须保证政府有提供公共服务的能力，美国地方政府破产制度实施 70 多年以来，已经 600 多次挽救了美国地方政府，使地方政府可以通过这一法律框架解决它们的债务问题，基本形成了美国地方政府破产制度。

(二) 日本地方政府发债法律制度的经验

日本有着全球第二、亚洲第一大的债券市场，债市规模仅略逊于美国，其丰富的债市经验也值得我国借鉴。随着日本内阁政府的扶持力度减弱，再加上私募的衰落，日本地方政府债券的公开发行急剧增加。日本已获得信用评级的机构越来越多，两年间有 16 家机构新获得信誉机构评级。日本的地方政府债券又叫地方债，发债主体为都、道、府以及当地的社会团体。日本地方政府债券又分为地方公企业债与地方公债，因为内阁政府划拨的资金越来越少，导致地方政府债券的发债主体数量以及发债规模直线上升。日本地方债的发行有雄厚的资金支持体系和政府监督检查制度相配合，根据目前日本的制度，是禁止地方垮台和地方债务违约的，所以到目前为止，尚未出现上述状况。

1. 地方发债机制明确

(1) 举债核准方式的变化

在 2006 年之前，日本地方债发债需要进行审批。发债政府在举债前要提交一份计划给总务省，发债只有在得到总务省的首肯才能进行。由于大部分资金来源属于财政投融资资金，在审批过程中，总务省要与内阁进行磋商，由内阁出具建议，这就是所谓协议审批制度①。直到 2006 年开始，由于财政分权，日本地方债券发行由协议审批变换成协商机制。地方债券发行前，必须征询总务省（县和政令指定城市发行）或都道府县（市町村发行）的同意，只有获得总务省许可后，才可以借用公共资金发行地方债，总务省许可下的地方债债务支付被中央政府纳入税收分配。当出现特殊情况时，即使没有上级政府的首肯，也可直接向地方议会申请发债，只是如果在获得总务省的首肯后再发债能够有一些优惠政策。每一财年由总务省公布许可发债标准，预算赤

① 赵卿：“我国地方政府债券的开放与监管体系的构建”，《金融与经济》2009 年第 9 期，第 30 页。

字比例太高、往期偿债率过高、地方税征收率低于90%以及公务员工资较高的地区禁止发行地方债①。

(2) 地方债计划较灵活

为了保证财政稳健，偿债率过高或赤字超过警戒线的那些地方政府，只有获得批准后才有资格举借债务：如果实际偿债率是18%仍然采用传统的许可制制度；如果发行人实际偿债率为18%—25%，则必须先根据公认标准，起草一份地方债计划，获得总务省部长批准后才可发行；限制实际偿债率在25%以上的发行人发行特定项目债券。根据制度规定，如果地方债计划正确，债券或贷款将提前获得批准，如果债券或贷款无法获批，地方政府可以通过向议会提交报告而获批发行债券或贷款②。

(3) 地方债趋向联合公开发售

日本的地方债趋向联合公开发售。联合发行的地方政府债券由日本全国30个地方政府共同承担公开义务，它在2003年4月首次发行，每个发行者需为每个债务提供全额支付保证。联合发行的地方政府债券每月发行额为100亿日元(约合5.2亿人民币)，这是规模最大的日本非国家政府债券，2008年末偿还债券总额近6万亿日元。由于大发行量和高频率，联合发行的地方政府债券在雷曼兄弟综合指数以日元计价的组合中占有一定的份额。当两个或两个以上的地方公共团体需要发行地方债务，他们各自提出发行债券的申请，将获得共同批准，这些地方公共团体应对地方债务的利息支付和赎回集体负责。

目前，联合发行的地方债已成为日本债券市场上一个重要的组成部分。随着越来越多的发债主体加入联合发债计划，优质的联发地方债规模将不断增加，这也将增加日本在未来国际债券市场的份额。每天彭博咨询会公布联合发行的地方政府债券的交易指示，并为主要做市商提供透明价格。

2. 地方债偿还机制明确

(1) 地方交付税系统完善

由于地方政府承担公共事业项目建设，需要通过发债获得大量的资金，在地方财力不足的情况下，本息偿还由内阁政府的交付税充当财源。日本地方交付税系统的作用在于：确保所有地方政府实现标准公共服务目的，弥补标准税收和标准服务成本的失衡，保障地方政府收入，使地方政府为居民提

① 蔡德发：《美日强化地方政府性债务风险管理模式及其启示》，《经济研究导刊》2012年第5期，第136页。

② 庞德良：《日本地方债制度及其变革分析》，《现代日本经济》2011年第5期，第11页。

供标准的公共服务。任一年地方可分配总税收与国家的税收密切相关，它比其他来源的补贴更稳定。它的优点是，作为地方政府独立收入来源的一部分，使用方向没有限制。交付税为32%的酒税、34%的企业所得税、29%的消费税与27%的烟草税之和。如果这还不足以弥补所有的不平衡，各地政府需要根据法律规定或采取其他措施增加金额。日本绝大多数地方征收交付税的方法如下：[基准的金融需求]－[基准的收入]，基准的金融需求的计算要确保包括一些债务支付在内的基本金融需求①。

(2) 地方债支付担保资金雄厚

政府可以调节税率以确保财政税收收入。日本内阁政府要通过地方基础性财政计划为地方债务准备足够的资金，法律责成各地方履行社会公益责任。出于这个原因，法律也要求国家政府建立地方公共财政计划，用于准备足够的资金来执行包括债务支付的标准公共服务。交付税制度允许中央政府平衡地方政府财政状况，通过国家对各地的转移支付维持各地标准服务水平。

(3) 偿债基金完备

根据总务省的条例，发债政府需要准备足够的偿债资金，用于应急性的债务支付。为应对联合发行的地方政府债券的流动性要求，联合发行的地方政府债券委托银行设立特别偿债基金，以确保在不可预见的紧急事件发生时，及时支付本金和利息，这些资金来源于每家发行机构的债务支付偿债基金。具体来说，如果这些发行机构作为一个整体，偿债基金金额将接近于每年一个月支付额的10%。

(4) 法律制度保障成熟

关于支出范围，依照法律和行政令，每个普通的地方公共机构应当承担自己事务所导致的开支，以及其他普通地方公共团体费用的下降。当国家依据法律或政令，责成当地任何普通公共机构履行职能时，国家应采取措施为必要的开支进行融资，如果事务是由法律或内阁规定而新增，新增事务增加的地方公共团体或机关费用，应由国家承担相应的资助。任何地方公共团体对财政措施不满意时，可以通过内阁向国会竞投意见函。

3. 发行监管措施严格

日本地方债发行的监管措施非常严格，在目前的预警机制下，通过发布偿债率与赤字率等详细数据来披露各地财政状况。另外，通过加强对公共

① 杨华：《日本解决地方财政困境的改革措施与启示》，《经济理论与经济管理》2011年第10期，第96页。

财政状况的检查，督促地方政府对公众和投资者更加负责。每个财政指标必须符合规定的限制，如果其中一个指标出现问题，地方政府需要制订财政重建计划，直至满足指标条件为止。这个计划必须通过当地议会组织外部审计检查，并向中央政府报告。此外，当地政府需要向议会、市民和议员每年提交一份进度报告，如果报告存在问题，地方政府则需要改变财政政策①。

三、地方政府债券发行制度优势的启示

（一）地方政府债券发行制度更严格

相对地方的融资平台发债筹资而言，发行地方债的标准，明显对当地政府要求更为严格，要求做到的信息披露必须更及时，以减少债务风险产生的可能性。根据上文所述的发达国家举借市政债的情况来看，推出市政债要求借债政府的财政状况有效真实，而且经得住信用评级机构对市政债进行的客观公正的信用评价，然后再由债券市场给出合理的价格，这就促使一些地方政府融资体制下的层层缺点及漏洞被暴露出来，从而使得借债融集到的款项更好地投资到工程项目当中去②。依据前文对城投债的分析可以看到，在1994年《预算法》出台到2015年新《预算法》施行前，我国一直是不准许地方政府发行地方政府债券的，造成了许多地方政府所欠的债务隐形或变为或有债务。此外，一些地方政府的投融资平台制度不太规范，对财务信息状况的披露存在问题，这在很大程度上增加了城投债的风险性。所以说，放开地方政府债券的发行才是规范之举。

（二）地方政府债券资金管理效率更高

地方债的举债融资与投资期更匹配，而且由于是地方政府债券，发行成本会低一些，资金的直接供给率高。而我国各地的融资平台由于受制于发债公司的信用评级、存续期和资金量等状况，多数城市建设投资公司并不具备法律规定的举债要求，所以，举借的资金大部分为银行借款。矛盾的是，大部分银行贷款规定的还款期较短，然而社会公共服务设施项目建设工期长、占用资金多导致现金流不充裕，就造成了短还款期限和长收益期之间的冲突，使得借债成本增加，还债压力变重。而发行地方政府债券可以用政府

① 吴将政：《关于地方债成为我国地方财政新来源的思考》，《金融经济（下半月）》2012年第4期，第68页。

② 赵利明：《地方政府债务的会计核算：现实问题与改革思路》，《财经论丛》2012年第5期，第78页。

项目未来收益或者财政收入作保，债券信誉仅略低于国债信誉，被市场称为“银边债券”。同时，地方政府债券可以很好地适应市场，能依据市场需求和建设工程需要来调整债券的种类结构，更具灵活优势，还能根据工程建设时间长短来调整还债时间，最长可至工程完工开始获得收益时起还债，将社会公益性项目的还债压力更好分摊给所有受益人，将边际效益最大化①。

（三）地方政府债券相对城投债融资方式更优

通过上文的阐述，可以知道城投债存在许多制度缺陷，只有向放开地方政府自主发债过渡，才能更好地融资为社会服务。因为与地方融资平台相比，地方政府债券的风险监控机制更加有效，更有利于控制债务风险以及由此引发的财政风险和金融风险。地方融资平台由于有着为政府融资的背景，尤其在 4 万亿元一揽子经济刺激计划中，有配套的中央及地方财政资金支持，部分银行风险认知度不高，缺乏对地方政府投融资平台公司的征信调查，一哄而上争抢债券业务。而各地方又通过设立多个城投企业向众多金融机构拿贷，导致银行难以对贷款资金流向进行有效的监督和跟踪，难以掌握自己的总体债权总量和借债规模等。随着地方政府投融资平台规模的不断扩大，地方政府集聚了大量的财政风险，当地方经济出现风险，势必会迫使中央出面兜底，同时，各地投融资平台与银行之间存在贷款，又在债市上筹资，倘若其中一个环节的还债出现状况，那对于整个金融业来说都是震荡。而通过发行地方政府债券，使得其中的发行与承销、评级与流通等都交由市场化，由市场定价，由投资者用脚投票，并通过整个环节的公开透明，让社会对发债主体进行监督，从一定程度上解决了对各地投融资平台的隐性债务以及或有债务监管不力的问题。

通过市场机制来约束地方政府的盲目发债，发债主体还债的风险越大，发债的成本就越高，成本过高的时候，市场主体就不会再为其提供融集资金，从而可以遏制债务的超额累积。通过市场的风险监控机能可以加强各地政府的还债和避险意识，为我国经济健康发展打好基础，也有助于中央全面掌握地方债的规模和动向，建立债务风险监控来预防地方债风险的产生，尽量规避债务违约危机的发生②。

---

① 刘万钧：《防范地方政府融资平台风险的对策研究》，《天津经济》2010 年第 5 期，第 59 页。
② 邢世伟：《政府融资平台模式及风险问题研究》，《时代经贸》2010 年第 17 期，第 137 页。

第四节 地方政府自主发债的法治创新及存在的法律问题

一、法律和体制创新

（一）新《预算法》及其配套指导意见的出台

实施20多年以来，第一次进行大修的《预算法》在2014年8月底得到全国人大常委会的表决通过，地方政府被允许发行债券是本次修法的一大创新。新《预算法》首次在法律层面上规定了发债主体、发债用途、发债方式和债务的风险控制机制，这对目前解决各地政府筹资渠道纷杂、债务累积过高、到期还债难度较大等问题有积极的影响，同时也对将来各地政府更健康地举债、管债以及还债打下了法律基础。各地政府债务的日积月累源于地方政府财权与事权的不对等，也是由于各地政府过于片面追求GDP增长，过分依赖土地财政，加上又没有及时地监管和疏渠，就变成了现今这个威胁经济和国家安全的“炸药库”。在全球整体经济不景气、房地产行业低迷的环境下，部分地市相继发生城投债违约和城投公司信贷违约的案件，地方债危机预警响起。从2013年以来，中央财政、审计等相关机关相继出台了排查地方债规模、试点自发自还、治理影子银行、推进财税改革、抽离地方融资平台为当地政府筹资的作用，取得一系列的明显成效。

此次《预算法》的大修一方面是针对地方债务问题的对症下药，另一方面是构建地方债的风险防火墙。在法律层面明确了地方债的这条明渠，规定了发行方式，并授予了地方部分发债权，把之前一直视为灰暗领域的发债模式阳光化，以制度化堵后门，使地方政府发债制度规范化，遏止隐性负债。并规定了各地方融资的主要模式是举借地方债券，发债的规模必须提交到国务院，再由国务院上报给人大常委会表决通过。目前来看，现今试行的地方债券自发自还试点工作可能会推向全国，通过对债务规模的设限遏制各地政府的无序发债行为。更耐人寻味的是，各地方能够通过自发债券募集资金，这是一种积极的信号，表明地方发债机制越来越趋向市场化。

其次，新《预算法》从法律上明确了地方债怎么用、怎么还。地方发债要有还债计划以及可靠的还债资金，并且发债融资必须用于“公益性资本支出”，不得用于经营性支出。除法律另有规定外，地方政府及其所属部门不得为任何单位和个人的债务以任何方式提供担保。这些“紧箍咒”可优化地方举债后的资金使用,减少资金流向楼堂馆所等现象以及随意捆绑土地、房地产市场等举债行为。而各种担保或隐性融资形式若被地方政府债置换,地方债也可进一步显性化。

此外,新《预算法》从法律上明确了地方债怎么管,即国务院建立地方政府债务风险评估和预警机制、应急处置机制以及责任追究制度,国务院财政部门对地方政府债务实施监督。建立地方发债市场化常态下的风险管控机制,而责任追究制在法律上的明确有利于消解举债的地方首长意识,防范债务均由中央政府兜底的道德风险。无疑,覆盖发债、用债、还债、管债全程各环节的地方债管理体系,可缓解经济增速中枢下移、结构转型升级的阵痛,但其要在实践中真正发挥威力,还有待财税体制改革的深入推进和"强预算"原则的刚性落地。比如,如何构建地方主体税体系,匹配地方政府在地区经济建设、社会事务管理等方面的事权;对"公益性资本支出"的"公益性"如何认定,在实际操作层面还面临一些争议。

《预算法》(2015)为地方政府举债开"明渠"。在明确立法宗旨,细化全口径预算管理和预算公开制度,赋予地方政府有限发债权,以及完善预算审查、监督、强化预算责任等方面,新《预算法》都作出了更加详细的规定。《预算法》(2015)的一大亮点是完善顶层设计,加强地方政府债务管理。《预算法》(2015)规定,经国务院批准的省、自治区、直辖市预算中必需的建设投资的部分资金,可以在国务院确定的限额内,通过发行地方政府债券以举借债务的方式筹措。继地方债试点"自发自还"后,《预算法》(2015)为地方债务的阳光化再度指出明确方向。

继《预算法》(2015)为地方政府举债开出"明渠"后,国务院于 2014 年 10 月发布的《关于加强地方政府性债务管理的意见》,又清楚勾勒了地方债务治理路线图。在这之后,财政部拟定了一份《地方政府性存量债务清理处置办法》,要求省级财政部门应于 2015 年 1 月前将汇总的 2014 年底存量债务清理及甄别结果报财政部,经国务院批准后,锁定政府债务余额。并且,在为符合条件的在建项目后续融资提供一年过渡期之后,2016 年起只能通过省级政府发行地方政府债券方式举借政府债务。

伴随着《预算法》(2015)的正式生效,财政部等相关部门相继出台的配套指导意见更加明确了地方政府债务管理的一系列问题,将更切实有效地化解地方债务。

(二) 地方政府债券信息披露与信用评级法律制度的建立

地方政府自主发债在制度规范方面迈出了重要一步。财政部发布的《关于2014年地方政府债券自发自还试点信用评级工作的指导意见》(以下简称《信用评级意见》)和《关于2014年地方政府债券自发自还试点信息披露工作的指导意见》(以下简称《信息披露意见》),对地方政府自主发债在信用评级和信息披露两方面进行规范和细化指导。

按照财政部新出台的意见要求,试点地区地方债信用评级划为三等九级,只需进行涵盖各期限地方债的综合性评级,首次评级进行一次,此后跟踪评级每年开展一次。此外,地方债发行前5个工作日,试点地区应披露债券基本情况、当地经济财政状况、信用评级等信息。业内评价指出,两份指导意见体现出地方债市场化发行的思路,有助于强化地方政府的责任及投资者自行判断风险。信用评级和信息披露的双重约束,将公众监督引入规范地方政府举债的制度体系,是我国地方债管理走向成熟的表现。

经国务院批准,2015年我国在上海、浙江、广东、深圳、江苏、山东、北京、江西、宁夏、青岛等10个地区试点地方政府债券自发自还。《信用评级意见》强调评级公司要披露信用评级的评级方法和标准。根据指导意见,今后地方政府债券将被贴上"三等九级"的信用标签,标示的符号分别为:AAA、AA、A、BBB、BB、B、CCC、CC、C。其中,AAA级表示偿还债务的能力极强,基本不受不利经济环境的影响,违约风险极低;BBB级为偿还债务能力一般,受不利经济环境影响较大,违约风险一般;CCC级为偿还债务的能力极度依赖于良好的经济环境,违约风险极高。财政部要求,试点地区在发债前必须对各期限地方债进行综合性评级,包括进行一次首次评级,此后每年开展一次跟踪评级。试点地区财政部门应从具备中国境内债券市场评级资质的信用评级机构中,依法竞争择优选择一家信用评级机构。发债必须公布近三年经济运行和财政收支情况,地方政府在信息公开方面增加了更多"硬"约束。根据《信息披露意见》,债券发行前,地方除了要向社会公开将要发行债券的基本信息,本地区中长期经济规划、近三年经济运行和财政收支情况等外,还必须公开截至2013年底的地方政府性债务情况,包括债务余额、举借主体、资金来源、资金投向、未来偿债计划、控制债务增长和防范债务风险方面拟采取的措施等。《信息披露意见》还要求,在地方债还本到期日前,地方政府发生可能影响其偿债能力的重大事项时,试点地区财政部门应及时向市场披露。重大事项主要包括:地方债本息未按期支付、重大的债务赎回或债务豁免、其他影响地方债还本付息的重大事件。但是,当前对地方政府债券进行信用评级面临的一个主要挑战在于地方财务数据的透明度问题。目前我国地方政府债务数据还不是特别透明,各地方政府也还没有建立完整的资产负债表。

地方自主发债违约率及发债定价,很大程度都要依赖第三方评级机构所做的信用评级报告。评级越高，发债利率就越低，该地政府债对应的融资成本越低；而评级越低，发债成本就越高。而受聘于地方政府的评级机构应当顶住来自政府压力的干扰而保持独立，《信息披露意见》对地方政府在评级中的行为规范作出了明确规定。试点地区财政部门应按照公开、公平、公正的原则，依法竞争择优选择信用评级机构；并要求试点地区财政部门应与选定的信用评级机构签署信用评级协议，明确双方的权利和义务。通过信用评级和信息披露的双重约束，将公众监督引入规范地方政府举债的制度体系，是我国地方债管理走向成熟的表现，体现了对社会公众高度负责的精神。

两份指导意见体现出地方债市场化发行的思路，即要求地方政府作为一个平等市场主体发行债券。自主发债风控需要信息披露的常态机制。在地方政府发债过程中，地方政府能不能按照制度要求，真实准确而又及时地公布经济指标、财政收支、债务等方面的信息，还有待于实践去检验。只有真实的信息披露了，评级机构才有可能客观地做出评级和风险判断，才利于社会及机构参与者的评估、监督及科学决策。现阶段，地方政府自主发债评级的关键是建立信息披露机制。

试点自发自还的10个地区中，发债主体绝大部分是省级政府或东部发达城市，违约概率极低。而随着未来试点向内陆的地级市、县级市推进，加强风险监控、预防违约就变得极为关键。业内曾出台了一份对中国所有地市的传统意义地方债及城投债等进行取样的评估报告，其结果初步显示，若排除中央转移支付部分，我国中西部地区绝大多数城市的政府负债率、偿债率等指标均不算理想。建立信息披露的常态化机制，是现阶段防范地方债务风险扩散的最有效方式。但是，对于当前自主发债试点地区的地方政府而言，真实准确而又及时地发布债务信息仍是披露的常态化机制，是现阶段降低地方债问题扩大的最有效途径。

二、地方政府信用评级存在的问题

（一）评级机构的选择标准及其法律责任

财政部出台了一系列管理自发自还形式下的地方债务的指导意见，其中之一个措施是规定几个试点地区进行信用评级和信息披露工作。首先在我国有资质的评级机构当中按程序择优挑选评级机构，同时，明确规定试点政府不能干涉信用评级机构客观、独立的评级。

不过，目前我国的信誉评级制度还不够完备，在当前情况下谈保持客观公正还有些困难。发债的地方政府通常会挑选那些能让自己满意的评级公司。财政部要求各地方择优挑选评级机构，那么具体的挑选原则应当公布，接受社会监督，但这一点至今仍没有下文。所以，让发债主体自己挑选评级公司，就会干扰、影响评级的客观性和公正性，可能存在违规评级，这样是起不到对投资者的预警和提示作用的。综上所述，应当从法律层面明确评级公司的法律责任和义务，同时，加强对评级公司的教育培训，增强行业道德意识，提高行业的自律性。

（二）评级机构对政府地方债券评分的标准

给政府信用打分看似新鲜，实则为难事。政府信用评级刚刚起步，我国的评级机构相对而言也不够成熟，再加上信用评级本身并没有一个统一的标准，评级结果出现一些偏差、社会上有不同看法都是正常的。对政府发债来说，肯定是获得的评级越高越好①。不过，对地方公债的自发自还中增加的信用评级的作用还有待实践的证明。其一是我国有的地方政府有操纵评级公司的情况，对于评级公司能否保持公正、独立和客观令人担忧；其二是政府的行政力量无处不在，可能会对评级公司产生一种约束，导致不公正的决策。

三、地方债“自发自还”存在非市场因素干扰

上海、浙江、广东、深圳、江苏、山东、北京、江西、宁夏、青岛等十个地方政府的地方债“自发自还”试点工作已经收官一年有余，目前存在的问题是发行的地方债利率均低于同期国债，发债主体信用评级无差别，一律为最高级等。因为按照常规，地方政府信用等级比国家要低，而且地方债的流动性也比不了国债，融资成本应该比国债高，但是现在利率却低于国债，明显不太正常。利率是债务信用、风险的反映，现在的地方自发自还利率并没有反映出相对应的市场风险，其中应该存在一些非市场因素在起作用。传统的经济学理论在中国地方政府自行发债的改革尝试中遇到了挑战。从传统的理论上讲，风险越高，收益率越高，反之，风险越低，收益率越低，也就是说，地方债要比国债的收益率高。

就以这十个试点省市的地方债的发行利率来看，自十省市自发自还地方债启动发行以来，因持续受到热捧，出现发行利率比肩国债利率，甚至低于国债利率的现象。最为典型的是山东省。山东省发行的 3 期 137 亿元地方政府债券中标利率分别为 5 年期 3.75％、7 年期 3.88％、10 年期 3.93％，较招标前日同期限国债利率分别低 20 个、21 个、20 个基点。

实际上，不仅仅是山东，2014 年 8 月 5 日，作为经济非发达地区自发自还地方债试点的样板，江西自发自还地方债招标结果显示，5 年、7 年、10 年期债券中标利率分别为 4.01％、4.18％和 4.27％，发行利率可以比肩国债，远低于

① 高艺：《信用评级机构利益冲突规避机制研究》，《西部金融》2012 年第 8 期，第 62 页。

由财政部代发的同期限地方政府债，与已完成该类地方债发行的东部省份也无明显差异。8月11日，宁夏自发自还5年期债券中标利率为3.98%，7年和10年期中标利率分别为4.17%和4.26%。而在二级市场上，截至8月8日，中国银行间5年、7年和10年期固息国债的估值分别为3.98%、4.18%和4.27%。也就是说，宁夏自发自还的地方债中标利率与国债收益率水平基本相当。8月19日，浙江省地方政府招标发行的三期5年期、7年期和10年期自发自还地方债中标利率分别为3.96%、4.17%、4.23%，略高于同期限国债利率2个基点，三期债的投标倍数分别为2.46倍、2.42倍和2.49倍。几乎同一时期，青岛市政府公布的自发自还地方债发行结果显示，5年、7年和10年期债券利率分别为3.96%、4.18%、4.25%。

从实际发行结果来看，地方债的发行利率并未体现地方政府的实际信用风险。地方债发行工作的市场化程度还有待提高，业务流程亟待规范。此前中央代发代还的地方债利率一般会比国债高30个基点(bp)，2015年广东地方债的发行利率就与同期限国债持平；到山东地方债发行时，利率居然比同期限国债低20个基点(bp)，远低于市场预期。根据信用债定价的一般规则，利率必须要体现信用溢价及流动性。那么以地方政府信用担保的自发自还地方债，其信用水平显然不如以国家信用担保的国债，流动性也差于国债。但是山东地方债利率低于国债，且低于广东地方债，这就可能与地方政府自行组团承销中的非市场化因素有关了。

自发自还的地方债应当体现地方政府的信用风险，也应体现不同区域地方政府的实际偿债能力。如果地方政府找金融机构“做工作”，或者金融机构为“讨好”地方政府主动降低发行利率，那么低成本的资金涌入地方政府手中，仍将构成金融抑制，其结果不仅扰乱金融资源配置，还将助长地方政府的无序投资，进一步恶化经济结构。市场是资源配置的决定性力量，只有依靠市场化手段才能为地方债合理定价，促进地方政府合理融资。

第五节　地方政府自主发债运行机制的法律维度构建

一、债券发行机制的法律构建

(一) 建立健全利率市场化机制和地方债评级制度

将发债利率逐步市场化，加强信誉评级公司自律性和专业性，可从以下几方面着手：

(1) 健全常态化发债制度和债券隔离制度，增加发债频率，降低发债地方对中介机构的影响程度。

(2) 完善地方政府债券的期限品种，补充1年期、3年期以及15年期的期限品种，强化地方债的期限组成。

(3) 加强债券二级市场的流通性，完善承销机制，贯穿银行与债券交易市场，刺激债券二级市场交易。

(4) 根据我国的事权体制与财权体制设立一套地方政府债券市场的估值系统，涵盖系统模型、各地债市表现、举债政府的财政与赤字情况，以及第三方中介机构的评估结果。根据政策规定，试点地方的债券评级最高是3A级，这种比较笼统的分级不能展示出发债政府在财政、治理以及还债情况等环节区别，建议可学习国外评级经验，将评级级别再细分，在3A之上设立3A+，在3A之下设立3A－级别。鉴于现阶段国内评级制度发展还尚未完善，可适当允许国外成熟的信誉评级机构如穆迪、惠誉国际等，以不违反我国相关法律和政策为要求，聘请其给我国的发债主体进行信誉评价。等到发展成熟后，再聘请国内评级公司进行评级，使地方债评级实现良性循环。

(二) 强化信息披露，完善市场约束

各国完善的预算编制以及债务报告体系为提高地方政府债务管理透明度打下了坚实的基础。例如，法国的政府债务被纳入预算管理，地方政府债务的形成、偿还和变更等必须遵守预算编制程序。其具体工作由总理负责、财政部编制、议会审批。一旦议会审批通过，预算执行部门必须严格贯彻执行。法国地方政府公布的每份政府财政预算中，均有详细的债务说明。又如，巴西的各地方政府每一年都向巴西联邦政府报告当地的财政收支状况，并且每个季度会公布一次地方政府的债务状况，公告必须由当地行政长官批准许可后发布生效①。

这些国家上述的财政预算及债务信息的披露基本上是通过齐备的联网系统实现的，法国地方政府的预算资金使用细节是随着社会公共会计系统逐月层层汇报的，社会公众可从这套系统看到各地的预算执行细节。同样，巴西地方政府把全部详细发债借贷信息录入全国的银行联网系统中去，不然将

① 参见《巴西整治地方政府债务危机的经验教训及启示》，《经济研究参考》2008年第22期，第11页。

被视为违法交易而接受调查。联邦政府以及所有金融机构都有资格查询到这些信息。

他山之石，可以攻玉。首先，要学习国外先进经验，将相关债务信息通过专门的网络公共平台向社会公布。各地方的政府要自觉把财政以及债务详细信息公之于众，交由上级机关和社会舆论监督。其次，要加强各地人大和审计机关的审查监督职能。通过种种措施，逐步构建起债券发行的法律机制。

二、偿债机制的法律构建

（一）偿债准备金制度

许多国家为了减轻各地方政府的债务压力，同时减少债务积压同时偿还而造成的还债资金严重短缺，基本上都会建立还债准备金机制。准备金款项大多来自地方政府债券发行环节的溢价发行获利和政府建设工程的盈利。在美国，其还债准备金款项大多来自工程的盈利收益，而且，这笔准备金仅能用于偿还风险较低、并获得联邦政府支持发行的债券。这笔资金可以用来购买市政债，只不过其购买的债券期要短于还债期。有些国家的偿债准备金是来源于当地政府的财政拨付和地方不动产的抵押获得的款项。如在南非，资产的抵押来源，不管是抵押权人，又或是他的受让人，当地方政府拖欠还款时，只要不影响公序良俗，都可以用抵押物获偿。也有些国家是按照发债规模在当年的财政预算中准备一定比例资金来还债，如日本，各地方会根据当年所欠债务余额的三分之一准备偿债金。美国还会专门设立相关的市政债的保险体制，当发债主体不能还本付息时，则由相应的保险机构负责本息的赔偿。

根据上述经验，可以在我国试行还债准备金制度。结合我国地方政府发行债券方式，如发行收益债券的方式举债，由于收益债券是以项目收益作为保障的，因此偿付资金应以债券融资项目未来的收益作为还本付息的资金来源。当然，由于一些准公共产品的项目，其收益外溢性较大，难以偿还债务本息，则可以考虑以政府的税收收入作为偿还补充。对于偿债准备金的管理应采取专款专用，各部门应定期报告偿债准备金余额和使用情况。

（二）构建地方政府偿债基金与市政债券保险制度

由地方政府财政部门根据年度预算安排、财政结余调剂以及债务投资项目效益等划转组成，财政部负责统一管理，专项用于地方政府债务偿还。市政债券保险有利于降低投资者违约风险与发行人成本，提高市政债券流动性。为此，法律上可考虑尽快出台有关市政债券保险条例，做到有法可依。设立初期可由国内几家大型保险公司进行试点，向其开放市政债券保险业务，条件允许时还可考虑境外跨国保险公司，待时机成熟则可建立专门市政债券保险公司①。

（三）明确地方政府偿债主体责任

在现实中，一些地方因地方政府的偿债能力相当低，很可能到期无法偿还债务，中央政府最终又成为地方债的“买单人”。因此，必须根据实际情况，运用法律或其他强制性的方式来规定偿债主体，中央应该制定合乎实际经济状况的债务分配办法，制定相关的法律和规章制度，强制性地要求该地区必须在债务到期时能够自主偿还债务。须明确地方政府作为公债的发行、使用和偿还主体，在法律和理论上负有偿还责任。

（四）法律纠错机制

许多国家的中央政府对下级政府相关的政府债券分管领导制定了严厉的纠错规定，如果相关管理人员未遵循程序管理债券资金或者是未尽到相关管理责任，相关责任人或机构往往会面临严厉的经济或是行政惩罚。如新西兰地方政府债务法案规定，一旦地方当局无法全额和持续支付特别债券的本金或利息，那么违约地方当局将向债券或股票持有人额外支付违约金额的5%作为赔偿金。一旦地方当局连续 28 日无法全额和持续支付偿债基金的分期偿债额，地方政府债务委员会将向地方当局追索债务或是提请高等法院指派一名财务委托管理人追索债务。

我国也应建立债务管理纠错机制。我国在绩效考核制度中采取的是宜奖而不宜罚的政策，即有工作激励但无惩罚措施。加之政府部门工作人员不能随意解聘，导致相关人员及部门缺乏自我约束意识，债务风险意识较为薄弱。国外从政治、经济、行政甚至刑事方面规定了相关责任追究措施，很好地解决了上述问题。所以，应学习别国先进经验，建立责任追究机制，约束相关责任主体行为。如对于违反债务管理相关规定的地方政府给予经济上的惩罚，对于相关责任人不予提拔，造成经济损失的，可依法追究法律责任等。切实从思想上提高地方政府的债务风险控制意识，打消地方债务中央兜底的念头，消除地方政府债务风险管理的懈怠。

---

① 孙芳城：《浅议内部控制视角下的地方政府债务管理》，《商业会计》2010 年第 16 期，第 61 页。

第六节 债券监管机制的法律构建

一、专门债务管理机构的设立

世界上大部分国家均专门设立债务管理机构来管理国内各个地方政府的债务问题。从债务管理机构和中央财政部门的隶属关系角度出发，该机构的设置有两种形式：一是作为中央财政部门下辖的机构全权处理下级政府的债务问题，例如南非共和国中央财政部的政府间财政关系司下设省级债务处和城市债务处；二是独立在中央财政部之外专门设立一个债务管理部门，不受干涉，独立运作，对全国各个地方的债务状况进行监管，并且必须定期向财政部报告总结债务总体情况。比如美国的联邦层面是由两个部门完成市政债的监督，即美国联邦政府市政债规则委以及美国证监会的市场监管部下设的市政债办公室，这就是独立于财政部之外设立的债务管理机构的典型①。

目前，世界多数国家的地方政府债务管理机构都隶属于财政部，即使个别国家债务管理机构独立于财政部，但仍需向财政部进行汇报。这与这些国家要将地方政府债务纳入政府预算进行统一管理有关：一方面财政部负责政府预算的编制，在财政部下设债务管理机构便于预算统编统筹；另一方面债务风险极有可能涉及财政安全，由财政部对地方政府债务进行管理，有利于债务风险的防范及化解。

所以，我国也应建立债务管理专门机构，在从行政约束型向规则管理型过渡过程中，仍需保持中央政府的宏观调控。因此按照债务统一管理原则，应考虑在中央层面设立债务管理办公室，负责全国地方政府债务的发行管理、风险控制及危机处理等，具体包括如审查各地发行资格、规模控制、信息披露及风险预警等。

二、预算监管的设立

中央对地方政府的财政援助极易导致预算软约束形成，引发地方政府道德风险。为避免这一问题，一些西方国家政府预算实行透明化的全预算管理，即财政相关收支都纳入政府预算，政府举借的债务无论是发行债券还是银行借贷都是用于公共财政支出，而债务也需要由财政收入偿还，地方政府

① 王明伟："国外地方政府债务管理情况综述"，《经济研究参考》2008年第22期，第8页。

债务的收支及使用理所当然地就进入政府预算管理范畴中。如波兰的《公共财政法》规定，政府的所有年度收入都必须汇集编入总预算账户，地方政府预算支出分为经常性支出、资本性支出和负债偿付三部分，支出总额由法律规定，不得随意突破①。将债务纳入预算管理的最大优势是实现了对地方政府债务的全程监管。首先，实现债务规模合理化。由于政府预算编制时通常要对国家经济、财政收支等因素进行充分合理的科学预测，财政收支水平比较准确。在这种情况下，当财政收入不足以弥补财政支出时，能够依据预测的收支缺口合理适度举债，避免举借债务规模过大，超过地方政府承受能力。其次，债务使用受到监督。西方国家政府预算通常受到国会、议会以及国民的严格监督和控制，且该监督控制始于预算编制，终于预算的最终决算和审计，能够实现对预算的全程监督，将债务收支及使用纳入预算管理，实际上也就实现了国会、议会以及国民对地方政府债务的全程监督和控制②。最后，债务偿还有保障。鉴于西方国家的预算、债务均依靠国家议会和地方议会的监管，并且在两会审批政府财政预算的时候，如果地方政府的债务状况仍然有违约的风险，那么将导致同年政府财政预算很难被批准通过。这也就意味着，地方政府债务的举借必须要在确保地方政府债务清晰、还债资金充裕的情形之下，才会得到议会的通过。

综上所述，我国可以将地方政府的发债计划并入预算管理中，不管以地方财政税收为还债资金来源的地方债或是将工程本身运营收入作为还债资金来源的地方债，均一律归入政府财政预算中进行管理，包含债券发行计划的制定、发行和偿还。同时在当年的年初编制政府财政预算时酌情考虑地方政府债券的偿还情况，并且要随时接受地方人大和审计部门的检查和监督，地方政府必须严格依据当年的预算情况负债，控制债务风险。

三、风险预警机制的设立

风险预警与规模控制的共同点在于防范债务风险，区别在于规模控制是对地方政府举借上限的控制，风险预警则是对地方政府债务状况实施连续监控，避免债务规模达到甚至超出规模控制水平。从各国实践看，风险预警机制主要在于监测指标的设置。如美国俄亥俄州将风险监测分为预警状态和紧急状态：预警状态的考核指标包括赤字规模、债务逾期等，紧急状态考核指标除了上述指标外，还包括现金短缺、工资拖欠等。被列入预警名单的地方，

① 魏加宁：《国外地方政府债务融资制度综述》，《国家行政学院学报》2010年第6期，第113页。
② 许鸣：《我国发行地方债券面临的新问题及对策分析》，《经济纵横》2009年第8期，第3页。

若其财政有所好转则从预警名单中取消，否则将被进入危机名单，此时该州需成立“财政计划与监督委员会”来监督和控制地方政府债务。哥伦比亚地方政府设置了“红绿灯”来构建地方政府债务预警机制，选取的指标包括债务利息支出与经常性盈余之比这一体现流动性的指标，以及债务余额与经常性收入之比这一体现偿债能力的指标。当流动性指标大于40%，偿债能力指标大于80%时，地方政府将被禁止举债，否则允许地方政府自行签订借款合同。波兰也设置了偿债能力指标（债务余额/GDP）和汇率风险指标（外债余额/债务总额）来对债务风险进行实时预警。

所以，我国也应当建立科学合理的财政风险预警体系。风险预警体系的建立需具备两个重要因素：技术及制度。技术层面，核心点在于指标参数的选取及指标体系的构建。选取的指标至少应具备代表性强、操作性强两个特点。代表性强决定了既要符合国际惯例对于风险预警指标的选取，同时不能选取过多指标从而造成指标与指标之间互相抵销对债务风险的评估。不过，代表性也必须顾及不同地域的各种差异性，在指标参数的选取上照顾到各省份的特殊性。对于操作性，强调选取的指标、参数数据都能够借助相应技术水平得以量化，可以得到较为精确的数值。至此，一套较为完善的债券监管法律机制的雏形才算构建完全①。

结　语

从体制改革的角度讲，如果不进行地方债制度改革，仍然禁止地方政府自主发债，所谓的“金融创新”就会层出不穷，信用链条就会越来越长，融资成本就会继续上升，地方政府债务更加隐性化，财政金融风险交叉传染，系统性风险不断累积，最终就会导致财政金融危机的爆发。但如果进行地方债制度改革，允许地方政府到资本市场上公开自主发行债券，就会出现利益导向：凡是财务报表越规范、信息披露越透明、财政管理越现代的地方政府，在资本市场上能够融到的资金就越多，从而形成正向激励，引导地方政府往建设现代财政的方向去努力。

从经济发展的角度讲，如今，投资增长速度放缓，经济下行压力增大，的确有必要适当增加政府投资，上马一些合理、有效的基础设施建设项目。但问题是，如何判断哪里的项目合理？哪些项目有效？由谁说了算？如果是让

① 王伟：《政府财务公开的法治探讨》，《法制与经济（中旬刊）》2012年第7期，第111页。

政府说了算，显然不尽合理，如果让市场说了算，就必须进行地方债制度改革，允许地方政府自主发债，让投资者自己“用脚投票”。如果这样，那么就算是当前判断失误，将来也会由投资者自己来承担部分责任，从而分散债务风险。

实质上，地方发债权牵扯到宪政问题，一发不可牵，牵之动全身，所以在改革过程中要“如履薄冰”。新版《预算法》的出台，给予了各地方一定的自主发债权，这就要求各地人大承担起监督地方预算和债务的职责，并调整好和政府在各自所在位置上的角色。虽然适度下放权力可能会造成个别地方政府暂时性地投机，但是解决投机行为的办法并不是一竿子全部打死，核心在于强有力的监督管理和规制，不仅要有上级政府和人大的监督，更关键的是债券市场上各方主体的自律，逐渐培育成熟稳健的债市，依靠市场机制，让中国的地方债接受大浪淘沙，真正促成我国地方政府债务问题上的良政之治。

第二章

城镇化建设中城投债融资若干法律问题研究

【核心提示】随着“新型城镇化”备受各方关注，城镇化建设的资金来源问题，已成为各级地方政府亟待解决的重要问题。而由于《预算法》的约束及中央政府对平台贷的监管，越来越多的地方政府选择通过城投债融资解决城镇化建设资金难题。然而，城投债融资中，表面的发行人和背后的地方政府，究竟谁是真正的融资主体，融资规模和资金使用如何控制，偿付义务如何分配，诸多法律问题需要厘清。尤其是地方政府和城投公司的关系及边界，必须依照公司法理及“借、用、还相统一”的公司举债原则和法制予以划清，以严格规范地方政府的城投债融资，防止过度融资加剧地方债务风险，稳健推动新型城镇化建设。

引　言

——谁在融资？谁来偿还？

由于我国《预算法》控制地方政府自行发债，各级地方政府便通过整合其控制的土地、股权、规费收入等资产，设立财务指标可达融资标准的城投公司，代表地方政府进行城镇化建设资金的融资、投资和建设、管理。在国家进一步收紧平台贷的背景下，城投债融资逐渐成为地方政府的首选，成为城镇化建设资金的重要来源。中央国债登记结算公司数据显示，2012 年一季度，我国银行间市场累计发行企业债券 96 只，发行金额为 1 676 亿元，较上年同期的 815.78 亿元翻倍，而 2011 年全年企业债发行量只有 2 485.48 亿元。2012 年 3 月企业债发行量超过 1 000 亿元，发行数量达到 72 只，平均每周 18 只，创下企业债诞生以来的历史最高水平。数据表明，2012 年是我国债券市场的扩容之年①。再加上债券融资成本低、结构活等优势，2013 年城投债接棒平台融资，发行量或超万亿元。但超发的背后，是地方政府的巨大债务风险。国家审计署 2013 年 6 月 10 日通告 36 个地方政府 2012 年底所持债务的审计结果，其中 9 个省会城市的未偿付债务占其财政资源的比例超过 100%，其中公路等行业债务大量靠借新还旧。虽然城投债融资并不构成地方政府的直接债务，但由于地方政府为发债融资违规担保或隐性担保、融资资金挪作他用等原因，城投债融资的真正主体究竟是谁、债务偿付的责任主体是谁、怎样防止融资失控及资金挪腾？诸多问题的解决需要加强城投债融资的法律规制。

第一节　矛盾中的必然选择：城投债融资的现实背景

自 1992 年上海浦东新区成立第一家现代意义的政府融资平台——上海城市建设投资开发总公司之后，全国各地纷纷通过财政拨款、土地注入等方式组建地方政府融资平台，充当政府融资主角，在地方建设中发挥了重要作用。随着融资平台债务规模的过快增长及债务偿付风险的日益显露，国务院、发改委等从 2010 年 6 月起即连续发文清理整顿融资平台，要求商业银行严格控制平台贷款。但在新型城镇化建设热潮之下，地方政府急需大量建设资金，于是巧借融资平台的转型之机，大力发行城投债融资。

一、城镇化建设的资金饥渴症状

尽管不少地方政府已经负债累累，但其并未因此而降低投资冲动，相反，基于城镇化建设对地方经济的显著提升作用，各级地方政府大拆大建的热情依然很高，争相抛出巨额投资计划。新的城镇化建设需要大量资金，原有的许多在建工程也依然需要后续资金，而地方政府由于财政收入有限，又受《预算法》约束无权举债，最终只能通过设立融资平台向外融资。而 2012 年以来地方财政因为土地出让金减少备受冲击，又进一步加大了地方政府通过城投公司融资的压力。伟业我爱我家市场研究院的统计数据显示，2012 年 1—10 月全国 306 个城市共成功交易土地 23 640 宗，土地出让金 14 027 亿元，与上

---

① 韩永先：《股市市场震荡不休为债市发展带来机会》，《中国经济时报》2012 年 4 月 10 日。

年全年相比减少 37.10%[①]。这使得城镇化建设面临更大的资金饥渴。

二、建设资金的融资方式转变

尽管土地财政的本质是融资而非收益[②],但依靠财政有限的信用,必定难以满足大规模建设资金需求。传统的地方融资平台主要以银行贷款为融资渠道,但因风险的积累和扩大不断受到严格监管:2012 年银监会下文要求地方融资平台贷款"降旧控新"总体目标不变;2013 年银监会又下发《关于加强 2013 年地方政府融资平台贷款风险监管的指导意见》,继续强化融资平台信贷的监管。在此背景之下,地方建设资金的银行贷款融资下降。

在各地加快城镇化建设"稳增长"的背景下,地方融资平台资金需求日渐旺盛,受阻于银行融资渠道之后,通过债市融资成为选择之一。审计署于 2013 年 6 月 10 日发布的《36 个地方政府本级政府性债务审计结果》(总第 166 号)显示,地方政府性债务规模有所增长,但受同期财政收入较快增长影响,多数地方债务负担呈现下降,且地方政府性债务中银行贷款占比呈现下降,直接融资(发行债券)占比有所提高;地方政府性债务资金仍主要投向市政建设、交通运输和保障房建设等基础设施和公益性项目,其中,受监管部门政策影响,交通运输和保障性住房债务支出增长迅速[③]。据鹏元统计,截至 2012 年 3 月 31 日,共有 399 家地方政府投融资平台公开发行过企业债,共计发行了 512 只债券,累计融资 6 712.5 亿元。其中,城投债 2011 年发行 137 只,发行规模 1 735 亿元,创历史新高[④]。作为基础设施建设的重要资金来源及地方融资平台的重要工具,2012 年城投债发行额出现爆发式增长。中央国债登记结算公司的统计数据显示,2012 年银行间债券市场共发行城投类债(包括企业债和中期票据两种形式,以市、县级融资平台为主)6 367.9 亿元,较 2011 年增加 3 805.9 亿元,同比增速高达 148%[⑤]。2013 年一季度城投债发行规模较上年同期增长约 1.6 倍,预计 2013 年城投债发行量将大幅超过 2012 年,达到 7 000 亿—10 000 亿元,同比增长 12%—30%[⑥]。

---

① 赵东东、张莫:《地方融资平台发债超出去年 1 500 亿偿债压力加大》,《经济参考报》2012 年 11 月 16 日。

② 赵燕菁:《城市化、信用与土地财政》,中国宏观经济信息网: http://www.macrochina.com.cn/zhtg/20130514105358.shtml.

③ 《36 个地方政府本级政府性债务审计结果》,www.gov.cn/gzdt/2013-06/10/content_242416.htm.

④ 余雪菲:《银行变相担保城投债》,《国际金融报》2012 年 5 月 11 日第 8 版。

⑤ 陈峥嵘:《发行市政债券 缓解城镇化资金困局》,《理财周刊》2013 年第 21 期。

⑥ 陈果静:《城投债供需矛盾隐现》,《经济日报》2013 年 3 月 29 日第 10 版。

三、发新债还旧债

地方政府的到期债务若无力偿还，解决办法只有三个：要么债务展期，要么借新还旧，最后只能债务重组。大规模发债的背后是地方政府债务偿付高峰期的到来，地方政府正在通过"借新还旧"的方式以避免违约①。因此，目前地方政府融资平台的融资需求仍然很大。据报道，2013 年首批地方债发行，逾三分之一用于偿还旧债②。近两年城投债迅速膨胀，据 Wind 资讯统计，截至 2012 年底，中国市场未到期城投债余额达 2.5 万亿元，其中 2012 年是城投债井喷之年，当年发行额 1.27 万亿元，到期额 997 亿元，净增 1.17 万亿元。地方政府之所以敢以城投债的方式融资，是因为地方政府与银行"一个愿打，一个愿挨"③。

四、城投债发行规模扩大

"十一五"期间，国家发改委核准发行的企业债券累计为 12 970 亿元，其中城投债券共发行 3 475 亿元，占比 26.8%④。2013 年以来，城投债发行延续了 2012 年快速增长的态势。据 Wind 资讯统计，2013 年一季度城投债发债数量已达 184 只，发行额为 2 309.7 亿元，较 2012 年同期增长约 1.6 倍⑤。

表 2-1　城投债发债规模统计⑥

统计期间	报道日期	地方融资平台发债规模(亿元)
2011.1—2012.12.30	2012.11.16	4 257.4
2012.1—2012.11.16	2012.11.16	5 792.8

第二节　举债中的现象透视：城投债融资的法律问题

2012 年以来，在城投债融资大举扩张的背后，城投公司为顺利发债而粉

① 刘明霞、王丽娟：《地方举债权虚实》，《财经国家周刊》2012 年第 14 期。
② 证券时报网：http://kuaixun.stcn.com/2013/0614/10537080.shtml.
③ 连希蕊：《地方债务，沉疴何在？》《财经界》2013 年第 6 期。
④ 刘砥砺：《发改委否认城投债券风险高》，《北京青年报》2011 年 8 月 30 日。
⑤ 陈果静：《城投债供需矛盾隐现》，《经济日报》2013 年 3 月 29 日第 10 版。
⑥ 赵东东、张莫：《地方融资平台发债超出去年 1 500 亿偿债压力加大》，《经济参考报》2012 年 11 月 16 日。

饰资产负债表、主营业务利润微薄、多靠政府补贴获利、地方隐性债务占比较重等问题纷纷暴露出来。现实倒逼我们必须厘清城投债融资中的法律关系，规范融资中的种种问题。

一、举债之“镜像”：城投债融资的外在表现

城投债融资，从外在来看，是一种商业化的融资方式。它以地方融资平台为载体，通过公司化、市场化的方式向各路投资主体公开发行债券融资。如“09 哈城投”(sz111052)，发行主体为哈尔滨市城市建设投资集团有限公司，债券类型为普通企业债，债券期限为 10 年，票面利率为 7.08%；“12 庆城投”(sh122515)，发行主体为大庆市城市建设投资开发有限公司，债券类型为普通企业债，债券期限为 7 年，票面利率为 6.55%。

二、举债之“正像”：城投债融资的内在结构

城投债融资的操作关键，是设立符合发债要求的独立的城投公司。因为发债融资作为一个法律行为，必须要有能够独立行使义务、承担责任的主体，于是地方政府便筹措组建具有独立法人资格的城投公司作为自己的融资平台。巴曙松认为：“所谓地方政府投融资平台，实际上广泛包括地方政府组建的不同类型的城市建设投资公司、城建开发公司、城建资产经营公司等不同类型的公司，这些公司通过划拨土地等资产组建一个资产和现金流大致可以达到融资标准的公司，必要时再辅之以财政补贴等作为还款承诺，重点将融入的资金投入市政建设、公用事业等项目之中。”①魏国雄认为：“地方政府融资平台是指地方政府为解决当地公共设施项目的投资建设资金而专门设立用来融资的公司。”②由此可见，城投债融资的内在结构，是地方政府→地方政府融资平台→城投公司→发行债券融资，资金的真正需求方不是城投公司，而是地方政府。

三、举债之“实像”：城投债融资的权利义务

一般而言，举债的原则当为“谁借用谁偿还”、“借、用、还相统一”，城投公司发债融资形成的债权债务关系中的权利义务，当由城投公司去独立行使和承担。但是，由于举债的使用受制于地方政府，城投公司并非真正意义上的独立法人。可以说，“政府融资平台在形式上属公司法人，在实质上又是政府

---

① 巴曙松：《地方政府融资隐含巨大风险》，《新京报》2009 年 7 月 31 日。

② 魏国雄：《建立地方政府融资平台的融资约束机制》，《中国金融》2009 年第 20 期。

职能的延伸，同时也缺乏社会中间层主体所必须具备的独立性”①。

城投公司的这种法律性质上的尴尬，本质在于地方政府借公司之名行举债之实，而职能部门对此类行为的模糊监管，又在相当程度上加剧了此中关系的混乱。目前我国官方对于地方政府融资平台的界定版本不一。国务院国发〔2010〕19号文定义为：“由地方政府及其部门和机构等通过财政拨款或注入土地、股权等资产设立，承担政府投资项目融资功能，并拥有独立法人资格的经济实体。”四部委下达的〔2010〕412号文定义为：“由地方政府及其部门和机构、所属事业单位等通过财政拨款或注入土地、股权等资产设立，具有政府公益性项目投融资功能，并拥有独立企业法人资格的经济实体。”银监发〔2011〕34号文的定义则为：“由地方政府出资设立并承担连带还款责任的机关、事业、企业三类法人，不含由中央政府直接投资设立的部门和机构。”比较三个定义可以发现：第一，国务院和四部委对地方政府的出资方式作了具体规定，而银监会只笼统规定“由地方政府出资设立”，似乎有政府背景即可；第二，关于融资目的，国务院只强调“承担政府投资项目融资功能”，四部委则特别强调了融资平台的“公益性项目”性质；第三，关于责任承担，国务院和四部委以项目的公益性为判断标准，银监会则以“政府承担连带还款责任”为要件②。对地方融资平台和城投公司性质界定上的不统一，直接导致对城投债融资关系中权利和义务的划分不清晰，并进而造成责任承担主体的不明确，从而加大了城投债的债务偿还风险。

四、举债之“乱象”：城投债融资的新老病灶

在城镇化建设需要大量资金的当下，中央政府一方面不允许地方政府自行发债（试点地方除外），另一方面继续清理地方政府融资平台，这等于堵了后门又不开前门，地方财政的日子非常难过，只能想方设法寻求新的融资渠道，其中首选即为城投债。由于城投债以地方融资平台作为发行主体，募集资金又多用于地方基础设施建设或公益性项目，故又称“准市政债”，从承销商到投资者，大都将其视为地方政府发债。而正由于其地方政府性，城投债融资存在诸多新老问题。

（一）城投债发债主体的资质下沉

在地方融资平台发债规模快速增长的同时，发债主体的资质在不断下

① 李慧俊：《论政府融资平台的经济法主体定位》，《华东师范大学学报（哲学社会科学版）》2012年第4期。

② 王兵兵：《地方政府融资平台的发展与转型：深圳经验》，《南方金融》2013年第2期。

降。随着地方各级政府争相挤入发债大军，发债主体逐渐从省、市、地区级政府融资平台扩大到市、县级政府融资平台，融资平台的实力及其背后地方政府的财力大不如前。如 2012 年 11 月发行的昌邑市经济开发投资公司企业债券，发行人所在地为山东潍坊市下属县级市，并以自有土地使用权进行抵押担保发债 5 亿元，期限 8 年，票面年利率为 7.35%，所募集的资金将用于昌邑市潍河综合治理、城市道路综合改造和北部水网建设工程等三个项目。而该期债券的信用等级为 AA 级，发行人的主体长期信用等级为 AA－级。

（二）城投债发债主体的债务加重

因“云南城投”等城投债信用违约事件的影响，城投债的发行曾于 2011 年第三季度暂停过两月有余。随着城镇化建设热潮下城投债融资规模的不断扩大，城投债的债务偿付始终是悬在城投公司和地方政府头上的一把利剑。城投公司由于其业务性质所致创利有限、偿付能力有限；地方政府受土地出让收入下降影响，偿债压力也在加大。现行财政体制之下，将土地出让收入作为偿付地方政府性债务的主要资金来源，近期具有存在即合理的必然，长期则不具有可持续性，必须未雨绸缪，考虑债务加重后的应对之策。

（三）城投债担保主体的信用减弱

在国际上，里昂证券于 2013 年 5 月 13 日在其一份报告中警示了中国不断增长的债务风险。该机构预计，2015 年中国债务规模占 GDP 比重将升至 245%，债务评级将面临进一步走低的风险。IMF、惠誉、高盛等机构也纷纷警示中国地方债风险，惠誉甚至将中国的长期本币信用评级从 AA－下调到 A＋，这也是自 1999 年以来中国主权信用评级首次被一家大型国际评级机构下调[①]。这意味着，城投债的发行即便有地方政府作担保，受地方政府债务风险加大及收入下降的影响，担保主体的信用状况实际呈减弱趋势，城投债券的信用因此大打折扣。

（四）城投债还债主体的偿付能力减弱

城投债券持有人的债权实现，一方面有赖于城投公司的偿债能力，另一方面有赖于地方政府的偿债能力及其是否建立一套科学、严谨、有序的偿债机制。如果有这样一套机制，尚可应付债务增多、负担加重的风险。然而从审计署发布的地方政府负债情况来看，几乎所有地方都未建立科学的偿债机

① 连希蕊：《地方债务，沉疴何在？》《财经界》2013 年第 6 期。

制，只是被动等待债务到期，再四处借钱，以新债还旧债，导致一些地方城投债还债主体的偿付能力降低，出现超期不还现象，也使地方政府信用大打折扣。

第三节　规制中的实像把握：城投债融资的风险要害

借债总要偿还，债券不同于股票，融资方承担到期偿还债券本息的义务，地方政府通过城投公司举债也不例外。地方政府还债的途径，主要有几条：出售国有资产、增加土地出让收入、利用财政资金担保融资以及借新还旧①。而政府举债的推动力，除了推动城镇化建设，还夹杂着为政绩而谋求一座城市的“率先发展”②。在地方政府财政预决算体系仍不健全、招投标仍存在形式或实质的不透明的情况下，地方政府通过持续举债，不仅可以推动相关行政主导型投资，实现“保增长”的短期政绩，更可以由此为关联人的利益输送提供便利③。然而，地方政府的城镇化建设融资，多为基建设施建设项目，项目自身实际微利甚至无利，盈利预期砸在土地开发后地价的上升上，一旦地价不升反降便会面临巨大的违约风险。

一、风险种类

随着地方融资平台发债规模的快速增长，其积累的风险在不断放大，尤其是背后的偿债压力（偿付风险）。2013 年公布的审计结果显示，2011、2012 两年来审计抽查的地方政府债务余额增长了 12.94％，有 4 个省和 8 个省会城市本级增长率超过 20％，有 9 个省会城市本级政府债务率超过 100％，债务率最高的城市债务余额是当地综合财力的两倍多④。

二、风险源头

城投债融资的风险源头，除了公司自身资质以外，还在于城投公司发债

① 《媒体称全国地方政府将面临 2 万亿元还债压力》，《经济观察报》2013 年 6 月 9 日。

② 蓝之馨：《市长们谈 4 万亿地方债：给我 5 年就能加倍赚回来》，《第一财经日报》2013 年 6 月 13 日。

③ 赵鹏飞：《人民日报批地方政府 4 万亿债务：只铺摊子不管还》，《人民日报（海外版）》2013 年 6 月 12 日。

④ 王卫国：《36 个地方政府负债 3.85 万亿借新债还旧债》，《南方都市报》2013 年 6 月 11 日 A14 版。

融资背后暗含的政府隐性担保，故其偿还风险与地方政府债务风险联系紧密。有业内人士指出，尽管发行规模扩大及资质降低都会增大城投债偿还风险，但鉴于城投债主要盈利和现金流的来源基本都来自地方政府的注资、资产划拨、补贴等，因此分析城投债的偿还能力应多看地方政府的偿债能力①。而以独立法人身份出现的城投公司，其发债的财务指标主要依赖政府注入的土地等，偿债的主要资金来源是土地变现，这便将风险的源头指向了地价。

三、风险因子

城投债的偿付风险，与地方政府债务风险紧密相连。城投公司资产质量差，自身偿债能力弱，偿债资金主要依靠政府财政和借新还旧等，均构成城投债融资的风险因子。

（一）城投公司自身的偿付能力

在经济增长放缓的大背景下，部分地方政府开始出台新的投资计划以刺激经济增长，呈现出城投债发行规模扩大，地方债务潜在风险进一步加大的趋势。虽然也有公司负债率、债务负担率和资产负债率等规模控制指标，但在投资驱动型模式下，地方政府频频突破指标发债。而且，地方政府融资平台逾万家，七成在县级②，呈现明显的资质下沉趋势，偿债能力进一步下降。以“10 赤城投债”为例，发债主体赤峰城投为内蒙古赤峰市唯一一家集城市基础设施融资、投资、建设并经营城市资源、整合城市资源为一体的综合性国有资产经营公司，属于赤峰地方政府融资平台。该公司的重要收入来源为房地产业收入，由于近年来房地产业收入的大幅波动（2011 年 2.82 亿元→2012 年 3 896.5 万元），公司营业收入亦大幅下降（2011 年 4.15 亿元→2012 年 2.5 亿元）。该城投债 2010 年发行时债券评级为 AA＋、公司主体评级为 AA，后续两年跟踪评级维持原样，但 2013 年其中一家评级机构“大公国际”中途撤销评级并发布正式公告③。城投公司的偿债能力堪忧，尤其是投资收益较低的经济不发达地区的城投债。2011 年 12 月 21 日《甘肃日报》曾报道，兰州城投公司 2011 年底以银行借款、发行企业债券等形式共融资 330 多亿元，与公司总资产几乎相当，而公司主要资产是土地，一旦地价下行，土地财富输送链被切

---

① 赵东东、张莫：《地方融资平台发债超出去年 1 500 亿》，《经济参考报》2012 年 11 月 16 日。

② 李丹丹：《地方政府融资平台逾万家　七成在县级》，《上海证券报》2011 年 6 月 2 日。

③ 唐曜华：《信用等级被撤‘10 赤城投债’更换评级机构》，《证券时报》2013 年 7 月 2 日。

断，以城投债8%左右的融资成本，公司偿还风险巨大。

（二）增信风险

毋庸置疑，增信措施在帮助低信用等级的企业发债融资之时，还可有效降低投资者承担的风险。但这也引起了市场对银行风险的担忧，“2009岳城建债”的财务造假事件就曾震撼业界①。目前，城投债融资的增信风险，在于监管部门对地方政府违规担保三令五申之际，五花八门的增信方式还不断涌现，如银行变相担保城投债。有记者随机抽取一份城投债募集说明书，其中的“流动性支持贷款协议”约定：本期债券存续期内，当发行人对本期债券本息偿付发生资金流动性不足时，银行给予流动性支持贷款（具体金额依据每一期偿债资金缺口为准），专用于债券的偿付本息。另有一些城投债募集说明书强调，银行提供流动性支持的目的是城投债增进信用，不属于担保和变相担保的范畴。

（三）城投公司背后的政府偿付能力

地方政府的偿付能力，除了财政收入，主要看它投资的项目、提供的抵押或质押品的价值，只要项目有稳定的收益、抵押品和质押品不出现风险，就有偿还能力。公益性项目本身没有收入来源，要靠地方财政运用未来的其他收入综合进行偿还。而目前流行的土地抵押、股权质押，又都与土地捆绑在一起。因为我国的城市化模式，起源于出让城市土地使用权为基础设施建设融资。土地财政，是中国城市化的最初信用；土地财政的本质，就是融资而非收益②。在当前严格的房地产调控政策下，地方政府未来偿债能力可能会因土地出让金减少受到影响，而城投公司等地方融资平台未来经营活动及项目建设能否顺利推进也值得警惕。最新形势显示，城市建设融资模式正在遭遇房地产市场波动的影响，当土地市场低迷的时候，地方政府如何还钱就成了问题。审计结果披露，部分地方以土地出让收入为偿债来源的债务余额增长，但土地出让收入增幅下降，偿债压力加大③。可以预见的是，随着基础设施投资潜力明显收缩，投资对中国经济增长的拉动力正在减弱，地方政府的偿债能力也随之降低。

---

① 余雪菲：《银行变相担保城投债》，《国际金融报》2012年5月11日。
② 赵燕青：《重新研判‘土地财政’》，《第一财经日报》2013年5月13日。
③ 王卫国：《36个地方政府负债3.85万亿借新债还旧债》，《南方都市报》2013年6月11日。

第四节　发展中的严格控制：城投债融资的法治对策

城投债融资风险的化解，根本上讲离不开地方融资体制的改革。观察已往我国的城镇化模式，可以看到一条“以土地谋发展”的道路，各级地方政府利用自己在土地市场上的垄断地位，不断拉高地价房价以最大化自身的土地收益，而地价房价的上升又反过来强化了地方政府征地搞建设的激励，最终导致“城乡二元化”格局加重①。随着土地资源的制约逐渐显现、土地征收成本不断攀升及社会矛盾的不断加剧，地方政府转而设立公司发行城投债融资。在融资体制改革难以到位的前提下，城投债融资中已经出现的一系列法律问题，必须应对解决。因为新型城镇化建设势在必行，而亟待推进的城镇化建设需要大量资金，而目前的城投债模式正酝酿巨大风险，如果不加规范继续原样发展，很可能如专家所言，唯一的出路是通过通胀赖掉债务②。

笔者认为，城投债融资的法律规制，首先必须从理清城投债融资的融资主体及其权利义务开始，将城投债融资视作一个法律行为，从行为主体、行为内容及行为责任等几个方面进行规范。从主体上明确城投债融资的法律主体城投公司与地方政府的关系及权利、义务和责任，分清城投债融资关系中债务人的义务内容，尤其是偿付义务，确保城投债融资关系中债权人利益的实现。城投债要发展，更要严格控制其可能的风险，尤其是偿付风险。必须通过对城投公司资产、资本等的充实，有效控制偿付风险。坚持“谁借用谁偿还、谁担保谁连带、谁主管谁负责”的原则，具体法治对策如下：

一、发债主体的独立化

发债主体的独立，可以分两步走：第一步，清理地方融资平台，该留的留，该去的去，并对留下的实行分类；第二步，对保留的融资平台进行清产核资，确保公司财产的真实独立，为其法律责任的独立奠定基础。

国发〔2010〕19 号文对地方融资平台进行了债务分类，将其分为：① 融资平台公司因承担公益性项目建设举借、主要依靠财政性资金偿还的债务；

① 发展战略和区域经济研究部“中国城市化过程中若干典型问题研究”课题组（宣晓伟执笔）：《推进健康城镇化与中央地方关系的调整》，国务院发展研究中心《调查研究报告》，2013 年第 27 号（总 4276 号）。

② 叶檀：《城投债新债还旧债　风险摇摇欲坠》，《每日经济新闻》2011 年 12 月 22 日。

② 融资平台公司因承担公益性项目建设举借、项目本身有稳定经营性收入并主要依靠自身收益偿还的债务；③ 融资平台公司因承担非公益性项目建设举借的债务。从中可见，地方政府是否承担城投公司的债务，判断的主要依据在于举债目的和资金使用。为公而举之债，且无盈利，才由政府偿还。因此，地方融资平台的清理，必须抱着行为目的与行为责任相一致的原则。融资行为是为政府的，政府才承担责任；融资行为非为政府的，政府不承担责任；而判断是否"为政府"，不能看其打着的旗号，而要看融资资金的使用是否为政府公益项目。对于真正"为政府"的平台，保留作为承担政府融资功能的平台，发行"市政债"；对于其他两类平台，则要去其"政府性"，将其转向真正的市场化公司，鼓励和吸引民间投资进入，促进投资主体多元化，改善股权结构，充实公司资本，完善公司治理，实行商业化运作，与政府划清界限，转型为"非政府融资平台"的城投公司。转型中，如果此类平台依然承担政府公益性项目融资，说明它并非严格意义上的"非政府融资平台"，对其发债必须进行特别审批。只有当其不再承担政府公益性项目融资功能，完全独立于政府运作，才算"非政府融资平台"。

城投债的发行，必须建立在城投公司资产负债表透明的基础之上。公司是市场化独立运作的法人主体，只有符合"真公司、真资产、真项目、真现金流、真偿债、真支持"的原则，才能允许其发债。

二、发债项目的分类化

根据前述 19 号文的债务分类，笔者认为有必要对债券进行分类，同类债券归于同一口子，市政债归类于"地方政府融资平台"，城投债归类于"非政府融资平台"的城投公司，实行分类分责的城投债融资，体现类型划分、责任划分。规范地方政府的城镇化建设行为，打破地方政府在一级土地市场上的排他性地位，将城镇化从"政府主导"转为"政府引导、多方参与"，逐渐摆脱"土地财政"的束缚，引导民间资本积极参与城镇化建设。

三、发债规程的有效化

由于我国没有专门适用城投债的管理办法，因此城投债的发行、审批与监管等程序与一般的企业债券等并无根本差别。例如城投公司发行企业债券需要满足《国家发展改革委关于推进企业债券市场发展、简化发行核准程序有关事项通知》(发改财金〔2008〕7 号)中规定的企业债券公开发行的 7 项条件。然而城投公司作为一种新型的特殊企业，其想要依靠自身的积累和经营实力达到发债条件还是有一定的困难。因此市场上经常存在为了达到发行条件，政府向城投公司注入资产，提高发行人的主体和债项评级的现象。其反面结果是盲目的资产注入，无形资产比重过大，经营性资产不足。政府的资产注入对城投公司来说无疑是饮鸩止渴。企业债券发行的第2、3项条件分别是："累计债券余额不超过企业净资产(不包括少数股东权益)的40%；最近三年可分配利润(净利润)足以支付企业债券1年的利息。"该两项发行条件对于自营能力较弱甚至没有自营能力的城投公司来说，是一个重大难题。

笔者认为，如果城投公司想要健康有序地发展，单单依靠政府的帮助达到发行条件，是一种治标不治本的方法。因此城投公司在发债之前对有效资源和资产进行重组，自主有效地走上良性发展道路，这对城投公司的突破和发展具有实质的意义。城投公司重组发债程序为：首先策划重组，其次发行准备，然后审批和发行。其中策划重组包括几项措施，即剥离不良资产、回购优良资产、注入存量资产、加强土地储备等。

四、发债管理的规范化

应建立风险可控的规范化的城投债融资机制，进一步改进城投债作为"准市政债"的融资功能，为各地城镇化基础设施建设提供有制度保障的融资渠道。加强城投债的规范化管理，建立以信息披露为中心的完善的城投债风险管理制度。

(一) 按主体实力审核城投债的发债资格

从债券发行级别来说，国外发行市政债券一般都只是三级。我国对设立城投公司的政府级别没有明确的限制，这就使得大量的地级市政府甚至县级政府都可以设立城投公司发行债券。而政府级别的降低随之带来的是城投债风险的不断增加。城投债作为城镇化的助力，势必成为各级政府的融资渠道。所以笔者认为可按主体实力审核城投债的发债资格，按两种标准择一进行审核：其一，要求地区五年内的GDP或者财政收入达到某个预定的值。如从2010年始，发改委控制投融资平台公司发债的范围，只有列入全国财政收入百强县的县级及县级以上政府投融资平台公司，才能申请发行"城投债券"；其二，对级别较低的政府进行评级，评级的范围有政府的资产、债务、收入等。评级机构的选择需通过招标的方式进行，利于公众监督。

(二) 按行业负责发债注册管理

实行行业自律管理规则，采用交易商协会注册、监管机构备案的方式，省略逐项进行行政审核。对于每只城投债的发行交易等行为中自律约束性的、日常程序性的事项均报交易协会实行自律的管理。按行业负责发债注册管理，由作为市场成员代表的交易商实行自律管理，能充分调动市场上的各类资源，对债券发行、交易、偿还等环节进行系统的自律约束。

（三）按程序进行风险防控

为了防范和控制地方政府债务风险，美国逐步形成了以法律法规为基础，以信息披露为核心，以规模控制、信用评级、风险预警、危机化解等为手段的风险监控框架体系，在政府层面为有效防范市政债券系统性风险提供了源头性保障①。

从城投债的发行定价、交易、偿还和监管各环节进行严格规定，包括举债权的控制与发债规模的确定、市场准入的限制、信用评级体系、信息披露制度的构建、投资项目管理与评估、市场流动性的建立以降低投资风险，监管的协调以及法律框架的完善。

1. 发行环节的风险控制

城投债承销环节的风险主要在于承销商在发售债券期间存在不正当宣传。投资者在柜台购买中意债券时有时会遇到销售人员进行虚假性甚至误导性的销售宣传，完全忽视投资者的利益。为了维护投资者的利益，承销机构除了要做到对城投公司发行债券的相关文件的真实、准确和完整进行核实，而且要对自身的销售员工进行职业道德观的培训。

城投债上市环节的风险主要存在于信息披露环节。在城投债市场，投资者在投资决策时只能依靠发行和交易中发行人提供的信息，处于信息不对称地位。而债券市场上往往就存在发行人披露虚假的信息，给投资者一种假象，从而牟取利益的现象。为确保上市环节的信息披露真实准确，首先要明确信息披露方的义务与责任，其中首要的是上市保荐人的义务与责任；其次是明确信息披露监管者的监管义务，监管者要做到权责统一，监管不能只流于形式。

2. 交易环节的风险控制

城投债一度成为债券市场上交易最抢手的品种，其原因之一为投资者风险意识淡薄，盲目信任政府的担保责任，认为城投债“零风险”。2012 年上半年城投债出现违约风波，最终由政府解决的比比皆是，如“山东海龙”“新疆新中基”“江西赛维”等都陷入债务危机，最终由政府出面解决困境。而这更加证实投资者心中所想——城投债零风险。因此在交易环节，应该更加强调行

① 安国俊：《市政债风险管理的美国经验》，《财经国家周刊》2012 年第 8 期。

业自律监管，提高行业从业人员的准入门槛，并且政府除了加强事前监管，严格审批城投公司发债上市的条件资料，在城投债交易市场上更应扮演积极引导的角色，鼓励投资之时更应加强风险防范意识宣传。

3. 偿还环节的风险控制

城投债的信用风险的归结点在于可能出现违约，无法按期偿还。因此解决偿还环节的风险问题，主要是解决城投公司资金的来源问题。首先，要提高城投公司（无论是公益性的还是非公益性的城投公司）的自营能力，城投公司应积极进行改革与转型，如发债前重组、开展 BT 融资模式、开展国有资本与民营资本合作等等。其次，城投公司应抓住资产证券化融资机遇。政府兜底偿还应为最后的保障。

（四）建立风险防范机制

城投债在债券市场上存在一定的信用风险，2012 年 7 月城投债违约引发了整个债券市场上的“黑色七月”，债券市场一度低迷。因此为了降低违约风险，提高发行率，增加债券市场的流通性，建立城投债风险防范机制是必不可少的。其一可以建立偿债基金制度，此类似于商业银行的法定存款准备金，即城投公司可在债券发行后在特定账户中存储一定基金，如 2012 年山东安排 115 亿元交通偿债资金防范债务风险。其二可以建立债券保险制度，通过保险公司参与，对城投债风险进行转嫁，由保险公司承担债券发行和运营过程中的违约风险①。

五、信用评级的独立客观公正

信用评级的独立性是信用评级客观公正的首要因素。解决信用评级的独立性问题，可以从三个方面着手：第一，在利益冲突防范方面，可以借鉴国际经验事前对利益冲突行为进行规避或者禁止性规定，建立长效的利益冲突防范机制。第二，在评级机构自身，首先是评级机构自身的内部控制加强独立性，强化评级机构的自律管理，提高从业人员的职业道德素养和职业水平；其次在信用评级方面，评级机构主要考虑的因素包括：发行人的总体债务结构；发行人预算政策保持稳健的能力；发行人的财政收入状况，包括有关税收情况和地方预算对特定收入的依赖程度；发行人所在地的整体社会经济发展情况。在监管部门方面，应加强信用评级的信息沟通机制：一是建立备案“留

① 蔡德发、肖洁：《美日强化地方政府性债务风险管理模式及启示》，《经济研究导刊》2012 年第 5 期。

痕”制度；二是完善信息披露，增加信用评级的透明度。

结　语

城投债只是一种融资工具，工具本身无所谓好坏，关键在于如何运用。应通过规范城投债融资行为、提高发债主体偿债能力及完善相关法律监管制度，来减少地方财政风险及金融风险。

城镇化建设离不开城投债融资，城镇化建设中的城投债融资，是当前必须十分重视的紧迫问题。必须有效发挥法治对地方政府举债的监督约束，促进提高地方预算管理的规范性和透明度，最大限度地降低地方政府融资风险。建立和完善社会主义市场经济，要以市场作为资源配置的基础性手段，城镇化的发展也要依靠市场机制，尊重经济规律。

第三章

我国城投债担保增信之法律问题研究

【核心提示】伴随着城镇化建设的开展，城市基础设施投资力度不断加大，地方政府需要大量资金补足财政缺口，然而目前各地方政府财政预算及财政收入仅能维持政府的日常运转以及少量的重点项目支出，不能提供城镇化建设所需的巨大资金。且由于1994年《预算法》规定地方政府不得自行发债，于是，地方政府开始另辟蹊径，借由城投公司发行城投债筹措资金。在20多年的发展过程中，城投公司规模不断扩大，发行数量也日趋增长，为地方基础设施建设作出了很大的贡献。城投债逐渐成为地方政府的主要融资手段，但城投债在发挥推动经济快速增长的同时也暴露出很多问题：城投债发行不规范、偿债能力不强、信用违约事件频发。2015—2016年两年城投债将迎来偿债高峰期，城投债能否如期偿债牵动着地方政府、城投公司以及投资者紧张的神经。

城投债目前主要面临的是信用风险，城投债自身的特点要求其具有更高的信用级别，而我国债券市场上的城投债却存在严重的信用缺失问题，这也是造成城投债违约风险的根源。在规范城投债发展的过程中，国家出台了各种政策引导城投债的良性发展。不管国家政策导向如何，地方政府基础设施建设需要巨大的资金投入，在建项目也需要后续资金的跟进，因此，城投债在短时期内仍会存在。鉴于城投债面临的信用风险，当务之急是要将城投债的增信效果进行落实，防范大规模的违约事件的出现。因此，分析城投债的信用风险、了解主流担保增信方式的不足、将担保增信效果落到实处、完善城投债信用评级与信息披露等配套措施，才能将城投债潜在的违约风险降到最低，保障城投债券市场的稳定，为其进一步规范化发展提供良好的基础，进而满足地方政府融资需求，加快城镇化建设进程。

引　言

随着我国城镇化建设的不断推进，政府基础设施建设资金需求不断加大，资金的筹集成为当前政府迫切需要解决的问题。然而，就目前各地政府的财政预算及财政收入来看，政府财政资金难以负荷。在此背景下，利用城投公司发行城投债就成为政府的缓兵之计，地方政府纷纷发行城投债来筹集城市建设资金。

我国借由城投公司发行城投债为地方政府城镇化建设融资由来已久，从最初的起步发展阶段来到了现阶段大规模的发展态势。我国地方债务规模与地方财政制度乃至整个社会经济结构密切相关，地方政府债务的形成和不断扩大是在复杂的政治、经济背景下发生的，正是因为地方政府财政收支极其不平衡、地方政府所需城镇化建设资金需求巨大，导致了我国城投债产生。在近几年的城投债发展过程中，其面临的信用风险愈发突出，一大批城投债的偿债期限即将到来，城投债面临违约风险时常见诸报道，甚至出现一些市政府债务负债过度求助省政府兜底债务的个案发生。

现阶段城投债成为我国债券市场的热点问题，其背后潜在的信用风险也逐步暴露在公众视野中。信用风险是一种古老的风险，在《汉谟拉比法典》中就有提及。信用风险是指双方在合同中建立起的信用由于一方违约给对方造成经济上损失的可能性。国外许多国家允许地方政府独立发行债券。美国是市政债券发展最为成熟的国家，在其理论界，学者建立了丰富的理论模型去评估其市政债券的信用风险。国外的研究重点在于选取适当的市政债券模型，对模型做深入的研究和挖掘，经过实证的检验，从而形成比较接近于现实债券市场信用情况的计量模型。国外市政债券的信用风险研究是基于其发达的债券市场基础和完善的债券市场体系，与我国的城投债券市场的实际情况并不符合，因此，我国对城投债信用风险的研究可以借鉴国外的债券模型，但却不能照搬。

国内对城投债的研究有不少通过建立风险模型开展的，其中有一部分是借鉴 KMV 模型，一般通过结合 KMV 模型以及相关城投债券市场上的数据对城投债的信用风险做出整体上的估量。尽管通过 KMV 模型能够分析出影响城投债的因素，但对这些因素造成城投债信用风险却很难在实际中进行防控。我国理论界对城投债的研究，除了借鉴 KMV 模型，也有一些学者从经济、社会等方面对城投债的风险进行探讨，但是少有学者从法律层面探索城投债的信用风险，更少有学者从法学角度对城投债的风险控制机制及其增信效果做出进一步的探究。同时，对我国债券市场风险研究大多从地方政府融资平台方面展开，细化到城投债方向的研究非常少。在整个理论界分析城投债的具体增信方式的不足并从法学角度落实增信效果的研究更是微乎其微。

因此，全面认识城投债面临的信用风险，不断落实城投债增信的保障措施，使城投债的发行更加公开透明，将城投债违约的可能性降到最低，保障债务如期偿还成了当前城投债券市场面临的主要问题。

本章通过论述我国城投债券市场面临的信用风险，对主流的增信方式如抵押担保、质押担保、保证担保等的风险进行全面的分析，了解这些增信方式目前存在的不足，并从法学角度提出防范风险的对策，落实担保增信的效果，强化城投债的信用等级。在规范城投债现阶段发展的前提下分析了城投债将来的发展趋势，为引导城投债转型发展提出建议。

第一节　我国城投债的产生及其双面影响

一、城投债的产生及其特征

（一）城投债的产生

我国城投债的产生可以追溯到财税体制改革时期，1993 年党的十四届三中全会要求深化财税体制改革，在此次会议上通过的《中共中央关于建设社会主义市场经济体制若干问题的决定》，将地方财政包干制度改为了中央和地方事权基础上的分税制度。根据这一精神，国务院要求对各省市实行分税制管理体制。这次的分税制改革对地方政府的影响巨大，加重了地方政府财务负担。

此次分税制改革的主要内容是："按照中央与地方政府的事权划分，合理确定各级财政的支出范围。"①上述的分税改革制度，使得税额大、容易征收的税种归中央政府征收，而税额小、不易征收的税种归地方政府征收，造成地方政府财政收入急剧下降。虽然对中央与地方政府税收收入进行了改革，但是与之相对的事权却没有相应的调整，地方政府在此次改革之后承担起了更多的城市基础设施建设以及公益性建设的任务，事权支出有所加重。地方政府

① 国务院：《国务院关于实行分税制财政管理体制的决定》(国发〔1993〕第 85 号)，1993 年 12 月 15 日。

用少于中央政府的税收承担起了远多于财政收入范围内的事权，政府财政十分吃紧。地方政府为了弥补财政资金缺口，开始拓宽融资渠道筹集资金用于城镇化建设。可利用的融资方法便是公开发行债券向社会公众募集资金，但是根据 1994 年《预算法》规定，地方政府不允许自行发债，地方政府无法通过发行政府债券进行融资。在这种情况下，地方政府开始另辟蹊径，借由隶属于地方政府的城市基础设施建设投资公司进行发债，第一只城投债在我国特殊的经济背景下应运而生。

城投债可以说是一类具有中国特色的债券类型，与国外的市政债券并不相同。市政债券是指“由地方政府或者其授权代理机构发行，用于当地城市基础设施建设和社会公益性项目建设的有价证券”①，而我国的城投债是由当地地方政府设立的城市建设投资公司发行的一种债券。城投债既区别于外国的市政债券，也区别于传统意义上的企业债券。和国外的市政债券不同是因为城投债的发行主体城投公司隶属于地方政府，而市政债券却是直接由地方政府发行的。和一般的企业债券不同是因为城投债的发行是为了当地具有公益性质的基础设施建设融资，不同于企业发债利润最大化原则。

综上，我国城投债根据其自身的特点可以定义为：通过隶属于地方政府的城投公司作为发行主体，募集资金主要投向当地政府主导的地方基础设施建设和公用事业建设项目，并由地方政府对偿付提供隐性担保的企业债券②。

（二）城投债的主要特征

城投公司之所以能够获得投资人的青睐，成为我国经济发展过程中重要的融资工具，主要由于其具有以下几方面的特征：

1. 发行主体隶属于地方政府

城投债的发行主体隶属于地方政府，其控股股东一般为国资委、财政局或地方政府职能机构。城投公司的性质与一般经营性企业的性质有很大差异，盈利性弱，资金流转量少，经营运转多依靠地方财政补贴。除此之外，地方政府不仅可以给予城投公司政策优惠，而且可以对城投公司的生产经营活动进行干预。因此，城投债的发行具有明显的政府主导性，其发行主体隶属于地方政府。

2. 资金用途投向城市基础设施建设

城投公司发行城投债筹措的资金主要投入地方公共管理建设。资金的

① 周斌：《在我国当前条件下如何发展市政债券》，《特区经济》2008 年第 10 期，第 153 页。
② 张六禄、朱宇：《美、日地方债发行经验对中国的启示》，《南方金融》2013 年第 5 期，第 80 页。

投资去向主要有道路桥梁、城市排水、交通运输等基础设施的修建，以及文化教育、医疗卫生、养老机构等社会公益性保障机构的完善。由于地方政府基础设施功能不完善，而自身财力又不能满足完善当地基础设施建设的需求，因而要依靠城投公司承担一部分公共管理职能，其发行债券所得资金也理所当然地投向了当地公共管理的建设。

3. 偿债来源具有政府隐性担保

城投公司获得市场的认可以及投资者的青睐，很大一部分原因与其隶属主体——地方政府有关。当地政府为了提高城投债的信用，大多用地方财政为城投债提供隐性担保。投资者也认为一旦城投债发生违约风险，其背后会有地方财政兜底。单靠城投公司自身的信用很难在债券市场上获得较高的信用评级，地方政府为了获取更多的融资会采取一些增强城投债信用的措施，如以政府名下的土地为城投公司提供抵押担保，或者为城投公司提供税收上的优惠政策，以此提高城投债的信用、扶持城投债的发展。相当多的投资者选择投资城投债，很大一方面因素就是看中了城投债背后地方政府的隐性担保，一旦日后发生偿付风险则寄希望于地方政府的财政收入作为偿债来源。

4. 信用级别相对较高

城投债由于发行主体隶属于地方政府，并具有地方政府的财政收入作为隐性的偿债来源，使其信用级别相对高于普通企业。地方信用级别较高，以地方政府信用作为最终保障的城投债在信用级别方面具有相当优势①。虽然我国城投债是按照企业债券模式运行，但比较普通企业债利率，城投债的利率明显更高，这就为投资者提供了一个以较低风险取得较高收益的机会。总体来说，城投债以收益率高、偿债风险低的优势获得投资者的认可。

在我国特殊的经济背景下，地方政府为规避不能发债融资的法律限制，借由城投公司发行城投债筹集地方基础设施建设所需资金。我国城投债是由地方政府财权与事权不对等、政府存在基础设施投资融资困难、法律严格限制地方政府发债等情形下相互作用的产物，以上因素使得城投债逐渐具备了自身的特点，并由初步发展阶段走向扩大化发展阶段。

二、城投债的几个发展阶段

上海是我国最早开始发行城投债的城市，其发行的第一只城投债拉开了我国城投债发行的帷幕。1993 年 4 月 15 日，上海市城市建设投资开发总公

① 周沅帆：《城投债——中国式市政债券》，中信出版社 2010 年版，第 19 页。

司发行了第一只城投债，虽然这只债券发行总额仅为五亿元，期限也只有两年，但此后上海城市建设投资开发总公司陆续发行的各期债券，筹集了大量资金，为上海市基础设施建设作出了巨大的贡献，同时也给我国各地政府发行城投债起到了明显的带动作用。至此，城投债这一新型融资方式，为地方政府的融资以及带动资本市场的发展作出了相当大的贡献。从上海城投公司发行第一只城投债开始至今，我国城投债经历了20多年的发展，其发展历程总结起来主要可以概括为以下三个阶段：

（一）起步发展阶段

在2005年之前，只有直辖市和较大的省会城市才具备发债的主体资格，并且在这一阶段，发行期数、规模都相当有限。发行数量每年平均不超过5只，发行规模每年仅几十亿元。据统计，2002—2005年我国共发行城投债18只，发行规模271亿元①。这一时期的城投债发行数量少、规模小，发行覆盖区域窄，相对城投债后来的大规模发展还属于起步发展阶段。

（二）快速发展阶段

城投债于2005年之后由于发行门槛的降低得到了较快速的发展，并于2008年步入高速发展阶段。城投债这一时期的快速发展得益于2008年底全球金融危机后中央政府推出的救市计划。由于美国次贷危机的影响，全球经济低迷，我国国内经济形势也相当严峻。国务院于2008年11月提出了4万亿元规模的救市计划。这4万亿元资金中很大一部分缺乏政府财政供给，只能从资本市场进行融资，即主要依靠银行借贷和发行债券筹措。在这样严峻的宏观经济形势下，地方政府为了拉动经济的增长，开始支持组建融资平台。中央政府对城投债的发展表现出积极支持的态度，地方政府融资平台大量涌现，城投债迎来了爆发性的增长。②

（三）规范发展阶段

城投债在经历了2009年爆发式增长之后，随之而来的发展却面临着很多的问题。由于之前的发展过于迅猛，为保障城投债券市场得以长期发展，发挥其为地方政府基础设施建设融资的有效作用，规范城投债的发展成为债券

---

① 梁瓒：《我国分税制下地方政府投融资中的城投债问题研究》，复旦大学硕士学位论文，2010年。

② 徐高、王艺伟：《虽有坎坷，但路还要走下去——城投债深度研究》，《金融发展评论》2013年第3期，第74页。

市场的迫切要求。由于我国城投债市场发展时间不够长，各方面的制度、环境都不成熟，城投债券市场的稳定受地方政府的态度、相关法律规范的出台及城投债信用事件爆发的影响较大。随着政府的政策性文件对城投债的规范及清查活动的展开，加之媒体爆出的信用违约事件，如“四川高速”“云南城投”等违约事件，城投债在 2009 年发行高峰中逐步跌入第一次的平台期。但是，此后政府又出台了宽松的政策对城投债进行扶持，城投债的发展逐步回暖，并开始新一轮的爆发性增长。面对政策的改善，审批的放松，城投债一路高歌猛进。但随着城投债偿债高峰期的到来，城投债的信用风险还是让地方政府、城投公司、投资者十分紧张。2014 年政府出台的《关于加强地方政府性债务管理的意见》文件中，政府对城投债的风险有了进一步的认识，要求地方政府在 2015 年 3 月 8 日前将地方存量债务甄别结果自查后上报，明确地方政府债务甄别及处置工作，全面部署加强地方性债务管理。此次甄别与清查是在全面认清城投债的性质之后，采取措施对城投债风险进行防范，在此次文件出台之后，政府必然还会观察城投债的发展趋势并调整接下来的举措，城投债必将步入规范化发展阶段。

三、城投债增信发行的双面影响

（一）债券增信发行的概念及形式

1. 债券增信发行的概念

债券总体来说是一种信用产品，城投债也不例外，即由城投公司向投资者发行，承诺按一定利率支付利息并按约定条件偿还本金的企业债券。它的发行、流动和定价主要依赖于发行主体的还本付息能力及信用增进措施等保障能力。

债券发行主体可以通过各种增信手段或措施，提高自身信用等级，增进债券信用，降低债券违约率或减少违约损失率，从而降低债券持有人承担的违约风险和损失。城投债增信，是增加城投公司发行债券的信用资质的举措。通过增信，信用等级较低的企业可以得到融资，债券投资者也能获得多重保障，可以说债券增信最直接的结果是为债券发行人的到期还本付息增加了一个保障。

2. 债券增信发行的形式

目前我国城投债在发行的时候会采取增信举措，最主要的增信方式有抵押担保、质押担保和保证担保三种方式。

抵押担保的抵押品主要是土地使用权。增信的效力与抵押品的价值有关，当土地使用权作为抵押时，应考虑土地的性质、剩余使用年限、已开发程度等因素，综合评估土地的变现能力和价值；剩余使用年限越长，已开发程度越高则变现能力越好，价值越高，则增信越有效。

质押担保的质押品主要有应收账款。应收账款作为质押品时，应考虑其真实性、合理性及债务人的资信实力，以判断应收账款的回收能力。债务人综合资信实力越强则回款能力越好，进而增信越有效。

保证担保包括企业担保和担保公司担保两种。不管哪种担保方式都应注意担保的主体不得违反法律的规定，担保的内容符合保证担保发挥保证效果的实质要求。

从我国城投债市场上的增信方式来看，方式较为单一，增信效果尚未得到充分体现。目前在城投债券市场上最常用的增信方式仍然是抵押担保、质押担保和保证担保，创新产品较少，因而这三种增信方式对保障我国城投债如期偿还仍有重要意义。

（二）城投债增信发行的积极意义

长期以来地方政府基础设施建设投资需求加大而资金严重不足，阻碍了城镇化发展，而且随着社会经济的发展，公众对公共产品的需求也不断增加，然而仅靠中央政府的财政转移支持和地方政府自身的财政收入来筹集建设所需的巨额资金既不可能，也不现实。城投债具有的灵活性、自主性能够弥补地方政府不能自行发债的不足。因此，大力发行城投债筹集城市基础设施建设所需资金，能够加快基础设施建设，促进我国城镇化发展。发行城投债有以下几方面的积极意义。

1. 弥补地方财政赤字，缓解地方财政困境

由于分税制改革，地方政府事权和财权的极度不匹配，地方政府在日常的治理过程中缺少管理地方事务的资金，地方财政经常陷入入不敷出的境地。我国今后将长期处于城镇化发展阶段，对地方财政支出的需求更加强烈，地方财政的缺口还将进一步扩大。目前地方政府虽然采取各种措施缓解地方财务困境，如通过财政部代地方政府发行债券，或者先由中央政府发行国债，之后将发行的国债转贷给地方政府。这些措施缓解财政困境的能力有限，并不是长久之计。而城投债作为一种创新性的融资工具，灵活性、自主性的优势可以在现阶段弥补地方财政的不足。

2. 优化城市投资，促进城市经济健康发展

一个国家的经济发展离不开对投资的需求，政府要实现促进经济增长的目标就需要加快转变政府职能、加大投资力度，城投债自身的优势能发挥良好带动作用。一方面，地方政府可以根据经济发展状况，通过融资平台发行

城投债，加大对基础设施建设的投入，进而拉动经济的增长，如 2008 年 4 万亿救市计划。通过各地政府积极的财政政策，投入大量资金，扩大投资规模，带动经济增长，顺利度过金融危机并实现了经济健康平稳发展。另一方面，中国经济正处于快速成长时期，资金短缺成为制约经济发展的主要瓶颈，不断完善政府融资平台，加大产业建设资金投入，满足城市投资需求，对促进城市经济健康发展具有更加深远的意义。

3. 满足发债融资需求，兼具控制信用风险

不可否认，中国城镇化正处于加速发展阶段，城镇化的快速发展对地方政府提出了更高的要求，尤其对政府公共服务能力提出更高的要求，而地方政府公共服务能力的有效提升依赖于辖区内基础设施等硬件设备的提升上。就我国目前各地政府整体情况来看，在基础设施建设的投入方面严重不足，难以满足公众日益增长的物质需求。我国城市基础设施所需资金仅仅依赖国家财政提供不现实，而零散的民间公益资金也难以支撑如此大手笔的投入。在这种的情况下，通过发展城投债，获取城市基础设施建设融资资金，提升城市发展能力十分必要。同时，如果利用好城投债的增信方式又能预先防范城投债到期偿还不能的现象，吸引投资者的目光，满足发债融资的需求同时控制好信用风险，保障投资者的利益，可谓双赢。

（三）城投债增信发行的消极影响

1. 城投债券违约事件频发，信用风险不断加剧

城投债在一路高歌猛进之后也暴露出了许多问题，最为引发人们关注的是一些城投债违约事件，个别城投债信用违约事件不仅引发了其他城投债恐慌更会因此加剧城投债的信用风险。如 2011 年 6 月“云南路投”违约事件爆发，引起其他城投债恐慌性抛盘。事情起因于当年 4 月云南省公路开发投资有限公司向债权银行发函声称即日起“只付息，不还本”。① 在此之前，云南省公路开发投资有限公司获得了建行、农行、工行等银行 269.84 亿元的授信额度，以及 100 多亿元的贷款。在债权银行接到发函后，建行、农行等行人员赶赴云南追讨债务。在云南省政府承诺云南省公路投资开发有限公司增加 3 亿元资金，省财政向该公司借款 20 亿元用于资金周转，云南省公路投资开发有限公司才撤回上述发函。虽然这次事件最终以政府出面增加资金告一段落，但是城投债券业仍然担心云南省公路投资开发有限公司还会出现其他信用

① “云南路投违约事件爆发，城投债出现恐慌性抛盘”：http：//finance.sina.com.cn/china/jrxw/20110810/091310292020.shtml，最后访问日期：2015 年 3 月 30 日。

违约的情况。此事件还波及整个城投债券市场，此后的20多天，城投债券市场上未发行任何新债。除此之外，四川高速公路建设开发总公司在没有及时向投资者披露相关信息的情况下，将其所持有的四川成渝高速公路股份有限公司国有股权无偿转至四川交通投资集团有限责任公司，引发更多投资者对城投债风险的忧虑。这一系列事件都暴露出我国城投债在偿还时可能会遭遇风险，究其原因可归结为我国城投债发行时的信用缺失。

2. 偿债高峰期限来临，政府财政难以负荷

城投债的发行期限一般较长，预计2015年及接下来的几年会是城投债的偿债高峰期。一旦这些城投公司偿债能力不足，发生违约风险，地方政府可能成为最终的偿还人，而这些城投公司负债较大，地方政府可能难以负荷如此巨大的偿债压力。1994年美国南部橘子郡投资失利，使当地政府财政损失17亿美元，该巨额损失超出了政府财政承受能力，政府因此宣告破产。① 我国的城投公司也有一定的政府信用在里面，以地方政府财政作为隐性担保，一旦其中的某一个城投债出现违约情况，那么地方政府财政将遭受巨大的损失。如果地方政府债务负担过重还可能影响到上一级政府。如2015年2月召开的海南省两会上，来自海口市的8名海南省政协委员提交了《关于提请省级财政帮助化解海口市政府性债务的建议》，主要是提请省级政府帮助化解海口市政府性负担②。

3. 增信方式较为单一，增信行业管理不规范

就我国城投债市场上最常用的增信方式来看，仍然是抵押担保、质押担保、保证担保三种主流增信方式，增信方式较为单一。同时，增信行业管理不规范，信息披露不充分。目前，由于信用增进行业缺乏统一、明确的监管要求，担保公司整体缺乏准入门槛，业务范围模糊，从业人员资质不全，整体运行不规范。同时缺乏相关部门监管，增信主体信息披露不充分，投资者无法依据披露的信息识别和控制其中的风险，难以做出正确的选择，因而对债券增信业务认可程度较低，在整个增信过程中存在极大的潜在风险。

城投债在其发展中带来了许多积极的意义，但其风险也不容小觑。我们必须对城投债的增信方式及其影响有更加全面的了解，同时不断弥补目前增信方式存在的不足，不断完善城投债的增信效果，防范违约风险的出现。

---

① 李正信：《底特律敲响城市新危机的警钟》，《中国中小企业》2013年第8期，第69页。

② 中国青年报：《海南部分政协委员提请省级财政帮助化解海口地方债》，http：//news.youth.cn/sz/201503/t20150326_6545912.htm，最后访问日期：2015年3月30日。

第二节　我国城投债的信用风险

一、城投公司自身的信用风险

（一）城投公司资产的信用风险

与一般企业不同，城投公司的设立主要是为了城市建设筹集资金，具有公益性和非营利性。《中华人民共和国证券法》第十六条规定，公开发行公司债券，应当符合："累计债券余额不超过公司净资产的百分之四十。"由此可见城投公司发行城投债数量的多少取决于公司资产的规模①。地方政府为了利益需求，必然会扩大城投公司规模，通常的做法是由地方政府向城投公司注入一些资产，主要包括土地使用权等无形资产以及水、电、气等公益性资产。在增强城投公司的融资能力的同时也会带来以下信用风险：

（1）城投公司资产虚高，可能导致日后偿付危机。在对城投公司注入的土地等资产进行评估时，出于利益的考量，应城投公司的要求，资产往往会被高估。由于土地等资产价值被高估，而很多城投公司债券的偿付正是建立在土地收益基础之上的，这一虚高的收益往往会波及日后的偿付，造成偿付危机。

（2）在公司注资过程中可能存在一些不符合法律规定的操作，如地方政府一般都会在发债前向城投公司注入资产，而为了及时的发债或者是为了抓住发债的好势头，有些发行人在这些资产未完成变更手续时就将其披露为公司所有，加剧城投公司的发债风险。2009 年媒体报道的"09 岳城投债"的发行人虚构两个子公司，造成公司财务混乱，而在公众质疑声中，岳城投也承认了其在发行过程中存在的法律问题。

（3）一些地方政府在设立城投公司时，单纯为了扩大企业资产规模，对一些没有收益能力的学校、医院、公园等资产进行包装注入城投公司，这些资产不利于企业盈利，反而会加大公司债务风险。尤其是在 2014 年 3 月 1 日修订的《公司法》的施行，其中对公司注册资金的修改由原先的注册资本实缴登记制改为认缴制，取消注册资本的最低限额。这些公司法上的新规将公司由依赖原先的资本信用转移到资产信用上，更加注重公司的资产信用，而城投公司的资产注入不规范，恰恰加大了其信用风险，容易造成日后偿付困难。

---

① 钱凯：《有效化解城投债风险的观点综述》，《经济研究参考》2013 年第 48 期，第 35 页。

（二）城投公司经营治理的信用风险

主要表现在以下两方面。

1. 城投公司治理结构缺失

作为隶属于地方政府的融资平台，城投公司从组建、治理及运营等方方面面都和地方政府紧密相连，城投公司主要管理人员与地方政府工作人员挂钩。地方政府不仅对城投公司的运营状况、管理情况、财务状况等信息了如指掌，同时还能掌控城投公司的经营安排、人事计划等。政企不分、政府干预城投公司的现象为城投公司的治理带来诸多不便，导致城投公司在日常经营过程中缺乏自主性，独立治理能力较弱。

2. 城投公司经营能力薄弱

由于城投公司的投资方向是当地大量公益性、非营利性项目，这些公益项目具有周期性长、收益较微弱等特征。在城投公司依靠项目收益难以正常经营的情况下，政府为了公共项目能够正常运行下去，则会对城投公司给予一定的财政补贴、税收减免等优惠措施以避免该公共项目流产，但是一旦地方政府自身出现财政危机或者没有意愿继续支持该城投公司的发展就会引发偿付风险。另一方面，城投公司的资产较为单一又没有良好的运营能力，不能盘活公司的资产，其资金流转仍局限于早期注入的土地、道路、桥梁等资产，抗风险能力弱，导致日后偿付困难。城投公司经营能力薄弱的原因可归结为两方面：其一，是由于地方政府往往将一些不良资产注入所属融资平台；其二，是由于盈利多来源于土地出让、供水、供热、污水处理等业务板块上，特别是土地出让收入成为地方融资平台的重要盈利来源，但土地价值受政策影响而波动较大，且土地在流转中限制较大，造成城投公司难以用自身的资产开展日常的经营活动。如果城投公司缺乏良好的运营能力，仅仅依靠公司原先的资产，在公司日常运营不能产生利润的情况下，一旦政府的财政补贴、税收优惠取消，那么城投公司极有可能会发生违约风险。

二、隐性担保方地方政府的信用缺失

（一）地方政府对城投公司的信用支持存在不确定性

具有政府背景、政府财政支持是城投债的显著特征，城投公司能够顺利发行债务并获得债权人的青睐正是因为其具有政府隐性担保，但是并非所有的城投公司都能一如既往地获取地方政府的支持。同时，地方政府可以设立多个融资平台，以南昌市为例，南昌市政府下属的南昌城市建设投资集团由9家全资、控股公司组成，包括南昌城投置业有限公司、南昌高速公路有限公司、南昌城投资产管理公司等①。在多个城投公司运行期间，政府会出于自身需求进行衡量，对一些发展潜力大、盈利能力强、资产流转顺畅的城投公司提供更有利的支持。一个地方政府城投公司越多，地方政府的可选择性越大，政府对某个城投公司信用支持的变化性也就越大。

（二）债券期限与政府官员任期不匹配导致偿还主体虚化

发行城投债券是为了满足地方基础设施建设融资的需求，而一般基础设施建设本身建设周期长，利润收回期也相对较长，这些城投公司发行的债券期限往往也较长，大多在5—10年间。2010年发行的城投债中，65%以上都超过5年期限，显然，这一期限跨越了两届政府官员的任期。这就表明，城投公司所发债券的偿付期限到来的时候，其隶属的地方政府官员可能已经是下一届政府的官员，其偿还压力可能会加诸到下一届政府身上。一方面现任政府出于对在任政绩的考量，为了加快城市建设，可能会频发债券，而债券期限较长，其在任期间又无须考虑偿还问题，会带来一定规模扩大的恶性风险；另一方面，前任举债后任偿还的情况也会使债券的偿还依赖于下届政府的信用及其偿还意愿。如果下届政府对前任政府的所发债券不予认可，在发生偿还风险时拒绝承认，拒不偿还的情况下，会造成投资者的经济损失。

（三）地方政府财政收支不平衡加剧投资风险

从地方政府财政的总体情况来看，支出大于收入，这一趋势还将持续。除了税收收入，地方政府还借助出让土地获得资金，但土地这一预算外的资源，获取资金的能力有限。与之相反的是，为了满足居民的需求，提高居民生活质量，政府必然需要在医疗、卫生、教育等方面加大财政的支出。一面是收入的有限增长，一面是支出的不断扩大，长此以往，将加剧收支不平衡状态。城投公司又依赖于地方财政收入的不断增长以应对将来的债务偿付，在没有完善的财政收入增长机制、又需要不断保障经济的平稳快速发展的情况下，地方财政陷入困境。财政收支矛盾的加剧、地方财政收支极不平衡导致地方政府偿债能力受到质疑，地方政府债务风险一触即发。

三、城投债法治不足放大信用风险

我国城投债的发展相对其他国家来说起步比较晚，发展很不成熟，因此

---

① 南昌城市建设投资集团：http：//www.ndkj.com.cn/jyzx/NewsDetail.aspx? newsid＝17125，最后访问日期：2015年3月30日。

在规范治理城投债法律制度上还不够完善，由此造成了城投债在法律制度方面的信用风险。

我国债券市场上的法律规范主要由正式的法律法规如《公司法》《证券法》以及发改委、证监会等部门颁布的规章制度共同构成。我国在保障城投债规范运行的法律制度上还不够完善，地方政府在城投债发行、治理、运营、监管等方面没有相应的操作依据①。对城投债资产评估、信用评级、信息披露方面还存在漏洞，整个城投债在法治方面的不足加剧了城投债的信用风险。

（一）资产评估体系混乱

城投公司的发债规模与自身资产密切相关，因此各城投公司在设立时会想方设法扩大公司资产，而我国的资产评估体系十分混乱，城投公司在评估资产时的暗地操作给城投债带来极大的风险。通常在发行城投债时，地方政府会将土地等资产注入城投公司，资产评估机构的收费标准一般是按照被评估公司总资产的万分之一来计算的，资产评估机构出于自身及政府的利益考虑，不可避免地会高估被评估公司的资产，这一表面虚高而实际不足的资产显然会加大城投债的信用风险。此外，资产评估市场还存在评估手续还没完成，评估公司就已按照被评估公司的要求对评估的资产及手续草率审查的现象，严重背离评估资产的实际情况，危害城投债日后的信用。

（二）信用评级制度不健全

我国目前的评级机构在对城投公司进行信用评级时一般考虑两方面的因素，一方面是该城投公司背后地方政府的财政实力及支持意愿，另一方面是城投公司自身运营状况及资金流转情况。虽说是考虑这两方面的因素，但却更加侧重考虑地方政府的财政实力，对于城投公司自身实力考察甚少，造成城投公司发生偿付风险的时候出现与评估时严重失衡的现象。我国目前债券评级体系实际上是"买方付费"，信用评级机构的付费人是城投公司，受压力于城投公司，评级机构在对城投公司进行评级时相当难做出公开公正的评级行为。相比于发达国家的债券评级体系，我国在评级机构、评级制度、评级方法上都比较落后，并且在评级之后又缺乏完善的追踪体系。整个评级制度的不健全造成信用评级虚高、评级机构难以发挥实质的评级作用。一旦城投公司发生违约风险，其偿付风险还是会转嫁到投资者身上，而投资者当初选择该城投债正是看重评级机构对该城投债的信用评级。如此一来，信用评

① 苗苗：《关于中国城投债的现实问题与对策研究》，《现代经济信息》2014年第4期，第264页。

级机构不仅没有发挥防范风险的作用，反而在一定程度上提升了风险。

（三）信息披露缺乏透明度

城投公司的信息透明度低，城投公司在运行过程中普遍存在财务报表披露不及时、审计报告中缺乏对影响公司正常运营的重大事项的披露，为了一味获取更多融资，不断扩大公司规模，对公司资产进行过度的美化及包装。城投公司这些信息披露不透明的现象使投资者不能获得真实有效的数据，不能对债务风险进行合理的评估和防范。信息披露不透明不仅造成事前投资者对城投债的风险不能进行有效防范，而且在债券发行的后续过程中，所发行的债券是否投入当地的基础设施建设中，是否获得了预期的收益回报率，这些信息投资者也不得而知。由于缺乏相应公开透明的信息披露，城投公司资金运转不明、运转效率低下①，严重地阻碍了城投公司的运营，降低了城投公司还款能力，最终引发城投市场信用风险。

城投债的发行从主体到担保方及整个法律制度下都存在信用缺失的风险，为了降低城投债的信用风险，在实际的操作中一般会采取各种增信方式来增加城投债的信用，使城投债的发行更顺畅。为增加城投公司发行城投债的信用等级，一般会采取担保增信的方式，增信方式得当能够减少城投债存在的信用缺失所带来的风险。研究城投债常用的几种增信方式，并对增信方式进行完善，为城投债如期偿还提供了有力的后盾。我国城投债市场主流的增信方式主要有抵押担保增信、质押担保增信、保证担保增信。抵押担保增信主要包括以土地、公益性资产作为抵押；质押担保增信主要包括以土地收益权作为质押；保证担保主要以政府出具承诺函等文书承担“保证责任”。对目前城投债市场上增信方式的风险及增信效果的研究将能够更好地防范城投债券市场的风险，有利于规范当前城投债券的发行。

第三节　我国城投债抵押担保增信的风险及其化解之道

一、城投债抵押担保的法律规定

城投公司是地方政府为募集基础设施建设资金而设立的，其所投资的项

① 钱凯：《有效化解城投债风险的观点综述》，《经济研究参考》2013 年第 48 期，第 35 页。

目具有公共利益的性质，因而营利性较弱、周期性较长、偿债能力较低。在这种情况下为了使城投公司更好地发挥融资功能，城投公司大多会为所发行的城投债提供担保，对其偿债能力进行加强。在发生违约风险后是否还具有偿还能力很大程度上取决于所发行的城投债是否提供了担保。2007年，银监会颁布《关于有效防范企业债担保风险的意见》，明确禁止以银行担保为主要的担保手段。同时，《担保法》也规定地方政府不得为城投债作担保。在这种情形下，新的担保方式被激发出来，地方政府拥有较为丰富的土地资源，这一资源成了城投公司有效的增信方式，以土地使用权作为抵押的抵押担保成为目前城投债的主流担保方式。

城投公司利用土地使用权抵押增信的操作方式一般是通过土地划拨或者土地出让的方式将土地资产注入城投公司的，城投公司即利用该土地使用权为发行的债券进行抵押担保。根据《土地管理法》的规定①，土地所有权归全民和劳动群体所有，并不得买卖、转让，但是土地使用权可以依法转让。根据这一规定，由于土地使用权在法律上可以转让，因此能转让给城投公司，城投公司被允许在法律上获得土地使用权，土地使用权由此成为城投公司的资产。

土地使用权按取得方式的不同又分为划拨土地使用权和出让土地使用权。我国《城市房地产管理法》规定，土地使用权划拨是指经过有关机关批准后，缴纳少量的土地安置费或者无偿交付该幅土地给其使用②。出让土地使用权，是指依据招标、拍卖或者协议的方式取得。它是有一定的期限和用途限制、可以依法转让、抵押的自由的土地使用权。就目前对土地使用权进行抵押担保的情况来分析，大多是以划拨的形式注入城投公司，因为划拨的形式无须支付巨额的土地出让金，正是因为无须支付巨额的土地出让金，从而使划拨形式进行的抵押担保具有更大的风险性。以出让土地使用权进行抵押担保在出让的时候缴纳了土地出让金，在日后实现出让土地使用权抵押担保时，能够保障抵押权人抵押权得以实现，而划拨土地使用权的方式更为便捷，更多城投公司倾向以划拨土地使用权的方式进行抵押来增强城投债的信用，但这一方式给顺利实现抵押权带来巨大的法律风险。

---

① 参见《土地管理法》第二条："中华人民共和国实行土地的社会主义公有制，即全民所有制和劳动群众集体所有制。全民所有，即国家所有土地的所有权由国务院代表国家行使。任何单位和个人不得侵占、买卖或者以其他形式非法转让土地。土地使用权可以依法转让。"

② 参见《城市房地产管理法》第二十二条："土地使用权划拨，是指县级以上人民政府依法批准，在土地使用者缴纳补偿、安置等费用后将该幅土地交付其使用，或者将土地使用权无偿交付给土地使用者使用的行为。依照本法规定以划拨方式取得土地使用权的，除法律、行政法规另有规定外，没有使用期限的限制。"

二、划拨土地抵押担保的法律风险

（一）划拨土地使用权抵押的法律效力

我国划拨土地使用权主要具有无偿性、主体特定性等特征①。这里的无偿性主要指划拨土地使用人没有向国家缴纳土地出让金而无偿获得土地使用权，并不是说不需要缴纳任何费用，而是可能需要缴纳一些办理过程中的手续费，如土地安置费等，但是相比需要缴纳的土地出让金的数额可以视作“无偿”。划拨土地使用权在法律效力上的分析，主要是指是划拨土地使用权这一形式能否进行抵押担保，是否具有法律上抵押担保的效力。

《中华人民共和国城市房地产管理法》规定②，以划拨方式取得的土地使用权，可以在拍卖后缴纳相应出让金，抵押权人才能优先受偿。结合《中华人民共和国城镇国有土地使用权出让和转让暂行条例》（以下简称《暂行条例》）第四十四条、第四十五条规定③，在满足条件的情况下是能够使用划拨土地进行抵押担保的。根据我国目前的法律规定，以划拨土地使用权进行抵押担保，需要符合具体的条件。在顺利完成抵押担保的手续、设立抵押权之后，实现抵押权不仅需要经过有关机关批准，同时还要缴纳一大笔土地出让金。城投公司用划拨的土地使用权进行担保虽然符合法律的规定，但是其担保增信效果可能因为要缴纳土地出让金而大打折扣。

（二）划拨土地使用权抵押存在的风险

我国法律没有禁止抵押划拨土地使用权，但实际上划拨土地使用权仅具有很弱的财产性，在实现过程中会面临各种风险。发行人城投公司利用划拨土地使用权进行抵押担保只能在表面上增强城投债的信用，实质上划拨土地使用权在抵押权实现的具体操作中面临巨大的风险，主要是划拨土地使用权人抵押担保存在以下几方面的不足：

---

① 王兆平：《划拨土地使用权的取得是否无偿》，《辽宁经济》2006 年第 7 期，第 1 页。

② 参见《城市房地产管理法》第五十一条：“设定房地产抵押权的土地使用权是以划拨方式取得的，依法拍卖该房地产后，应当从拍卖所得的价款中缴纳相当于应缴纳的土地使用权出让金的款额后，抵押权人方可优先受偿。”

③ 参见《中华人民共和国城镇国有土地使用权出让和转让暂行条例》第四十五条第一款：“符合下列条件的，经市、县人民政府土地管理部门和房产管理部门批准，其划拨土地使用权和地上建筑物，其他附着物所有权可以转让、出租、抵押：（一）土地使用者为公司、企业、其他经济组织和个人；（二）领有国有土地使用证；（三）具有地上建筑物、其他附着物合法的产权证明；（四）依照本条例第二章的规定签订土地使用权出让合同，向当地市、县人民政府补交土地使用权出让金或者以转让、出租、抵押所获收益抵交土地使用权出让金。”

1. 划拨土地使用权处分收益功能欠缺

以划拨方式取得土地使用权，在转让房地产的时候需要获得有批准权的人民政府批准并按照国家有关规定缴纳土地使用权出让金，所以土地使用权人并没有直接处分的权利，其处分的权利受到国家的限制。同样在《房地产管理法》第五十六条规定，划拨土地使用权上的房屋进行出租的，要将租金上缴国家，划拨的土地因此不具有收益的权利。划拨土地使用权因为欠缺法律上同一般抵押物的处分、收益的权利，因此对划拨土地使用权进行抵押在增加城投债信用方面受到很大的局限，即使发行人城投公司使用了划拨的土地使用权进行抵押，在日后对划拨土地使用权行使处分权力时仍然会受到法律规定的限制，也很难保障投资者的优先受偿权。

2. 划拨土地抵押担保效力薄弱

划拨土地抵押担保效力薄弱体现在两个方面：其一，以划拨土地使用权设立抵押，在债权人实现抵押权的时候，对划拨土地进行拍卖或者变卖时，向国家缴纳土地出让金之后才能取得土地使用权。其二，在《中华人民共和国城镇国有土地使用权出让和转让暂行条例》中规定，划拨土地使用者因破产等原因停止使用土地，政府应当无偿收回。如果城投公司资不抵债，不能如期偿还债款，在城投公司遭遇破产风险的时候，如果停止使用划拨土地，地方政府可以行使无偿收回的权利。用划拨的土地使用权进行抵押担保，要真正实现抵押权时，仍然要向国家缴纳土地出让金，而土地出让金的价格一般比较高，那么除去该部分土地使用出让金，该抵押物剩余可供债权人优先受偿的价值很少，值得投资者警惕。

三、划拨土地使用权抵押担保增信的法律风险化解

土地使用权作为抵押担保的初衷是为了增加城投债的信用，但在实际中以划拨土地使用权进行抵押担保可能并没有达到担保增信的目的，故在使用划拨土地使用权进行抵押时要对其风险进行规避。

（一）完善划拨土地使用权抵押担保程序

从上述的法条规定可以看出对于用划拨土地使用权进行抵押的破产的城投公司，政府可以无偿收回，但是《中华人民共和国城镇国有土地使用权出让和转让暂行条例》第四十四、第四十五条又规定了符合法律条件的划拨土地使用权可以进行抵押，说明在法律上认可划拨土地使用权的抵押效力。根据立法的意图可以看出，如果按照法律规定合法设立抵押并且抵押权已经发生效力，对划拨土地使用权的抵押担保效果的认定是有效的。因此，这就要

求为了能够发挥划拨土地使用权抵押担保的效果，在办理抵押担保的过程中要严格按照抵押的流程，办理抵押手续，在实际过程中要确认好发行人是否与有关房屋土地管理部门取得联系，了解房屋土地管理部门能否对该种抵押办理登记及办理的详细操作，并向相关部门进行登记、获得相关部门的批准①。程序上的完善是划拨土地使用权抵押担保发生效力的第一道保护盾。

（二）严格制定土地出让金标准

在实现划拨土地使用权办理抵押担保，实现抵押权的时候，需要缴纳一笔土地出让金。为了避免划拨土地使用权转成让土地使用权的时候缴纳的土地出让金过大，变相增大城投债日后偿付风险，就需要对土地出让金制定一个统一的标准。因此，对土地出让金的限制可以有以下几种设定标准：

(1) 在与土地管理部门签订《划拨土地使用权抵押合同》时，由抵押人和抵押权人以及土地管理部门在合同中约定：将来划拨土地使用权抵押权实现时，按照合同约定的土地价格扣除土地出让金，抵押权人即可优先受偿。这种预先规定合同约定的价格为土地出让金的价格，可以避免将来由于土地价格上涨，随之而来也要缴纳更多的土地出让金。预先将缴纳的土地出让金规范在一定范围内，在日后行使抵押权的时候能够更好保障投资者的利益，确保抵押担保增信效果的有效落实。

(2) 按照实现抵押权时当地政府公布的基准地价或者邀请第三方评估机构对土地价值进行评估确定的地价，来补缴土地出让金②。无论是当地政府公布的基准地价还是第三方评估机构评估的价格，相比土地价值上涨带来的土地出让金的上涨对债权人的保护更加有利。当地政府公布的基准地价或者第三方评估机构对土地价值进行评估，都要注意在操作上的公开透明，在程序上的合法规范，这样才能增加城投债的信用、增强城投债的偿债能力。

（三）改革划拨土地使用权抵押担保制度

正如上述所分析的划拨土地使用权具有较弱的财产性，实际上未能起到很强的抵押担保效果，在抵押权的实现的过程中会遇到各种风险，这一方式的抵押增信效果不突出，为了避免在日后融资的过程中发生更大的风险，当前就应该清楚认识到划拨土地使用权的本质属性，对目前仍然存在的划拨土

---

① 周沅帆：《增信体系与债券市场发展——从经济转轨角度的研究》，东北大学博士学位论文，2009年。

② 周沅帆：《债券增信》，北京大学出版社2010年版。

地使用权循序渐进地改革为出让土地使用权。其改造的路径为：对于能取得土地使用权的主体通过补办手续，缴纳一定的土地出让金，使其转变为出让土地使用权；对于不能取得土地财产权的使用人如国家机关等，则注销其财产权书，或者将其登记为国有土地，同时标注为管理机关①。通过以上的改革手段，可以避免政府机关利用划拨土地使用权进行抵押，从而规范土地使用权抵押担保的效力，实现土地使用权抵押担保的增信效果。

第四节　我国城投债质押担保增信的风险及其化解之道

一、城投债质押担保的法律规定

在担保增信方式上，除了抵押担保增信之外，质押担保也是担保增信的重要方式之一，我国对城投债可以作为质押物进行质押担保在担保法等法律中有明确的规定。在城投债进行质押担保增信的实践操作中，一般以城投项目的应收账款作为质押物对发行城投债进行增信。这也是一种运用较多的增信方式，当城投公司发行的城投债发生违约时，就会有相应的应收账款作为质押物偿还债务。对于应收账款能否作为质押物进行质押担保，在法律上主要有以下规定：

《担保法》规定对下列权利可以质押，其中一个兜底的规定即只要是符合法律规定可以质押的其他权利都是符合担保法规定的。物权法解释规定的可以出质的权利中第六款即包括应收账款。人民银行于 2007 年 9 月底颁布的《应收账款质押登记办法》第四条对应收账款做了详细的定义，其中包括了现有的和未来的金钱债权及其产生的收益②。根据我国法律上的规定可以质押的权利包括了应收账款，也就是说以城投公司项目的应收账款为城投债提供担保，这一形式是符合法律规定的。在城投债券的实例中，第一次以应收账款作为质押资产的当属“08 合肥建投债”，“08 合肥建投债”的发行方合肥市建设投资控股有限公司与合肥市财政局就这一工程签署了造价为 34.56 亿

---

① 李凤章：《土地抵押融资的法律困境和制度创新》，立信会计出版社 2012 年版。

② 参见《应收账款质押登记办法》第四条：“本办法所称的应收账款包括下列权利：本办法所称的应收账款是指权利人因提供一定的货物、服务或设施而获得的要求义务人付款的权利，包括现有的和未来的金钱债权及其产生的收益，但不包括因票据或其他有价证券而产生的付款请求权。（一）销售产生的债权，包括销售货物，供应水、电、气、暖，知识产权的许可使用等；（二）出租产生的债权，包括出租动产或不动产；（三）提供服务产生的债权；（四）公路、桥梁、隧道、渡口等不动产收费权。”

元的《投资建设与转让收购》协议书，同时签署《应收账款质押合作协议》。约定发行人出现偿债困难时可根据签署的协议书用应收账款来偿还债务①。这种应收账款质押担保作为一种增信方式运用到城投公司城投债发行，增强城投债的信用由此进入人们的视野。虽然法律和实践中都有以应收账款作为质押担保的情形，但是以应收账款作为质押物进行质押担保这一增信方式依旧存在法律上的风险。

二、城投债应收账款质押担保的法律风险

从担保法理角度考虑可出质的财产权利应当满足三个基本条件：一是必须具有财产性。财产性是指可以用金钱来衡量的属性，在质押担保中追求的不是质押标的使用价值，而是质押标的的交换价值。二是标的确定性。质押权标的在设定质押权时应该是确定的，不会轻易发生变化。三是具有转让性。质权系以质物或者出质权利的价值担保债权的实现，如果出质的权利不能转让，则无法变现，质权设立的意义也就无从体现，故可出质的权利必须具有可让予性②。以应收账款质押来看，其具有财产性，但标的的确定性与可转让性的有无存在争议。因应收账款这一标的特殊性，其在城投债发行中作为质押担保的标的物具有以下法律风险：

（一）应收账款质量的好坏影响质押担保权的实现

应收账款在法律上来说是一种权力质权，应收账款质量的好坏影响质押担保权的实现。如果应收账款债务人本身的信誉差，那么即使以应收账款进行质押担保，在需要偿付债务时则仍然难以发挥实质的担保作用。同时，在应收债权质押担保实现的过程中，可能受到次债务人抗辩权和追索权的制约，很容易造成质权人的利益受到损害。城投公司以投资项目的应收账款作为质押担保，在日后发生偿债不能的情形时，可以使用应收账款作为偿债来源，但是该投资项目的应收账款能否收回，本身就存在不确定性。对应收账款的债务人能否进行有效的追偿，还取决于该项目应收账款的债务人的信用情况，应收账款本身质量的好坏关乎应收账款能否为城投债的发行起到增信作用。

---

① 债券中应收账款质押担保应用思考：http：//blog.sina.com.cn/s/blog_725cbfd50101d7ld.html，最后访问日期：2015年3月30日。

② 陈楚：《两岸权利质权之比较》，《山东警察学院学报》2003年第1期，第80页。

（二）应收账款质押担保登记程序不规范

根据《应收账款质押登记办法》规定，在应收账款作为质押物进行登记后，登记申请主体即质权人可以自行根据情况随时申请注销质押登记，应收账款质押登记的效力和是否终止始终受质权人控制①。作为《应收账款质押登记办法》规定的登记机构——人民银行征信中心，其只对登记的文件进行审查，既不需要向出质人也不需要向次债务人进行核实和确认。登记文件及所质押应收账款的真实性和合法性均由登记申请主体即质权人自行审查和负责，属于"消极担保登记"。因此这种登记的主观性、单一性和消极性极易导致其片面性，使其客观真实性减弱，权利无法实现的风险增大。

（三）应收账款质押担保实现时存在不确定性

质权人在应收账款质押后享有质权，但是根据质押的法律规定，应收账款置于出质人的管理下，由于出质人的管理是否有效会对应收账款在实现时存在的价值产生变动，由于城投公司对投资项目的应收账款的管理一直处在变动当中，如果没有对应收账款进行良好的管理，那么在应收账款实现其质押权时其担保价值可能会有所降低，能够担保的债权量将减少，最后就可能危及投资者的利益。在出质人掌握应收账款的情况下，应收账款质押担保在实现中存在不确定性，会给投资者带来很大的经济利益风险，难以发挥质押担保对债券增信的作用。

三、应收账款质押担保增信的法律风险化解

（一）应收账款质押担保法律层面的完善

《应收账款质押登记办法》规定应收账款包括现有的及未来的金钱债券及其产生的收益。那些具有稳定预期的未来债权，比如说买卖双方有长期稳定的合作经营关系、相互的供货意向，已签订双方的合作协议，但是当前尚未发生债权债务关系的，我们把这种情况就称为未来应收账款。对未来应收账款进行质押可以称之为未来应收账款质押，我国发行人发行城投债时以投资项目的应收账款进行质押，质押对象一般都是这些项目未来产生的收益，所以大多都属于未来应收账款质押。但是我国《物权法》中却未明确地指出类似这种未来应收账款能否作为质押出质，仅在对可以进行质押的权利进行详细的罗列之后，规定了一个兜底条款"法律、行政法规规定可以出质的其他财产"。从法律的效力来看，我国的《应收账款质押登记办法》属于部门规章，在

① 陈丽霞、王力博：《应收账款质押的几个操作问题》，《企业管理》2008 年第 12 期，第 79 页。

物权法和其他相关法律法规没有明确规定的情况下，如若质押权人主张未来的应收账款作为质押的标的优先受偿，在进行相应的诉讼请求时可能会由于缺乏法律的明文规定而得不到支持，造成质押权得不到实现。因此要使未来的应收账款能够得到诉讼机构的认同，还需要在法律上对未来应收账款能成为质押担保的标的进行明确的规定。在法律上保障未来应收账款作为质押的标的物，可以减少未来应收账款实现的不确定性，更好地实现以未来的应收账款作为质押的信用。

（二）应收账款质押担保操作层面的保护

在发行人城投公司以应收账款为债券提供质押担保，使其日后能够对债券持有人权益进行保障，除了法律层面的规范外，在具体操作上也应该保障应收账款质押程序的规范和完整，使应收账款质押担保具备实质上质押的效果。

（1）依据《物权法》、《应收账款抵押登记办法》的规定，应收账款质押担保需要在中国人民银行征信系统进行质押登记①，经合法登记的质权具有对抗第三人的效力，登记在先的优先于登记在后的。假如出质人以其享有的供水、供电等收费权质押，签订质押合同后，仅是经主管部门批准同意并在该局办理的质押登记并不符合法律对应收账款质押登记的要求。因此质权人应严格依照相关法律规定补足登记手续，防止担保权利落空。

（2）发行人城投公司还款账户应接受监管银行的监督。城投公司需开立接收账户和偿债账户，前者用于接收水电等项目的应收账款，后者用于偿还债券本息。城投公司不得随意动用账户内资金，监管银行才具有动用账户资金的权利，并且在城投公司需要偿付到期债务时，从接收账户或者偿债账户中提取偿债资金，对摘取进行偿还。该接收账户和偿债账户独立于城投公司的日常运营，受特定的监管银行监管，避免城投公司将获取的应收账款的挪作他用，更好地发挥其质押增信的效果。

第五节　我国城投债保证担保增信的风险及其化解之道

在城投公司为发行的城投债增强信用，除了采取抵押、质押等担保增信

① 周沅帆：《增信体系与债券市场发展——从经济转轨角度的研究》，东北大学博士学位论文，2009 年。

的方式，还会寻求保证担保的方式，比如向在当地有影响力且信用较高的企业或者专业的担保公司寻求保证担保。除此之外，在我国城投债保证担保的情形中还存在向地方各级政府机关以及事业单位寻求保证人作为担保、政府部门出具承诺函进行担保的情形，这些保证担保也许会由于其是政府作为保证人提供的，而使相当多的投资者认为其担保的信用较高，因此忽视其在法律及实际中缺乏担保增信作用的实质条件，可能会给自身造成一定的经济损失。

一、城投债保证担保保证人身份合法性问题分析

（一）国家机关作为保证人的法律效力

在我国，城投债券市场确实普遍存在以地方政府部门机关及依靠财政经费作为补助的事业单位为城投公司发行的城投债作为保证人进行担保的情形。我国《担保法》第七条规定："具有代为清偿债务能力的法人、其他组织或者公民，可以作保证人。"第八条规定："国家机关不得为保证人，但经国务院批准为使用外国政府或者国际经济组织贷款进行转贷的除外。"我国在法律上既规定了可以作为担保人的情形又规定了限制作为担保人的情形，即国家机关除了第八条规定的经国务院批准为使用的外国政府或者国际经济组织贷款进行转贷可以作为保证人，而在其他情形下国家机关则不得作为保证人。城投公司利用国家机关作为保证人不属于除外的情形，但是仍有不少城投公司接受国家机关作为保证人。其主要考虑的是"有总比没有好"，然而实质上，即使有国家机关作为担保的城投债券，其增信效力并没有得以加强。因此，在法律明文规定的情形下，城投公司以国家机关作为保证人在法律上是无效的。

（二）事业单位作为保证人的法律效力

在我国城投债券市场，为城投债提供担保的事业单位不在少数。而能起到保证担保作用的事业单位、社会团体即要求是非公益性质的。在我国众多事业单位中，大多数具备着一定的公共管理职能，同时又可以进行一定的经营性活动。因此能否作为保证人，其保证人的身份是否符合法律规定，存在一定的不确定性，对我国事业单位的性质进行区分和确定是判断其是否具备保证人资格的关键。

所谓公益性事业单位、社会团体，就是指承担着社会公共利益，进行社会公共职能管理活动，为不特定多数人的利益的非营利性的组织机构。目前，我国法律规定的事业单位、社会团体可以分为以下三类：一是完全依赖政府

财政拨款的公益性事业单位；二是半经营性半公益性事业单位；三是完全按照企业模式经营的事业单位①。很显然，完全依靠政府财政拨款是因为其具有完全的公益性质，因此不能成为保证担保的保证人。对于第二类由于其半经营性半公益性，其运行模式中一些资金来自财政拨款，另一部分来自经营所得，法律上规定的公益性事业单位不得成为保证人，主要是由于其承担了社会公益职能，一旦成为保证人可能会使公众的利益遭受损失，故为避免这种情况的发生，因此从法律上限制这类主体成为保证人。而一半公益性、一半经营性的事业单位毕竟还承担了社会公共管理职能，从法律的本意出发可知，这类事业单位不具有保证人的资格。第三类事业单位由于完全是自主经营，没有任何财政收入来源，这种企业化经营的事业单位，由于其保证人身份合法，应认定保证合同有效。因此，投资者在投资城投债时，要明确城投公司提供的保证人身份是否合法，是否有法律上的担保效力，这样才能作出更有利的决策，更好地保障自己的利益。

二、城投债保证担保“承诺函”效力分析

（一）理论上关于“承诺函”效力的几种观点

在保证担保的领域除了存在上述的保证人身份不合法的行为，还存在另一种不规范的保证担保行为，即地方政府或相关企业出具“承诺函”的行为，承诺函，又称为“安慰函”，是指地方政府或者相关企业为其下属或隶属的城投公司出具表明确认借款事实并有意愿督促和帮助借款人到期归还贷款的书面文件。在城投债券的发行中，经常出现此类“承诺函”的情形，地方政府或者相关企业为了下属城投公司更好地获得融资经常出具表示意愿并督促城投公司在债务到期时还款的函书。

对承诺函的法律效力，理论界有不同的观点：第一种意见认为承诺函不能起到法律上的保证担保的效力。其理由主要是承诺函是相关企业或者地方政府出具的承诺会督促城投公司到期偿还账款，但只能说是具有道德约束意义上的作用，并不具有实质上的保证担保效力，这一观点也可以总结为“道义说”，依其字面意思就是承诺函仅具有道德约束力，不具有保证担保法律上的效果。第二种意见认为，承诺函的出具目的就是在到期不能偿还的情形下承担承诺偿还的义务，因而具有法律上的保证担保效力，这一观点可以概括为“有效说”，不管承诺函主体及内容，其在法律上均有效，虽然一概认为承诺

---

① 齐银川：《地方政府融资平台贷款担保法律问题研究》，西南财经大学硕士学位论文，2012年。

函有效可以保护投资者的利益，但其实质却经不起法律上的推敲。第三种意见比较折中，认为对于承诺函的性质要根据实际情况进行实质的分析，如果其承诺函的条款中明确表示了在如期不能还款的情形下承担还款义务则认为其具有法律上保证担保的效力，反之，如若地方政府或者相关企业出具的承诺函仅是表明承诺督促借款人偿还债务，而未明确表明要承担城投公司不清偿到期账款时的偿还义务，则不具有保证效力，这一观点实际上强调了“轻名重实”①，这一学说在理论界的认可度较高。

（二）实务中关于“承诺函”效力的认定

在实务操作中也发生了承诺函法律效力认定的分歧。如果承诺函中其明确表明起保证作用，可以认定为保证担保。反之，如果其承诺负责督促借款人清偿债务，而不明确表明要保证，则不能认定为法律意义上的保证，当贷款发生违约时也就不能要求其承担保证责任。实务界对于承诺函的性质也存在一定的分歧。佛山市人民政府出具多份承诺函，函中明确表示会督促债务公司还款，不让债权人遭受损失。但在债务公司不能偿还的情形下，债权人主张要求地方政府承担连带的保证担保义务，一审法院认为承诺函是否具有法律上保证的意义，应该根据承诺函的内容来确定，佛山市政府出具的承诺函的内容表明了市政府对债务公司的偿债承担保证责任，因此认为此份承诺函具有保证担保的效力。佛山市政府对此判决不服，提出了上诉，最高法院认为此份承诺函不具有我国担保法意义上的保证效力，依法不承担保证责任。其理由是佛山市政府提供的承诺函内容上，“负责解决”、“不让蒙受损失”并没有明确地表示承担保证责任和代为还款②。因此，可以断定佛山市政府提供的承诺函并非保证担保。

因此，在实践过程中对地方政府或者相关企业提供的承诺函是否具有法律上的担保效力，要根据承诺函的具体内容来判定，如果其内容明确表明要承担保证责任、代为清偿等，应认定其构成保证。反之，如果承诺函话语模糊，只有负责督促还款，避免遭受经济损失之类的内容，则认定其不构成保证。同时除了在承诺函中要切实关注其在内容上是否具备担保的效力，在主体上，也要注意根据我国担保法的规定国家机关是不得担任担保人的。地方政府出具的承诺函，其仅具有道德约束意义上的作用，不具有实质上的担保效力。在认定承诺函担保效力的情形下，一方面要避免政府机关出具承诺

---

① 杭子晴：《浅议安慰函的法律效力》，《金融管理与研究》2006 年第 7 期，第 60 页。

② 参见最高人民法院公报(2004)民四终字第 5 号民事判决书。

函；另一方面要看承诺函的具体内容，承诺函中只有具体规定了偿债义务和责任才具有相应的法律担保效力。

三、城投债保证担保增信的法律风险化解

要想更好地规避保证担保的法律风险，使保证担保发挥真实的作用、提高城投债券发行增信效果，还需要从以下方面进行完善：

（一）明确保证担保的主体

保证担保要想发挥其担保上的法律效力，其担保主体是首要衡量的因素。一方面要避免主体的不合格导致保证担保无效；另一方面则要注意保证担保主体的资质，确保其能承担起担保的责任。避免保证担保主体不合格的情形出现，就要严格考察保证人是否属于法律规定的禁止担任保证人的情形。避免《担保法》第八条、第九条规定的国家机关和学校等事业单位成为保证人。在法律明确规定国家机关及以公益为目的的事业单位不得为保证人的情形下，即使地方政府出具了明确表示承担保证责任的承诺函，但出于防止国有资产流失、保护国家利益方面的考量，该保证合同在违反法律禁止性规定的情形下属于无效合同，地方政府无须承担赔偿责任。

因此，要避免保证担保合同无效，应该谨慎考察保证人的主体资格，确保保证人身份合法有效。同时，在确保保证人身份合法有效的情况下，还要对保证担保主体的资质进行一定的考量，尽量接受资产充裕、经营能力强、资产结构合理、公司运转稳定、资金流动正常的公司，确保一旦发生违约风险时，保证人有足够的偿债资金。以上两方面即是从担保主体上落实保证担保的法律效果，发挥保证担保的增信效力的。

（二）核实保证担保的内容

要使保证担保发挥作用，核实其内容是否符合法律的规定也相当重要。如担保的额度是否符合公司章程的规定，一旦保证担保的数额超过了规定的限额则超过部分无效。同时，对于保证担保的内容要进行明确规定，避免出具不发生法律效力的“督促承诺还款”等承诺函，使投资者遭受不必要的损失。2004 年“佛山市人民政府担保纠纷案”①法院判定政府出具的承诺函无效，一方面就是考虑该承诺函中出现的“负责解决”、“不让贵行在经济上蒙受损失”从而判断该承诺函缺乏担保效力及缺少代为还款的意思表示。2014 年

① 最高人民法院公报(2004)民四终字第 5 号民事判决书。

12月中国裁判文书网上公布的"中国银行(香港)有限公司诉辽宁省人民政府、葫芦岛锌厂保证合同纠纷一案。"①最高人民法院认为,从本案承诺函的名称与内容看,辽宁省政府虽然承诺解决,但是没有代为偿还的意思,不能认定为保证担保②。内容上是否具有担保的意思表示是认定承诺函能否成为保证担保的重要依据,在接受保证担保的情况下,要核实出具的保证担保合同,必需明确规定有承担担保责任的意思表示、符合保证合同的实质要件。总的来说,从内容上判断保证合同有效的基本方法,核实保证担保的内容尤为重要。

(三)落实保证担保的程序

为了保障保证担保有效设立,具有对抗第三人的法律效果,必须完备保证担保的手续,严格按照设立保证担保的流程进行。如签订书面合同、符合担保额度的限制,履行法律上保证担保生效的手续。只有保证导报手续落实,才能发挥后续担保效力。保证担保程序的落实是保证担保发挥效力的形式要件,除了在主体上、内容上符合保证担保的要求之外,在程序上也应规范保证担保的操作,避免由于担保手续的不完备导致保证担保合同不能发挥效力,使投资者遭受经济上的损失。

(四)引入第三方债券保险制度

我国可以借鉴国外市政债券的做法提高保证担保增信效果,比如引入第三方债券保险制度。城投债保险制度的引入可以降低交易风险,提高城投债的偿付能力。债券发行人向债券保险公司提出投保申请,保险公司对债券发行人进行合理评估,在符合债券保险的情况下对发行的债券进行保险。在发行人缴纳保险金额之后,如果日后发行的城投债发生违约风险,到期不能偿还债务,这时候便由保险公司进行赔付,承担债务清偿责任。债券保险公司具有专业的保险能力,能更加有效地预测城投债发行及偿付过程中的风险,其专业的人员、技术、资金能够更好地保障城投债有效发行、市场规范发展。因此我国可以引进债券保险公司,完善债券保险业务,设立符合条件的保险公司为城投债的发行提供担保。我国可以建立相应的债券保险制度,由符合条件的保险公司为城投债设保。一方面,债券保险公司可以为投资者提供债券指导作用,能够解决信息不对称带来的信用风险;另一方面,引入债券保险

---

① 雷继平:《地方政府的承诺只是"安慰函"吗?》,http://bond.eastmoney.com/news/1325,20150318487278378.html,最后访问日期:2015年3月30日。

② 参见中华人民共和国最高人民法院民商判决书(2014)民四终字第37号,中国裁判文书网。

制度，能够将债券市场上的风险合理配置，合理分散风险，将能承担不同风险的主体与风险不同的城投债券进行一一对应，从而令整个城投债券市场上的风险均衡。

第六节　我国城投债的规范化展望

一、我国城投债规范化进程

（一）城投债的相关规范化政策

随着城镇化的推进，地方政府的财政负担不断加重，受国家政策调控的影响，房地产市场的低迷导致以土地财政为重要来源的政府财政收入不断减少，政府融资平台的债务风险不断上升，城投债违约风险不断加大。在 2014 年初的中央经济工作会议上，地方政府性债务管理被列为全年经济工作的六大任务之一，从 2014 年的中央经济工作会议到 2015 年初，一系列政策陆续推出。2014 年 8 月底新修改的《预算法》明确，经批准的省、自治区、直辖市可以发行地方政府债务举债融资；2014 年 10 月初国务院印发《关于加强地方政府性债务管理的意见》（以下简称《债务管理意见》），全面部署加强地方政府性债务管理；此后财政部下发的《地方政府性债务存量债务甄别及处置工作》进一步明确了地方政府性债务甄别及处置工作的要求。

按照《债务管理意见》的要求，地方政府只能通过发行政府债券的方式来借债，那么地方融资平台借由地方政府信用发行城投债必须进行改革。但是，目前发行城投债所获得的资金成为地方政府的基础设施建设资金的组成部分，并且大部分基础设施项目仍在筹建中。为了保证这些在建项目能够顺利建成并保护投资者的利益，城投债在 2015 年仍处于一个过渡阶段，城投公司仍然可以发行部分在建项目的后续融资，以满足这些项目顺利建成的资金需求。

我国城投债目前可以分为两部分，对于已经发行还未到期的城投债，这部分债务可以称为是存量，还有一部分是为了保证在建项目后续融资需求所发行的城投债，这部分债务可以称为是过渡期债务。实际上，财政部《地方政府性存量债务清理处置办法》提出了在建项目后续融资，符合条件的，地方政府可以按照原先的渠道进行融资。无论是存量还是过渡期债务，被纳入了地方政府预算中，就具备了地方政府信用，在将来偿还过程中将有地方政府财政收入的强劲保障。而另一部分没有纳入政府性债务范畴，将由城投公司自主偿还，不再具有地方政府的财政信用。总体来说，城投债在短期内仍然存在，但可能在发展的过程中会逐步分化，走向更为规范的阶段。

（二）城投债的短期存在需求

在出台了以上的政策之后，城投债的去留问题成为人们的关注焦点，在近期财政部发行一万亿元地方政府债券置换存量债券的举措，进一步验证《债务管理意见》执行难度较大，城投债投资价值依存，政府可能会进一步出台相关政策来保障城投债券市场的稳定。

从总体上看风险化解是个渐进的较长期的过程。对城投公司发行城投债等传统融资方式是否存续问题不能一刀切，不能一概进行否决。目前城投债的发行数量巨大，要偿还这些还未到期的城投债需要很长一段时期，给予城投债一个过渡期，并在这个过渡期内继续发行一些新的债券保障城投公司投资的项目顺利进行，能够大大缓解偿债压力。在短期内，对地方债务进行全面的清理，严格规范地方政府的融资，不仅不能保障已发行的城投债按期偿，还可能会带来以下的风险：一是地方政府债券市场的稳定秩序遭受破坏。不管是城投公司还是地方政府都没有足够的资金一下子偿还巨大的城投债的债务，而政府又不允许借新还旧，那么可能出现城投债券市场的“多米诺骨牌效应”；二是城投公司承担了地方政府基础设施建设的大部分融资资金，一旦对城投公司进行全面清理，地方政府投入基础设施建设的资金链必然会断裂，资金链的断裂同样会波及当地经济，可能造成经济发展停滞不前，给地方政府造成更大的损失。

因此严格执行《债务管理意见》难度较大，在依照《债务管理意见》对城投债进行清理的过程中必然会采取补救措施。如 2015 年 1 月，仍有募投用公益性项目的“15 达州控股债券 01”“15 沈铁西债”和“15 潭万楼债”等传统城投债券的发行也验证了城投债继续存在的痕迹①。因此，为了保证这一段时期内我国城投债券市场的稳定，对其担保增信的研究仍有必要，它能够保证城投债过渡期的平稳过渡，同时清除我国城投债转型中的障碍。

二、我国城投债的转型之路

（一）我国城投债未来分化方向

尽管出台了相关政策对城投债进行规范，但目前城投债仍然存在许多的

---

① 《2014 年全国城投债券发行情况分析》，http：//bond.hexun.com/2015－01－20/172557751.html，最后访问日期：2015 年 3 月 30 日。

风险。除了目前对城投债继续增强信用，化解在担保方面的风险，还要继续规范城投债的发行，走向城投债转型之路。目前我国城投债券市场在短期内将会继续存在，城投债转型将会面临较长的过渡期，在这个过渡期我们首先要对城投债的债务量有一个全面的了解，此前国务院颁发的《债务管理的意见》对融资平台的存量债务和在建项目的后续融资都有相应的规范，明确对存量债务和后续融资进行妥善处理。国务院旨在通过此次债务甄别，将属于地方政府性债务纳入预算管理，并确保这些纳入预算管理的地方政府性债务在建项目的后续融资。此后，财政部下发的《地方政府性存量债务清理处置办法》要求，地方政府汇总上报总的存量债务，并在报经财政部之后会进行锁定，这些存量债务在锁定后只能减少而不能增加，除非经过正常的偿还渠道，否则锁定后的债务数据不得再进行调整。

综上，我国在对存量甄别之后，对于城投债的分化指明了三个方向：一是可由地方政府发行确实需要政府举债的公益性项目；二是对于可以吸收社会资本参与的公益性项目，比如一些供水供电、公路道路桥梁建设，可以采用政府与社会资本合作的 PPP 模式。政府按照约定，赋予参与合作社会主体特许经营权、财政补贴等优惠政策，而该项目产生的债务则由社会主体按照市场化的原则自主偿还；三是对城投公司目前开展完全自主经营的项目，要剥离政府的信用，逐步推向市场化，该债务将不再由政府信用担保而依照城投公司自身经营能力，由其经营利润进行偿还，使之完全转化为一般工商企业债务。城投债以上三个分化方向也为我国城投债的转型指明了道路。

（二）我国城投债的转型趋势

1. 加快建立规范的地方政府举债融资机制

关于城投债的转型可以依照其债务性质进行规范，对于确实需要地方政府举债融资的公益性项目，逐步赋予地方政府举债的权限。《债务管理的意见》规定，省、自治区、直辖市政府可以适度举借债务，但要经过国务院批准。一旦赋予地方政府举债的权限，就要划清政府与城投公司的界限，地方政府在法律规范内只能在经国务院批准的情况下，通过政府及其部门举借债务，而不能再依靠企事业单位或者融资平台进行暗箱操作。建立起地方政府举债融资机制，通过试点的方式开展地方政府举债融资，在试点范围内获取地方政府举债融资的经验后进行调整、完善，进而推广至全国范围内。在整个国家逐步建立规范的举债融资机制，缓解地方政府财政需求。

2. 推广使用政府与社会资本合作模式

对于目前城投公司中有一定收益的公益性事业投资和运营，如供水供电、道路桥梁等设施建设，可以鼓励社会资本参与经营。这些公益性项目本身具有一定的收益性，加之地方政府特许经营、合理定价、财政补贴的优惠政策的倾斜，能有力地吸引社会资本参与运营。推广使用政府与社会资本合作的模式一方面可以减轻政府财政压力。政府只需要提供特许经营、合理定价等优惠措施；另一方面项目自身的收益性也能给投资主体带来一定的利润，从而吸引投资者资金投入。政府与社会资本合作的方式中，政府并不承担偿还债务的责任，其项目债务的偿还由投资公司按照市场化的经营模式，依靠经营的利润进行偿还。

2015 年初，四川、河南、福建等 8 个省份已推出涉及资金总计 9 653 亿元的公私合作模式（即 PPP 模式）试点项目，因为这部分收益的公益性项目的投资需求还很大，在这 8 个试点城市取得经验后也能在更多城市进行推广。[①]在开展公私合作模式试点的同时要注意完善政府同时 PPP 也要完善政府特许经营、合理定价、财政补贴等具体政策。比如一些供水、供电的项目，虽然投资公司可以收取一定的水费和电费，但是水和电毕竟关系到民众的民生实际，不可能收取得过高，因此，可以在这些项目的投资建设中让地方政府给予一些财政补贴。在完善政府的特许经营、合理定价等机制的情况下，才能吸引到更多的社会资本，才能将政府与社会资本合作模式推广至全国区域。

3. 向一般工商企业转型

城投公司的转型很有必要，对城投公司发行的城投债中属于经营性项目的要剥离其背后的政府信用。同时，加强公司经营能力，完善其管理理念，将其项目收益向市场化转型，也使剥离地方政府信用的城投公司转型为经营城市资产的一般工商企业，发行的城投债转型为一般的企业债券。将来剥离了地方政府信用的城投公司其偿债资金的来源主要是靠自身经营利润，而非政府的财政信用。从转型后的城投公司的业务来看，其主要的项目将会是城市经营性的资产和项目，考虑到地方政府即使能自主发债其发债额度仍然有限，城投公司经营这些城市经营性的资产和项目可以缓解政府巨大的项目融资需求，此时，城投公司可以发行规范的项目收益类债券为其自身所经营的项目进行融资。

从转型后城投公司的经营治理来看，由于剥离了隶属于地方政府的特性，城投公司能够更加自由地进行自主化经营，其治理方式也会朝着市场化的方向发展，更加注重公司的营利性，为公司获取更多的盈利资金。从转型

① 《2014 年全国城投债券发行情况分析》，http：//bond.hexun.com/2015－01－20/172557751.html，最后访问日期：2015 年 3 月 30 日。

后的城投公司偿债来源看，其偿债来源不再具有地方政府信用，而是依靠经营项目自身的收益来偿还债务，不仅能激励转型后的城投公司提高盈利能力也能解除地方政府之前要对城投债进行偿还的后顾之忧。将依靠政府信用的城投公司逐步转型为依靠自身项目盈利能力经营城市资产的一般工商企业这一过程会很艰难，但为了我国城投债能够实现真正意义上的转型的确是很有必要的。

三、城投债规范化发展的配套措施完善

现阶段的城投公司，经营性资产较少，自身盈利能力弱，偿债能力不足，但仍然获得较高的信用评级，主要还是依赖其隶属的地方政府的信用。其外在的表现是政府财政实力较强的下属城投公司也能获得较高的信用等级，这样的信用评判机制对城投债的发展颇为不利，同时地方政府及下属的城投公司信息不公开、不透明也加大了城投债的信用风险。未来城投公司经过转型，债务的偿还会丧失政府的财政救助。因此，无论城投公司未来的转型之路走向何处，相关配套制度的建立和完善，会对存量城投债券的如期偿付、未来城投公司转型之后的规范发展产生深远的影响。

（一）完善债券信用评级制度

债券发行人和投资者之间严重的信息不对称，增加了投资者的风险，并可能增加发行人的融资成本。信用评级可以为投资者提供客观公正的信息，更加有利于投资者作出合理的投资意向，确保投资资金安全，起到保护投资者的作用。通过科学的评级方法，客观公正的评级制度有利于减少投资者的风险，保护投资者的利益，同时，信用评级也是主管部门审核城投债的前提条件，方便政府监管部门的监管，使整个金融市场安全高效，尤其是在我国目前地方政府信用严重缺失的情况下，更加大了投资者对信用评级机构作出的评级结果的信赖度。相对于发达国家债券市场的信用评级机构，我国的评级公司发展时间短、相关评级法律法规不健全、缺少统一的评级标准。我国应对评级机构加强监管，增强评级机构的独立性，同时加强评级行业自律，提高评级行业的市场地位①。

1. 强化评级机构独立性，防范利益冲突

近些年来信用评级在债券市场上的作用越来越大，有关信用评级制度却不成熟，其中尤为关键的就是保障信用评级机构的独立性。我国应当建立起

---

① 王佳丽：《浅谈地方政府城投债的发展问题研究》，《新财经》2013年第5期，第88页。

利益冲突的防范机制，规范评级行为的操作程序，禁止利益冲突的行为。借鉴国外立法经验，对目前在我国市场中可能造成评级机构不独立的行为进行规制，禁止一些利益冲突的行为，规范评级机构的流程，进而在我国评级市场形成规制利益冲突的长效机制，同时，增强债券市场对信用评级机构的了解，提升评级机构的社会地位，为评级机构提供良好的制度环境，加大对评级行业的扶持，这样评级机构的独立性才能显著提高，评级机构也能长久发展。

2. 构建“双评级”制度，保障评级结果客观公正

由于我国评级行业本身不成熟，因此借鉴国外发达国家评级经验，如美国市政债券在发行时就要求至少有两家具有相应评级资格的评级公司对其进行评级。双评级制度的推行对我国目前评级市场能起到良性的推动作用，使评级结果更加公正①。因此，可以说“双评级”制度的推行能够更加有利于保障投资者作出投资选择，更好的防范城投债券市场可能出现的信用风险。

3. 建立监督体系，规范评级市场发展

我国由于信用评级制度是随着企业债券的发行而产生的，没有明确的监管部门，主要是根据债券发行主体的不同归由不同的监管部门监管，因此在我国债券市场由于多重监管部门导致监管标准和监管资格不统一。目前我国应该不断完善对评级机构统一监管的法律法规，严格评级机构市场准入门槛，同时，要发挥由市场对评级公司的评级结果进行检验的作用，监督评级机构对评级结果负责。唯有统一评级行业的监管部门，才能为规范债券评级市场发展提供现实的基础。

（二）强化债券信息披露制度

由于目前我国城投债的发行不够公开透明、城投债存在债务报表不完善、信息披露不及时等情形，造成投资者所获得的信息严重不对称。在处于严重不对称地位的情况下，投资者很难合理估计风险，谨慎作出投资，将会在日后发生违约风险时遭受经济损失。这些信息披露不全面的情况在城投债发行时屡见不鲜，如 2011 年 4 月，四川高速公路建设开发总公司在债权人未知晓的情况下，将核心资产进行转让。这一资产的转移信息对投资者的决策至关重要，但却未披露给投资者。这些情况都会给投资者造成巨大的损失，而避免这一情况的发生，唯有加强对城投债的信息披露。

加强信息披露可以借鉴发达国家债券市场的经验，如美国债券市场比较成熟。1989 年，美国证券交易委员会修订了《1993 年证券法》，要求一定额度

① 杜凌云：《我国城投债信用风险评估》，华南理工大学硕士学位论文，2013 年。

以上的市政债券，先进行官方的陈述，[①] 同时，还要由具有一定资格的律师或者律师事务所出具意见书。此外，美国一些自律行业组织也制定了一些相对规范的信息披露文件及自愿披露的规则等。可以看出在美国债券市场，市政债券发行人一方面按照自愿披露提供债券信息，另一方面行业自律协会严格要求发行人对债券的信息披露。可以说，美国证券市场对市政债券采取事后监督的制度。而日本政府则侧重于事前监督。无论是事前的审查还是事后的监督制度，发达国家的债券市场对信息披露的要求都十分严格，值得我们借鉴。

我国城投债市场要严格执行信息披露制度主要包括以下两个方面：

（1）发行人方面。对于发行人的信息披露方面，发行人对城投公司的基本经营信息、基本财务信息，同时还要对本公司近三年来财务状况的真实情况及募集资金投入项目将来的盈利水平都应当一一及时、准确地披露。除此之外，还应该披露发行人与地方政府之间所有关系到债权人利益的交易与合同、城投公司的担保及互保之间形成的债权债务关系。监管部门对发行人披露的信息进行监管，对出现信息披露方面违法违规现象进行制裁以规范发行人信息披露行为。

（2）地方政府方面。地方政府信息披露方面，主要是对地方政府财政收支的范畴进行规范，各地方政府应该严格按照同一标准，统一核算口径，并严格把关预算外收入的真实性，对地方政府所负担的各类债务、预算外的收入、土地出让所获资金等财政状况进行详细披露，使得投资者能够获得地方政府详细、真实、可靠的地方债务信息。

通过发行人和地方政府两方面的信息披露进行的严格要求，逐步建立起完善的信息披露制度，从而规范城投债券市场的发展。

综上所述，我国城镇化建设不断加快，对城市基础设施建设提出了更高的要求，而由于地方政府财权与事权严重不对等，地方财政资金缺口越来越大，地方政府想要加快当地基础设施建设却缺少资金投入，城投债由此应运而生。不可否认，城投债满足了地方基础设施建设资金需求，带动当地经济的发展。但由于城投债发展时间较短，相关规制城投债券市场的法律法规缺失导致城投债发行时遭遇信用风险，在日后偿还时可能发生违约风险，长此以往，不仅加大了地方政府财政风险，同时给债券市场的稳定发展造成了不良影响。

针对我国城投债面临的主体、担保方、制度方面的信用风险，通过对具体

---

① 陈峥嵘：《推出市政债券为新型城镇化建设融资》，《科学发展》2013 年第 8 期，第 71 页。

信用风险的了解，更加合理地推出增信方式，提升增信效果。我国目前债券市场对城投债的增信较为有效的增信方式主要包括担保增信，其中包括以土地抵押为主的抵押担保增信；以应收账款为主的质押担保增信；以及以地方政府出具"承诺函"保证担保增信。综观这三种主要增信方式，它们存在法律效力不足、担保效果无法落实、登记程序不规范等法律风险，因此，需要从法律制度上及操作规范上进行完善。

未来为了更加有利于我国城投债的发展，针对城投债券市场主要存在的信息披露不真实，政府信用管理不规范等问题，应结合国际评级机构科学的评级方法和我国城投债独有的元素，建立符合我国国情的城投债信用评级体系，客观公正地对城投债进行信用评级；加强信息披露，增加地方财政透明度，通过社会公众监测，树立地方政府公信力的同时，也能减少城投债的隐性风险；引导城投债的良性发展，无论从发行主体、发行规模，还是偿债机制等方面均加以约束，做到有法可依，结合中国特有国情，建立健全城投债相关制度，严格执行，并最终在我国债券市场上由城投债转型为规范化的债券，推动我国债券市场的良性运转。

第四章

地方政府隐性担保城投债发行的法律风险与偿付责任

【核心提示】城投公司与地方政府之间实际上是“一个机构,两个招牌”的关系,城投债的发行无论是否存在任何形式上的担保,城投债从其“发行—交易—偿还”的这一过程当中都隐藏着地方政府的担保。并且地方政府隐性担保会产生“副作用”。因此解答其担保城投债发行的法律风险和偿付责任等问题,首先就必须将地方政府的担保合法阳光化,引导地方政府站在台面上;制定平衡的法律规定,让地方政府扮演城投债的真正偿付责任主体;并在完善相关法律的基础上,引导城投债发展多途径的偿债机制。

引　言

——地方政府隐性担保的“副作用”

城投公司是地方政府为开展市政建设进行融资的工具,事实上代替政府承担部分公共管理职能①。我国城投公司自营能力弱,现金流稳定性差,所以其发行的城投债皆以寻求地方政府的担保来达到增信的效果。然而我国法律法规未赋予国家机关担保的权利并且是禁止的,所以地方政府就城投债发行提供的担保皆为其隐藏的担保,存在违法性。因此即使依赖地方政府的担保进行增信,但是实际中会出现政府信用透支,其对城投债偿付无能为力、应收账款质押中“BT 协议”项目破产和划拨土地使用权抵押债权人无法实现债权等问题,由此导致城投债信用风险增加。地方政府因其信用为城投债增

① 周沅帆:《城投债——中国式市政债》,中信出版社 2012 年版,第 158 页。

信，所以投资者将地方政府作为城投债偿付的最后责任人，如海龙债虽然被降为等级为C级的垃圾债，但最终其在地方政府协助下完成偿付。可见相对违约的可能性来说，由政府兜底作保的城投债的违约比例低于其他债券。就这一点来说市场投资者就会更加倾向于购买城投债。虽然城投债市场的投资热情高涨，带动城投债发行趋势高走，据Wind资讯数据统计显示，2012年前三个月企业债共发行97只，金额为1 676亿元，其中城投债的发行指数和发行金额皆超过前三个月债券发行指数和金额的50%。总之，地方政府隐性担保自身就是一枚炸弹，随时都能引爆城投债的信用风暴，并且法律未给地方政府担保提供保障，导致城投债到期偿付责任难以明确。

第一节　城投债发行中的风险因子

——地方政府的隐性担保

城投债的信用风险因子种类多样，其中地方政府隐性担保，更能引发城投债的信用风险。政府隐性担保方式分为：签订行政协议等形式的政府信用担保、应收账款质押担保和划拨土地使用权抵押担保。虽然地方政府的担保一方面能够增加城投债信用等级，但是由于各项担保方式本身存在问题，这就致使其易成为城投债发行中的风险因子，促使城投债信用风险扩张。

一、政府信用担保——城投债的“华丽外衣”

城投公司与地方政府之间是“一个机构，两个招牌”的关系，所以无论城投公司发行债券是否有任何形式的担保，地方政府的信用始终伴随着城投债，这就是以地方政府的承诺或无任何承诺的信用担保，其可怕之处在于地方政府无任何风险责任，地方政府完全凭着自己的意愿或其他相关因素来考虑是否承担偿付责任。

地方政府的信用担保方式有三种：一是地方政府会以有形或无形的方式承诺在某城投公司无法偿付债券时，由地方财政偿还贷款的本息。二是地方政府与城投公司签订特许协议或地方政府签署相关行政文件，以此来承诺回购项目或财政补贴。三是地方政府通过最后的兜底还款证明其为城投债的担保人，属于无形的隐性担保。其中前两种方式，体现出地方政府以承诺的形式进行担保，但是各自都存在着明显的缺陷。在第一种方式中地方政府以有形或无形的方式进行承诺担保不具有法律上的效力。我国担保法也没有规定“承诺函”这种担保方式，“承诺函”不属于法律意义上的保证协议，在地方政府不愿承担偿付责任时,“承诺函”就会变为一纸空文。从第二种方式中我们可以看出,地方政府的兜底还款,可以说是提供给城投公司的财政补贴,但是都未纳入财政预算,这就说明地方政府进行担保提供的财政补贴不符合预算法的规定。虽然有些地方的同级人大可能将其列入财政预算之内,但是,这种做法没有法律上的保障性。第三种方式是地方政府信用担保的呈现。显而易见,城投公司名义上为公司而实际其完全由政府掌控,即地方政府实际是城投公司的掌控人。两者之间的联系,加之现实中出现的地方政府兜底事件,更验证:地方政府是城投公司的“大家长”,其信用伴随着城投公司的“出生—成长—死亡”。然而这种信用担保,因为没有法律上的依据,在中国这样的法治国家里,只能说城投债穿着一件华丽的外衣,却没有实质上的保障。

二、应收账款质押——制度本身的病灶

虽然我国法律对应收账款质押相关问题作出了明确规定,但是法学界与实务界就其是否应该纳入权利质押存在很大的争议。其中梁慧星教授就持反面态度,其认为,应收账款实为债权转让,将其归入权利质押,金融和法律等相关秩序势必会陷入混乱的境地①。由此可见应收账款质押本身就是一个争议点,存在缺陷,显然会加重城投债发行的信用风险。

我国法律将应收账款归入权利质押的范围,应收账款质押是受法律保护的。但其效果如何,则依靠应收账款自身的质量问题,即考量应收账款债务人的偿还能力,如果债务人的现金流量正常、资产负债比率低、利润可观、得出其资信状况好,那么该笔应收账款质押实现的概率就增大;反之则该笔质押也等于没有任何的保障。可见地方政府为城投债发行提供应收账款质押担保时,其信用水平的高低决定着应收账款质押权能否实现。考量政府信用水平的因素为:城市级别、财政实力等。然而截至 2011 年初我国省、市、县三级地方政府性债务余额共计 10.7 万亿多元②,可见地方政府财政资金紧张,随着城镇化的快速发展,地方政府债务问题更加突出,缺少稳定的现金流,最终导致地方政府信用透支。可见虽然有应收账款作为质押担保但是城投债的风险依然会存在甚至增大、保障性一度趋向零。

目前很多地方的政府提供收费权质押担保,但是我国法律尚未将收费权纳入质押标的的范围。并且这些收费权具有不确定性,违反了担保法关于担

① 梁慧星:《是“债权转让”,还是“权利质押”?》,http://www.civillaw.com.cn/article/default.asp?id=30434,最后访问日期:2013 年 9 月 7 日。

② 林敢、陈白燕:《地方政府融资平台的法律风险及防控》,《广西财经学院学报》2012 年第 4 期。

保标的物确定性的规定。总之，无论是从物权法的角度还是从担保法的角度来看，不动产收费权皆不能作为质押标的。将道路等收费权作为城投债质押标的的这种做法，显然违反了法律规定，这种质押权存在的合法性及其实现皆难以得到定论。

三、划拨土地使用权抵押——城投债的“空头支票”

从我国的法律来看，国有土地使用权能否作为抵押标的尚无法律上的明确规定。我国《城镇国有土地使用权出让和转让暂行条例》第四十五条明确要求划拨国有土地使用权抵押的要领有国有土地使用权证，这是目前我国土地使用权可以进行抵押的唯一情形。该条规定土地使用权抵押的需要领有土地使用权证，然而现实中将未取得合法土地使用权的相关土地等进行抵押的做法不在少数，显然这种做法是不符合法律的规定。城投债发行虽然表面上存在土地抵押担保，但是实质上这种担保缺少法律的保障、无法得到法院的认可，只是一张“空头支票”，无法兑现。

第二节　城投债到期时的风险聚焦

——偿付责任的归属博弈

城投公司通过发行债券融来的资金，最终都是由政府来进行统一支配和使用。城投公司扮演着融资工具的角色，不是资金的使用权人、不是融资项目的受益人，总之其对融资项目的一切都不进入和参与。而结果是融资资金实际上完全脱离债权人的监控①，加之，地方政府为城投债发行提供隐藏的担保属于法律的禁止，最终导致的结果是：城投公司融来的资金“用、管、还”责任主体不明。

一、城投公司——实质上的偿付责任主体

从民事法律关系的角度来看，城投公司是城投债到期后实质上的偿付责任主体。具有民事行为能力的民事主体在享有权利的同时对其实施的法律行为导致的后果承担责任。城投公司是具有民事行为能力并且拥有独立法人资格的经济实体，其享有发行城投债的权利。而马克思曾说，没有无义务

① 徐文华：《发展地方政府融资平台的对策建议——以江西省为例》，《企业经济》2011 年第 3 期。

的权利，也没有无权利的义务。同样在城投债发行的法律行为中城投公司是利益的享有者，同时也应是义务的承担者。城投公司在享有权利时，其对城投债发行、偿付等法律行为负有法律上的义务。城投债到期后，城投公司是债务的直接责任人，投资者完全有权利直接向城投公司追寻偿付责任，即使投资者向法院提交诉状，城投公司也是适格被告。

二、地方政府——非真正偿付责任主体

从担保法律关系来看，地方政府不负有担保责任，即地方政府对城投债到期后的偿付不负法律上的义务，其不是偿付责任主体。《担保法》第 8 条规定："国家机关不得为保证人，但经国务院批准为使用外国政府或者国际经济组织贷款进行转贷的除外。"可见地方政府的担保行为是不受法律认可的，同时城投债的发行不属于该条但书的规定。那么地方政府是否具有法律责任？根据最高院人民法院法释〔2000〕44 号文第七条的规定，担保人和债务人承担完全连带责任的情形是指，债权人对担保合同无效不存在过错，并且主合同是有效的。如果债权人有过错，担保人只承担债务人不能清偿部分的二分之一。由此可见地方政府担保城投债，一是无法律保障，二是作为债权人的投资者是知情这一点，即存在过错，基于这两点，地方政府也只承担债务人不能清偿部分的二分之一。因此在城投债的偿付责任中扮演的不是真正当事人的角色，而只是配角。

三、城投公司与地方政府——偿付责任归属博弈

根据上文的分析，地方政府对城投债到期偿付承担次要的责任；城投公司是实质上真正的偿付责任主体。但是现实中事实并非如此：从公司法理来看，公司是一种企业组织形态，是依照法定条件与程序设立的，以营利为目的的企业法人。但城投公司设立目的存在营利性与公共非营利性之分。然而企业的运营宗旨在于营利，而公共与营利主旨迥异，企业若兼具公益与营利的双重效果，则表现出非驴非马的状况，其公益之目的亦可能光有空名。从发改办财金〔2010〕2881 号文来看，城投公司是为了公益性或不是公益性的市政建设项目进行融资，由地方政府、相关部门将自有资产投入建立的并拥有独立人格的组织。可见城投公司与地方政府有着千丝万缕的关系：在注册资本缴纳方面，地方政府是城投公司的唯一的股东，是其实际的出资人；在公司人事方面，城投公司的管理者往往是政府官员或者政府部门指派的其他分管领导[1]；

---

① 顾功耘、胡改荣：《如何规制地方融资平台》，《上海国资》2012 年第 4 期。

在城投公司的融资资金的去向来看，地方政府是实际使用者。可见城投公司具有行政机关和企业组织的双重角色，即追求行政职责与经济利益的兼顾。其“名义是公司而实际由政府掌控，名义是公益而实际盈利并兼具垄断性”。①城投公司与地方政府的裙带关系导致城投债到期偿付责任主体不明。实践中经常出现的情形是：偿付责任主体或是城投公司，或是地方政府，或两者皆是。

四、偿债方式——发展多元化的偿付路径

在实际中，城投债发生信用违约后通常有两种偿债处理方式：其一，城投公司自身解决债务问题，如2010年华靖债出现信用违约，最终通过资产置换完成解决；其二，政府兜底解决债务问题，如上海申虹出现债务逾期，由上海银监局组织出面善后。然而，城投公司自营能力差、出资不实、资产高估、公司内部的治理失范等一系列问题，都显示出城投公司无力应对城投债到期偿付。而地方政府作为最终还款人也存在着诸多问题。例如，分税制改革后，中央和地方出现中央掌握财政大权，地方掌握事务大权。这导致地方政府财政口袋减少。伴随着城镇化的快速发展，地方政府用钱的需求逐渐增大。一减一增使地方政府财政缺口加大。2011年国家审计署公布：截至2010年底，全国地方政府性债务余额接近11万亿元，其中政府负有偿还责任的债务占比超过60%。据相关人士研究2015年至2018年的三年当中是城投债到期偿付的第一个高峰，到期量接近2 800个亿，年均到期达到800个亿。届时政府也将会出现财政枯竭、力不能及的状态。所以，有必要拓展多途径的城投债到期偿付方式，建立从城投公司到地方政府，再到社会“一条龙式”的风险分散机制。

第三节　城投债发展中的风险防控

——健康有序的发展路径

城投公司信用风险的根源表现为法律制度的失衡在财税和行政等相关制度上的反映。可见城投债要走上健康发展道路，法律制度的平衡是至关重要的。为了有效地防控城投债发展中的风险，首先要完善相关的法律法规以增加制度供给，其次在立法先行的基础上拓宽完善相应的偿债方式。

① 杨松、张永亮：《地方政府融资平台的发展方向》，《法学》2012年第10期。

一、路径之一：完善相关法律法规

（一）修改担保法

虽然担保法、国发〔2010〕19号等法律法规都明确规定地方政府禁止以任何形式提供担保，但是实际上纵然有法律法规的明确规定，地方政府违规为城投公司提供担保的情形仍然是屡见不鲜、众所周知的事实。因此，修改担保法的第一步应是允许地方政府可以作为担保人，把地方政府隐性的担保阳光化，促使地方政府担保责任明确。第二步是完善应收账款质押问题。首先明确将收费权质押纳入法律中，使地方政府担负起真正的职责。其次承认担保物的收益。收益有很多种，如现金收益、第三方提供的担保、向保险公司进行投标或其他相关的辅助性信用支持获得收益①，进而完善收费权作为质押标的不确定性。最后一步是完善划拨土地使用权抵押问题。关于土地使用权抵押的规定情形，只有国务院颁布的行政法规中涉及，未有法律上明确的规定，相对而言效力层次较低。所以可以在法律中明确规定该制度，并分情况对待，如在未取得土地使用权证书时，可以要求出质人提供第三人担保或者其他方式来达到增信效果。

（二）修改公司法

从长远发展来看，平台公司的设立应遵循《物权法》关于公有制企业财产权的规定，政府只能充当投资人的角色，实行股权与财产权的分离，尊重平台公司自主经营的权利。因此城投公司应演变为实质意义上的“公司”，真正形成“融资—投入—收益”的不断循环的运行机制。所以应修改公司法，单独添加和制定关于城投公司制度的章节。首先明确规定城投公司设立的条件和程序，其中注册资本应为重中之重，例如注册资本为多少适宜？资金和实物出资比例如何分配？以此来提高城投公司准入的门槛。其次在城投公司内部组织结构上，应该排除政府相关领导担任城投公司的负责人。城投公司的管理者可以招聘专门的职业经理人来担任；或者仿照日本，地方公营企业的管理者从具有地方公营企业经营管理知识的人员当中进行选拔，企业的管理者不得兼任其他职务。最后落脚于以下几点：在城投公司的监管方面，建立各方面监管机构协调会议制度；在城投债的发行方面，制定更严格的发行条件，要求发行时必须提供相关增信方式；在城投公司信息披露方面，制定一套完整的信息披露制度，首先明确城投公司信息披露的义务性、强制性，然后对主体、权利、义务和责任等方面进行明确。

---

① 夏娇：《我国应收账款质押范围的缺陷与完善》，《法制与社会》2011年第12期。

（三）修改和完善预算法

在总体上来说，允许政府通过发行地方债融资，实现地方政府赤字合法化。在各项法律制度上：其一，完善财政收支划分法律制度。加强地方政府在财政上的独立，对其各项制度作出明确的规定；其二，完善财政转移支付法律制度。制定财政转移支付的方式，促使财政转移支付的透明化、公平化；其三，创新和制定财政投资法律制度。“迄今欠缺财政投资的专门法律，事关财政投资权限、规模等重大法律问题未有法律依据，全凭地方政府一把手‘拍脑袋’决定”[①]，财政投资安全合理关系着我国社会经济的安全健康发展，所以在预算法中，明确其原则、范围、程序、监督等制度，才能更好地促使政府投资合理。

二、路径之二：建立多元化的偿债机制

（一）建立政府债务风险预警机制

地方政府债务风险预警机制是指地方政府在财政使用过程中对各种支出活动进行监督，一旦财政过分使用造成债务风险，就拉动风险警报。通过分析风险大小，制定不同的警示符号，进而将地方政府的债务风险降低到比较安全的程度[②]。一般而言地方政府信用水平越高，城投债偿付概率就越大。而其信用水平的高低取决于其债务的风险大小。可以借鉴美国的做法，根据政府债务情况划分为“安全名单”、“预警名单”和“危机名单”。一旦根据风险符号被归入“预警名单”就应该立即限制城投债的发行，如果一段时间之后地方政府的债务风险仍然没有得到化解，就可以认定为“危机名单”，此时应禁止城投债的发行，并对财政的使用启动“申请—审核—使用—监督”的程序。该项机制最终达到的目的是对地方政府信用水平进行考量，从而分散城投债发行和偿付的风险。

（二）提高城投公司自营能力

虽然完善相关法律后，地方政府成为明面上的城投债偿付主体，但是我们不能忽略城投公司自身在城投债偿付方面的作用。因此有必要提高城投公司的自营能力，降低城投债的信用风险。首先，要全面地清算城投公司的债务，根据不同类型的债务进行不同管理，解决债务偿还和在建项目的后续融资问题，并将处理的结果进行信息公开，使其成为干净清晰的公司。其次，

---

① 杨松、张永亮：《地方政府融资平台的发展方向》，《法学》2012 年第 10 期。

② 蔡德发、肖洁：《美日强化地方政府性债务风险管理模式及其启示》，《经济研究导刊》2012 年第 5 期。

提高城投公司的内部管理水平，使其按照真正公司化的模式运作，实现公司资本金的流动，提高公司盈利能力。

（三）建立地方政府债务偿债机制

首先每年年初地方政府应做好财政预算，提前做好财政赤字预测。其次在财政资金使用过程中，加强对财政资金的监管和监督。最后地方政府可以建立专款专用偿债基金账户，每年年初在财政资金预算时将一定比例的资金存入专用账户，用于债务的定期偿还。并且地方政府可以建立双重追责办法：地方政府是债务承担的直接责任人，同时相关的地方政府主要负责的官员们也应按照问责制追究其相关民事或刑事责任①。

（四）建立债券保险制度

保险是一种非常有效地分散危险和补偿意外经济损失的制度，其是将日常生活和生产中的危险因子、损失等运用多数单位的力量，建立一个共同的经济补偿的安排和准备。由此可见保险在社会经济生活中扮演着重要的角色。所以在防范城投债信用风险方面，我们可以借鉴美国的债券保险制度，即指在发行债券时向保险公司购买保险，由保险公司为债券的风险买单。这样不仅可以弥补我国债券担保的不足，还可以提高城投债的信用等级和清偿保障。城投债发行时，由城投债发行主体，根据城投债的信用级别和增信来考量是否选择购买债券保险。保险公司派遣专门人员来评价城投债所对应的项目中的风险，风险越大支付的保费越高，或根据城投债的综合信用评级，来确定城投债购买债券保险的金额范围。

结　语

地方政府的隐性担保可以增信城投债，但同时也存在很多的负面效应。地方政府的隐性担保，地方政府的兜底还款，更彰显出城投债的“零风险”，进而助推投资者热情，刺激城投债爆发式增长。解决地方政府隐性担保的副作用问题，需要将地方政府的隐性担保显性化、法律化；将地方政府的担保方式完善化、合规化，引导地方政府成为真正的城投债的偿付责任主体，并在发展多元化的偿债机制基础上，力求防控城投债的风险。

① 霍敬裕：《我国地方政府举债行为法治化研究》，《学术界》2010 年第 1 期。

中编　债券市场的创新改革与法治研究 >>

第五章

论地方政府投资行为的法商二维控调与衡平

【核心提示】改革开放以来,我国地方政府投资行为在促进经济增长和改善百姓就业方面取得了显著成效,但另一方面,其中不乏在政绩乃至局部个人利益驱动下产生的过热投资行为。自 2012 年中央经济工作会议提出要积极稳妥地推进城镇化建设以来,地方政府投资热潮不降反升,有效控制和调整地方政府投资行为已然十分迫切。地方政府投资行为既不能缺位,也不能越位、错位,要实现职能归位,做好分内之事。当下之不二选择,一乃针对地方政府投资主体的"政府性"特征,将"非商事投资"保留在政府体内,并从"法"的维度加强对平台运行的监督控制,严把投资方向的公共性;二是针对地方政府投资行为中的"谋利性"特征,将"商事投资"剥离政府主体装入公司体内,并从"商"的维度做好对公司投资的规划调整,确保投资结构的合理性。借由此双管齐下,最大限度降低地方政府投资风险,防止债务危机爆发。

引　言

随着城镇化建设热潮的掀起,我国地方政府的投资热情进一步高涨。但诚如《中国城镇化的真实水平》[①]一文所指,城镇化率成为考核地方政府政绩的重要指标,部分地区出现了片面追求"数量城镇化率"的倾向。可见,在城镇化进程中,地方政府究竟应该扮演什么样的角色,其推进城镇化建设的重

① 《中国智库》第二辑封面文章,中国发展出版社 2013 年版。该书汇集了国务院发展研究中心、中国发展研究基金会关于城镇化问题的研究成果。

点究竟应放在加大规模上还是提高内涵上，值得警惕和反思。

到目前为止，中国特色之一就是政府主导而非市场主导，地方政府在城镇化建设中占据着十分重要的地位。可以说，尊重我国现实发展路径，城镇化离不开地方政府的投资行为。但以地方政府为主导、并以其投资行为为先导实现城镇化，就必须对其投资行为进行严格的法商二维控调，否则将带来地方债务危机、房地产市场困局、生态环境恶化等一系列问题，而现实也恰恰是不少问题早已显出端倪并正日趋严重化。事实上，真正惠泽于百姓的投资，关键不在规模而在目的、方向和结构。因此，对地方政府在城镇化进程中的投资行为，从法律的维度来观察和思考其角色定位，稳稳当当地控制投资方向，解决投资的规范化、合法化问题；从商事的维度来调整和引导其投资行为，实实在在地改变投资结构，解决投资的效率问题，十分重要和必要。

第一节　投资行为素描

——对地方政府投资行为的直接观察

一、矛盾中的必然：地方政府投资行为失范的现实背景

（一）城镇化背景下的资金饥渴

由于加大基础设施建设对于提振地方经济有立竿见影的效果，自中央提出城镇化建设目标之后，不少地方政府将焦点集中在了城镇基础设施的建设上。然而，各地政府由于财政收入有限，且受《预算法》的限制无权举债，最终只得通过设立地方融资平台向外融资再投资。而2012年以来地方财政因为土地出让金的减少因此备受冲击，更加大了地方政府通过各类城投公司融资的压力。各地在加大基础设施建设"稳增长"的背景下，地方融资平台资金需求日渐旺盛，而在银行融资渠道受阻之后，转而通过债市融资，又进一步加大了未来偿付风险。

（二）城镇化背景下的投资冲动

融资压力下的地方政府投资冲动，并未因为负债累累而减弱，且许多在建工程仍然需要大量资金，因此政府对各类融资平台下达的融资任务依然很重。审计署于2013年6月10日发布的《36个地方政府本级政府性债务审计结果》显示，地方政府性债务资金仍主要投向市政建设、交通运输和保障房建设等基础设施和公益性项目。其中，受监管部门政策影响，交通运输和保障

性住房债务支出增长迅速。可以预见，地方债务不仅不会减少，反而还会继续加大甚至导致危机。

（三）长期投资背景下的债务周期

地方政府投资的市政、交通等项目，基本都是周期比较长的，故地方政府融资平台的旧债到期，仍然需要发行新债来偿还旧债并支持尚未完成的在建项目之资金需要。而众所周知，解决债务风险的办法只有三个，即债务展期、以新还旧或债务重组。前两个方法只是把债务延后，一旦累积的债务超过地方政府的偿还能力，如何应对即是一大难题。

（四）稳增长背景下的投资扩张

随着中国经济从高速增长进入中高速增长的新阶段，中央经济政策定调为“稳增长、调结构、促改革”，在此背景下，各地倚重投资的“稳增长”措施纷纷出台，掀起了新一轮投资热潮。但中央政府期待的是结构性改革下的稳增长，意在补短板、转方式，而不是靠过去那样的粗放式投资拉动GDP，地方政府能在多大程度上服从中央自觉遏制投资扩张，仍有待观察。

二、扩张后的结果：地方政府投资行为过热带来负面问题

改革开放以来，中国经济一直处于上升期，在这经济转轨过程中，地方政府具有了相对独立的经济利益，成为社会投资的行为主体。他们积极进行城市建设投资，并采取多种措施努力扩大本地投资水平，推动当地经济增长，促进就业增加①。在经济快速发展过程中，由于体制机制的不完善、不健全，我国地方政府投资行为存在一些明显的缺陷和扭曲现象，表现在投资扩张冲动强烈、政府间竞争激烈、投资活动缺少约束等方面②。它同时带来了一系列负面问题，这些问题，随着专家学者研究的不断深入，结论甚为惊人。

（一）对宏观经济调控的影响

我国经济发展战略和经济分权体制导致地方政府在地方经济发展中的主导作用，形成在地方经济发展中具有特殊功能的松散的地方利益集团，从而对我国宏观经济调控产生了重要影响③。

---

① 张卫国：《地方政府投资行为：转型期中国经济的深层制约因素》，《学术月刊》2005年第12期。

② 刘立峰：《地方政府投资行为及其治理》，《宏观经济研究》2012年第7期。

③ 欧阳昌朋：《地方政府投资行为的宏观分析》，《当代财经》2006年第1期。

（二）对资源配置的影响

在 GDP 竞赛目标的推动下，地方政府不断加大直接投资，由此带来的经济增长势必会使得资本在中国经济增长中的作用越来越显著；同时，这种增长是以减少整个社会的福利和降低资源配置效率为代价的①。

（三）对土地市场的影响

有专家指出，在现行土地产权制度空间下，地方政府成为中国城市土地市场化成功与否的内生性构成要素。作为一个增长导向的适应性调整主体和城市土地的实际剩余控制者，地方政府具备了对土地要素进行符合自身效用函数配置的能力②。

（四）对房地产市场的影响

由于地方政府是国家关于房地产业发展政策的最终具体实施者，关乎民生的房价问题，实际也与地方政府的投资行为直接相关。地方政府在最大化效用的刺激下，会扩大对于房地产业的直接投资和非直接投资，从而影响房地产价格。有的甚至在房地产市场不景气的时候直接介入市场进行干预③。现实中地方政府将其掌控的土地作为财富源，进行着各样的投资活动。由于转型深化时期的地方政府行为具有明显的"理性经济人"特征，地方政府对农村耕地，同样也是想尽办法促其流转牟利，从而造成耕地的流失④。

（五）对经济波动的影响

中国经济波动由多因素共同作用引发。有专家研究表明，其中有大约30％的部分来源于地方政府的冲击⑤。

（六）对金融风险的影响

有学者分析政府主导的投资拉动型经济增长方式下地方政府投资行为与金融风险之间的关系，指出隐性财政风险可能会向金融风险转化，地方政府投资行为导致房地产投资过快、银行不良资产增加、银行资产流动性不足

---

① 张建辉：《转型期地方政府投资行为与经济增长》，《经济体制改革》2008 年第 1 期。

② 盖凯程、李俊丽：《中国城市土地市场化进程中的地方政府行为研究》，《财贸经济》2009 年第 6 期。

③ 尹晓红：《地方政府救楼市的法律评析》，《法学》2009 年第 2 期。

④ 吴正红、黄伟：《转型深化时期地方政府行为特征与耕地保护激励问题研究》，《经济体制改革》2012 年第 5 期。

⑤ 李猛、沈坤荣：《地方政府行为对中国经济波动的影响》，《经济研究》2010 年第 12 期。

等金融风险[1]。

(七)对通货膨胀的影响

有学者从中国式财政分权视角分析地方政府投资扩张冲动与通货膨胀的关系,运用1994年—2010年省级样板数据进行实证分析表明,财政利益激励与官员晋升激励催发了地方政府投资扩张冲动,这种冲动在商业银行信贷资金的配合下形成真实的投资需求,进而引发通货膨胀[2]。

综上,在我国经济高速发展中,地方政府投资作为主要动力发挥积极作用的另一面,其负面效应已日益明显。为此,中央政府也出台了一系列政策去引导和调整地方政府投资行为,但问题并未得到根本解决。相反,由于政治、财政体制改革的滞后及投资行为规范的缺失,地方政府投资行为面临进一步失范的危险。

第二节　投资行为解读

——对地方政府投资行为的法商二维透视

一、投资方向的公共需求:法律维度的审视

有学者指出,我国地方政府行为诸多的异化和失范现象使其偏离了应有的公共性,……其根源在于地方政府行为背后更深层次的结构性、制度性因素的制约[3]。基于地域性特征,本质上,地方政府投资首先必须满足当地居民的公共需求,但我国地方政府投资过热、结构扭曲,很多时候偏离了投资的公共需求。造成地方政府投资行为目的偏离的原因是多方面的,但从法律维度审视,无外乎以下几个方面:

(一)政府职能的错位

造成地方政府投资行为目的偏离的首要原因,在于对地方政府职能定位的偏差。地方政府是中央政府下辖的区域性政府,其基本职能是对辖区社会进行综合管理,为辖区民众提供公共产品。但长期以来,我国地方政府错把投资拉动经济增长为己任,官员则以GDP增长为主要政绩目标,上级政府部门也以

① 杨书杰:《地方政府投资行为与金融风险关系研究》,《商业时代》2011年第30期。
② 程贵:《中国式财政分权、地方政府投资冲动与通货膨胀》,《宁夏社会科学》2012年第5期。
③ 时影:《地方政府行为失范及其矫正:一项制度层面的分析》,《行政与法》2016年第10期。

地方GDP规模、增速及“新城新貌”等作为考核官员的依据①。长此以往，不仅投资拉动经济增长的模式难以为继，地方政府的自身形象也会遭到损坏。

（二）法律地位的混淆

政府职能错位源于其法律地位的混淆。在地方政府投资中，政府究竟是投资的决策者，还是投资的执行者或监督者，角色混淆，法律地位不明，由此造成责任模糊虚化。有分析指出，在以项目为主体的分散型地方政府项目投融资模式下，行政主导的投融资决策及政企合一经管主体的法律地位和行为准则界定不清；而主体间的差异乃至相互冲突的目标与需求，又必然造成政府项目投融资和经管主体内部的矛盾，并进一步造成项目投融资及经管整体效率的低下②。

（三）权限赋予的不明

为防控地方政府债务风险，中央对地方政府的投融资行为，着重从融资方面进行了一定的限制（如限制地方政府自行发债），但对地方政府投资而言，更重要的是地方政府不同于一般企业，地方政府性资金不同于一般的逐利资金，必须针对主体的特殊性、资金来源的特殊性等作出特殊规定。但目前地方政府投资其资金如何筹集使用、如何支出运用，涉及资金进出各个环节的决策权限、管理权限、监督权限等，各级地方政府拥有多少、多大，依然不甚明了。

（四）操作程序的模糊

地方政府的投资行为，本应有一套从决策、执行到监督、考核的良性循环运作机制，但由于从融资源头开始便缺乏相应的操作和监管机制，地方政府如何投资、投资效率如何、怎样进行考核等，一整套的操作规范都不具体细微，根本无法监管。而现实是，地方政府融资规模的飞速增长，不仅加大了地方政府的债务负担，增大了银行业的经营风险，也形成了地方政府未来长期的还债压力。再加上投资的低效率和无责任，类似曾成杰案所折射的最后风险便不言而喻。

（五）资金监管的不力

理论上，地方政府投资是为了更好地满足辖区居民对公共产品的真实需

① 卓尚进：《以改革精神完善地方政府融资规范约束机制》，《金融时报》2013年1月14日。
② 万建忠：《项目投融资中的地方政府行为及角色界定》，《改革》2007年第8期。

求，但以GDP竞赛为特征的政绩工程，在很大程度上违背了地方政府投资本应遵循的基本原则。除了山高皇帝远的中央政府，由谁来监管地方政府投资资金的来龙去脉及其效率，并进一步追究决策失误、运行失当的法律责任，成为一个非常迫切的问题。

二、投资规模、结构的利益需求：商事维度的衡量

客观权衡，在当前"营改增"的推进下，长期以来政府财权与事权不匹配的问题更加突出。地方政府为解决财力不足之困而在投资行为上带有明显的"商"色彩，有其必然性，要简单去除"商"色彩，当下并不现实。

（一）利益需求下的行为异化：投资规模扩张

在我国经济体制改革进程中，地方政府扮演了不同的社会角色，它一方面贯彻落实改革政策的执行，并作为"裁判员"对各类市场主体的经济行为实施违规监督；另一方面作为"运动员"直接参与市场活动，进行直接或间接的投融资，弥补财政的不足，办预算内办不了的事。地方政府的这种选择，既可以说是其在社会制约下能动适应社会所产生的行为异化，也可以说是其作为"经济人"的理性选择。正如专家所言，个别地方政府行为之所以表现得非规范性，是由政绩和利益的驱动、传统计划经济管理模式的惯性、法规约束的欠缺、政绩考核制度的缺憾等多方面原因造成的①。实证研究发现，1994年中国政府通过分税制对财政分权制度进行了重大调整，改变了地方政府的行为约束和激励，地方政府偏好投资现象出现②。在财政分权体制下，地方政府往往具有很强的投资冲动，其决策的投资规模总量超过中央政府希望的最优投资规模。尤其是在GDP政绩考核体系下，这一投资冲动更加突出。不仅如此，地方政府之间的竞争又进一步推动了地方政府投资规模的扩大③。可以说，我国地方政府的投资冲动，是当前财权、事权体制下利益需求的必然选择。

（二）利益需求下的行为偏向：投资结构问题

从地方政府的公共服务职能出发，地方政府的投资行为，应以民为本、合理安排好投资结构。但在利益驱动下，一些急需得到投资的无利项目反而得不到宝贵的投资资金。如我国水利投资问题突出，中央已将水利工作提到了

---

① 李铜山：《新农村建设进程中的地方政府行为规范研究》，《中州学刊》2007年第4期。

② 李京晓、张庆昌、王向：《财政分权与投资偏好的地方政府行为——基于省级面板数据的实证研究》，《产业经济研究》2012年第5期。

③ 申亮：《财政分权、辖区竞争与地方政府投资行为》，《财经论丛》2011年第4期。

战略地位，但地方政府在投资水利、落实政策时还存在诸多问题①。地方政府的这种企业化趋利行为，是经济转轨期政府直接参与或干预经济活动的特有现象。在改革开放过程中，地方政府企业化行为对应于“企业财政”和“土地财政”两大模式，经历了从“经营企业”到“经营城市”的变迁②。当下地方政府优先考虑的是如何经营城市，即加强城市基础设施建设，借以提高土地价格和房价，造成地方债务风险高居不下。这种明显扭曲的投资结构，一方面反映了地方政府在投资行为上的利益趋向和短期化倾向，另一方面也反映出地方政府投资缺少规范和约束之基本现实。

第三节　投资行为纠偏

——对地方政府投资行为的法商二维控调

一、对地方政府投资行为的法律维度控制

在我国加入WTO之后，就有专家呼吁，发挥地方政府的社会管理功能，关键是转变政府投资方向和重新界定投资优先领域。政府由直接干预投资竞争性生产领域转变为更多地介入社会发展和再分配领域，把地方政府投资逐步纳入公共产品和准公共产品的提供中去③。但我国连续多年的投资体制改革，更多强调企业之投资主体地位的明确和投资自主权的落实，对政府投资的改革和管理则缺乏有效措施④。在当前城镇化推动地方政府投资过热的情况下，更有必要从法律维度加强对地方政府投资行为的控制，确保其逐利性被限制在正当合法的空间。

（一）定职能——实现地方政府职能的转变

一国地方政府的职能，通常由政体形式、政权性质、央地关系、国情特征及其特定阶段中心任务等多重因素共同影响决定。地方政府作为中央政策的落实者和地方利益的代表者，其职能受央地关系及权利分配等影响而历经变迁，但总体偏向于社会职能和经济职能这一点不变，文化职能尤其是政治职

---

① 刘津辰、姜腾岚：《财政分权背景下地方政府投资问题研究——基于水利投资的分析》，《中国市场》2012年第22期。

② 陶勇：《中国地方政府行为企业化变迁的财政逻辑》，《上海财经大学学报（哲学社会科学版）》2011年第1期。

③ 陈胜涛：《在WTO背景下，地方政府投资行为的转变》，《行政与法》2003年第1期。

④ 曾铭：《加强地方政府投资的法律规制建设》，《宏观经济管理》2007年第2期。

能则相对较弱。地方政府的区域性特征决定了其追求经济职能无可厚非,但它最根本的职能,还是社会管理和服务。反思地方政府投资过热的基本原因,就在于其职能错位,失去了经济职能和社会职能之间的平衡。要抑制地方政府过热的投资行为,必须实行市场经济环境下政府职能的准确定位,把地方政府从经济增长型转变为公共服务型,由直接干预微观经济活动转向创造公平市场竞争环境,由主要依靠权力手段进行管理转向依靠经济和法律手段进行管理。要从“管民”变为“为民”,确保地方政府投资的目的正当、内容合法、程序规范。

(二)定地位——实现地方政府的非公司化定位

政府本质上是公权力机构,在现代法治国家,公权力机构的法律地位,通常由公法规定。地方政府作为国家权力结构中的层级机构,其法律定位通过《宪法》《政府组织法》等对于地方政府权力性质、权力形成、权力范围和职能以及权力约束和监控的规定来体现①。尽管现阶段我国地方政府依然承担着不轻的“保增长促经济”之经济职能,但公法规定了它的法律地位是“区域性行政权力机构”而非公司,它是公法人而非私法人,其基本职能是“为民服务”而非“为己谋利”。目前经济学界、法学界都在争论“地方政府公司化”问题,有人认为中国经济的成功主要归功于地方政府投资拉动下的GDP锦标赛。但从法学角度观察,这是个不容忽视的大问题。事实上,由于地方政府投资行为与利益密切相伴,各级政府对设立投融资平台公司趋之若鹜。地方政府的公司化,正是地方政府隐性债务问题的重要原因。从法律思维而言,有行必有果,有利必有责,地方政府必须对投资失败承担后果。但由于我国政府不实行破产制,投资失败的后果最终转由纳税人无限承担,导致地方政府投资摊子越铺越大、债务包袱越背越重。笔者反对地方政府公司化,建议将地方政府投资按性质区分,只将公共性的“非商事投资”保留由政府运作,且严格按照“政府事情政府办”的精神,通过财政预算约束、审计决算监督的规程规范操作。不得将不同性质的投资融合在一起装入“公司”框架,需要融资时由政府隐性担保,需要落实责任时由公司有限承担,巧妙利用公司的有限责任制度和破产重组制度等规避政府投资失败的风险。

近几年,地方政府利用公司的独立法人地位和有限责任制度,通过投融资平台公司从事举债建设,在一定程度上模糊了两者不同的法律地位,回到了政企不分的混淆局面。笔者以为,地方政府的法律地位决定了它本质上非为市场主体,不能以“运动员”身份参与市场竞争与民抢利。在地方政府投融

① 王浦劬:《论当代中国地方政府的法律定位》,《国家行政学院学报》2012年第6期。

资平台频爆问题的当下，第一步，清理整顿地方政府投融资平台——本着“让市场的归市场、让政府的归政府”之思想，将地方政府的投融资平台按照功能进行二分化切割，非公司型的政府平台承担公共或准公共产品或服务的提供功能，公司型的平台承担营利性产品或服务的提供功能，后者切割分离政府主体而独立存在和运行；第二步，对清理整顿后保留下来的政府投融资平台进行严格的监督管理；第三步，在规范政府平台的同时，进一步加强对地方政府投资行为的引导和管控，将其主要引向公共性投资，真正为民服务；第四步，严格区分投资的“商”与“非商”，将利益性的“商事投资”交由分离出去的公司型平台去运作，并完善公司化投融资平台，实行资本分离、人员分离、决策分离、责任分离。总之，通过以上四部曲，实现让不同的平台办不同的事、承担不同的责任。当然，地方政府投融资平台的改造还需要配套改革措施的跟进，尤其是财政法制改革的深入。最后，还离不开更深层次的体制改革——因为从表面上看，融资平台的泛滥成灾只是财政法制度设计缺位、错位与越位的结果，实质却反映了我国政治经济体制的现实困境，是财政分权宪政危机的典型映射。在宪政意义上，财政分权主要体现在权力制约、权利保障和地方自治三个方面①。

（三）定权限——实现地方政府行政权力的限缩

地方政府除了立法（有限）、保障、监督等权限之外，享有对地方重大事项的自主决定权，其权力行使的空间，就是不与上位法相抵触，保证上位法在辖区内的遵守和执行。在我国单一制国家体制下，地方政府在特定区域内的治理权限，受中央权力的约束和监督，它既要维护地方公共利益，又要维护全社会公共利益，必须实现两者之间的调和与平衡。因此，不管是从政府职能转变的角度，还是从中央和地方关系的角度，地方政府均应树立从政府本位到公民本位、从权力行政到服务行政的新理念，从全能行政转向有限行政、由人治行政转向法治行政、由免责行政转向问责行政。具体到地方政府投资，要在行政权力限缩的背景下，立法应该明确地方政府的融资权限（尤其是举债权），即在现行《预算法》和特定《地方政府自行发债试点办法》的基础上，进一步改革财政体制，明确地方政府的举债权。立法应该明确地方政府的投资权限，规定政府资金（根据资金性质区分自有资金和融入资金）具体可以投向哪些领域等等。立法应该明确规定地方政府投资的决策权限，引导各级地方政府在权限范围内决策投资，防止地方政府投资失控。

---

① 冯果、李安安：《地方政府融资平台的财政法救赎》，《法学》2012 年第 10 期。

（四）定规范——建立地方政府投资的行为准则

地方政府投资行为必须坚持“方向正确、总量平衡、结构合理”的原则，按照“决策规范、运行有序、监督到位”的要求，在法治框架内量力而行。

（1）决策程序的规范化。地方政府投资由于资金来源的特殊性和僧多粥少之困难性，容易出现真正需要投资的一方未必具有话语权和决策权，部门利益和部门需求反倒成了决策的出发点。为防止类似情况，应建立科学的地方政府投资决策机制，“商事投资”与地方政府分离，按《公司法》规定的公司决策机制完成；“非商事投资”由地方政府按照《预算法》规定的程序进行决策。

（2）运行程序的有序化。地方政府投资应按照资金流动的方向，建立一套有效的“进”“出”机制。“进”有进的章法，“去”有去的途径，对资金规模、募资方法和渠道、投资方向和金额、产生效益和利润等各个方面进行规范化的操作。

（五）加强地方政府投资的责任追究

针对现阶段政府投资呈现出异化现象并产生一系列的风险，应加强地方人大对政府投资的监督①。建立人大监督机制，对地方政府投资资金的“融入→使用→管理→偿还”进行有效监督。同时加强审计监督，严格约束地方政府投资行为。要从“重权”变为“重责”，严格追究违规决策者的法律责任。对“商事投资”，按《公司法》规定追究决策责任。对“非商事投资”，基于资金性质的特殊，应明确规定主要用于解决社会公平和公益性建设方面，并严格履行公开、透明的审批制和民主、开放的决策制，尽可能减少决策的随意性，公开接受批评和监督；建立地方政府投资项目责任追究制，切实强化对地方政府投资行为的约束。2016 年 7 月《中共中央国务院关于深化投融资体制改革的意见》提出要探索建立并逐步推行投资项目审批首问负责制，应该是未来改革的必然方向。

二、对地方政府投资行为的商事维度调整

现阶段对地方政府投资行为的商事维度调整，重点放在对其利益需求的阶段性肯定之上，但必须控制好投资的规模和结构，使投资具备正当性、合法性根据，并使地方政府的经济职能与社会职能保持平衡。

（一）“商”与“非商”的角色分离、行为分离

地方政府投资行为是一个法律行为，其行为主体也是最后的责任主体。

---

① 廖长林、顾栋材等：《地方政府投资的人大监督机制研究》，《湖北社会科学》2011 年第 5 期。

但地方政府是一个集合概念，它的行为具体由哪个部门代表和担当、实施并承担责任，需要系列化的制度设计保证操作。而且地方政府的投资行为中有“商”色彩的行为和“非商”色彩的行为。基于“商行为”与“非商行为”的性质区别、规制区别及问责区别，对地方政府的投资行为应严格区分谋利的“商事投资”与公共性的“非商事投资”。对“商事投资”采用独立的公司运作，给予其商主体的自由，让其参与市场竞争，接受市场的调整和约束。政府可以成为离开政府母体而独立存在的公司平台的非控股股东甚至可以改革探索成为优先股股东。对公共性的“非商事投资”，由回归公共性质本源的地方政府融资平台承担，由其履行本应由政府承担的城市建设等职能，并以追求社会效益和政治效益的最大化为目标，彻底褪去经济利益最大化的“商”色彩。

（二）以利益为主的配套制度建设

要使地方政府投资行为符合正当、合法的根据，就必须辅以相关的制度改革和建设，如财权与事权的匹配改革。直白而言，要促动地方政府投资转向公共性的“非商事投资”，必须给予充分的利益保障，以弥补其不从事谋利性的“商事投资”而无法获得的可能收入及并不减少的可能支出，因此而涉及的配套制度改革：一是通过税收制度改革增加地方政府的收入；二是通过财政法制改革（如转移支付制度）减少地方政府的支出；三是通过干部人事制度改革（尤其是政绩考核制度）降低地方官员的逐利动机。此外，笔者赞同专家建言，随着中央与地方分权改革的展开，在央地关系从改革前的“监护型控制”发展为目前的“监督型控制”、地方利益逐步得到正当化之际，还应加强中央权力对地方权力的制约，充分发挥行政诉讼在实现司法权对行政权监督中的重要作用①。

第四节　投资行为归正

——对地方政府投资行为的法商二维衡平

在目前财政体制和新型城镇化建设及地方债务危机的多重夹击下，有观点认为地方政府性债务管控应当以满足地方正当公共投资为目标②。笔者以为，未来方向必然是如此，但在当下，我国地方政府既要承担地方经济的发展重任和新兴产业的培养和扶持，又要承担公共性的服务提供和民生保障以及

① 王理万：《行政诉讼与中央地方关系法治化》，《法制与社会发展》2015年第1期。
② 冉富强：《我国地方政府性债务困境解决的法治机制》，《当代法学》2014年第3期。

宏观调控等使命，一味地提倡和要求地方政府投资回归公共，地方政府不一定会言听计从；而仿效淡马锡模式以盈利为唯一目标和导向，则民众不会答应。正如上海国资改革所面临的两难选择，必须在“商”与“非商”之间、在“营利”与“非营利”之间，寻求一个平衡。而地方政府投资的功能及其定位，无疑不应该以经济效益为主，应该统筹经济效益和社会效益并以社会效益为主。地方政府投资行为的归正，应是努力寻求“法”“商”之间的平衡，积极承担时代赋予政府的职能。与此同时，关键是要进行主体分离、行为分离的操作，以使行为所导致的后果有明确的责任承担主体，以最后的责任落实倒逼投资行为的规范和投资主体的明晰。

结　语

在现有财税体制下，城镇化建设尚离不开地方政府的投资行为。为此，从法商二维全面系统地调控地方政府投资行为不仅具有客观必要性、现实重要性和时间紧迫性，而且必须处理好两个维度之间的平衡关系。既要满足地方经济稳定增长的需要，又要保证政府行为规范守信之要求，发挥商事维度对地方政府投资行为的“柔性”引导和调整，加强法律维度对地方政府投资行为的“刚性”约束和监督，提高地方政府投资行为的合目的性和合规性，最大限度地降低地方政府投资风险和债务危机。

第六章

论我国地方政府隐性债务的法治革新之道

——以城投债为例

【核心提示】自古至今，我国地方债的运行机制都有着不同的特征。自 20 世纪 90 年代以来，城投债、财政部代发债和地方政府自行发债先后产生并运行。其中，以城投债为代表的地方政府隐性债务数量与规模最不可控且风险最大，其于融资平台定位、城投债的运作以及城投公司的重组等三个方面都透露着严重的法律风险。自公共管理视角与法经济学视角出发研究以城投债为代表的地方隐性债务情况，可知央地间的制度“软约束”造成地方政府无节制的隐性负债以及博弈的“不合作”使原财事权体系被架空。在构建我国地方政府隐性债务的法治革新之道时，除了在“破旧”领域作出关于地方政府隐性负债的清理与甄别方面的评价与建议外，且应针对深层次的现有财事权体系做出变革的法律建议；在“立新”时，应在实体法层面，针对地方政府一般债券的增信担保、信用评级而做制度构建；于程序法方面，以地方一般债券发债流程规制以及其信息披露机制的构建着手，为我国地方政府一般债券的运行做程序保证。至于近来热门的地方债务置换一事，其只是改变了原有的承债方式，对于银行体系来说，其并没有增强流动性，且对于金融机构的系统风险没有实质性的改善。但因本次一般债券的发行为地方政府自发自还，而在确定债务人方面，本次债务置换对于投资者不失为一种福音。后续工作中，需要在整理存量债、控制新增债的基础上，对于地方政府的后续筹资行为进行渠道构建，将地方负债置于阳光之下、建构完备的风控机制，辅之以财事权体系的最终变革。如此，我国地方政府隐性债务才能最终平稳走向“显性”，地方政府的履职也将更为高效。

引　言

在1994年分税制改革之后，于地方政府层面出现了财权与事权不平衡的局面。鉴于我国《预算法》(1995)、《担保法》等法律法规有关禁止地方政府举债及对外担保的规定，且迫于地方基建的资金需求，各地纷纷设立隶属企业，即如今的城投公司，通过其举债（向商业银行、政策性银行借贷或发行债券）来解决资金需求问题。经历了2008年的"4万亿"经济刺激计划，地方政府融资平台（即城投公司）模式在各地野蛮生长起来，由此而带来的地方政府隐性债务的积累更加一发而不可收。

自2011年起，审计署先后进行了三次较大规模的审计，对地方政府性债务进行系统梳理，但每次审计报告一经发布都会遭到业内人士的质疑。一方面，是由于我国尚未对地方政府性债务做明确描述，审计署的审计标的并不明确，所得出的数据自然也不尽完善；另一方面，我国地方政府性债务数量非常庞大，且其中的地方隐性债务又表现得十分隐蔽，其数量、范围均不可控，审计署的调研不可能穷尽该部分的真实数字。

自本届政府(2013)以来，针对地方政府性债务（尤其地方隐性债务）的风险作出明确回应。诸如国发〔2014〕43号文、财预〔2014〕351号文等一系列政策文件，对于现存于资本市场的地方存量债务等问题予以一定程度的处理指导。在对地方存量债务进行清理与甄别的基础上，对于最终不纳入政府债务的部分，中央政府不予兜底，进而打破了刚性兑付，此举也向地方政府明确"软约束"将不再随意适用。财库〔2014〕57号文的发布，意味着我国正逐步走向地方政府自主发债阶段，虽然其中的规定多是框架性制约，但它对后续地方政府走向自主发债所带来的影响是深远的。

地方隐性债务从字面来看属于经济学或者行政学问题，但其更与法学息息相关。地方隐性债务之所以出现，其固然与财权和事权不匹配或央地间"软约束"相关，但其更与我国的法律制度的疏漏有直接关联。以城投债为例，其为地方融资平台——城投公司所发行，城投公司以其自身"所有"的土地使用权或者地方政府的财权划拨作为担保。暂且不谈城投公司与地方政府的关系，这其中自然会产生跟《担保法》《房地产管理法》以及《城镇国有土地使用权出让转让暂行条例》等法律法规的若干联系，而这其中的法律问题的确繁多且复杂。

笔者意欲从展示地方隐性债务的现有法律问题着手，从公共管理学与法经济学的视角来分析隐性债务产生的原因与现状，进而给出我国地方隐性债务革新的法治之道。笔者希冀通过法学视角的理性思考，将地方隐性债务的风险最大程度地降低，以避免因地方隐性债务危机的爆发而致我国数十年经济成果的付诸东流。其也并非危言耸听，地方隐性债务的存在或因最后的不能偿还而对银行等金融机构带来极其重大的打击，隐性债务就像一颗被隐藏了的定时炸弹，无人知晓其在哪里、在什么时候会爆炸。而笔者要做的就是将其自产生起到后来的发展阶段以及现阶段的法律问题及风险做揭示，且为我国后续的地方政府自主发债做法律层面的制度构建，为我国相关课题的研究提供些粗浅的笔墨，尽最大程度去降低这种风险实际发生的概率。

第一节 我国地方债的发展历程

本书所提及之“地方债”主要指地方政府依靠发行债券负债融资(直接融资)的一种情形，其包含地方显性负债(财政部代发与地方政府自行发债等情形)与地方隐性负债(主要包括城投债等形式)，但不同于地方政府债务(除债券直接融资负债外，还包含银行贷款或担保等其他间接融资而负债的形式)。如下，笔者将以 1949 年为节点，从其之前与之后的两个时期来介绍我国地方债的阶段发展及现状问题。

一、新中国成立前我国地方债的发展历程

本书从法律视角研究我国地方债运行机制的革新，笔者认为，这有必要先行了解我国地方债发展的历史及其沿革。在掌握背景资料的情况下，更加全面地认知我国的地方债，进而更加全面地分析提出地方债存在的问题，并更加深刻地进行思考与探讨。

(一) 古代中国的地方债概况

我国古代几乎没有政府公债制度，主要因为：在政治方面，无论中央之于地方抑或地方之于平民，其对经济活动与财富的超强控制与占有使举债缺乏必要性；在经济方面，在自给自足的封建社会，商品交易极不发达，且很少产生人口流动，基于广泛市场而建立的近代社会信用基础比较薄弱，不能够满足公债的发行要求；在文化方面，在封建文化的教养下，对于商业经营中资本的流动也就表现的很漠然。且放债举债被视为非正义，并非主流文化倡导。

（二）近代中国的地方债发展

近代中国的地方公债发展主要分为三个阶段：清末、北洋政府时期及国民政府时期①。

1. 清末时期

第一笔国内公债始于1878年，即左宗棠西征时向华商征借的部分。除此，在清朝晚期，又分别于1894年、1898年与1911年，举办了“息借商款”、“昭信股票”与“爱国公债”三次发债活动。

2. 北洋政府时期

一战爆发后，国外资金来源逐渐减少，北洋政府不得不再次发行内债。潘国旗教授认为，北洋时期的内债可分为财政部经管内债和交通部经管内债两大类。

（1）财政部经管内债：一是以“债券”形式发行的内债。自1912年1月至1926年12月，北洋政府以“债券”形式发行的内债共计27种。诸如：民国元年军需公债、爱国公债、整理金融短期公债、使领库券、教育库券等。二是短期国库证券。北洋政府时期发行的短期国库证券主要是为了将其充于政费、抵于借款或拨充军费。据不完全统计，北洋时期共发行国库证券、公债以及储蓄票累计90种。诸如：崇文门津浦货捐特种库券、公府工程尾款库券、大沽造船所船价库券、奉军欠饷库券等。三是银行短期借款。主要包括：盐余借款（145种）、一般国内银行短期借款（90种）、国内银行垫款。

（2）交通部经管内债：自1912年至1926年，北洋政府财政、交通部共举借了将近10亿元的内债。总的来看，北洋时期的内债80%以上是用来维持不同派系更迭下的军阀政府的军政费用的开销。

3. 国民政府时期

笔者于此处仅以近代上海市为例说明在南京国民政府时期公债发行情况。近代上海于1843年开埠以来，地理格局被分割为三大主要势力，即：华界、公共租界以及法租界。

（1）华界：一是上海特别市市政公债。1929年，上海特别市政府颁布“上海特别市市政公债条例”，拟募集资金300万元，自1929年10月正式发行。二是上海市灾区复兴公债。“一·二八”淞沪停战后，上海市政府决定发行“上海市灾区复兴公债”，发行额为600万元。最终600万元公债中400万元由利安洋行承销，200万元仍向外间民众发行。同上海特别市市政公债相同，此项公债在抗战前均能按期进行。三是上海市市政公债。该公债自1934年

① 潘国旗：《近代中国地方公债研究：以江浙沪为例》，浙江大学出版社2009年版。

7月正式发行,拟筹资350万元,用于市中心的其他配套设施建设。同上海市灾区复兴公债相同,该次上海市市政公债同样由外商承销。至抗战爆发前,该次公债尚能按期还付。

(2) 公共租界:自1854年始,工部局先后多次发行公债筹措资金,并于1874年前后设立一笔偿债准备金。1917年,偿债准备金为年金制度,由工部局建立,在公债发行期内逐步还本。由于工部局发行的公债偿还期都很长,在租界的历史结束后,租界公债的偿还成了历史遗留问题。

(3) 法租界:在法租界,由公董局负责公债的发行工作。自1862年始,公董局多次发债用于市政建设以及公共事业。法租界的偿债方式是每年以现金收入设立偿债基金,分期偿还。

二、新中国成立后我国地方债的发展历程

(一) 1949年后我国地方债的发展走势①

1. 少量发行(新中国成立初期至1981年)

新中国成立初期,我国发行了地方政府债券,其中包括1950年由原东北人民政府发行的东北生产建设折实公债,该折实公债筹集资金用于东北地区的生产建设投资,其中包括黑龙江、安徽等几个省份。

2. 逐步叫停(1981—1995年)

1981年之后,随着国债发行的逐步恢复,地方政府发行债券被逐步叫停。《中华人民共和国预算法》(1995)明确各级地方政府的预算需按照量入为出与收支平衡等一系列原则进行编制,不列财政赤字。由此,地方政府发行债券的行为被严格禁止。

3. 全面禁止(1995—2007年)

在1995年《预算法》颁布后的很长一段时间内,由于法律的限制,地方政府在明面上并没有发行任何债券,但还是累积了不少隐性的政府性负债。而现行《预算法》第28条中也暗含了例外条款,这也为后来的代发以及试点自行发行债券埋下了伏笔。

4. 政策松动(2007—2009年)

2007年9月,时任财政部部长曾表示,中国政府正考虑允许地方政府发行债券。2009年,国务院同意地方发行亿元债券,这标志着地方债券正式开闸。

---

① 贺俊程:《我国地方政府债券运行机制研究》,财政部财政科学研究所博士学位论文,2013年。

（二）20世纪90年代以来我国地方债的几种发展模式

1. 城投债模式(1992—)

（1）城投债的概念及起源。说起城投债，必然谈及城投公司，城投公司是对地方政府投融资平台公司的泛指。而城投债作为城投公司发行的，融得资金主要用于城市基建目的的债券，其包含企业债、中期票据以及短融券等形式。1992年，经上海市政府批准和授权，一家专业从事对城市建设和维护资金进行筹措的投资开发公司(上海市城市建设投资开发总公司)成立了。次年，该公司发行城市建设债券，发行规模为5亿元，期限为2年，票面利率为10.5%，成为中国第一只城投债券①。

（2）城投债的发展历程。由上文，自此以后，各地区纷纷效仿上海，一时间中国的各级政府城投公司如雨后春笋般不断涌现，城投债规模不断扩大，发行数量也水涨船高，特别是在2004年之后，城投债发展更为迅速，平均每年以36.3%的速度递增②。据统计，于2013年末，已发债城投公司存量债务规模为11.84万亿元。截至2014年12月底，发债城投企业存量债券规模为32 370亿元，且预计已发债城投公司2015年到期债务约为3万亿元③。

（3）城投债存在的问题：一是流动性较差。城投债可在证交所和银行间市场进行交易，投资者据此可自行买卖。但由于近来市场投资者对于地方债风险的担忧，导致目前城投债市场的成交量稀少，一定程度上致使城投债券流动性较差。二是信用评级不高。笔者认为，主要有两个原因：其一，城投公司的收入结构单一(主要为政府的财政补贴以及地方政府土地使用权的注入)，且其利润单薄；其二，城投公司的行政色彩浓厚，且管理趋于行政化，其尚未建立起现代企业管理机制，法人治理结构不完善。三是监管渠道不畅。作为特定背景下(地方政府禁止举债……)的产物，城投债属于地方公债发生前的过渡产品，这一属性将注定其不适宜长期作为地方政府的主要融资方式。基于此，城投债自身也仍然存在着诸多的法律风险(因其负债主体不明确、担保关系错综复杂……)。作为地方政府隐性负债的典型代表，笔者将在下文中重点阐述城投债的法律风险与危机。此处不再详述。

2. 中央财政部代发模式(2009—)

（1）中央代发债券的起源。为防止经济大幅下滑，2008年11月，中国政府推出了4万亿元投资经济刺激计划。为解决配套资金的供给，中央决定由

① 周沅帆：《城投债——中国式市政债券》，中信出版社2010年版。

② 贺俊程：《我国地方政府债券运行机制研究》，财政部财政科学研究所博士学位论文，2013年。

③ 腾讯财经：http://finance.qq.com/a/20150206/035353.htm.

财政部代地方发行政府债券。2009 年地方政府债券由财政部代理发行，以省级政府为发行和偿还主体，并代办还本付息。债券发行后可按规定在全国银债市场和证交所上市流通。我国财政部代理发行地方债券充分考虑了地方政府的债务风险，但其仍存在着诸多缺陷。

(2) 中央代发债券存在的问题：一是央地间信息不对称。在中央代发的过程中，央地间出现了严重的信息不对称。诸如，发行额度的确定与资金用途的使用都缺乏实操性。二是中央代行发债管理低效。在地方债券发行的整个流程中，中央政府完全承担了全国几十个省的债券发行工作，基于信息不对称与不区分各地方实际情形的发债管理势必导致低效操作。三是央地间"软约束"风险。其一，资信差且举债成本高是我国不发达地区地方政府的实际情况。在财政部代理发行地方债的情形下地方政府更热衷于此，一旦其财政情况不足以还本付息，中央势必承担兜底责任，如此"软约束"将势必助长地方政府的"不合作"心理。其二，"太大而不能失败"是目前我国地方政府的现状。为了达成这一"宏愿"，中央政府需要一次次救地方政府于水火，代发债券的实际责任承担终归中央政府。四是，信息披露机制极不健全。鉴于我国尚未建立完善的可供市场投资者评价的地方政府资产负债制度，导致我国公债的市场投资者只能盲目地选择投资。且中央代发债券，其规则均为行政化的规则，与市场规律主导下的规律格格不入，在此情形下，投资者与发债主体之间的信息完全不对称。其既不利于市场投资者做出正确的投资判断，也不利于债务资金使用效率的提高。

且代发债券纳入预算的情形不清晰，在缺乏信息披露机制的前提下，公开程度不高使得资金被挪用概率大增。

3. 地方政府自行发债模式(2011—2014 年)

自《2011 年地方政府自行发债试点办法》颁行，涉及上海、浙江、广东、深圳四个省市，发展到 2013 年又增加了山东与江苏两个省级单位。试点规模扩展不大，但相应的在信用评级制度方面有所发展与规制，该种"自发代还"的模式相较于前述的城投债、财政部代行发债已经有了相当程度的进步，但其仍然存在着一定的问题：

(1) 本质上与中央代理发行并无多大区别。虽然试点发行的地方政府债券明确了其债务人是四地的省市政府，但其还本付息仍由财政部统一代办。因此，投资者实际需要面对的仍然是中央政府信用，而非地方政府信用。

(2) 地方政府自行发债数量分散且利率存在差异化。由于是各地自行操作，因规模较小，其流动性也会有一定程度的弱化。与此同时，各地政府的发售能力以及发行时点都会有所区别，由此带来的发行利率也会有所不同。

(3) 与地方政府自主发债相比仍有欠缺[①]。地方政府自主发债的推行，反映的即是完全的地方政府信用。而地方政府自行发债，究其本质，其是为地方政府自主发债作准备。在我国，地方政府自主发债的前置条件仍体现在：法律制度需要修订(诸如：《预算法》《担保法》等)，与地方政府的资产负债制度的建立与完善。

4. 地方政府自发自还模式(2014—)

自《2014年地方政府债券自发自还试点办法》(财库〔2014〕57号)颁行[②]，也正是我国地方政府自发自还模式的开端。与原有模式(财政部代发代还，地方政府自行发债)相比，新模式(自发自还)实现了多方面的突破：首先，本次债券的发行是以地方政府自身为基础，采用自发自还的原则；其次，本次地方政府债券的期限相较于之前(2011—2013年)的债券期限有所延长；最后，首次要求进行地方政府债券信用评级，并对信息披露制度有所规定[③]。

此次试点仍有以下几点问题值得关注：

(1) 自发自还的试点范围较小。本次地方政府自主发债试点涉及范围仍较小(10个省市)，之于我国庞大的融资平台债务(地方隐性负债)乃是杯水车薪。

(2) 自发自还的行政色彩浓厚。部分地方政府债券发行利率仍然存在着非市场因素的干预，在地方政府债券领域，行政色彩仍然是其一大特色。

(3) 自发自还的信披水平较低。针对地方政府债券的信息披露，各地执行标准不统一，且各试点地区披露自身的资产负债状况均有限。

总体来看，此次地方债试点工作有一定的积极意义，但由于制度尚不完善，行政色彩仍较为浓郁[④]。

三、我国地方政府债务的隐性发展之路

1949年之前，我国地方债的发展机制不甚完善，因战乱与政治等原因使得当时地方债的发行不可持续，且绝大多数债券的发行均以政府违约而告终。而自1949年之后，我国的地方债发展进入了全新时期。从1949年起至2009年的60年间，我国地方债的发行历经少量发行、逐步叫停、全面禁止和

---

① 详见：《2014年地方政府债券自发自还试点办法》(财库〔2014〕57号)。

② 这一系列的地方债规制举措也包括在2015年3月12日颁行的《地方政府一般债券发行管理暂行办法》，该"暂行办法"将于后文详述。

③ 《2014年地方政府债券自发自还试点办法》(财库〔2014〕57号)。

④ 霍志辉、赵旭东：《地方政府债券自发自还试点回顾及展望》，中债资信评估有限责任公司评级业务部，2015年2月26日文。详见：http://finance.sina.com.cn/money/bond/20150226/153221599092.shtml。

政策松动四个时期。总体看来，我国政府对于地方债持谨慎态度甚至消极态度，也致使我国地方债机制长期处于不完备的境况。

而自20世纪90年代以来，以1992年城投债的发行为始，经历了中央财政部代发债、地方政府自行发债与地方政府自主发债等几种发债模式。从其发展脉络来看，地方政府自主发债是地方债革新的最大目标，而于其之前出现的城投债、中央代发债与地方政府自行发债都只是过渡阶段的产物。

作为我国地方政府自主发债的过渡形式，城投债自身有着诸多的隐患（债券本身以及法律风险等）；中央代发债券也有着因"代理成本"高昂而导致管理低效的问题；此外，地方政府自行发债终究不同于自主发债模式。一方面其发债额度较小，不能真正满足地方政府的资金需求。另一方面，发债过程中仍会产生因信息不对称导致的"代理成本"增高；我国于2014年推出的自发自还模式，虽然符合了地方公债的特征，但仍处于刚刚起步的阶段，距离真正作为地方政府融资的主要手段尚需时间印证。而在追求地方政府自主发债的过渡阶段中，又以城投债为代表的地方隐性债务最为闻名。相较于中央代发债券与地方政府自行发债等一系列地方显性债务，地方隐性债务不仅产生较早，且形式最隐蔽、规模最大、范围与数量最不可控。因其风险的不受控制性，中央在新一轮清理地方政府债务中，以城投债为代表的地方隐性债务仍是主角①。

---

① 依据审计署2013年8—9月的审计，其将我国地方政府债务分成："政府负有偿还责任的债务……政府需履行担保责任的债务……政府可能承担一定救助责任的债务。"其中，政府负有偿还责任的债务是指：确定由财政资金偿还、政府负有直接偿债责任的债务，例如地方政府债券；地方政府负有担保责任的债务，是指因地方政府（包括政府部门和机构）提供直接或间接担保，当债务人无法偿还债务时，政府负有连带偿还责任的债务，例如政府融资平台公司向企业举借的债务；其他相关债务，是指政府融资平台公司、经费补助事业单位等举借的债务，由非财政资金偿还，但地方政府没有提供担保。据法律规定，该类债务政府没有偿债责任，但应承担救助责任，因此也属地方政府性债务范畴。

综上，政府负有偿还责任的债务为"显性债务"，其规模数量及风险均相对可控；而地方政府负有担保责任的债务与其他相关债务相较于前者来说，表现为最终责任主体不明确，且给地方政府造成"资产"损失的结果呈不确定表象。依据审计署的分类，后两者均属于地方政府或有债务，其与本文所提及之"地方政府隐性债务"属于同一指类。

该部分注释内容可详见：

1. "审计署：全国政府性债务超20.6万亿债务率113.41%"，
http://finance.ifeng.com/a/20131230/11367865_0.shtml，2013年12月30日。

2. "审计署：1979年以来地方政府主要靠卖地还债"，
http://finance.ifeng.com/a/20130730/10295619_0.shtml，2013年7月30日。

3. "2011年第35号公告：全国地方政府性债务审计结果"，中华人民共和国审计署，
http://www.audit.gov.cn/n5/n25/c63566/content.html，2011年6月27日。

4. "2013年第24号公告：36个地方政府本级政府性债务审计结果"，中华人民共和国审计署，
http://www.audit.gov.cn/n5/n25/c63632/content.html，2013年6月10日。

5. "2013年第32号公告：全国政府性债务审计结果"，中华人民共和国审计署，
http://www.audit.gov.cn/n5/n25/c63642/content.html，2013年12月30日。

故而，鉴于我国自主发债模式刚刚起步，而以城投债为代表的地方隐性债务逐渐退出历史舞台。值此两代融资模式更替时刻，笔者意于下文重点揭示于我国长期存在的以城投债为代表的地方隐性债务所暗含的法律风险与危机，为我国城投债等地方隐性债务的甄别与清理提供些许依据及建议，且可为后续我国地方政府自主发债机制的建立与完善铺平道路。

第二节　我国地方隐性债务的现状与法律问题
——以城投债为例

结合上文，可理解为我国现阶段并没有真正意义上的地方政府公债①，地方政府遇到财政经费困难的境遇，通常有几种途径来满足需求：一为发债，一为借贷。在发债这一途径中，又有财政部发债（代发代还）、地方政府自行发债与如今施行的地方政府自发自还等模式；而借贷途径主要指地方政府以其自身的“信用资产”向商业银行或政策性银行提出贷款的主张。然而，这些都是显性的地方债务，在理论上，其规模都是可见的且偿还风险可控。但身上背负着太多经济建设压力的地方政府仍需要大规模的资金，这些可见的表内融资已远远不能满足其需求。又鉴于现行《预算法》与《担保法》对于地方政府举债以及担保等项目的明令禁止，使得地方政府走向隐性负债的道路，而地方融资平台——“城投公司”就是最具代表性的一种。

我国地方政府隐性负债在我国地方政府债务中所占比例不可谓不大，中央曾针对其审计过多次，但每次的结果都不令人满意。因地方政府隐性负债的操作形式多种多样，且手法较为隐蔽，大都不易发掘。而以其中规模最大的城投公司平台债务为代表，又分为城投债与城投贷。城投债是以城投公司发行债券进行资本市场筹资的一种模式，城投贷则是城投平台以其经由地方政府划拨所享有的土地使用权为抵押向商业银行或政策性银行贷款的一种形式。文章于本处主要探讨城投债这一形式。

一、城投债的运行机制及其引发的质疑

（一）城投债的运行机制

地方政府设立地方投融资平台公司，将土地使用权等其实掌资源注入平

① 由于目前的自发自还试点是在国务院批准的发债规模限额内发行（参见财库〔2014〕57号第二条），尚称不上真正的地方政府自主发债。

台。当地方政府有融资需求时，融资平台即以土地使用权作抵押或者以其他各种形式为其发债行为（主要面向各个商业银行和政策性银行）增信。与此同时，融资平台背后的地方政府也以其财政收入为城投债券作隐性担保。

具体说来，城投债的运行大概分为三个步骤①：

1. 地方融资平台获得发行资格

在这个过程中地方政府、城投公司、中介机构（信用评级机构、会计师事务所与律师事务所等）、监管机构各自充当的角色分别是间接的发行申请者、直接的发行申请者、评级审计法务担保以及审核批复。

2. 城投债发行阶段

在这个过程中城投公司、金融中介机构（证券公司、商业银行、政策性银行）、投资者分别承担的角色为资金的需求者、发行承销交易平台（含担保机构等）、资金供给者。

3. 合约履行阶段

城投公司履行交接手续后，地方政府向城投公司注入资金及其他补贴，城投公司向投资人还本付息，监管机构确保城投债处于良好的运行状态。

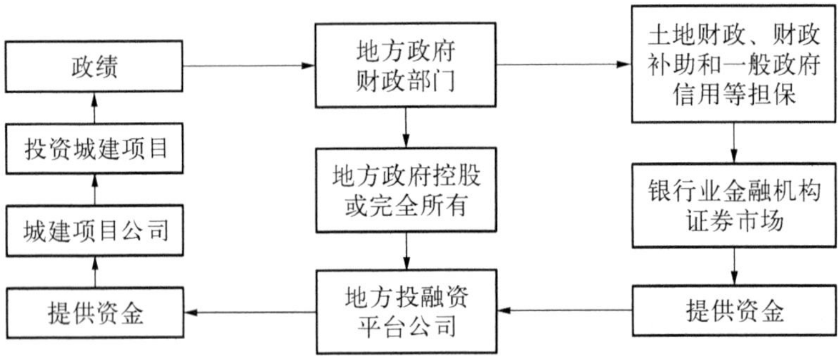

图 6 - 1　地方政府投融资平台公司的运作方式

（二）城投债运行机制引发的质疑

关于地方政府融资平台的性质，笔者认为其本质是政府于资本市场中的一种具体表现形式，或者称其为政府伸向市场的一只手。各地城投平台公司更像是披着企业法人外衣的政府，在城投领域的投融资，平台公司可谓手眼通天，既当裁判员又做运动员，已完全没有了遵循市场经济规律的影子。因

① 光大证券固定收益研究部：《城投债投资信用关注点理论与实务，债券深度研究报告》，2011年6月28日。详见：http：//www.p5w.net/newfortune/fxs/px/zqyj/201109/P020110924656677349321.pdf。

平台公司向来不缺乏流动资产，其本身也大都不追求企业盈利且对于资产负债也无甚概念，当有资金需求时，地方政府即以其所掌握的大量土地使用权以及财政收入划拨给平台公司供其运作，其手段也无非是将钱由左口袋放到了右口袋。但这一看似有着光鲜外表的资本运作，其本身的运营机制与资产注入却都是有着巨大的法律风险的，诸如：

(1) 城投公司的定位与性质是什么？我国法律规定能够享有划拨土地使用权的主体较少，城投公司的定位决定其在法律上所享有的财产权到底为何，一旦定位出现偏差，将导致其“自有资产”的保有状态不合法。

(2) 城投公司的“自有资产”究竟为何物？如上背景，我国城投公司所“享有”的划拨土地使用权到底为何物，它属于什么权利，是财产权还仅仅是管理权，城投公司于其上究竟享有何权力？待后文笔者详述。

(3) 城投公司将其“自有资产”抵押的行为是否违法？法律规定的抵押的概念与结构模式是什么，在平台融资抵押的行为下，抵押的最终责任人是谁，这是否合法合规，这些都需要笔者进行深入的探讨。

(4) 城投公司的逃废债行为有何具体表现？城投公司借由公司重组而逃废债的情况，债券市场中的频频违约，信息披露机制的不完善一次次敲响市场监管的警钟。“哈城投事件”“南京交投事件”“江苏苏通事件”等的出现，让资本市场中的投资者进一步看清城投债的面目，关于其的改革也呼之欲出。

这一系列涉法律的禁止规定与资本运作的恶劣情形都将地方政府债务的焦点对准更需要业内人士关注的我国地方政府隐性负债。如下，笔者将重点围绕这几个问题作出阐释与评价。

二、城投债运行中的法律问题

自地方政府融资平台的“信用资产”主要为其所掌握的土地使用权可知，针对土地使用权操作(主要指银行抵押)的合法性之于融资平台公司的重要性可见一斑。“……目前由于土地产权建设的滞后，土地抵押融资既存在抵押不足的问题，也存在抵押过度的问题……”土地抵押融资不足主要见于我国农村地区的土地要素资本化程度低；而土地抵押融资过度则表现为分税制改革后，由于地方政府所承担的财事权不均衡所引发的过度举债，其中通过地方融资平台(城投贷与城投债)进行融资即为主要表现方式。①

针对地方融资平台的定位、运作与重组等问题，笔者如下将从三个方面进行阐释：

---

① 李凤章：《土地抵押融资的法律困境和制度创新》，立信会计出版社 2012 年版。

（一）地方政府融资平台的定位问题

1. 将融资平台定位为经营机构带来的法律问题

如将融资平台定位为经营机构，那么其已明显不符合国家有关划拨土地使用权的法律规定，如下可见：

依据《房地产管理法》第二十四条规定："下列建设用地的土地使用权……可以由县级以上人民政府依法批准划拨：……国家机关用地和军事用地……城市基础设施用地和公益事业用地……国家重点扶持的……项目用地……法律、行政法规规定的其他用地。"

2. 将融资平台定位为公共事业单位存在的法律问题

如将融资平台定位为公共事业单位，仍会出现与如下规定不相符的情形：

依据《担保法》第三十七条规定："下列财产不得抵押：……学校、幼儿园、医院等以公益为目的的事业单位、社会团体的教育设施、医疗卫生设施和其他社会公益设施……"

依据《城镇国有土地使用权出让和转让暂行条例》第四十五条规定："……经市、县人民政府……批准，其划拨土地使用权……可以转让、出租、抵押：……土地使用者为公司、企业、其他经济组织和个人……领有国有土地使用证……"如果没有地上物，则划拨土地使用权根本不可能抵押①。

那么在融资平台进行土地使用权抵押时，有无地上物根本无从所知，其也并不符合法规规定。

故而，在现行法律法规框架内，融资平台的定位很尴尬，将其定义为任何一种形式均有违法违规之嫌。但如此"四不像"机构仍能在我国各地方存在多年，并作为地方政府融资的重要机构，的确值得反思。

（二）地方政府融资平台的运作问题

关于地方政府融资平台的运作，笔者认为，其中最为重要的就是其"资产"的运作，也即"土地使用权"的运作。该土地使用权的获得是自地方政府的划拨而来，对此划拨土地使用权，其性质到底为何，融资平台是否有权利将其抵押融资，以及融资平台的自身经营风险都将被提及：

1. 融资平台的"自有资产"——划拨土地使用权之权利属性

李风章教授在谈及划拨土地使用权被类型化为"土地使用权"时，认为"混淆了管理权与财产权"是其中重要原因，即"……误以为使用人或者管理人对根据国家的行政命令依法管理所划拨给他管理的土地也享有土地使用权……"

---

① 李风章：《土地抵押融资的法律困境和制度创新》，立信会计出版社 2012 年版。

与使用权相比，管理权具有无排他性、权利表达较弱、无处分权、无主体资格、非独立权利类型、代为表达所有权人的意志、恪守公共利益最大化、接受社会的监督的义务、在公有公用的土地上可约束其他权利等特征①。

如现实，我国地方融资平台的资金链条为地方政府所把控，故其行为也并不独立。至于地方融资平台所掌握的划拨土地，首先可以明确的是，“划拨土地使用权”本身并非真正意义上的土地使用权，而更多表现为管理权。其次，即使“划拨土地使用权”真的被类推为土地使用权，那么地方融资平台也不可能享有这一财产权，很大程度上是因为其本身的不独立性。

2. “自有资产”的“权利处分”——划拨土地使用权的抵押风险

通常提及的划拨土地的抵押，其实其真正的客体应当是附于土地之上权利的抵押。因为我国土地所有权归属国家与集体，那么土地所有权自然不能被抵押，故而我国的土地抵押实质上是指土地使用权的抵押。融资平台的划拨土地使用权并不同于一般划拨土地使用权，那么笔者暂且将融资平台的“划拨土地使用权”定义为“准划拨土地使用权”②。对于“准划拨土地使用权”这一存在，可知其：

首先，将该“准划拨土地使用权”作抵押，其抵押的实现有别于抵押权的本质；

依据《房地产管理法》第四十条规定：“……以划拨方式取得土地使用权的，转让房地产时，应当……报有批准权的人民政府审批……准予转让的，应当由受让方办理土地使用权出让手续……”当划拨土地使用权的债权人在实现抵押权时，也即同理。这就意味着，在划拨土地使用权进行拍卖或变卖时，竞拍人取得的仅仅是取得出让土地使用权的资格。实际上，由于政府对于土地一级市场的垄断，划拨土地使用权的抵押实现过程须先由国家征收，再由国家出让。由此可知，作为债权人，其债权的实现并不能期望于表面上的“债务人”——地方融资平台，而只能寄希望于其背后的地方政府。而该设定权利的本质实则为政府信誉的担保，并非真正意义上的抵押权的创设。

综上，划拨土地使用权并非真正意义上的土地使用权(财产权)，有关其抵押权的创设就显得更加荒谬。举轻以明重，融资平台所享有的“准划拨土地使用权”的抵押权创设就更是无稽之谈。

其次，按照物权法定原则，物权的创设须经由法律的明确规定，可知该权利并非具备法定效力的物权类型。

由上可知，融资平台的“准划拨土地使用权”为《土地储备管理办法》所规定，其并非法律，无权创设物权类型。前文已述，笔者认为融资平台的“准划

① 李凤章：《土地抵押融资的法律困境和制度创新》，立信会计出版社 2012 年版，第 28—34 页。
② 李凤章：《土地抵押融资的法律困境和制度创新》，立信会计出版社 2012 年版，第 21—25 页。

拨土地使用权"实属对于地方政府财产的管理权，融资平台作为一个非独立的主体在其所享有的这一管理权基础之上设立的抵押权从法律上来看显得甚是荒谬。对于这一"四不像"机构所行使的"四不像"权利，我国法律法规应及早规制以维护自身严肃性。

3. 融资平台的风险揭示

除去上文针对平台公司的"资产"——土地使用权的担心，新《公司法》废止了关于公司设立货币出资的最低比例限制，由原来的法定资本制改由现行的资本认缴制，说明立法者更加注重资本认缴制背后的"资产信用"。相比于看重静态注册资本的"资本信用"，资产信用倾向于对于公司运行资产的情况披露。这也就要求公司的信息系披露机制的完善与有效。

现阶段，我国城投公司在融资过程中过度依赖地方政府的"土地财政"政策，资产的形态大都体现为土地的形式，且以地方政府信用做担保。在此种情形下，土地的价值维持在高位将会是城投公司偿还债务的一大前提，且地方政府始终承诺为城投公司担保。一旦这两项条件产生变故[地价"跳水"或地方(中央)政府"抛弃"]，流动资金不畅的城投公司势必爆发偿债灾难，且波及范围不可估量。

（三）地方政府融资平台的重组问题①

实践中，城投公司多次借重组之名行逃废债之实，归根结底，都是因信息披露不畅所致。有代表性的诸如：哈城投事件(资产置换类事例)、南京交投事件(资产剥离类事例)、江苏苏通事件(股权转让、出售类事例)。相类似的手段也出现在"10华靖债""08云投债""10广州建投债"以及"10川高速"中。

此外，伴随着城投公司定位、运作及重组风险而来的即是政治及社会性风险。在城投公司大面积偿债不能之时，即是债权人群体纠纷风起云涌之日。此时，城投公司将代表着政府信誉，偿债不能即意味着政府信用扫地，在经济高速发展之下被掩盖的深层社会矛盾也将日益显露，由此而引发的政治危机、社会动乱将不可设想。

第三节　我国地方隐性债务运行现状之多维剖析

一、以公共管理视角剖析地方隐性负债的原因及现状

因地方隐性负债所扩甚广，笔者于此处主要以其中较有代表性的城投债的

① 李立新、皇甫振宇：《城投公司逃废债行为的商事立法规制》，《社会科学研究》2014年第5期。

发行与投融资为例。因城投债作为我国现阶段地方隐性债务的代表，笔者欲借其来阐释我国地方政府隐性负债的生发与运行中的诸多问题，以至以小见大。

（一）地方隐性负债中的路径依赖与政府职能转型

如前文所提及，城投债乃是地方政府融资平台公司——城投公司所发行。而城投公司又是地方政府“伸向资本市场的一只手”，这也就意味着这一裹挟着浓重地方行政色彩的“企业”在其投融资过程中自然摆脱不了地方政府的干预，地方政府将其作为“摇钱树”也早已成了习惯，如此则形成了地方政府的路径依赖。于现状中基于成本与收益衡量，其不能且不愿进行改变。如要基于此进行地方政府职能转型的变革，需要明晰其中的奥秘，方可药到病除。

1. 发债融资的行政化与投机化

地方融资平台在发行城投债时，是接受地方政府的融资指令，也即，其并非从自身的发展情况考虑进行融资，其完全被地方政府的行政指令所掌控。且作为城投债的真正负债人——地方政府在考虑发行城投债券时并不用担心其到期偿还事宜：一方面，城投公司挡在身前，其只是隐性担保，并非表面上的负债者；另一方面，即便地方政府偿还不能，中央政府也不能坐视不管，必然承担兜底责任，这一切也就助长了地方政府发行城投债的投机性。

（1）发债融资的行政化。

从根源上说，地方融资平台是制度落后于现实以及中央政策失策所致。自产生之初即是“在黑暗处行走”，作为地方政府融资的主要机构，披着“企业法人”面皮的地方融资平台承担的绝大多数为行政性任务。如前文所述，对于地方融资平台的定位不明使得其必须长期生存于制度的缝隙中，其本质上即是地方政府伸向市场的一只手。

既然作为地方政府的一只手，其自然没有独立性可言。地方融资平台的资金来源于地方政府的注资，这其中最重要的资产即是地方政府所掌握的土地资源。在此基础上，融资平台听命于地方政府的指示进行融资活动，并无自身意志的存在。

（2）发债融资的投机化。

在分税制改革后，地方政府尤其是基层地方政府的财政压力愈发沉重。在预算内收入不能满足其事权支出时，地方政府创设了“融资平台这一模式”进行隐性负债。由于现行监管体系的软约束加之官员政绩观的扭曲使得地方政府隐性负债规模空前增长，而投资人对于城投债的实质也是心知肚明，融资平台只是幌子，地方政府才是真正后台，自然投资人也不必为债权的实现担忧，即使地方政府偿还不能，中央政府必然为其兜底解决。实质上，融资平台与其投资人都在对政府的信誉进行赌博，投资人基于政府的“太大而不能失败”理论，而地方政府则是基于中央政府的“父爱主义”。进而，地方的过度举债不仅不会受到惩罚，而且中央政府的兜底偿还还变相鼓励地方政府过度举债，这必定助长了地方政府于其上的“道德风险”。

对于中央政府来说，地方隐性负债的空前庞大，其承载着债权人与债务人的双重压力。且地方负债多会借银行等金融机构的信誉作担保，这对于国家经济安全来说无疑不是一枚定时炸弹。

2. 债券资金运营的行政化与投机化

地方政府借地方融资平台募得资金之后，其资金的投向与运行亦为投资者所关注。现阶段，城投债资金运营所体现的情境是其仍然带有浓重的行政指令色彩，且对于资金的投入产出比不在意，使得城投债的收益不能得到很好的保证，如遇不能到期偿还情形，则其背后的行政之手会如期而至，为其承担担保责任，如地方政府不能，“软约束”下的地方政府隐性负债还有中央政府兜底偿还，这一切都使得城投债资金运行得愈加投机化。

在投资运营过程之中，城投公司对于公益性项目、非公益性项目以及准公益项目不加区分，在不以盈利为目的、地方政府为其提供隐性担保的前提下，现金流并非融资平台所必须，故而分业经营在当前发展背景下就显得没有了必要。

(1) 债券资金运营的行政化。

作为地方政府的一只手，地方融资平台不仅在融资上做不了主，在投资领域仍然做不了主。如今，我国地方融资平台的经营领域非常广泛，其承担的项目中既有收益性较差的公益性项目与准公益项目，也有具备相当营利性的非公益项目。因融资平台本身针对投资项目并没有独立的决策权力，一切均以地方政府马首是瞻。再者，对地方融资平台的定位决定其不以营利为目的，因其投融资行为均有地方政府为其做隐性担保，其自然没有现金流的压力。

故而，融资平台本身并没有“分业经营”的意愿与必要。

(2) 债券资金运营的投机化。

对于融资平台来说，自其成立之初即是为了满足地方政府融资需求，地方政府在其设立之时即将掌握的土地使用权等资源划拨至融资平台，并将本级政府的某些财政收入拨发给融资平台。因融资平台的投融资运营完全是以地方政府的意志为转移，其本身并无独立的意愿，故而当投融资出现亏损或者偿还不能时，地方政府将为其做隐性担保，必要时地方政府将继续向平台注资，甚至在背后操作，将多个平台进行并购重组以重整其手中的融资渠道。

故而，因融资平台只是地方政府手中的融资工具，其存在与否完全取决于地方政府的投融资需求。平台本身在投资操作中的自主性微乎其微，至于亏损与否并非其职责所辖，地方政府总会为自身决策买单；对于地方政府来说，其不善治理导致的地方隐性债务的大量存在，中央政府也会为其兜底解决……这样的恶性循环也必然导致城投资金运营的投机化。如要达成政府职能转型的意愿，需要对城投债进行相对完善化、体系化的研究，了解其路径依赖的原因。基于其上，了解城投公司以及其背后地方政府的发债及资金运行中的行政化、投机化原因，方可对症下药。

（二）地方隐性负债中的财政联邦制与“软约束”下的央地博弈

由上文可知城投公司发行城投债的行政化与投机化的现状，笔者意于此处探究其更深层次的原因——现有财事权体系的问题。由下，笔者将从两个方面来分析我国地方隐性负债的形成原因，即财政联邦制角度与“软约束”视角。

1. 财政联邦制下的央地分权

据《社会科学新辞典》释：“财政联邦制（财政分权论），即中央和各级地方政府分别掌管财政收支权力的一种财政管理体制……凡属全国性的问题（如国防与外交事务）由中央政府负责，而地区性的问题（如垃圾的清理与运输）则由地方政府处理。”依照此意，即引申为“一级政府，一级财事权”。

近现代关于财政联邦制的学说自 20 世纪 50 年代始，其发展过程又分为第一代财政分权理论与第二代财政分权理论。其中，第一代财政分权理论主要强调地方政府间竞争的作用，其鼓励将资源配置权力本身更多地向地方政府倾斜。其代表人物诸如：蒂布特与奥茨等。而当分权理论发展至第二代时，其倡导者提出，政府并不总是仁慈而高尚的，其也有自身利益的追求，也会进行权力寻租。在第二代分权理论中，倡导者们提出“实现官员和地方居民福利之间的激励相容才应该是一个有效的政府结构”。其代表人物诸如：钱颖一与温加斯特①。其实无论上述哪一种财政分权学说，其中心点都是中央与地方之间的财权与事权的划分，理论家与实践家都在寻找适合各自基本国情的关乎央地之间财事权划分的帕累托最优。

虽然我国官方从来都没有关于实行财政联邦制的说法，但究其本质，其理应属于财政联邦制形式。而据于此，我国中央与各级地方政府分别掌管各自的财政，且事权的分配也是如此，即完全符合“一级政府，一级财事权”的标准。在此情形下，我国央地之间都有各自相对独立的财事权分配体系。且自 1994 年分税制改革后，我国地方政府也正因此而财事权不相匹配，在与中央

① 杨灿明、赵福军：《财政分权理论及其发展述评》，《中南财经政法大学学报》2004 年第 4 期。

信息不对称的前提下，迫于基建压力与官员政绩考核等因素，我国地方政府逐渐面临地方隐性负债的困境。

2.“软约束”下的央地博弈

如上，央地之间的博弈无非是以财权和事权为对象。依据“奥茨分权化定理”，央地之间对于财权与事权的有效分工可以达成“帕累托最优”效率。但目前为止，历经1994年分税制改革后的央地关系除了相对明晰了财权之外，针对事权并没有进行界定。这也造成了央地之间财事权的不平衡，对于央地政府来说，这不仅不能形成有效的决策，同样不利于民主机制的构建。

由于我国现行《预算法》[①]与《担保法》等禁止地方政府举债，这对于基层地方政府来说无疑是断了“地方发展的财路”，在分权不断走向极端化的背景下，地方政府通过各种隐性负债的方式投融资以发展地方经济。由于我国现行预算体制不甚健全，且地方政府未建立资产负债机制，使得地方政府预算外收入与负债等均查无实据而无法监督。再者，我国缺乏政府破产机制，也即当地方政府资不抵债，中央政府也会做兜底担保。这也就从反面鼓励地方政府超额负债，透支中央政府信用。

此外，在官员评价体系、官员任职短期化以及离任审计制度尚未完善的背景下，地方政府的隐性负债在未引起当地居民反感的情形下，解决了经济发展所需资金的大问题，也为上级地方政府减轻了负担，上级政府自然会睁一只眼闭一只眼。在全国经济不景气的大环境下，尤其是2008年国家出台4万亿元救市计划，地方政府通过融资平台隐性负债也为中央政府所默认，而迅速发展起来。

在上级政府以及中央政府默认的前提下，在预算体制以及财税体制尚未改革的前提下，地方负债的最终责任都会落到上级政府甚至中央政府的头上。这也为地方政府隐性负债增加了更多的投机性。

综上所述，笔者从宏观的公共管理视角，并以城投债的发行及运作为例，从框架角度分析了我国现阶段地方隐性负债的原因。总的来看，即是因为地方政府在我国财政联邦制的大背景下，且央地之间呈现“软约束”的形态下，地方政府对于其自身的隐性负债呈现投机化与行政化，并经其不断地权衡成本(机构收益与个人收益)，而衍生出基于其上的“路径依赖”。

如下，笔者将从微观视角——法经济学视角，以央地间制度与博弈的角度再次深入剖析我国地方隐性负债的原因，以便于更加细致地了解我国地方

---

① 如无特别说明，本书中所提及之“现行《预算法》”应指“1995年颁行的旧《预算法》”；“新《预算法》”应指“2015年颁行的新《预算法》”。

政府隐性负债产生的原因。

二、以法经济学视域评析地方隐性负债的原因及现状

（一）从新制度经济学视角探析央地间的“疏缺”之法

新制度经济学的鼻祖——科斯认为，在交易成本为零的情形下，作为制度的法律并不会影响双方或多方的合约结果；在交易成本大于零的情形下，法律的存在（产权制度）将会影响双方或者多方的博弈结果。

而中国香港的张五常先生也曾谈及：“……人与人之间……有竞争，而竞争就需要有一定的游戏规则，也即产权制度……所以……要竞争就要有约束，所谓约束也即产权制度。”①

由上可知，根据科斯定理，在交易成本大于零的现实社会中，产权制度的界定对于交易行为有着相当的影响。又据张先生之意，其又可引申为：交易双方面对稀缺资源的争夺必然相互博弈，而在产权制度尚未明确界定的情形下，自然增大交易方的交易成本，不利于交易的进行。

谈及我国地方债，毫无疑问会触及其中的法制，如我国现行《预算法》与《担保法》明令禁止地方政府举债或提供担保。对于地方政府来说，分税制改革使其在本地方的经济建设中严重缺乏资金，仅靠“表内”资产不足以弥补地方的需求。迫于由上而下的基建压力与由下而上的政绩投机，各地方纷纷建立融资平台公司，以平台的名义举债融资，这对于地方政府来说无疑是一石三鸟之计，既可满足本身的资金需求，又可摆脱法律法规的强制束缚，还可借融资平台之手隐性负债。随着平台融资规模的逐渐扩大，其融资量已远远超过了基建的刚性需求，如此必然造成局部领域的产能过剩与行业发展的不平衡，给国家与地方经济造成严重损失。

如此可见，仅因我国现行《预算法》与《担保法》等法律对地方政府融资造成限制，使得地方政府走向“融资歧途”。且中央迫于维持全国经济增速的相应指标，对地方政府隐性负债的问题“睁一只眼，闭一只眼”，使得该问题长期处于空窗期，所谓“上有政策，下有对策”，有关制度的不明确造成了地方政府隐性负债规模越来越大，中央的数次审计已无法具体统计其真实规模，在“进步学习”与“退步学习”的“指引”下，全国各地方政府相继效仿，呈不可挽回之势。对于中央政府来说，仅因制度的不健全与规制的不合理造成如今的情形，想要采取应对措施所花费的成本远比当初采取规制的成本高。

总之，我国目前没有施行政府的资产负债机制，对于地方政府的收入与

① 张五常：《新制度经济学的现状及其发展趋势》，《当代财经》2008年第7期。

负债情况没有办法进行系统的审计,“地方隐性负债”这一基于政府信誉连带金融系统安全的“定时炸弹”何时爆炸无人知晓。此外,财政分权理论在我国的施行完全走了样,在我国尚未施行政府破产机制的前提下,中央政府对于地方政府的隐性负债始终承担兜底责任。这样的软约束对于地方政府来说无疑为其过度负债增加了道德风险。

(二) 以专门劳动博弈模型阐释地方“隐形”之债

没有无竞争的社会,只要存在竞争就存在人之间的博弈。笔者将以博弈论中的专门劳动博弈分析现如今“产权制度”尚不明晰时我国央地政府之间的关系。

表 6-1　中央与地方政府博弈模型 1

		博弈者乙(地方政府)	
		合　作	背　叛
博弈者甲(中央政府)	合作	(B,B)	(D,A)
	背叛	(A,E)	(C,C)

注:A>B>C>D>E,2B>A+D

表 6-2①　中央与地方政府博弈模型 2

		博弈者乙(地方政府)	
		合　作	背　叛
博弈者甲(中央政府)	合作	(B,B)	(D,A)
	背叛	(A,E)	(C,C)

注:A>B>C>D>E,A+E<2B<A+D

由表 6-1,假定博弈者甲为中央政府,博弈者乙为地方政府,构建专门劳动博弈模型。当条件定义为 2B>A+D 时,即当中央政府与地方政府选择“合作”(B,B)时的总收益最高。这里的“合作”即代表着中央政府与地方政府保持着一致的步调,央地之间保持着较为良好的信息沟通,地方政府对于发自中央政府的政令都能够很好地贯彻执行。

由表 6-2,同表 6-1 的假定条件,构建专门劳动博弈模型。当条件定义为 A+E<2B<A+D 时,即当中央政府选择“合作”,地方政府却选择“背叛”

① 表 6-1,表 6-2 均取材自:罗伯特·C.埃里克森:《无须法律的秩序》,中国政法大学出版社 2003 年版,第 198—199 页。

时的总收益最高(D,A)。这里的“背叛”即代表着地方政府与中央政府间存在着信息沟通障碍,发自中央政府的政令并未经由地方政府的贯彻执行,央地之间存在步调不一致的情形。此种情形下,中央政府对地方的控制力将有所减弱。

如上文,形成表 6 - 1 与表 6 - 2 的前提是,中央政府与地方政府需要进行“重复博弈”,即经由屡次的反复博弈后,依照各自的限定条件,央地政府最终选择了利益最大化的情形。当然,需要明确的是,博弈论的大前提是假定博弈者都是理性行动者,都会选择对自身最有利的情形。

如今,我国央地关系正如表 6 - 2 所示,在央地间财事权关系不明确且不对称的前提下,在我国现代预算体制、财税体制以及官员绩效考核制度等尚未构建的情形下,必然出现 $A+E<2B<A+D$ 的限定条件。在此利益的驱使下,地方政府逐渐走向“不合作”,也即上文所提及之隐性负债。在“不合作”比“合作”能够赢得更大利益的前提下,地方政府选择隐性负债从宏观层面能够满足地方基建的需求,在微观层面又可满足地方官员的政绩渴望,且在隐性负债的高峰时,中央对该现象也是视而不见,甚至是鼓励的态度。这一切的“政策导向”,通过地方之间的相互“进步学习”与“退步学习”,都使得地方政府的发展思路逐渐产生变化,以投资为导向,以政绩为优先,不再注重地方实际发展情形的政府官员们也就渐渐偏离了正轨,走向了“融资歧途”。如此恶性循环之下,进一步架空央地间现有的财事权体系,使其越来越不具备可操作性。长此以往,地方政府的行进轨道与中央政府的差别越来越大,渐生地方分离态势,对于国家政权的稳固也是极大的威胁。

第四节　破旧立新:我国地方政府债务法治之道之具体构建

笔者于前文均以城投债为例分析地方政府隐性负债的风险与问题,且通过多层角度剖析了我国如今存在的地方政府隐性负债的原因。而正如前文所述,我国地方债不仅包含地方政府隐性负债,还包含着地方政府显性负债。但自理论上来看,我国地方政府显性负债的规模与风险相对可控,且其监控机制相较于地方政府隐性债务来说更加完善。故而,笔者针对地方政府显性债务并没有过多着墨。但从发展方向来看,正如笔者于前文提到的,我国地方债的运行自始至终都将沿着“隐性债务向显性债务发展的路径”前行。

《2014 年地方政府债券自发自还试点办法》(财库〔2014〕57 号)的颁行,意味着我国正逐步走向地方政府自主发债阶段,而于 2015 年 3 月 12 日颁行的《地方政府一般债券发行管理暂行办法》与2015年3月24日印发的《2015年地方政府专项债券预算管理办法》进一步对我国地方政府自主发债进行分类规制，即一般债券管理与专项债券管理。但从其内容来看，多为框架性的构造，实际操作性并不大。故而，我国地方政府自主发债时代确已来临，但仍然处于初级阶段。在这一时段，我们既需要对前述过渡时期的地方政府隐性债务进行甄别与清理——“破旧”，还需要进一步完善地方政府自主发债机制——“立新”。如此，才可针对我国地方债运行机制的革新作出较为全面的建设。

一、地方隐性债务的“破旧”之道——走出“隐性”

前文中，笔者着墨于地方政府隐性债务。在我国全面实行地方政府自主发债模式之前的过渡阶段中，其也确是扮演着最为重要的角色。关于该部分的“破旧”，由前文，笔者认为其主要体现为两个方面的问题：其一，地方隐性债务的清理与甄别；其二，央地间财事权体系的变革。

由此，笔者将从如下两个方面来为地方债机制革新的“破旧”环节作出法律评价及建议。

（一）地方隐性债务的清理与甄别

随着国家对于债市关注度的提高，本届政府下大力气整治资本市场的乱象，相关政策也得以陆续出台。在笔者写作本文期间，国务院及相关部委相继出台了诸如国发〔2014〕43号文、财预〔2014〕351号文等一系列政策文件，对于现存于资本市场的地方存量债务等问题予以一定程度的处理指导。

1.《国务院关于加强地方政府性债务管理的意见》（国发〔2014〕43号文）

“国发43号文”中明确提及债务管理的基本原则，即疏堵结合、分清责任、规范管理、防范风险、稳步推进。很明确地概括出了在整顿地方政府债务过程中可能会遇到的情况以及应对这些情况的中心思想，具体体现在后文之六条十八项中。

其中，文件中第2条主要体现为“修明渠”，对于地方政府的举债权限做了层级的规定，且推广使用PPP模式，以及加强对地方政府或有债务的整理与监管。都保证地方政府性债务在赋予发债权限的同时，对于可能复发的危机做了相应的准备。

文件中第3条主要体现为“堵暗道”，对于地方政府或有债务的发生做了较为明确的指示，即在控制规模的同时将地方政府性债务纳入全口径预算范畴，也正如笔者于前文所建议的那样。此两条既体现了疏堵结合的精神又体现了中央针对地方政府性债务进行规范管理的决心。

文件中第 4 条主要体现为“防控风险”，在明确财经纪律的同时，建立了风险预警机制以及应急处理机制，力图将可能或正在发生破坏性作用的风险或危机降至可预期范围内。

文件中第 5 条主要体现为“稳步推进”，在直接针对地方政府性债务作出整改意见的同时，需要完善一系列配套工作。即从侧面堵住地方政府或有债务产生的可能性，具体表现为针对债权人的约束以及针对债务人的信息披露与政绩考核规范。

文件中第 6 条主要体现为“分清责任”，在对存量债务进行甄别的前提下，对确属地方政府举借之款项进行偿还。对于不能按期偿还本息的债务应积极降低其利息负担，对于在建之项目仍需进行甄别，同时推荐使用 PPP 模式进行融资。

最后，文件中第 7 条主要明确了政府主要负责人为第一责任人，在明确责任的情况下开展后续地方债务的整理工作颇具意义。

2.《地方政府存量债务纳入预算管理清理甄别办法》(财预〔2014〕351 号文)

“财预 351 号文”针对“国发 43 号文”提及的地方债务甄别作出具体规定，即“第六条……清理甄别工作按照先清理、后甄别的顺序开展。”

总的来看，上述政策性文件所展现出的地方性债务整理思路为：

先由各地方做存量债务的清理工作。对于最终不纳入政府债务的部分，中央政府不予兜底(“软约束”不再随意适用)，其可选择还本付息，也可以选择债务展期，还可选择 PPP 模式，当然还可以选择违约(打破其刚性兑付)。经审核合格的地方性债务，可置换为地方政府一般债务与专项债务，且短期债务变长期债务，高息债务变低息债务，由银行等机构投资者来认购。此外，正由“国发 43 号文”所指出的那样，在整理存量债务的同时需要对于地方政府的后续筹资行为进行渠道构建、防控地方性或有债务、建构风控机制，以及诸如约束债权人、追责机制及绩效评价体系等一系列相关配套制度。

(二) 重塑央地财事权体系

如前文所述，针对地方隐性债务的改革永远不可能仅仅改变其本身，还需要究其更深层次的矛盾触发点——财事权分配体系。于本节，笔者将在改革地方债机制的大前提下，以法律革新的视角针对财权体系(预算与税制)革新做出建议：

1. 央地财权体系革新之法律建议

(1) 央地预算体系革新之法律建议。

经由十二届全国人大常委会第十次会议通过修改决定，2014 年 8 月底修订的《预算法》从2015年1月1日起开始施行。故而，笔者将从《预算法》(2015)入手，分析政府预算的一系列流程，并作评析与建议。

一是预算编制。《预算法》(2015)遵行了“全口径政府预算管理”，即预算“包括一般公共预算、政府性基金预算、国有资本经营预算与社会保险基金预算……”，且将政府的全部收入与支出均纳入了预算规制范畴，从理论上可避免或减少地方政府隐性负债的可能性①。

此外，“政府收支分类科目，收入分为类、款、项、目；支出按其功能分类分为类、款、项，按其经济性质分类分为类、款……”，此将各级政府及部门的预算编制更加规范化，在一定程度上便于监管部门监管②。

二是预算审批。

“跨年度预算平衡机制”的规定可在一定程度上减少“新官不理旧账”的问题。此外，“预算调整及预算执行情况的报告”等事项的公开及一些重要事项(诸如政府采购等)的说明也可减轻纳税人的诸种疑虑③。

《预算法》(2015)对地方政府举借地方公债仍然持较为保守的态度，“地方各级预算……量入为出、收支平衡……不列赤字……”。此外，本次《预算法》修改，针对地方公债的偿还问题有规定“举借的债务……只能用于公益性资本支出……”，笔者对此处之规定不能认同。涉及政府的支出项目按照公共品属性可分为经营性支出与非经营性支出，如若按照支出性质分类又可形成发展支出、职能支出与再分配支出。其中职能支出与再分配支出应当通过税收等形式作为资金支持，针对发展支出，需要区分其是否属于经营性支出：如若属于，则可以地方发债的形式作为资金来源；如若不然，则须通过税收等形式作为资金筹集方式。

此外，《预算法》(2015)并没有过多阐述地方政府以何来作为偿债的资金来源，且其仍然规定地方政府预算“不列赤字”，使得地方政府不得负债运营，这项规定将极有可能使地方政府走上隐性负债的老路。笔者认为，应及早建立地方政府资产负债制度。以“全口径预算”监督管理为基础，在加强监管的条件下，可极大地降低甚至打消地方政府隐性负债的积极性与动机④。

三是预算执行。

全国人大财政经济委员会、县级以上人大相关专门委员会以及县级人大常委会对其各级预算草案进行初步审查，这与之前学者所提出的专门成立预

---

① 详见《预算法》(2015)第五条。

② 详见《预算法》(2015)第三十二条。

③ 详见《预算法》(2015)第十二条、第十三条、第十四条。

④ 详见《预算法》(2015)第三十五条、第四十条、第四十一条、第四十二条。

算编制委员会有所不同，其能否达成立法者所愿之效果尚需拭目以待①。

针对一般公共预算采用“按功能分类应编列到项；按经济性质分类应编列到款”，针对政府性基金等预算支出则采用“编列到项”。中国财税法学研究会副会长朱大旗指出“从理论上讲，财务会计分类应该是‘类、款、项、目’四级，《预算法》(2015)已细化到‘款、项’……但是总体上来看仍然比较粗、透明性仍较差……”，可见既产生如此的争议，《预算法》(2015)针对此条的规定是否妥当只有经过实践之后才知其效果如何②。

与此同时，“各级政府、各部门等应对预算支出开展绩效评价……”。然而，后续规定当中也并未提及有关“绩效评价”的事项，但仅从这一条来看，相较于1994年《预算法》自然有着很大的进步意义。但有关绩效评价体系的建立仍是一大问题，我国各地经济发展水平不一致，相关绩效评价标准的构建还需要各地方政府的相关立法规范。

除此以外，“各部门、各单位……负责本部门、本单位的预算执行，并对执行结果负责……”，“政府各部门……及时向本级政府财政部门反映本部门预算执行情况……”。可见，《预算法》(2015)并未提及“首席财政负责人”。就我国现状来看，地方各级政府“最高官员”往往为政绩工程的始作俑者，如若不将此责任明确，而今规定为“团体责任”，于实践中恐追责不力③。

四是决算审计。

在决算层面，相较于1994年《预算法》，《预算法》(2015)在国库制度的设立上不遗余力，据上述两条文所展示，其意图于我国最基层政府——乡镇而始，建立完整的国库体系，以改变目前存在的基层政府部门、单位对于预算的挪、滥用之乱象。在此之上，其积极意义无疑明显④。

(2) 央地税制体系革新之法律建议：

一是地方税体系之革新。

其一，地方政府现有税收的分成及新生税种的征收。适时推出房地产税、环保税、销售税等适宜由地方征收的税种，并提高共享税地方分成的比例，以增强地方财政收入的规范性和稳定性。

其二，地方政府的税收立法及征管。建立以财产税、基建和公共服务使用者付费等一揽子综合性地方税收及其征管体系。

其三，人大决策权的赋予与行使。在这场立法权与行政权的争夺中，人

---

① 详见《预算法》(2015)第四十四条。
② 详见《预算法》(2015)第四十六条。
③ 详见《预算法》(2015)第四十九条、第五十七条。
④ 详见《预算法》(2015)第五十九条、第六十三条。

大不应该仅扮演着看客的角色，而且应该着重突出与强调并通过制度模式固化人大审查权与决策权的重要性。

二是政府间财政转移支付制度之完善。

其一，一般性转移支付与专项转移支付间应做具体且严格的规定。一般性转移支付是为了实现地区间有关基本公共服务能力的均等化；专项转移支付是指为实现特定的宏观政策发展战略目标，中央财政针对具体事项的评估而按需提供的公共服务。我国《预算法》(2015)在相关规定中也并未明确一般性转移支付与专项转移支付之间的关系与比例分配计划。针对专项转移支付，《预算法》(2015)仅涉及“上级政府在安排专项转移支付时，不得要求下级政府承担配套资金……”且附加除外条款①。笔者认为，在财政转移支付环节，应是以一般性转移支付为主，辅之以专项转移支付计划的创设，这样有利于在整理格局上进行财政手段的把控。而专项财政转移支付的创设正如其设立的目的那样，应当针对一些具体的实操项目，且应当实行严格的信息披露，而这些恰恰是我国财税制度体系中所缺疏的。

其二，地方政府的财务需求应与现时的财政转移支付真正匹配。财政转移支付中一般性转移支付的出发点为平衡地区之间的财力差距，而专项转移支付针对的是为满足国家宏观战略目标而设立的项目，以及地方因此承担的财政支出的补贴。也即，财政转移支付的出发点即是在充分了解地方财政情况的基础上而进行的财政拨付，在现有的机制下，中央对于地方的财政状况不能也不可能完全知晓，在双方信息不对称的前提下，极易产生央地之间的财权无效率配置甚至错配，这对于政府机构履行职能无一益处。笔者建议，在《预算法》(2015)的实施细则或于其后的类似如《财政收支划分法》或《财政转移支付法》的修订中应当明确关于地方财务需求与中央财政供给的匹配机制，当然这也必然涉及我国地方政府资产负债机制的建立与完善。

其三，专项转移支付中应当引入地方政府绩效考评机制。此外，《预算法》(2015)并没有从根本上对“跑部钱进”的现象作出规制性意见②。故而，笔者认为，针对专项转移支付，应当有着充分且必要的经济社会依据，并以绩效考评与问责相配套。此外，在结合绩效考评机制的前提下，具体资金的分配应把握宏观标准与微观标准两层。首先，在宏观标准上，应当激励地方政府之间的有序竞争。且如果当年转移支付基金有剩余，可结转下一年度使用，也可用于追加；其次，在微观标准上，应当将专项转移支付基金根据地方政府

① 详见新《预算法》第十六条。

② 详见新《预算法》第三十八条、第五十二条、第七十一条。

的努力程度和职责进行分配，且地方在具体项目的执行中应当严格地接受绩效考评，如若不达标，将缩减下一年度相关项目资金划拨。

其四，人大作用的体现。在《预算法》(2015)中，有关人大的规定更多与“提出意见”、“审查”等字眼挂钩，作为立法机关，人大自然不像行政机关那样主动，但被动行权与“玩偶”只在一线之间。作为立法机关的人大摆脱“玩偶”命运的唯一做法就是加强自身的专业性与高效性。此次《预算法》的修订将预算置于人大一现有部门而非专门部门，这极有可能影响其专业性与高效性。且在地方政府用几个月的时间编制预算，而各级人大需要在几天或者十几天的会议期间针对预算作出表决结果，这远不利于保证其工作的专业性与高效性。笔者认为，在预算的各个环节，应将人大的作用通过制度的方式确定下来，在预算的各个环节应当分割行政权的“独大”状态；此外，引入“预算委员会”，这样在充分的审批期限内，可保证预算的专业性与运行的高效性。人大作用在预算中的充分发挥将是我国真正走向“现代民主国家”的一大关键点及必经程序。

其五，专门法律法规的制定与明确。无论是财权改革也好、事权革新也罢，都会涉及政府间关系的平衡与利益的博弈。故而建议制定《政府间财政收支划分法》与《政府间财政转移支付法》，用以平衡央地之间、地方上下级政府之间的财权划分事项。如果政府间收支范围不确定，财政转移支付便无从下手。也即，必须先制定《政府间财政收支划分法》，再据此制定《政府间财政转移支付法》。而“完善财政转移支付制度也是深化财税管理体制改革的重要内容。优化财政转移支付可以……调剂地方政府间的财力分配，减少……因财力分配不均……而引发的地方政府债务，减轻我国地方政府债务的区域不均衡问题。”①

2. 央地事权体系革新之法律建议

(1) 现有事权体系的整理与重塑。

一是现阶段央地事权体系存在的问题。

其一，从实践角度看问题。一般而言，中央政府的专有职能，与地方政府关系不大，而这部分职能为数不多。中央和地方的共有职能的事权划分方式使得下级政府在部分领域承担了应由上级政府承担的事权，从而加重了地方事权负担②。

其二，从制度层面看问题。现行宪法的划分使得央地之间、地方政府之

① 王志扬：《地方政府自行发行债券：必要性与制度完善》，《投资研究》2013 年第 3 期。
② 李一花：《财政分权中的中央集中度：评价、问题与改革》，《当代财经》2013 年第 9 期。

间职责权限重叠多变，自然利益冲突凸显①。与此同时，因法律规定模糊，未能明确央地事权范围，使得我国地方政府明显重经济增长，轻公共服务。地方公私兼顾（既直接参与市场经营，又握有公共权力），“甚至……被资本或利益集团所俘获，为社会和民众提供公共服务的职能和角色被淡化……”②

二是，央地之间共有职能的分割、整理与重塑。

其一，法律制度的分权明晰。笔者认为，梳理央地之间现有职能的划分，应当从法律制度优先着手，因在具备相关制度体系的前提下，才可于后续完成对于政府机构之改革与人大监督之构建。在现阶段，中国地方政府无法在短时间内放手经济发展职能而潜心履行公共服务职能。故而，笔者建议，应当明确几大类的职能事项，有关于地方性事务主要包括：公共服务大类（维持治安类、治理环境类、地方科教文卫类），地方经济与社会可持续发展大类（规范市场类与基础设施完善类、资源开发与促进类）与行政事务大类（本级行政事务支出类、政府间行政事务支出类）；中央事务主要着眼于统筹全局，诸如：国防外交大类，国家级科教文卫大类（含高科技创新与知识产权保护），宏观经济调控大类（财政与货币政策调控）与行政事务大类（本级行政事务支出类、政府间行政事务支出类）等。除此，依照上述职能分类，可以作出相应级别的职能部门调整与重置。在涉及央地共有职能的具体分割时，央地各负其责，如涉不能解决之事权划分时，可报请全国人大常委会来最终决策。

其二，职能部门的创设配置。在央地事权关系的前提下讨论相关职能部门的创设配置，首当其冲的应当是省级政府。职能部门的创设配置在省级政府这一层次，存在的问题主要是省级政府作为上传下达的中间环节的作用体现。“省级政府作为地方政府与中央政府距离最近……因此，在机构设置上其可能最接近中央政府的模式。”③笔者建议，根据省级政府的事权范畴可配置如下部门：公共服务大类部门，地方经济与社会可持续发展大类部门以及行政事务大类部门④。针对省级政府改革，不必完全按照中央政府机关的机构设置来决定本级的部门构成，省级政府机关的改革也切忌“一刀切”，而应围绕着具体事权而创设配置，做到“有同，也有不同，一切从实际出发”。

其三，人大的监督、调解机制作用。在事权的分割中，人大的专业性应着

① 刘华：《中国地方政府的理性归位——中央与地方利益关系的视角》，《武汉大学学报（哲学社会科学版）》2009 年第 7 期。

② 郑方辉、李振连：《绩效评价与地方政府职能定位》，《当代世界与社会主义（双月刊）》2007 年第 5 期。

③ 叶克林、侯祥鹏：《综论中国地方政府职能转变与机构改革》，《学海》2011 年第 1 期。

④ 叶克林、侯祥鹏：《综论中国地方政府职能转变与机构改革》，《学海》2011 年第 1 期。

眼于对当地(主要为省级单位)事权的审查与核实,对于引起央地之间事权纠纷的事项以及疑似事项进行项目评估。如若确属于央地共建项目,则由央地资金共同支持;如若确属因中央下放事权不当而引起央地纠纷,人大有权驳回中央政府的该项决定。当然,在事权审查的同时必然会涉及财权的调查与核实。高效性的体现应当于制度上明确人大介入审查央地事权纠纷的时限以及补救措施。除此,高效性也当然包含着对于央地事权纠纷调解的成功率,无论是引入仲裁机制、诉讼机制抑或调解机制,坚持一切从实际出发。在诉调机制外,真正建立追责机制,实行“部门首长负责”的追责机制,并进入个人与单位的绩效评价体系。

(2) 我国绩效评价体系之构建。

一是绩效评价主体之构建。

其一,我国现今概况。我国地方政府绩效管理主体各有不同,诸如,有的地方由政府人事部门负责,有的则由政府绩效评估委员会负责,还有的则由直属机关工委负责……地方政府绩效管理主体不统一,给地方政府绩效的横向比较带来困难。

其二,构建建议。县级以上的地方各级政府成立绩效管理委员会,由本级行政首长与有关部门领导及学者组成。管委会的主要职能:确认与审核政府绩效评估体系;组织和指导本级政府和下级政府的绩效评估及有关评估的申诉;确定公布绩效评估结果并确定奖惩对象与形式;提出评估结果的使用意见及确认绩效分析报告。在机构设置上,除却政府综合评价组织及专门评价组织等,还有第三方中介机构,而评价方式则既有内评、外评还有内外结合等模式。

二是绩效评价机制之构建。

其一,实体层面存在的问题及解决建议。

现今概况——指标层面。

问题:职能界定不清晰,考核要素不合理;考核指标以经济增长为纲;对行政成本关注不够,无成本——收益意识;考核指标的性量、量量关系不合理;以指标的细化、体系的统一化为目标。

建议:政府绩效评估需要明确政府的事权范围;建立政府行为与经济社会进步间的关系模型;加强行政成本研究;政府绩效评估应当有计划地建立一套完整的政府绩效评估制度规范;政府绩效评估需要明确其使命和任务;政府绩效评估需要坚持公民性。

现今概况——评估原则、方法与理论。

问题:首先是目标管理给绩效评估带来政治隐患。目前我国地方政府绩效评价指标体系中缺乏对政治安全，尤其是控制地方分离倾向等的指标设置。其次是绩效评估中的“进步学习”与“退步学习”。所谓“进步学习”，是指在事先知晓评估标准的前提下，被评估者在评估的过程中刻意追求得分高的行为而不去做其他事情。“退步学习”是指学习了错误的教训，在之后的评估中有选择地对此改进，以求获得高分。第三是博弈论下地方政府的“企业化”趋势。片面追求“经济发展”的地方政府使得其逐渐蜕变成类似于企业的经济组织。这无疑使得肩负着政治任务的政府及其组成人员荒废了其主要职能，公民的政治权利也就无从获得保障。

建议：央地之间信息不对称境况之改变——实时更新绩效评估指标；指标体系的科学化——权重与及格线的设置；相关理论的应用；信度与效度检验不可或缺。

其二，程序方面的构建建议。

评估前的准备。政府绩管委下发文件，提出具体的工作任务和评估进度等信息；具体实施评估。涉及政府绩效评估主体、内容、程序与方法……绩管委将评估结果公示。如评估结果不够公正合理，则需纠正；树立标杆，奖优罚劣。研究与制定绩效改进计划并将绩效改进计划报绩管委，经其评估审核后实施；监督、指导绩效改进计划的实施。

其三，法制建设。

对地方发布的有关政府绩效评估的文件做出修改和完善，并将其提交地方人大讨论；在总结试点成果的背景下，国务院研究制定政府绩效评估与管理的法规，以此推动和规范全国政府绩效评管工作；在借鉴发达国家的经验和做法的基础上，即制定我国《政府绩效评估与管理法》，使政府绩效评估与管理真正走向制度化、法制化。

二、地方隐性债务的“立新”之道——走向“显性”

如前文所述，我国地方债的发展趋势决定着地方隐性债务终将走向“显性”。而针对我国地方政府自主发债刚刚建立且尚不完善的情形，笔者认为关于这一新生模式，需要从实体法层面与程序法层面对其进行塑造。保证其在法律制度相对健全的情况下逐渐发展与完善，真正为我国地方政府融资提供切实的资金支持。

（一）地方隐性债务“立新”之道的实体法构架

在实体法革新部分，笔者欲从地方政府发债过程中的增信与信用评级着手，以法律视角提出相应的建议，以供革新参考：

1. 地方政府发债的增信规制构造

(1) 建立地方发债之担保措施及财政风险预警系统。

如前文所述,在现有城投机制的背景下,地方政府作为隐性担保人以其政府信用为城投债作担保,其信用更多来自其财政状况与所掌握的土地使用权等资源。现阶段,在破除城投机制建立地方自主发债机制的条件下,地方政府需要自发自还,故而地方政府需要以自己的政府信用为自己的发债行为作担保,这其中也自然包含着财政收入状况与土地使用权的占有。

此外,依据我国现行《担保法》第十一条之规定:“国家机关不得为保证人……”,在为地方政府发债开闸的大背景下,该条规定应当有所变动。应改为:“允许地方政府在发行地方债务的情形下,以其自身的政府信用做发债担保,依法承担到期不能偿还之债务的违约责任。”如此,才能保证地方政府债券在资本市场中的认知程度,以满足地方政府对建设资金的最大需求。

此外,我国也有必要建立央地间政府债务预警联动系统。参照于美国的相关经验,我国也完全有必要建立自己的 ACIR 系统,在保证财政情况安全可控的前提下,从资本市场中获得足额的建设资金。

除此,有关财政责任立法方面也对参与地方政府发债行为的银行金融机构提出要求,其应对地方政府的发债行为做诚实可信的担保。且对于地方政府的贷款额度不能超过定额,并有责任对有风险的地方政府提高资本要求。

(2) 借鉴地方发债之保险机制。

正如多数西方国家在发行地方政府债务中所操作的那样,有关地方发债的保险机制的确立显得尤为必要。以美国为例,其债券投保有三种方式:即债券承销时投保、债券发行后投保与为基金购买保险。其中,以“债券承销时投保”为最主要方式,该种操作模式为在承销伊始债券即获保险,并作为已投保债券出售。

其他两种模式相比较少运作,以“债券发行后投保”为例,作为市政债券的交易商买进大宗未投保债券,之后其向一家债券保险公司购买这些债券保险。在成为投保债券之后,其可以更高的价格出售,按其操作模式来看,其又被称作“二级市场保险”。而“为基金购买保险”则需要债券成为市政债券投资信托或共同基金债券投资组合的一部分,在我国则更多体现为信托计划或基建基金等形式,在该种模式下,要求债券只存在于基金组合时才可获得保险。

综上,我国完全可以借鉴美国债券保险模式,根据我国现行资本市场的发展情形,为地方政府债券购买不同形式的保险。至于我国地方政府债券保险体系的建立,则需要以现有保险机构为基点,在此基础上开展地方政府债券保险业务，这对于地方政府债券投资者来说，无疑又是一层防火墙。对于促使地方政府财政情况的厘清与资产负债制度的建立有着催生的作用。

2. 建立地方政府信用评级制度

随着资本认缴制所代表的"资产信用"逐渐取代资本实缴制所表达的"资本信用"逐渐走进了人们的视线，无论对于公司等企业法人还是地方政府等机关法人来说，其不可避免都会涉及经济行为，那么也自然避不开"资产"的话题。而在一系列经济活动中，"资产信用"必然会被论及，作为发债主体的地方政府，其"资产"与"资产信用"必然为投资者所关注。如前所述，地方政府的"资产"更多表现为其财政收入、土地使用权等，但碍于现阶段我国各地方政府的隐性负债极其庞大，而我国又尚未实行资产负债制度，地方政府的资产负债情况不可被查询。基于此，对于地方政府的资产信用评级大都是不具备可考性的。故而，笔者认为，应从如下两个方面来为我国地方政府信用评级制度提建议：

(1) 建立地方政府资产负债制度。

由上文可知，新《预算法》仍规定地方政府预算"不列赤字"，这将极有可能使地方政府走上隐性负债的老路。笔者认为，应当及早建立地方政府资产负债制度。且应在遵循"全口径预算"管理的理念下，在各地广泛建立"资产负债机制"(地方政府资产负债表)，以"全口径预算"监督管理为基础，在加强监管的条件下，可极大地降低甚至打消地方政府隐性负债的积极性与动机。基于成熟完备的地方政府资产负债制度，有关地方政府资产信用的评级才更加确实可考。具体说来，有如下可参考：

其一，摸清地方政府资产。"由中国政府控制的包含经济利益或服务潜能的资源"是地方政府资产。摸清资产项目应当主要分为几个方面：金融资产、固定资产、国有经济、资源性资产以及无形资产等①。

其二，排查地方政府债务。地方政府债务是指："我国地方政府负有的，当特定事项发生时会导致经济利益或服务从地方政府流出的现时义务。"地方政府债务的排查相应也可分为如下几个方面：显性债务、隐性债务(含或有负债)等②。

通过建立地方政府的资产负债制度，欲求完善地方政府的资产负债管理能力。如上，通过编制地方政府资产负债表，可以对内摸清地方政府的资产与负债家底(长期以来，我国地方政府负债表仅限于对内管理的需要且依附于预算体系，侧重于对预算收支的数量确认，而并不足以掌握地方政府的真

① 汤林闽：《我国地方政府资产负债表：框架构建及规模估算》,《财政研究》2014 年第 7 期。
② 汤林闽：《我国地方政府资产负债表：框架构建及规模估算》,《财政研究》2014 年第 7 期。

实家底),同时可变内部监控为外部监控①(通过建立资产负债制度,大大降低国家机关内部监督成本,利用第三方中介机构的信用评级进行社会监督,将有效地提高地方政府优化自身资产负债的效率)。

(2) 构建地方政府信用评级制度。

此外,针对地方政府债券的信用评级不仅局限于对发债主体的资产信用评级,在融资过程中的各个阶段,评级机构都需要对债券的投资风险作出真实可信的评级。例如,在融资的前期,需要对其债务的担保机构做资产信用评估。此后,对其债券募集资金的走向也需要进行适当评估,也即,债券评估工作贯穿债券发行的前后各个阶段,不仅针对主体信用,还关注资金走向与收益风险等。具体说来,有如下参考:

其一,评价机构方面。地方政府信用评级机构应属于完全的第三方主体,不与政府机关及相关单位产生任何的关联关系。作为第三方中介机构,政府信用评级机构应当实行注册制,无须政府审批。如此,可以将其推向市场,通过中介机构之间的有效竞争,优胜劣汰,逐渐出现少数几家声誉卓著的信用评级机构。我国本土缺少诸如标普、惠誉及穆迪等国际性评级机构,也与我国相关产业不发达且政府机关过多监管所致,如此情境与我国市场经济大国的地位与深化改革的发展动向不甚匹配。借由地方政府信用评级机构建立机制的推出,整改现阶段我国第三方中介机构(尤其信用评级机构)的乱象也甚为必要。当然,与此相匹配,也需要建立类似于信用评级机构的行业协会,行会内部实行自律监管。

其二,评价要素层面。宏观经济政策、基本财政制度、地方经济发展状态、地方政府治理状况、地方政府的预算管理体制、地方政府的债务管理体制以及地方政府的公共产品投融资模式选择等方面引发的信用风险均应作为评价要素进入地方政府信用评级程序。同时由于经济系统的复杂性,模型量化指标不能完全描述所有解释变量,为此同样需要基于感性的基础上的考量,但需要遵循如下一些基本的原则,即:充分考察公共服务供给均衡性目标,地方政府收益权与支出责任的匹配程度、未来财政收入的预期、实际债务负担水平、财政预算管理能力及其投融资行为的规范性②。

我国地方政府信用风险评级体系构建是防范地方政府债务风险的基础工程,但有说服力的评级体系尚未形成。相较于现时存在的政府信用评价机

---

① 王蕴波、景宏军:《地方债管理模式与构建地方政府资产负债管理能力的探析》,《经济与管理研究》2012 年第 6 期。

② 闫明、顾炜宇:《我国地方政府信用风险评级体系构建:框架与方法》,《中央财经大学学报》2014 年第 3 期。

构，基于地方政府资产负债制度的建立与完善而进行的政府信用评级是相对可考的。采集全面的信用风险评价要素，设计较为标准的指标体系而尽可能全面地展示地方政府的信用水平需要相关专业人士的努力，笔者于此只能抛砖而引玉。

（二）地方隐性债务“立新”之道的程序法构建

地方政府公债的种类一般分为两种：一般责任债券和项目收益债券。“地方政府一般债券……是指省、自治区、直辖市政府……为公益性项目发行的……以一般公共预算收入还本付息的政府债券”①；项目收益债券是为了建设某一基建项目而依法成立的机构（或授权机构）所发行的债券，其以特定项目的收益作为还本付息的保证。也即，一般责任债券相较于项目收益债，其公债色彩更浓厚。鉴于我国地方债的发展历程，政府信用型债券（城投债、财政部代发债、地方政府自行发债等）较多且发展时间较长，故而，笔者在此将更多着墨于一般责任债券。加之 2015 年 3 月 12 日，我国颁行了《地方政府一般债券发行管理暂行办法》，笔者将参照其中关于一般债券的发行管理规则作出评析与阐释。

1. 地方政府一般债券发债流程之法律规制

（1）发行主体。“一般债券……自发自还……发行……主体为地方政府。”②本次地方政府一般债券的发行彻底抛开了其他媒介，由政府直接发行地方政府公债。虽经由反复测算并结合我国现阶段国情，目前发债主体的级别仍仅限制在省一级政府，但相对于之前的规定与执行方式，其已经迈出了意义重大的一步。

（2）发行方式。“一般债券由各地按照市场化原则自发自还……”③，“各地组建一般债券承销团……”④，“地方政府财政部门与一般债券承销商签署债券承销协议……”⑤，“各地可以在一般债券承销商中择优选择主承

---

① 《地方政府一般债券发行管理暂行办法》第二条：“地方政府一般债券（以下简称一般债券）是指省、自治区、直辖市政府（含经省级政府批准自办债券发行的计划单列市政府）为没有收益的公益性项目发行的、约定一定期限内主要以一般公共预算收入还本付息的政府债券。”

② 《地方政府一般债券发行管理暂行办法》第五条：“一般债券由各地按照市场化原则自发自还，遵循公开、公平、公正的原则，发行和偿还主体为地方政府。”

③ 同上。

④ 《地方政府一般债券发行管理暂行办法》第十条：“各地组建一般债券承销团，承销团成员应当是在中国境内依法成立的金融机构，具有债券承销业务资格，资本充足率、偿付能力或者净资本状况等指标达到监管标准。”

⑤ 《地方政府一般债券发行管理暂行办法》第十一条：“地方政府财政部门与一般债券承销商签署债券承销协议，明确双方权利和义务。承销商可以书面委托其分支机构代理签署并履行债券承销协议。”

销商……”[1]，“一般债券发行利率采用承销、招标等方式确定……”[2]。

由上可知，我国地方政府一般债券的发行采用承销的方式，由各地地方政府与承销商签订承销协议，且具体的承销业务由择优选出的主承销商来完成，利率的确定可采用承销以及招标的方式。在债券发行的前后各个环节，“暂行办法”也都规定了相应环节的信息披露，如下将详述。

(3) 偿还(责任)主体。“一般债券由各地按照市场化原则自发自还，遵循公开、公平、公正的原则，发行和偿还主体为地方政府”，“……各地应……及时支付债券本息、发行费等资金，维护政府信誉。”[3]“……财政部驻各地财政监察专员办事处加强……监督检查，规范一般债券的……偿还等行为。”[4]

由上，一般债券遵循自发自还的原则，其债务的责任主体为发债的地方政府。且“暂行办法”督促各地发债地方政府及时还本付息，在此基础上，财政部驻各地财政监察专员对于一般债券的资金偿还还有监督责任。可以说，作为提纲挈领性的框架性规章，“暂行办法”关于这一问题作了较为周密的考虑，但具体事项的执行仍有待实施细则或执行章程的出台，且各地也应相继出台关于地方政府一般债券的管理办法，并上报至中央对应机关。

2. 地方政府一般债券之信披制度的建立

鉴于“暂行规定”第八条、第九条、第十七条、第二十三条等之规定[5]，我国地方政府一般债券的信息披露应当符合一般债券运行的基本规则，且“暂行规定”中的规定都仅停留在表面，没有更深入具体的表述。

---

① 《地方政府一般债券发行管理暂行办法》第十二条：“各地可以在一般债券承销商中择优选择主承销商，主承销商为一般债券提供发行定价、登记托管、上市交易等咨询服务。”

② 《地方政府一般债券发行管理暂行办法》第十三条：“一般债券发行利率采用承销、招标等方式确定。采用承销或招标方式的，发行利率在承销或招标日前1至5个工作日相同待偿期记账式国债的平均收益率之上确定。”

③ 《地方政府一般债券发行管理暂行办法》第二十条：“各地应切实履行偿债责任，及时支付债券本息、发行费等资金，维护政府信誉。”

④ 《地方政府一般债券发行管理暂行办法》第二十二条：“财政部驻各地财政监察专员办事处加强对一般债券的监督检查，规范一般债券的发行、资金使用和偿还等行为。”

⑤ 《地方政府一般债券发行管理暂行办法》：

第八条：“各地应及时披露一般债券基本信息、财政经济运行及债务情况等。”

第九条：“信息披露遵循诚实信用原则，不得有虚假记载、误导性陈述或重大遗漏。投资者对披露信息进行独立分析，独立判断一般债券的投资价值，自行承担投资风险。”

第十七条：“各地应当在一般债券发行定价结束后，通过中国债券信息网和本地区门户网站等媒体，及时公布债券发行结果。”

第二十三条：“各地应将本地区一般债券发行安排、信用评级、信息披露、承销团组建、发行兑付等有关规定及时报财政部备案。一般债券发行兑付过程中出现重大事项及时向财政部报告。一般债券每次发行工作完成后，应在15个工作日内将债券发行情况向财政部及财政部驻当地财政监察专员办事处报告；全年发行工作完成后，应在20个工作日内将年度发行情况向财政部及财政部驻当地财政监察专员办事处报告。”

笔者认为，在我国关于信息披露制度构建最完善的法人机构当属上市公司。在上市公司证券发行及流通领域内，其已构成了一个较为系统的信披体系。基于“暂行办法”，可知地方政府一般债券的发行仍坚持市场规则，且采用承销的方式公开流通。因此，笔者认为，关于信息披露机制的构建也完全可借鉴上市公司信披体系的有益成果。故而，下文笔者将从两个层面来构建我国地方政府一般债券的信披制度：

（1）信息披露制度的由来。

信息披露制度起源于人们对于“代理成本”的思考，投资者（或债权人）的信息权利相较于经营者来说要弱得多。这就自然而然地产生了信息上的不对称，而如公权力未介入，双方只能通过事前契约来约定彼此间的权利与义务，但多数情况下，公司制下经营者之实控权要远胜于投资者（或债权人），两者间的信息地位（或资本地位）完全不对等，这就使得通过契约来规制双方关系的提议变成一种理想。

而公权力的介入使得双方博弈的格局发生了变化，通过迫使经营者提供其不愿提供的但为投资者（或债权人）所意欲获得的信息，使得资本市场中信息资源的供求关系趋向平衡。但政府的介入与监管需要底线，即政府介入之初衷是为使信息资源的供求趋向平衡，即：对信息供给方来说，强制性信息披露虽为其所不愿，但该披露行为并不会减少其现有收益。对信息需求方来说，供给方提供的信息应不仅能在数量上满足投资者（或债权人）的需求，更重要的是在信息质量上符合需求方的意愿，以保证其投资利益（或债权利益）得到实现。

（2）地方政府一般债券之强制信息披露制度的构建。

如上所述，信息披露制度来源于“代理成本”，其存在的根本在于投资者于经营者之间的信息不对称而导致的投资损失，为此，作为第三方的公权力机关需要强制介入，用其强制力平衡两者之间的信息不对称的落差，以在不损害经营者利益的前提下满足投资者对于信息的渴求度。同样的概念也适用于地方政府发行的一般债券，但相比一般公司证券的发行，其信披过程中仅有两个主体，一为投资者，一为地方政府（债券发行人）。也即，当监管者与经营者身份重合时，信息披露制度应当做何改变以最大限度保证投资者的利益。故而，对于地方政府公债发行时的信息披露制度的标准要高于我国目前的适用于上市公司的证券信息披露之标准。

可以说，我国信息披露制度整体发展水平落后于欧美发达国家，可见，无论是地方政府一般债券的信息披露规则还是已经成型的上市公司信息披露制度都有进步的空间，但一般债券的信披制度的构筑难度更大。笔者将提供如下几则构筑建议，供探讨：

一是强制性信披制度之构筑原则。引用上市公司规范信息披露之原则：效用经营、规范财务与遵守约束。效用经营是指期望地方政府借由发债可以满足其基建中的资金需求，且基建项目为必要的非政绩化的工程，是结合本地经济发展实际的项目工程，其投入与产出比相对合理；规范财务是指期望地方政府能够规范、约束自身的财务行为，对其自身的资产负债情况做详查，尽早构筑完整的、可供市场投资者认可的资产负债表；遵守约束是指期望地方政府在融资发债过程中遵纪守法，切不可因一时贪念损害投资者的利益及自身的政府信誉。

二是强制性信披制度之主要内容。

其一，募集资金所投基建项目之概况：项目公司的董事、监事、高级管理人员简介及其持股情况；公司的实际控制人；公司的董事、三分之一以上监事或者经理发生变动；持有公司百分之五以上股份的股东或者实际控制人，其持有股份或者控制公司的情况发生较大变化等。虽然地方政府一般债券的发行是以其税收作为保障，但其所投项目的经营状况也应当为投资者所掌握。其亦是每个投资者或纳税者应当知晓的权利，且基建项目顺利地进行，对其债权利益的收回亦有着至关重要的作用。

其二，地方政府（发债人）的资产负债情况：地方政府的发展方针和投资范围的重大变化；地方政府的重大投资行为和重大购置财产的决定；地方政府订立重要合同，可能对其资产、负债、权益和经营成果产生重要影响；地方政府发生重大债务和未能清偿到期重大债务的违约情况；中央产业扶持政策等发生的重大变化；已发行的一般债券的变动情况等。鉴于我国现阶段并没有建立起满足市场投资者需求的完善的地方政府资产负债制度，上述情形只是临时必备条款。在地方政府资产负债制度建立和完善的情况下，相关资产负债信息的披露应当更加格式化、易懂化，便于投资者查询知晓。

其三，其他可能损害投资者利益的地方政府重大事项：涉及地方政府的重大诉讼，相关政策性文件被依法撤销或者宣告无效；地方政府相关责任人员涉嫌犯罪被司法机关立案调查或被司法机关采取强制措施；

其四，中介机构与相关责任人的责任追究。以美国为例，其公开发行的市政公债在上市前后要经有资格的审计机构对发行人的财务状况及偿债能力等出具意见。同时，公开发行的市政公债都需聘请“债券律师”对发行的合法性出具法律意见，以保证市政公债有关合同的可执行性。如一般债券发行出现违法违规行为，对于有责任的会计师、律师等第三方中介机构都将负连带责任。

三是强制性信披制度之主要途径。

其一，地方政府部门及其网站。无论是强制性信息披露抑或自愿性信息披露，其均应能够在地方政府查询。包括其部门内部以及其官方政府网站都应当设立便民服务平台，以供投资者查询。经由政府官方门户网站发布的有关披露信息，能够为市场投资者重视并采纳。且官方网站的披露渠道能与网络交互媒体的披露渠道相辅相成，为市场投资者提供全方位的企业信息。

其二，证券交易所网站。现阶段，上海证券交易所与深圳证券交易所为我国大陆地区两大主要的证券交易所。证交所的职能之一就是披露于其内上市交易的证券及发行者信息。

其三，中国银行间市场交易商协会网站。鉴于我国地方债(含城投债)多数于银行间债券交易市场交易，故而，笔者建议中国银行间交易商协会网站也理应是我国地方政府一般债券进行强制性信息披露的主要途径之一，对于机构投资者来说，该网站更加权威与实用。

其四，传统媒介。相较于炙手可热的网络媒介，传统纸媒也是地方政府强制性信息披露所不容忽视的一块领地，诸如各大财经日报、证券时报等，不可否认传统媒介的优势依然存在着。

(3) 地方政府一般债券之自愿信息披露制度的构建。对于自愿性信息披露的研究视角应不同于强制性信息披露。于此情形下，公权力(第三方)之于经营者与投资者(或债权人)双方博弈关系的影响极为有限，故而在自愿性信息披露的视域下，仅需关注双方博弈即可。自愿性信息披露的运行，也即经营者自愿供给信息于投资者(或债权人)，也即信息需求方。这也就意味着对于经营者来说，所为自愿性信息披露对其是利大于弊的，即在这一过程中存在着“信息租金”。正所谓“在信息租金的框架下……经营者通过披露信息……可以获得间接信息租金……”。如此，投资者(或债权人)追求直接信息租金与经营者追逐间接信息租金的行为于自愿性信息披露机制之下变得可以共存，博弈双方基于此最终走向合作。

一是自愿性信披制度之主要内容。

笔者认为，在面对地方政府自愿性信息披露机制的构造时，建议不妨采用“判例”的形式，将有关自愿性信息披露机制所产生的问题汇编成册，作为中央对口管理部门规制自愿性信息披露行为的工作手册，每个工作年度都做相应的更新，这样既避免了由国家统一立法而耗费的高成本，又能使对口管理机关的相关工作人员熟识最新的办案程序与依据。且对于地方政府自愿性信披制度内容应当坚持“负面清单”的做法，将需要政府进行强制性信息披露之信息列明，除此之外均采自愿性信息披露，此清单随着市场的透明与完善亦应逐年减少。

现阶段于中央对口管理部门应当督促地方政府发布真实、准确的信息；

避免不必要"印象管理"的告知等。且该对口管理部门应尽快完善"地方政府诚信档案"制度,应长期为地方政府债券发行监管构建多层次、全方位的信息披露制度。

二是自愿性信披制度之主要途径。

除去上文中强制性信息披露中所提及的几种官方途径以外,笔者认为现今兴起的新媒体也应当为地方政府一般债券在信息披露时所考虑。

相较于官方,新媒体诸如微博、微信的介入,使得信息传播的渠道变得更为迅捷与直接。现阶段,无论是国家机关领导人还是普通百姓,微博、微信不可否认地成为其间信息传播的共用渠道。利用微博、微信等新媒体曝光地方政府信息也正是满足了市场变化愈加迅速的趋势,使得投资者能够较为便捷的知晓究竟发生了什么。在自媒体时代,地方政府也可以选择通过新媒体方式进行信息披露。但笔者认为,对于微博、微信等非官方媒体所发布的披露信息应当进行实时管控,以防止信息的不必要泄露及虚假陈述,力保于其上获得披露信息的投资者获得正确、及时的信息。

综上,笔者不仅针对旧有的地方债情形作出归纳、梳理与重塑,且对于已经建立且即将不断完善的地方政府自主发债模式作了法律层面的构建建议。具体说来,笔者从现阶段我国地方债中的隐性负债及其深层次的财事权体系问题着手进行"破旧":对其提出了基于"国发 43 号文"与"财预 351 号文"所开展的对现有地方政府隐性负债的清理与甄别工作的法律评析以及针对我国现阶段的财事权体系提出了关于预算与税制、现有事权与绩效考核等方面的法律构建建议。此外,针对我国已经建立、尚未步入正轨的地方政府自主发债模式进行了"立新"法律建议:其中包含实体法层面的关于一般债券担保增信以及信息评级制度的构建等法律建议;也涉及了程序法层面的关于我国地方政府一般债券的发债流程以及地方政府一般债券的信息披露机制的法律构建建议。

结语与展望

本章自讲述我国地方债的历程而始,阐述了我国现今存在的关于地方债券的几种形式(城投债、财政部代发债、地方政府自行发债以及地方政府自发自还)。继而引出我国地方政府隐性负债的运行危机,笔者再次以城投债作为我国地方隐性债务的代表,从平台定位、运作危机以及重组风险等方面点出我国地方隐性债务的危机与风险及其影响。之后,笔者以多重视角分析了现今我国地方隐性债务的运行问题,且以城投债为实例作了进一步分析与阐释。最后，笔者着墨构建了关于我国地方政府隐性债务的法治革新之道，分为“破旧”与“立新”两个方面：“破旧”体现为，作了关于地方政府隐性负债的清理与甄别方面的评价与建议，且针对深层次的现有财事权体系作出变革的法律建议；“立新”表现在，在实体法层面，针对地方政府一般债券的增信担保、信用评级而始作了制度构建。于程序法方面，笔者以地方一般债券发债流程规制以及其信息披露机制的构建着手，为我国地方政府一般债券的运行做程序保证。

随着国家对于债市关注度的提高，本届政府下大力气整治资本市场的乱象，相关政策也得以陆续出台，诸如国发〔2014〕43 号文、财预〔2014〕351 号文等一系列政策文件，对于现存于资本市场的地方存量债务等问题予以一定程度的处理指导。其中，于国发〔2014〕43 号文中提及的“存量债务置换计划”最近颇为热点，其形式就是针对地方政府的存量债务中属于政府直接债务的部分，使其由短期、高息，变成长期、低息的政府直接债务。2015 年 3 月 11 日，财政部表示今年国务院明确批准置换地方存量债务的额度为 1 万亿元，被置换的债券最终可转换为地方政府一般债券与项目收益债券（我国称“专项债券”）。虽则对于“专项债券”，财政部表示鼓励个人进行投资，但最终购买债券的人仍然是以银行等金融机构为主的机构投资者，债券置换后银行体系的流通性并没有因此而增加，金融机构的系统性风险却仍然存在。故而，有评论人称中央这一举措有着“撒鸡血”的味道，因其只是改变了承债形式。但值得肯定的是，这一举措可极大地减轻地方政府的还本付息压力，将债期再度延长，且该置换之后的债券有了地方政府作保障（而不是地方政府隐性担保），对于投资者来说其债务人更加明确清晰①。

但无论如何，上述政策性文件所展现出的地方债的革新思路为：先由各地方做存量债务的清理工作，经审核合格的地方性债务进入甄别程序，符合文件规定的债务将由各自债务人进行偿还（或偿还、或兜底、或置换），此为地方性债务整理的主线工作。笔者认为，我国未来地方债的运行机制必然要基于整理存量债、控制新增债，需要对于地方政府的后续筹资行为进行渠道构建（诸如：PPP 模式的施行），将地方负债置于阳光之下、建构完备的风控机制（实体法与程序法的护航），辅之以财事权体系的最终变革，使地方政府隐性债务最终走向显性之道。如此，我国地方债的运行机制将更加安全化、合理化及科学化。地方政府的工作也将更加高效，保证其能够为我国经济建设事业以及人民幸福生活提供良好的指引与服务。

---

① 可参考如下的“拆弹地方债方案”，图片资料来自：周潇枭.1 万亿“地方债置换”方向详解，“21 世纪经济报道”微信公众号，2015 年 3 月 12 日。

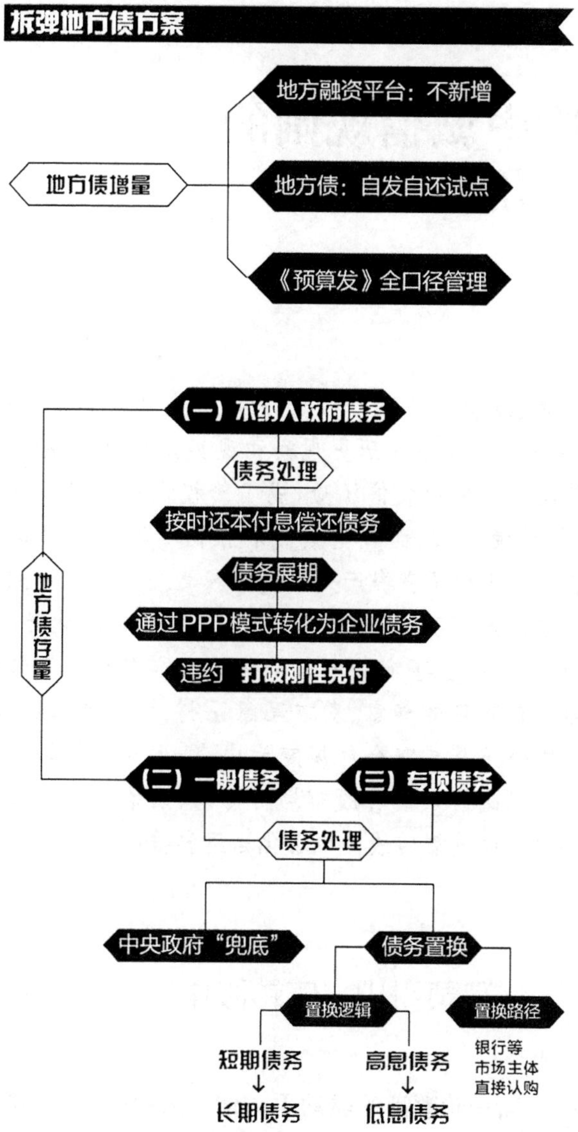

图6-2 “拆弹地方债方案”示意图

注：

一般债务：项目无收益、计划偿债来源主要依靠一般公共预算收入的。如义务教育债务。

专项债务：项目有一定收益、计划偿债来源依靠项目收益对应的政府性基金收入或专项收入、能够实现风险内部化务。如土地储备债务。

项目有一定收益但项目收益无法完全覆盖的，无法覆盖的部分列入一般债务，其他部分列入专项债务。

第七章

论债转股中诚信规则的建立与适用*

【核心提示】 当下中国，政府为解决债务危机问题而推出债转股，有其现实需要背景。但基于历史观察和现实分析，债转股中的风险不容忽视，尤其是债转股中的失信风险，成了债权人和市场投资人普遍担忧的心理阴影和质疑点，从而也把债转股推向了舆论的风口浪尖。笔者认为，债转股作为银行不良资产处置的手段之一，不是不可以，关键是怎么转，如何建立公开透明、公平合理、公正共赢的市场化转变规则，确保债转股的稳定运行和当事人的利益平衡。而这有赖于债转股中诚信规则的建立，即以转股目的善意、双方互惠互利、协商信息公开、对外表意真实、转股达成公正及信守合约规定为内容，建立起债转股中的诚实信用法律规则，并以此约束债转股市场行为，以法治先行打破债转股实施面临的法律困境，促进债转股的市场化运用和推广。

第一节　问题引出：债转股中的失信风险担忧

2016年初，在新一轮政策的驱动下，“债转股”作为解决国企债务包袱的重要手段之一，被重新推到了中国经济改革舞台之上。据媒体报道，中钢、东北特钢等多家企业拿出的脱困方案中，均有“债转股”方案。然东北特钢的债券违约事件还在发酵，它所提“债转股”方案，并不被一些债券持有人所接受①。投

---

*　本章为2014年度上海市教育委员会科研创新重点项目“城镇化视域下城投债偿付风险之法律研究”（项目编号：14ZS090）的中期研究成果之一。

①　王峰：《东北特钢债券违约　全球规模最大技改临市场尴尬》，《21世纪经济报道》2016年7月22日。

资人对东北特钢的“债转股”不买账，要求进行破产清算[1]。现实案例触发我们思考：什么是债转股？债转股的法律属性和功能作用是什么？为什么在当下经济背景下推出债转股？又为什么部分投资者不欢迎债转股？债转股究竟有益于何方主体？它是为投资者利益考虑的诚信商业方案吗？

一、债转股的概念、性质和作用

债转股，指的是将债权资产转变为股权投资，明而言之，就是借钱给了别人，别人还不了，无奈只得不要人家还，从债权人转成投资入股的股东。债转股的法律性质，按照《公司债权转股权登记管理办法》[2]的定义，属于股东以债权出资的一种形式。实行债转股，对债务企业而言，可在缓解企业资金困境、优化资本结构、增强融资能力等方面发挥重要作用；对债权银行而言，则可以增加银行的股权投资、减少债务比重、改善资产负债表、增加资产项、减少负债项，从而实现去杠杆。但银行对债转股普遍又爱又恨，爱的是债转股可以改善银行不良贷款数据，让财务报表更加靓丽；恨的是债转股不可控因素多、风险大。

二、债转股的现实需要性

尽管债转股有风险，但还是有需求、有市场。这种现实需求，来源于债务人和债权人双方。对债务企业而言，债权作为一项重要的财产权利，债权人到期就要请求，债转股后可以减轻债务负担；对债权人而言，无法实现的债权构成财产损失，他们基于减少债权损失的考虑，也会对债转股产生迫切需求。

债转股在我国的第一次引入，是在1998年由时任国务院总理的朱镕基主导的国企改革中。当时债转股被认为是国企脱困的重大政策，在处置银行不良资产时大量采用，而接盘的主体主要是资产管理公司（Asset Management Companies，AMC），AMC成为企业阶段性持股股东，待企业经营状况好转之后再通过上市、转让或企业回购等方式收回资金。

而债转股在当下我国的第二次引入，同样源于债务危机。早在2015年政府就已认识到国企及地方政府债务危机（其中包括到期无法偿付的城投债）的巨大隐患而开始进行一系列的有序调整，如对3万亿元的地方政府债务进行置换，使大量地方政府负有偿还义务的企业债务得以削减。而此次2016年

---

① 徐燕燕：《东北特钢“债转股”不买账投资人：破产清算》，《第一财经日报》2016年7月22日。

② 因2013年底注册资本制度的改革，2011年11月23日国家工商行政管理总局公布的《公司债权转股权登记管理办法》，在2014年2月20日《公司注册资本登记管理规定》（国家工商行政管理总局令第64号）公布后废止。

的债转股乃是进一步的举措。事实上，在经济下行周期中，陷入经营困境的国企想要脱困，却又深陷银行负债过高、银行利息无法支付的泥沼中不能自拔。政府为救国企推行国企改革，但它前期开出的药方收效甚微。面对 2013 年开始显现的债务问题，政府当时就采取了较为偏紧的去杠杆措施，但债务率并未明显下降。2014—2015 年调整了政策应对，债务率还是持续上升。最后，政府从箱底翻出“债转股”这面旧旗①，以期既达到最大限度回收国有银行的不良贷款，又能对国有负债企业进行现代化、规范化改造的双重目的。

新一轮的债转股，直接目的是让国企解困，不再承担沉重的还款责任和巨额利息；与此同时，银行的账面清爽了，不良贷款比例下降，可以释放更多流动性支持实体经济发展。正是基于此，2016 年 3 月李克强总理提出要用市场化手段推动债转股。一时间，众多国企摩拳擦掌、跃跃欲试，准备试水债转股，舆论也对债转股展开了大力宣传。但很快，市场分成了两派：一派看好而力挺债转股，一派不看好也不反对，坚称债转股只能在小范围内实施，作用有限。如国泰君安任泽平认为：不良债转股高度非标准化，很难大范围铺开，对市场趋势影响有限②。社科院学部委员、国家金融与发展实验室理事长李扬则表示，债转股“要谨慎使用，要坚持市场原则、法治原则，不能容忍僵尸企业、过剩产能苟延残喘”③。

三、债转股的风险

在笔者看来，两派的分歧，源于对债转股风险的认识程度不同。债转股，不管对债权人还是债务人，均非一转百了，虽然原有的债权债务关系随着这一“转”而消灭，但二者之间转而形成新的股权关系，相互之间依然承担权利义务责任，从而依然面临义务履行、权利实现、责任承担等问题。正如原工商银行行长杨凯生坦言，债转股是个痛苦的过程，对于债权人银行来讲，债转股意味着放弃了原有的债权固定收益——利息，放弃了对原有债权抵押担保的追索权，由此换得的股本收益权是否得以保证，相当程度上取决于债转股后企业的经营管理状况能否得到根本改善，取决于自己的股东权利能否确保落

① 2016 年 3 月 16 日李克强总理在第十二届全国人大四次会议闭幕时表示：“要坚定不移地发展多层次的资本市场，而且也可以通过市场化债转股的方式来逐步降低企业的杠杆率。”之后，在出席博鳌亚洲论坛 2016 年年会时重申将用市场化办法推进债转股，逐步降低企业杠杆。

② 《三位专家谈债转股：债务重组应有序出清》，中国经济网 2016 年 4 月 25 日，http://finance.ifeng.com/a/20160425/14343200_0.shtml，最后访问日期：2016 年 8 月 1 日。

③ 徐燕燕：《债券违约频发　央企国企将成信用债最大“雷区”?》，《第一财经日报》2016 年 8 月 2 日。

实①。债转股并非风险的消灭，而是风险的后延甚至扩大。

（一）债转股风险的历史观察

对上一轮债转股，有人认为其解决了银行不良资产问题和国企高负债问题，且 AMC 承接了一切、最后还有钱赚，看似一箭双雕，但财经评论人叶檀认为，这是错误的观点。她认为"20 世纪末的经济陷入困境，最终是通过提振房地产与汽车消费、加入 WTO 实现了去产能，最终银行与国企上市，通过牛市稀释了'脏水'，而不是靠债转股这种掩人耳目的手法。"因为无论银行、国企、资产管理公司三者如何处置债权债务关系，都是在公有制经济体内的私下交易，一种变形的"掏公肥私"行为。而银行、国企、金融公司的最终上市，实质是到股市圈钱，转嫁危机损失，最终由普通投资人买单。

（二）债转股风险的现实分析

在笔者看来，上轮债转股引发的道德风险，根源在于诚信和制度规范的缺失。本轮债转股通过市场化手段推出，更离不开商业诚信的支撑。但观察当下中国，有联想董事会主席柳传志对中国商业诚信状况的不满②，更有普遍不满下依旧充斥市场的虚假宣传、违约不守信等种种失信行为。例如在城投债中，由于商业诚信的缺乏，发债国企在前期发行阶段的信息预披露和中期存续阶段的信息持续披露中隐瞒真实的情况大量存在。

而对债转股，就目前现实来看，依旧是可操作性差、失信空间大、寻租机会多。首先，哪些企业可以进行债转股？政府希望是尚能发展的国企，但实际会不会被僵尸企业钻了空子？其次，如何保证公平公正？债权与股权以什么样的比例实现转换？如何防止债务企业故意隐瞒资产、恶意掏空资产？再次，债权有约定的付息还本日，股权无到期日，股权如何实现退出？在债转股中，一旦债转股的企业不能复苏，接受债转股的银行的"不良股权"损失就会暴露，银行体系就会面临巨大风险。而一旦银行利益受损应该追究谁的责任？银行接受债转股的意思是如何形成的？能否通过良好的公司治理结构规范银行决策？第四，债转股本质上是给困境企业的资产重组机会，在资产管理公司和产业资本介入的情况下，最终债务会转移到二级市场，由二级市场的散户投资者接盘，期间稍有不慎、不实，债转股极有可能变为简单的账面

---

① 姜樊：《银行真爱"债转股"吗？杨凯生说债转股是痛苦的过程》，《北京晨报》2016 年 4 月 7 日。

② 参见新浪财经博鳌亚洲论坛 2014 年年会正文，http：//finance.sina.com.cn/china/20140408/221818737595.shtml，最后访问日期：2016 年 8 月 1 日。

转换和风险后移甚至扩大。因此，必须要有一套规则去规范债转股系列行为，尤其是对债转股各环节的潜在风险是什么、有无明示投资者的研究，此乃债转股诚信规则建立的重要内容。最后，在债转股中，实际决定哪些债务可以转、哪些债务不能转的实权部门，将有可能借此获得巨大的金钱权利，而且这样的寻租成本低、收益高，因此也拷问这些部门的信息公开能力和诚信。

第二节　问题解析：债转股中的失信风险缘由

当前经济形势下，政府和困境国企等对债转股都寄予了较高期望，债转股的实践在市场已悄然展开。然而，债转股与其他债务处置方法相比，不仅面临政策不确定风险，而且其最终成效也受多重客观因素影响。因此，在全面推行债转股之前，有必要对其性质、风险因素、实施条件等多方面问题进行分析与评估[①]。尤其是对容易导致失信风险的事由，必须寻根溯源，找到原因所在。对于债转股，必须考虑清楚：为什么而转？目的是什么？谁受益、谁受损？能否双赢？接受者如何实现退出？利益平衡如何保障？诚信开展债转股的根基在哪里？失信风险可能产生于哪些环节？

一、债转股的模式选择与失信风险

债转股，有政策性债转股和商业性债转股、破产型债转股和收益型债转股等多种方式。鉴于本轮债转股主要实行市场化的商业性债转股，其可选择的操作模式主要有如下几种：

（一）商业银行直接参与模式

即国家允许商业银行持有一定数量的非金融企业股权，商业银行对企业的不良贷款直接转换为商业银行对企业的股权。受商业银行直投股权的限制，商业银行逐步实行混业经营的改革探索，对银行内部资源进行调整与组合，将商业银行的功能分为"商业银行＋投资银行"，把专业银行转变为多功能的但内部又实行分业经营的银行，在旗下设立投资银行，由投行发行金融债，受让企业股权。该模式下的失信风险点在于银行接受债转股的合意能否真实有效地形成。

---

① 樊志刚、金昱：《实施债转股的原则与条件》，《中国金融》2016年第8期。

（二）资产管理公司介入模式

该模式在集中式不良资产处理模式下常被采用，一般是商业银行将不良贷款剥离至政府设立的处置机构（如资产管理公司）中，再由处置机构将债权转换为对企业的持股。这种模式下的债转股，由国家组建资产管理公司，收购银行不良资产，把原来银行与企业间的债权债务关系，转变为资产管理公司与企业间的控股（或持股）与被控股的关系，债权转为股权后，原来的还本付息就转变为按股分红。AMC 实际上成为企业阶段性持股的股东，依法行使股东权利，在企业经营状况好转之后，退出股权收回投资。该模式下的失信风险点在于资产评估、股权估值等是否客观公正和操作是否阳光、信息是否公开。

（三）产业基金购买模式

该模式是指债权转为银行股权后，由产业基金来持有银行股权。该模式缘于现在企业的债务体量太大，AMC 等金融资本接盘难度高，故而引入产业资本。实例有熔盛重工这单债转股，其试点实施后，预计先以银行持有股权，而后通过产业资本介入转让股权的方式为主[①]。该模式下的失信风险点在于二级市场上对投资者是否进行及时真实的信息披露。

目前市场上对债转股模式的选择存在多种声音。笔者以为，选择哪种模式并非至关重要，关键必须针对选定的模式建立诚信规则，制定约束规范，有效防范失信风险的发生。

二、债转股的流转关系与失信风险

债转股，从法律关系角度而言，就是将债权关系转为股权关系。如上所述，债转股依照其转换模式的不同，形成不同的流转法律关系。如在成立AMC 参与到债转股运行中来的模式下，债转股中的重要关系，首先无疑是原债权人和债务人之间的关系，其次则是原债务人与其新老股东之间的关系，再则是原债权人转为股东之后与 AMC 之间的关系。债转股中，不同的法律主体面对不同的风险，均想释放风险谋求损失最小、利益最大，而一旦为了自身利益最大化而失去商业诚信，则会直接影响法律关系另一方的利益。

（一）债转股中的主体与风险

债转股中的主体，最大的失信风险点在于未来发展前景不好的企业隐瞒

---

① 《银行债转股有望试点　中行接盘熔盛重工成大股东》，http：//finance.sina.com.cn/money/bank/bank_hydt/2016－03－11/doc－ifxqhnev5755063.shtml。

真实情况而谋得债转股的机会。现实中就有某些困境企业想要通过打通银行关节和政府关节的手段进入债转股市场。

（二）债转股中的客体与风险

债转股的客体是债权，债权转股权最基本的前提就是其来龙去脉和形成过程要清晰合规，用于转股的债权应当真实、合法、有效。这里的失信风险点主要在于两个方面：一是虚构债权。如果当事人虚构债权债务关系将导致债权无效，而不能作为出资转为股权，并且会构成虚假出资甚至要承担相应的法律责任；二是隐瞒债权的不确定状态。债权债务如果尚存在纠纷或不能达成一致的情况，说明债权的价值尚处于不确定状态，这种情况下债权也不能转为股权。

（三）债转股中债权人转股真实意思的形成与风险

很多情况下，债转股中的债权人，并非单一债权人而是复数债权人，而复数债权人转股合意的形成，就有一定的难度和成本。债转股主要是针对银行贷款，债券尤其是公募债券，协调难度大、转股成本高、风险大，推行的可能性小，原因就在于债权人转股真实意思的达成因其债权人数的众多而更加困难。而即使是银行贷款，对大型国企，贷款行往往是多家。如何协调形成合意，存在巨大的不确定性和风险。债转股虽有可能降低银行的不良贷款比率，但也有可能加速银行隐性不良资产的暴露、降低银行的当期利润。部分银行高管在业务模式的选择上，基于任期内安全的考虑，会倾向于保留对企业的债权而不是转股。加之银行缺乏良好的治理模式，难免让人担忧它会成为道德风险的高发区。

（四）债转股中的利益平衡与风险

债转股中除了原债权人、债务人之间的利益关系，还牵涉到债权人与债务人的老股东、债权人与债务人的其他债权人之间的利益平衡等。如债权人选择债权转股权时与老股东的优先购买权如何协调就是个问题。而当债权人同时是公司股东时，债权人的转股行为是否构成公司对股东债权的提前清偿从而触发债权转股权是否有效也是个问题。这里面的风险，在于债转股启动操作后，是否公告老股东和其他债权人等利益相关人，确保他们的利益不因债转股而受到损害。

（五）债转股中的投资人角色与风险

债转股由于是从债权转为股权，其投资人的角色定位与适格要求也会相应发生变化。由于债权与股权在资产属性上的差异，它们的投资者在专业能力、风险偏好及投资关注点和利益追求等方面也表现出较大的不同。一般而言，债权资产投资人的风险偏好低于股权投资人。商业银行的资产配置以贷款、固定收益类证券等债权资产为主，正是基于其稳健需求。我国现行《商业银行法》严格禁止商业银行直接投资于非银行类企业股权或直接持有一般企业股票，根本上也是为了保证银行的风险偏好与其风险承受能力相适应，从而确保银行存款人的利益和金融体系的安全。此外，债权投资人的关注点主要在于债务人的还款意愿和还款能力，因此银行在贷前审查与贷后监管中，更多关注借款人的信用记录和还款来源，如抵押、质押、外部担保等增信措施。而股权投资人则更为关注投资对象的未来发展、经营前景、盈利能力、收益实现等。这就要求在债转股的操作中，对内当银行因债转股转身而为股权投资人时，应在风险识别指标体系和风险管理模式规范上，及时从债权投资模式切换到股权投资模式，防止因投资人角色切换不当而引发风险；对外应当注意在信息披露规则的建立上，针对不同投资者的投资逻辑和需求，切忌以针对债权投资人的方式简单应对股权投资人。

三、债转股的规则缺乏与失信风险

债转股中的风险，除了源于模式选择下复杂法律关系、利益关系之内生因素，还源于规则缺乏的外部因素。上一轮债转股中，首先是 2003 年《最高人民法院关于审理与企业改制相关的民事纠纷案件若干问题的规定》认可了债转股的法律效力；其次是 2005 年《公司法》修订，解决了债转股面临的债权出资的合法性问题；再则是 2011 年国家工商局制定颁布的《公司债权转股权登记管理办法》，结束了办理债转股工商登记时无法可依的局面。上述三部曲初步形成了债转股的法律体系。但目前我国再次开展债转股，走市场化、法治化的道路①，必然绕不过债转股中有关担保效力问题、虚假增资的风险问题、债转股后股权退出问题及涉诉问题甚至破产问题等，这些均需秉着诚信原则作出具体规定。但直至 2016 年 4 月 14 日，中国人民银行行长周小川在美国华盛顿出席经合组织新闻发布会时尚表示，债转股内容细节还在讨论②。目前而言，债转股的实施具备合法性基础，但尚缺乏法律的全面支持，并因此

① 2016 年 8 月 12 日，银监会就《关于钢铁煤炭行业化解过剩产能金融债权债务处置的若干意见》向相关机构征求意见，明确支持金融资产管理公司、地方资产管理公司，按照市场化、法治化的原则开展债转股。

② 郭晓萍：《周小川：债转股内容细节还在讨论》：http：//www.cnstock.com/v_news/sns_bwkx/201604/3765338.htm，最后访问日期：2016 年 8 月 1 日。

而存在巨大操作失信风险。

（一）债转股的实施对象选择与标准缺失

债转股的实施，首先面临对象问题。新《公司法》第二十七条规定："股东可以用货币出资，也可以用实物、知识产权、土地使用权等可以用货币估价并可以依法转让的非货币财产作价出资。"国家工商行政管理总局令第64号《公司注册资本登记管理规定》（2014年）第七条规定："债权人可以将其依法享有的对在中国境内设立的公司的债权，转为公司股权。"由此可见，现行法并未限制债转股的实施对象。然当下现实并不允许广泛开展债转股。当困境企业申请实施债转股、债权人亦同意之际，是否意味着构成一个自主商业交易行为，相关国资主管部门无权否决？目前债转股试点强调选择合适对象，问题是由谁来选？选择的标准是什么？政府能否介入市场化的商业行为？对此均需作出明确规范。否则，伴随对象选择的暗箱操作而来的必然是巨大风险。

（二）债转股的银行持股与商业银行法限制

由于现行《商业银行法》禁止商业银行直接从事股权投资，《商业银行资本管理办法（试行）》也对被动持股设置了惩罚性风险权重，因此当前试点债转股存在一定法律障碍。对此，社科院世经政所国际投资室主任张明认为，可以通过银行旗下的股权投资机构代为持股的方式合理规避。比如商业银行可以先在境外设立下属直接投资机构，再由该机构在国内设立股权投资管理公司①。但此举非商业银行直接持股。

目前，我国商业银行持有企业股权尚缺乏明确的法律支持和规范。根据《商业银行法》第四十三条的规定，商业银行在我国境内不得向非自用不动产投资或者向非银行金融机构和企业投资，但国家另有规定的除外。债转股若以银行直接取得企业股权并持股的方式开展，则属于银行对企业的投资行为，受限于《商业银行法》的规定，除非依照但书条款国家另行规定，即通过国家规定其他法律规范来调整。因此，需要制定适用于当前情况的法律规范，奠定商业银行参与债转股的合法性基础，否则银行直接参与债转股只能通过个案审批方式进行，不仅难以复制推广，而且由于缺乏明确法律规定和统一实施细则，容易产生操作失信风险。

---

① 《三位专家谈债转股：债务重组应有序出清》，http：//finance.ifeng.com/a/20160425/14343200_0.shtml，最后访问日期：2016年8月1日。

（三）债转股的股权投资与公司法规范缺乏

债转股的股权投资，将会对公司资本制度构成挑战。虽然2013年新《公司法》改革出资制度后，我国不再是严格的法定资本制，但以难以回收的不良债权作为股权投资，不仅资本确定无从谈起，资本维持与资本不变也变得界限模糊。夸张地说，不良债权转变而来的股权，类似于虚拟股权，缺乏优质资产支撑。它对转债的原债务人而言虚增了股份，其对外的资本信用实际不升反降。如果其不能在约定期限内改善经营状况提升资产质量，那持有由不良债权转变而来的股权的银行或资产管理公司，将面临更大的风险黑洞。因此，债转股如何转、如何对资产进行估值，如何对外准确反映债转股关系企业的资本信用情况等一系列问题，均需要公司法律规范作出调整和应对。以商业银行为例，其债转股取得的股权对自身资本构成有什么影响？其风险如何表示？股权如何实现退出？什么时候可以处置？这些均需要明确的法律来规范。只有界定清晰明了，商业银行才能具备完备的信息进行债转股的成本收益分析，才能对外公示相关的风险指标以利于投资人识别。

（四）债转股的市场退出与资本市场立法不足

如何实现债转股的退出？这需要资本市场立法支持。尤其是非上市公司的债转股或通过基金方式认购的债转股，股权或基金的退出渠道不畅，股权或基金的持有人可能利用规则的缺乏而提前退出或突破限制条件而退出，从而使得原债务人的公司运营遭受不良影响。未来结合“新三板”等资本市场体系的建设和完善，要在政策上给予债转股一定的支持，如可在“新三板”开辟专门的债转股流通板块，以方便债转股的退出。

四、债转股中的信息不对称与失信风险

债转股是由复杂关系、系列行为构成的长交易链，交易链下游的利益关联方处于严重的信息不对称局面。因此，该交易的公平公正达成，除了受上述模式、关系、制度规范的影响，还受制于一项重要因素即信息及信息披露。

（一）债务人的信息披露义务

债转股的风险源头，可以追溯至债的成立之初与存续期间，在此期间各方应坚守商业诚信底线，否则会因缺少商业诚信在转换前就积聚风险。如媒体报道的云峰集团，它于2014—2015年共发行了7期非公开定向债务融资工具(PPN)。2016年1月，其中两期因触发偿债保障条款而提前回售，发生本息实质性违约。随后，云峰集团前实际控制人绿地集团披露半年报数据与云

峰集团自身披露的财务信息存在巨大差异①。这样的企业如果实行债转股，其风险早已存在，对此是否披露，构成对债务人信息披露诚信的拷问。

笔者以为，债务人的诚信底线应划在诚实信息披露上。对债权投资人而言，债的风险源头，起于债成立之初的信息披露不周。而债的风险叠加，来源于债存续之期的信息开示不足。因此，不管是贷款融资还是发债融资，债务人（融资企业）作为融资前锋在资本市场左冲右突之际，它的诚信底线在于必须遵守诚实信息披露规则，真实、准确、及时地披露相关信息。如在债券注册发行制下，发行企业的信息披露是核心，债券发行人在充分利用债务融资工具的同时，应遵循诚信规则统帅下的市场规则，加强与市场的沟通互动，以诚信取得资本市场的信任。

而在债转股过程中，债务人的信息披露更是甚为关键。债转股之后，商业银行所持股权资产能否实现保值增值，是衡量债转股成功与否的主要标准，也决定着企业信用风险能否得到真正化解。这期间，银行能否充分享有和行使作为公司股东应有的各项权利，包括对公司经营状况的知情权、公司重大经营管理决策的表决权等十分重要，而这取决于债务人是否主动诚实地向银行披露相关信息。缺少债务人的信息披露，银行不了解情况，没有相应的话语权，其持股风险便有增无减。而当银行计划实行股权退出之际，更是需要以债务人的信息披露为前提，选择恰当的退出时机，以较低的成本实现股权转让。然而，目前对债转股中债务人的信息披露义务缺乏成熟、可操作的制度规范和指引。尤其是对非上市公司的债务人而言，债转股之后商业银行在充分掌握信息、有效行使股东权利，顺利实现投资退出等方面仍面临较大挑战。

（二）债权人的信息披露义务

债转股中债权人（银行）的信息披露义务，一源于对投资于银行（尤其是上市银行）的股东权益的考虑；二源于对由债权转变而来的股权退出交易之公平的考虑。在商业交易中，因信息不对称而产生的风险几乎是先天性的，它一般通过信息披露制度建设尽可能地加以消弭。在债转股中，除了债务人，银行是最了解不良债权核心信息的，而其他参与方信息不足，道德风险和逆向选择可能阻碍市场交易。强化信息披露和监管方责任有利于债转股的实施。

---

① 杨勤宇：《债券市场信用风险逐步释放　更应坚守诚信底线》，http：//finance.ifeng.com/a/20160629/14538135_0.shtml，最后访问日期：2016 年 8 月 1 日。

五、债转股中的权利滥用与失信风险

当债转股缺乏法律规范的约束时，还极易引发权利滥用，它不仅包括债权人和债务人的权利滥用，甚至还包括政府的权利滥用。超越权利边界的权利滥用，如僵尸企业买通银行高管而启动债转股、银行持股未过禁售期就提前抛售退出、不按规定审批通过无发展前景的企业实施债转股等等，均是失去基本的诚实信用原则约束的行为，它们只会给债转股带来更大的不确定性和风险。

第三节　问题对策：以债转股中诚信规则的建立化解失信风险

综上，债转股的实施，由于潜藏着复杂的风险因素，必须要有以诚信为基石的法律规则体系作支撑。正如梁慧星教授所言：诚信原则是道德准则的法律化。只有通过诚信法律规则的具体化建设，使得诚信成为可遵守、可执行的行为规则，商事经营中的诚实信用商业道德才能得到贯彻，才能对抗商业风险、保护商业安全。诚实信用原则，并非只是单一的口号式的原则，而是作为在日常消费交换和金融交易中都必须遵守的前提、嵌入到消费契约的基本理念中。为了营造安宁的社会生活，权利行使和义务履行都必须遵从信义、诚实①。已故中国商法学研究会会长王保树教授也曾在“上证法治论坛”上指出，我国资本市场发展中存在的问题，往往与一些商事主体不讲诚信、忽视弘扬诚信原则有关。他主张将诚实信用原则贯彻到商事主体制度建设上，要严格信息披露、提高市场透明度，要防止权利滥用；而在此过程中，监管机构也应诚信地行使权力，履行法定职责②。

鉴于目前债转股的法律规则正在紧锣密鼓的建设中③，笔者建议以商业诚信为基石，以诚实信息披露、反欺诈为核心，建立商业性债转股的诚信法律

① 廣峰正子：《信義則再考—わが国の最高裁判例にみる信義則の役割》，《立命館法学》2006年1号(305号).

② 王保树：《资本市场必须践行商法诚信原则》，参见《证券时报》2012年12月12日记者董宇明的报道，http://money.163.com/12/1212/03/8IGA6NCO00253B0H.html#from=relevant，最后访问日期：2016年8月1日。

③ 2016年6月15日，中国社科院学部委员、国家金融与发展实验室理事长李扬表示，债务问题并非某个部门能够解决，需要统一的解决，需要有一个统一的机构、统一的认识、统一的方略，并称国务院有关部门已形成共识，需要形成一个统筹机构来解决债务问题。参见徐燕燕：《债券违约频发央企国企将成信用债最大“雷区”?》，《第一财经日报》2016年8月2日。

规则。具体内容则包含转股目的的善意、转股对价的公平合理公正、转股信息的公开透明、转股约定的信守不欺等多个方面。而当务之急是修订完善债转股有序推进所需的各项法律法规和规则体系。首先要解决商业银行持有企业股权的合法性问题；其次必须构建好债转股的操作规程；第三必须做好债转股的信息披露工作；第四则要完善债转股的监管体系；最后则是安排好股权投资的退出机制。

一、转股目的善意下的适格主体选择

债转股诚信规则的建立，首先体现在商事主体的选择上。债转股的启动如果是从债务人申请债转股开始的，那么如何筛选出符合条件的债转股企业，将是债转股诚信规则的第一块基石。笔者建议：一是明确适格企业标准。政府监管机构应严格债转股企业准入标准，规定债转股企业的审核标准和条件，银行也应在此基础上进一步细化自身审查标准和条件。考虑到债转股的风险，建议目前主要适用于自身经营状况未出现大问题，但资金流动性出了问题的企业。二是明确优先选择标准。考虑到后期股权转让的便利性，银行在实践中可优先考虑将符合条件的上市企业作为债转股试点的对象。三是明确劣后选择标准。基于公募债券债转股的合意形成难度，建议将发行公募债券企业债转股劣后考虑。这种需要，从东北特钢、鞍钢集团等企业在债券持有人压力下承诺不对债券债转股即可看出。四是明确“僵尸企业”除外标准。债权人若选择“僵尸企业”债转股，因债务人已无法从企业经营中获利，只会面临股权资产的进一步损失。五是明列禁止对象。对有失信记录的企业，应严禁列入债转股的对象。

当前我国经济仍然面临较大的下行压力，债转股的未来市场风险不可小觑，因此，债转股的成与败，对象企业的甄选十分关键。国内外债转股的经验与教训均表明：只有对那些有优质项目支撑、市场潜力可观，仅仅是由于负债率过高而陷入困境的企业实施债转股，才能给各方带来较高收益。债转股不仅仅是处置不良资产，还是投贷联动的重要组成部分，只要不良贷款债务人具备良好的逆周期股权投资标的，通过适当的产业整合，未来就可实现股权的价值重估①。

二、转股模式市场化下的操作主体选择

债转股的实施遵循法治先行的原则，走“市场化＋阳光化＋诚信化”的道

---

① 《三位专家谈债转股：债务重组应有序出清》，http：//finance.ifeng.com/a/20160425/14343200_0.shtml。

路。其中，在资产管理公司介入的模式下，应充分保障资产管理公司的债权转股权的主体地位，促进 AMC 向商业化转型，防止其职能虚化。一是保障 AMC 的独立选择权。建议在商业性债转股中，落实 AMC 的独立评审和选择，由其从债转股申请企业名单中独立甄选债转股对象，而不是只做计划报政府相关部门备选。二是赋予 AMC 独立经营权。由 AMC 与债转股的债务人谈判商定转股对价条件、股权实现条件以及股权退出机制等，债务人企业经营不善之际，亦由 AMC 决定是否采取破产、重整等方式处置，为资产管理公司独立经营创造良好的条件。三是促成 AMC 的独立担责。由于将来的不确定性，债转股暗含风险，AMC 如果操作失败，面临风险承担问题。建议切断政府对 AMC 的国家信用担保和最后兜底制度，由 AMC 自身承担股权投资失败的风险。

三、转股模式市场化下的公平规则建立

有评论指出，我国上一轮债转股是由财政成本承担了化解不良的最终成本，实质也是全民买单；而当前经济形势下以国家信用、财政兜底不再可取，因此，本轮债转股应是借此提升企业治理水平、规范交易双方权责的市场化改革。[①] 而诚信规则具体化到债转股的行为领域，则要求市场化下的债转股必须公平公正、互惠互利。债转股作为一种资本经营活动，必须遵守我国《公司法》第五条诚实守信、承担社会责任的规定和《证券法》第四条“三公”原则、第五条诚实信用原则和第六条禁止行为的规定。

对债转股，其最大的风险莫过于沦为简单的账面腾挪和风险后移甚至扩大。为避免此种现象的发生，必须完善规则体系，建立一套从债转股的对象选择，到资产约定、比例确定，再到股权退出的完整机制。该机制下，债转股操盘者不仅可以在资产约定及具体条款等方面按市场化原则拥有自主权，而且在后期的股权退出变现时，还必须遵循市场化的定价机制，找到合适的接盘人。因此，将诚信规则落实到市场化债转股的制度设计和执行细节，必须回应债转股是“为谁买单、谁来买单、如何退出”三大难点，让债转股真正公平公正、互惠互利。

具体到立法选择上，笔者建议根据商业性债转股的实际操作流程，建立公平转股规则，尤其不能忽略操作细则。

（一）明确商业性债转股的适用范围

《公司注册资本登记管理规定》第七条规定了债转股适用的债权形式，明

① 马梅若：《债转股要“双赢”必须落实市场化》，《金融时报》2016 年 4 月 7 日。

确转为公司股权的债权应当符合下列情形之一：一是债权人已经履行债权所对应的合同义务，且不违反法律、行政法规、国务院决定或者公司章程的禁止性规定；二是经人民法院生效裁判或者仲裁机构裁决确认；三是公司破产重整或者和解期间，列入经人民法院批准的重整计划或者裁定认可的和解协议。建议以此为参考，框定商业性债转股的适用范围，总体宜宽不宜窄，以利于债转股的操作主体从中自主选择适格主体。

（二）确立债转股合意的形成机制

债转股属于公司经营的重大方案，根据《公司法》规定，方案的制定必须符合公司章程，并经债务企业股东（大）会代表三分之二以上表决权的股东表决通过。而对是否同意债转股的债权银行，一是其内部必须根据《公司法》规定形成有效决议，二是复数债权人的情况下，必须建立债权人会议机制，促成有效合意的形成。

（三）明确债转股的上级报批程序

市场化债转股的实施是否还必须经政府主管部门批准必须予以明确。原《公司债权转股权登记管理办法》第五条规定："法律、行政法规或者国务院决定规定债权转股权须经批准的，应当依法经过批准。"考虑到国企债权的特殊性，其申请实施债转股须经政府主管部门批准仍可保留，但批准之后，应该只是取得了实施债转股的初步资格，至于其是否适格，仍必须由债转股的市场化操盘者进行选别。

（四）明确债务企业的资产、债务评估及债权转股权的作价出资规定

《公司注册资本登记管理规定》第七条规定"债权转为公司股权的，公司应当增加注册资本。"虽然新《公司法》改革后资本制度有所缓和，但公司资产的真实对外反映在资产关联的交易中依然不可或缺。因此，建议参考原《公司债权转股权登记管理办法》第六、八、十条，保留债权作价出资须经评估并报股东大会确认的规定。

（五）债权人、债务企业、债务企业股东三方达成债转股意向，签订债转股协议

市场化的债转股是一个商业交易行为，而依据转股模式的不同，参与到交易中的交易主体亦不同。在银行模式下，债转股的市场化转换，实则是企

业与银行之间的商事交易，这一交易结构的设计和交易规则的建立，有赖于交易模式确定之后的合约构建。由于债转股潜在的风险，应当允许银行遵从市场规律，与借款企业通过平等谈判、自主协商的方式确定交易条件和交易价格。其中，债转股比例的确定关系到债权人、债务企业、债务企业股东三方的切身利益，是债转股操作中的关键环节，必须允许利益相关方深入了解研究实际情况后充分协商确定，力争实现最大经济效益。政府监管部门可以在交易规则的制定、交易意愿的撮合以及信息服务等方面发挥作用，而不应介入交易的具体过程。

四、转股模式规范下的协商信息公开

债转股中交易各方协商信息公开的诚信规则底线在于对外表意真实。公开的范围，受交易模式的影响不一而论，但应当向披露的对象真实披露，这是债转股诚信交易的关键。

（一）建立强制信息披露制度

基于债转股利益关联方利益的考虑，必须建立债转股的强制信息披露规则，严格信息披露，提高市场透明度。要以信息披露为中心强化信息披露的真实、准确、充分和完整性，强化诚信约束，提高市场的透明度，使债转股的投资人在市场中得到真实的公开信息，处于公平环境，获得公正对待。如对同意债务人实施债转股的上市银行，应根据债转股的法律和风险性质，重新设计规定其所持有的由债权转为股权之资产的风险权重指标体系并及时发布，以利于上市银行投资人全面了解银行资产质量。而对 AMC 介入的债转股，一旦涉及其将债转股而来的股权通过二级市场转让，则必须对原债务人的相关信息进行真实披露，防止通过发行理财产品等方式转嫁风险。

（二）倡导自愿信息披露

企业诚信文化是一种隐性契约，它在内部控制执行中具有独特价值，即内部控制执行力①。诚信规则的建立，亦要求企业以诚信为基本的商业文化，在债转股商事交易中，尽量自愿披露相关信息，弥补交易对方的信息劣势，促成交易公平的达成。

（三）完善企业信用体系，建立公告制度

投资人对债转股相关信息的可查询、可利用，有赖于商事登记制度的进

① 林钟高：《诚信文化——基于契约视角的分析》，《会计之友》2010 年第 5 期。

一步改革。有专家提出对商事主体的信用管理是改革的重要基础，建议打造对内信息共享、结果互认，对外信息检索、统一发布的信用公示平台，保障商事登记改革顺利推进①。对此笔者深表赞同，并建议将债转股信息纳入平台。只有完善企业信用体系，建立公告制度，才能降低信息获得成本，促进商事交易安全。

五、转股达成公正下的正当权益维护和权利滥用禁止

（一）正当权益的维护

债转股的实施应遵循维护股东正当权益的原则。债转股中，债权人转为股东后，其权利的实现即股东权的实现。由于普通股股东权利实现难，央行金研所所长姚余栋等专家提出，债转优先股而非普通股乃三全之策②。但优先股不能参与企业的经营决策，对改善企业治理无益，为此，必须从制度上保障在债转股后，股权人能够依据其所持股权，在企业经营管理中发挥与其所承担的风险相对应的作用，享有企业经营收益分配权和资产处置权。唯有如此，才能有效控制债转股的风险，确保股权价值的保值增值。

（二）权利滥用的禁止

禁止权利滥用是诚实信用原则衍生的原则，股权的行使基于诚信，否则将导致权利滥用。无论股权多或少，企图在资本市场上为所欲为，不顾其他人利益的行为，是不被法律允许的。在债转股中，如果商业银行将对企业的债权转换为优先股投资(优先股风险小于普通股)，就不能参与企业经营。此外，银行为求股权顺利推出，有在债转股协议中加入回售条款的，即鼓励企业在经营状况好转后，及时回购银行所持股权；还有在债转股协议中，通过附加对企业经营管理行为的约束性条款，如限制企业管理层薪酬增长、企业的非主营业务投资支出，强制分红政策等，提升企业回购股份的积极性③。事实上，类似条款的设计，明确了双方的权力义务，有利于禁止权利滥用。

（三）政府干预的限制

债转股的实施中，政府的职能定位十分重要。市场化的债转股，政府不宜直接介入，其工作重心应在尽快制定和完善相关法律规则，建立起银行、资

① 屈凌燕、关桂峰、沈汝发、方问禹：《“诚信”难题拷问商事改革》，《经济参考报》2015 年 5 月 4 日。

② 商灏：《债转股，巨大的魔法大冒险？》，《华夏时报》2016 年 4 月 23 日。

③ 樊志刚、金昱：《实施债转股的原则与条件》，《中国金融》2016 年第 8 期。

产管理公司、政府的内在协调与约束机制上，避免因职责不明而产生的道德风险。中央政府要在债转股的模式选定和政策把关上下功夫，确保银行或AMC独立评审、独立运行、独立担责。地方政府则要为债转股的实施创造良好的外部环境和条件。政府监管部门应围绕信息披露、反欺诈尽职履责、加强违规惩戒、规范市场运行、守住风险底线。

第四节　问题善后：以债转股中诚信规则的适用惩戒失信行为

用法律手段加大惩罚失信行为的力度、保护诚信行为，引导市场主体合法、诚信经营，是商事审判改革中维护社会诚信的重要目标①。观察当下市场案例，债转股中已有纠纷发生，而有纠纷，就有法律规则的适用，债转股作为一项商事交易，其诚信与安全，需要独立的商事审判来维护。

(1) 对债转股中的交易当事人的监管。债转股的交易主体之间一旦发生纠纷，法官就应依债转股诚信规则加以解释，补充债转股相关规定的不完善，降低交易费用、保证交易安全、促使交易确定。诚信规则要求债转股的当事人在向对方陈述、披露相关情况时必须真实、准确、完整、及时，杜绝虚假陈述和恶意欺诈，违者应按《公司法》《证券法》相关规定追究包括民事赔偿责任在内的严格责任。

(2) 对债转股中的中介方的监管。中介机构尽职履责是其诚信行为的外在表现。包括承销商、会计师事务所、律师事务所、评级机构等在内的中介机构，在债转股的实施中发挥着不可或缺的专业作用，其应恪守独立、客观、公正之原则，尽职履责，违者可适用诚信规则追究责任。

(3) 建立商事诚信自律制度，强化专业人员的职业责任，建立失信惩戒机制，增强商事主体的社会责任和诚信责任，将《公司法》第5条的规定落到实处。

结　语

债转股是资本市场的证券行为，债权一旦转换成股权并谋求在二级市场

---

① 马雪梅：《通过审理引导守规矩讲诚信》，《无锡日报》2015年9月28日。

流通，其后续接盘人对转债债务人信息的了解有赖于前者的诚信披露，因此，债转股的市场化、法治化，要求债转股中建立起诚信规则，以规则的建立来构筑诚信基础，约束参与到债转股中的企业、银行、资产管理公司和政府等多方法律主体，防止债转股的风险由国家兜底、百姓买单。诚实信用的反面是权利滥用，债转股的股权人一旦在证券市场欺诈投资人，同样必须适用诚信规则追究其法律责任。

第八章

困境博弈：我国公司债券市场的创新发展与制度改良

【核心提示】我国公司债券市场发展到今天，已经达到了相当的规模和效应。但是，也积累了很多的问题和风险，陷入了不进则退、进则有险的困境。我国公司债券市场的困境博弈，既包含了短期融资券、中期票据、一年以上公司债券等不同公司债券品种之间的博弈，亦包含了公司债券在银行间市场、交易所市场等不同市场之间的博弈，还包含了公司债券的不同监管部门之间的博弈。竞争性的良性博弈，应当围绕着推动公司债券市场创新发展的核心思路，通过以《公司法》《证券法》的联合修改为中心的制度改良，实行公司债券在不同市场间的交融发展。

引　言

我国债券市场近几年获得快速发展，形成了以场外市场为主、场内市场为辅，相互补充、分层有序的债券市场格局，债券发行规模达到了世界前几位的水平①，但它远非现代化、国际化的债券市场。虽然在发改委、证监会等部门以不同标准对市场进行严格监管之下，市场发生异变的总体风险概率不可谓高，但从2013年债市打黑风暴和债券违约个案中，不难看出局部累积的风险正在扩大并已成为经济稳定发展的隐患。因此，从中国经济长远健康发展角度看，作为债券市场风险集中点的公司信用债券今后如何创新发展、如何

① 2002—2012年，我国债券市场余额从2.8万亿元增加至26.2万亿元，世界排名（根据BIS统计）从2004年的第11位提升至2012年3月末的第4位。2004—2012年，公司信用类债券得到跨越式发展，余额从0.1万亿元增加到7万亿元，世界排名从2004年的第21位上升至2012年3月末的第3位。参见谢多："中国债券市场改革与发展"，《中国金融》2013年第7期。

通过规范化的制度建设为其发展保驾护航，吸引更多的投资者参与到这个市场，更好地发挥公司债券的融资功能促进经济发展，实为需要关注和解决的一大迫切问题。

第一节 我国公司债券市场面临的现实困境

2007年证监会颁布实施《公司债券发行试点办法》，标志着我国公司债券发行工作的正式启动和市场建设的初步起架。但企业债券的发行，在1993年《公司法》和《企业债券管理条例》的规范下即已开始，只是由于以往发行的企业债券多以政府信用为支持，不能算作真正意义上的公司信用债券。虽然说，这种状况有其历史渊源和沿革，但与建立多层次完善的资本市场目标体系相比存在不合。故2007年严格意义的公司债券市场的启动，受到了市场各方的广泛关注。《中国经济周刊》评论员文章指出：大力发展公司债市场，可引导闲置资金配置到各种所有制形式、符合中国比较优势所在的企业中去；可开启企业市场化融资新渠道，降低政府信用过度使用的风险；可迅速做大金融市场规模，将投机性资本有效分散到实际经济建设中去①。但是，经过这么多年的发展，存在公司债券市场分割、流通性差、透明度低、风险过度集中于银行等金融机构，中小型公司难以通过发债融资，投资者结构不合理等一系列问题，我国公司债券市场面临着发展与监管的困境：发展，则会进一步地累积风险；监管，则可能限制发展。如何在发展和监管中寻找平衡点，以良好的制度建设来保障我国公司债券市场的创新发展，成为我国资本市场发展建设中亟待解决的一个重要问题。

一、我国公司债券市场的地位问题

（一）从经济结构观公司债券市场地位

笔者以为，公司债券市场的地位，应当放到我国整个经济结构中去观察。2007年启动公司债及十八届三中全会《关于全面深化改革若干重大问题的决定》提出的“发展并规范债券市场，提高直接融资比重”，均是从服务于我国经济发展的整体资本市场建设角度出发，将债券市场规范化发展纳入到了中央顶层决策。具体就是通过公司债券的直接融资，服务于经济，并推动经济的发展。目前公司债券市场创新发展的重点，不在于博出谁胜谁负，而在于提

---

① 《中国经济周刊》评论员：《为何现在正式启动公司债市场》，《中国经济周刊》2007年第32期。

高这个市场的整体融资水平，通过真正服务于实体经济的发展之职能发挥，提高自身的市场地位。

（二）从市场结构看公司债券市场地位

1. 分割的市场结构

有专家指出，我国公司债券市场存在地位低、市场分割、效率低这三大问题，而这三方面又相互联系。其中最根本的缺陷是公司债券市场不统一，它是导致公司债券市场效率低、地位低的主要原因。而我国债券市场不统一主要是由于我国证券法律、法规把公司债券市场的监管权授予不同的监管机构，加之传统制度惯性的影响，从而形成了我国公司债券监管法律制度不统一、监管方式非市场化的局面①。

客观来看，我国非金融公司制企业发行的债券，有“企业债”“公司债”“短期融资券”“中期票据”等几种，交易的市场有场内交易所和场外银行间市场两个，其监管机构分别是发改委、证监会和银行间市场交易商协会，确实是一个分割的市场结构。但它是否必然导致效率低下，笔者认为值得进一步商榷。上述公司债券市场格局的形成，有其历史原因，而在不统一的市场中形成多头监管，也有其制度惯性。今后要想进一步提高公司债券市场的地位，焦点不应当放在统一市场上面，而应当尊重路径依赖和制度惯性，通过不同市场之间的良性竞争，让市场自身去做优胜劣汰的选择。

2. 失衡的市场结构

过去，市场结构的失衡主要表现在股市与债市之间的不平衡；现在，市场结构的失衡突出表现在国企债务融资与民企债务融资的不平衡。按现代资本结构理论，企业内部融资的成本最低，债务融资的成本次之，股权融资的成本最高。这在西方金融发达国家的公司融资结构上也得到反映，即内源性融资比例最大，其次是债务融资，再次是股权融资。故最近二三十年来发达资本市场中债券融资日益取代股票筹资成为融资的主渠道。但我国企业融资长期明显偏好股权，首选股权融资，其次才是债务融资，前几年股市不景气IPO暂停后才转向债务融资。但目前，公司债券的发行主体仍以政府背景的企业为主，民营企业很难发行公司债券。据外媒报道，2012年国企的债券发行增加了60%，占到公司债券全部的92%。② 民营企业的融资难由此可见一

---

① 刘水林、部峰：《完善我国公司债券监管制度的法律构想》，《上海财经大学学报（哲学社会科学版）》2013年第3期。

② 《時事ドットコム：リスク高まる中国の債券市場（2013）》，http：//jp.wsj.com/articles/SB10001424127887324593704579016130844439294。

斑。今后看公司债券市场地位是否提高，还要看它能否为民营企业服务，促进公有经济与民营经济之间的竞争。

（三）从投资者结构看公司债券市场地位

观察我国公司债券市场的投资者结构，机构投资者、个人投资者和外国投资者占少数，尤其是在公司债券市场以场外交易为主的市场结构下，在交易所场内的公司债券个人投资者，所投资的公司债券占据的市场份额很小。在银行间债券市场中，随着非法人机构银行间市场业务的快速发展以及保险公司等机构投资范围的逐步放宽，非商业银行类机构投资者的债券持有比例正在逐步上升，尤其是在信用债券方面，商业银行逐步退出主导地位，债券风险在银行体系内循环的格局有所变化，银行间市场投资者群体多元化趋势进一步深化。但细观其内在结构，银行理财、资产管理计划等非法人机构投资者数量快速增长，截至 2012 年底，非法人机构投资者数量达 3 991 家，占全部投资者的 32%①。这反映了我国以银行为媒介的间接融资格局并未发生根本性的改变，离“金融脱媒”尚有距离。故而，公司债券市场地位的提高，还有待于其吸引更多的投资者通过直接融资的方式，将闲散资金通过公司债券融资渠道输送到实体经济领域，推动经济的发展。

二、我国公司债券市场发展的具体问题

（一）公司债券的发行，是否应当形成一个分层次的市场结构？

发行市场的结构问题，主要表现在市场分层方面。同样一个公司债券市场，面对不同需求的公司债券的投资方，是否有足够的、能够满足不同投资者多样化需求结构的多品种的公司债券供应。目前，我国公司债券有企业债、公司债、短融、中票等品种，但其风险等级、期限长短、投资难易程度等各方面如何指标化，如何与适格的投资者匹配，需要相关方面借鉴国外成熟债市的经验、结合我国实际，进行摸索实践，逐步在现有产品结构的基础上，建立一个产品分层、市场分层、投资者分层的多元公司债券发行市场结构。

（二）公司债券的发行人，是否应当进一步扩大？

1999 年《公司法》第一百五十九条将公司债券的发行主体限定为股份有限公司、国有独资公司和两个以上的国有企业或者其他两个以上的国有投资

---

① 钟帅：《债市投资者结构与流动性问题研究》，http：//bond.hexun.com/2013 - 06 - 08/155004655_1.html。

主体投资设立的有限责任公司。2005年《公司法》删除了上述限制性规定，表明发行公司债券是公司的融资行为，按照公司法设立的公司符合证券法规定的条件时可以发行公司债券。2005年《公司法》已将公司债券的发行人扩大至公司，在此基础上个人认为不应当进一步扩大到非公司制企业，因为：公司债券发行的产权基础包括所有权与经营权分离、产权明晰、有限责任制度三个方面，公司制企业外的其他企业，包括个人独资企业、合伙企业等，无法同时满足上述三个条件，则不具备发行公司债券的产权基础。然而，即使在公司制企业类别中，受现行发行条件（参见《证券法》第十六条）所限，能够发行公司债券融资的企业，仍然是少数规模较大的公司，而生产经营规模小、资金实力并不雄厚的一般公司，很难通过发行公司债券融到资，这限制了公司债券融资对公司发展的促进作用的发挥。

（三）公司债券市场对个人投资者，是否应当进一步开放或者限制？

我国债券市场发展初期，就曾面临一个现实问题：个人投资者应当在多大程度上、以什么方式参与债券市场？早期的结论是要让个人投资者全面、直接参与债券市场，故我国债券市场发展的起点和重点曾放在交易所市场。但随着银行间债券市场的发展，选择了一条以机构投资者为主的发展路径，而这一路径选择，也保证了银行间市场持续、稳健的发展①。

在交易所场内市场，我国做法是引入了个人投资者进入公司债券市场，其参与公司债券投资的主渠道分为直接投资和间接投资两条。直接投资一是参与公司债券的一级市场申购，二是参与公司债券的二级市场投资；间接投资就是投资者买入银行、券商、基金等机构的相关理财产品，然后通过这些机构参与公司债券的网下申购。

可见，为满足个人投资者的投资需求，法律允许个人投资者投资公司债券，但对公司债券的投资者，是否应进一步扩大个人投资者，抑或限制个人投资者，市场存在争议。反对扩大者认为，个人投资者的存在，导致政府对公司债券市场进行严格监管，结果反而阻碍公司债券市场的发展。因为公司债券作为一种固定收益债券，风险低于股票，但公司债券的交易成本较高，对公司债券的定价需要丰富的专业知识以及大量的信息收集处理工作；而个人投资者不但资金规模较小，而且缺乏相应的专业知识，风险分析能力较差，风险承担能力较弱，为避免公司债券违约导致的社会不稳定情况，管理部门对公司债券的发行，从发行主体、发行规模、募集资金用途等多方面进行严格管制，

① 白伟群：《制度创新与银行间债券市场的流动性》，《金融市场研究》2012年第3期。

从而限制了公司债券的市场化发展。因此，应当对个人投资者进行限制，只允许合格的个人投资者投资公司债券，以推动公司债券的市场化。

我国目前政策取向似乎是以此论为基础。上交所就《关于对公司债券实施风险警示相关事项的通知》及《关于修改〈上海证券交易所债券市场投资者适当性管理暂行办法〉第六条的通知》答记者问中提到，两个通知的出台背景是，"近年来，上交所公司债券市场规模逐步扩大，债券挂牌只数及存量累创新高，而公司债券的信用风险日益受到市场及监管层重视……为维护债券市场正常秩序，防范公司债券信用风险向风险承受能力较弱的中小投资者扩散"①。

在美国，长期以来，公司债市场也是专属于大型银行、券商和基金的，但随着债券价格及种类的讯息获取变得容易，这个市场正在向个人投资者开放。交易者和 NASD 声称，个人投资者对公司债的兴趣，决定了这个市场必须改进。目前，NASD(National Association of Securities Dealers，全国证券交易商协会)的网站上，公司债的报价资料显著增多，公司债市场透明度提高②。

笔者认为，美国的这种变化代表着将来的发展趋势。随着信息传播技术等的飞速发展，方便个人投资者获得债券信息的系统建设，将会得到突破。因此，是否向个人投资者开放这个市场，关键的阻碍不在技术，而在认识、理念及相关制度建设。

有观点指出：金融体系的转轨设计需要充分考虑当时、当地的制度背景和约束条件，债券市场投资者结构的形成，亦会受到当时、当地制度背景和金融资源分布的影响和制约③。这毫无疑问。美国债券市场投资人结构较为分散，德、日债券市场最主要的投资人是银行，我国债市中最大的持债主体为商业银行，这均决定于各国制度背景和约束条件，有其必然性。但投资者结构的单一，容易导致债市风险过于集中。这一弊端，必须通过后天人为的制度建设将其扭转和改善。否则，这一市场由金融机构自己玩自己的，信息不公开，风险不分散，便容易滋生腐败和黑幕。事实上，2013 年的债市打黑，就是这一弊端的集中体现和爆发。

笔者坚持认为，发展公司债券市场的目的之一，是要减轻公司向银行的贷款融资压力，降低银行的坏账风险。而公司债券大部分由金融机构(尤其

---

① 王璐：《上交所力促公司债市场规范发展》，《上海证券报》2014 年 6 月 18 日。

② Rachel Koning：《公司债：向个人投资者开放》，新浪财经 2004 年 9 月 23 日，http://finance.sina.com.cn/c/20040923/00571042017.shtml。

③ 张璨、李秋菊、程东旭：《中国债券市场投资人结构》，《金融市场研究》2013 年第 4 期。

是银行）直接或间接地（通过理财产品、资管计划等）承接，又将风险绕回到了金融系统。这几年我国债市投资者机构有所改善，商业银行持有比例开始下降，保险公司、基金类集合投资人和境外机构的持债量显著上升，尤其是公司信用类债券持有人结构较为分散。但仔细分析其内在结构不难发现，主因在于大量的理财产品、资管计划投向债券，真正由个人直接投向公司债券的，主要还只是交易所场内的上市公司债，其所占市场份额还十分有限。金融机构作为公司债券市场上发行债券的最主要受让方，把风险又承接回笼到了金融系统之内。因此，投资者结构的多样化、分层化是必须的，公司债券市场应当向个人投资者进一步开放。

（四）公司债券的交易市场，是否应以场外交易为主、场内交易为辅？

有观点认为，我国当前不具备公司债大规模进入交易所的条件，公司债发展的主阵地不能依赖于交易所，而更应依托银行间债券市场。而且受交易机制的内在制约，交易所债券交易是指令驱动方式，而公司债券以机构投资者为主和交易大宗性的特点决定了交易适合以报价驱动的交易方式①。因为公司债券产品结构差异明显，交易需求多样，难以像股票那样形成标准化产品，也难以按照价格优先、时间优先的原则进行挂牌交易，再加上公司债券交易的大宗性，因而公司债券交易主要在场外采取询价方式进行。

我国公司债券的交易所场内交易发展相对滞后也是客观事实，且现行公司债券监管规则体系存在一定不足，这既有理念层面重股轻债和行政管制的原因，也有制度层面顶层设计不足的原因，同时还涉及对投资者定位偏差的问题，一定程度上制约了市场的发展②。但是，如果坚持以场外交易为主发展公司债券，由于场外的银行间市场主要由银行等金融机构参与，个人投资者被排除在外，个人直接投资公司债券的渠道就依然十分狭窄，从而无法进一步打开公司债券发展的创新之路。而在未来 IPO 实行注册制之后，在交易所发行债券也可以像在银行间市场那样尝试实行注册制，取消对发债企业的审批限制，实现公司债券有场内、场外两个市场的竞争格局，或将有效促进公司债券市场的发展。

（五）债券违约的法律责任如何追究？

2014 年 3 月爆发的“11 超日债”违约事件，引发了超日债券持有人对超日

---

① 金鹏辉：《公司债券市场发展与社会融资成本》，《金融研究》2010 年第 3 期。

② 中信证券股份有限公司法律部：《交易所公司债券市场发展与〈证券法〉修改——以公司债发行法律制度为重点》，《证券法院》第五卷，2011 年。

公司的诉讼，有债券持有人认为，超日公司发行公司债涉嫌欺诈：《深圳证券交易所公司债券上市规则》规定，发行人发行债券应满足最近3个会计年度其实现的年均可分配利润不少于债券一年利息的1.5倍之条件，而在超日债上市之前，超日公司已承认出现经营变故，业绩由盈转亏，因而不应在2011年报公布前匆忙将“11超日债”推出上市；此外，超日的2011年三季报显示，营业总收入同比增长50.46%，这个数据与超日所在行业的其他上市企业存在巨大差异，存在为配合债券发行而实行的财务欺诈可能①。这一事件表明，对公司债券的发行人、保荐人，存在责任追究的问题，虽然到目前为止公募债券爆发违约的事件还十分稀少，但随着公司信用债券市场的扩大，未来此类事件只会增加不会减少。如果制度设计不能未雨绸缪、不能考虑到公司债券违约后责任追究机制的建立，那必会对公司债券的创新发展形成掣肘。

（六）公司债券市场的监管体系，应如何改造？

公司债券市场监管的目的，是保护投资者利益，维护市场公正，控制市场风险。但1993年国务院发布的《企业债券管理条例》，把公司债券市场监管权分别授予人民银行、证监会、发改委，形成多头监管格局。我国债市的多头、多环节监管，是否妨碍了前述监管目的的实现，饱受市场争议。有关于此，有洪艳蓉的《公司债券的多头监管、路径依赖与未来发展框架》②等论文探讨，在此不作赘言。对公司债券市场监管的主基调是减少行政管制，减少项目审批、利率审批、承销审批、信用评级审批等多环节审批，逐步走向市场化，这个已有的研究观点大体一致。但对公司债券市场的多头分工监管模式，是否应该实行统一监管，则存在较大争议：有的认为分工监管造成市场分割、降低市场效率③；有的认为分工监管在一定程度上形成了相互竞争的格局、促进了监管效率的提高和服务质量的改善④。

笔者从路径依赖角度，认为我国债市近年的发展有其客观必然性，既然是适合我国国情的、促进了市场发展的，那就值得肯定。但市场走到今天，是否还要沿着老路走下去，一方面取决于监管部门之间的博弈；另一方面则需要市场参与者和监管者共同的理性反思及在此基础之上的定向选择。由此，来决定公司债券市场今后该往哪个方向创新发展。

---

① 张竞怡：《超日债违约背后：涉嫌欺诈上市或面临退市》，《国际金融报》2014年3月18日。
② 洪艳蓉：《公司债券的多头监管、路径依赖与未来发展框架》，《证券市场导报》2010年4月号。
③ 向鸿雁、董雪梅：《中国非金融企业债券市场监管的博弈论分析》，《南方金融》2011年第6期。
④ 徐林：《中国非金融企业债券市场发展》，《金融市场研究》2010年第5期。

第二节　我国公司债券市场创新发展的必要性

我国公司债券市场创新发展的必要性毋庸置疑，从公司债券市场在我国资本市场中的地位和作用及公司债券市场创新发展的有益之处等方面来看，早有专家学者进行了充分论述。如公司信用类债券市场发展至少在三方面有利于金融改革，即实现了信用风险向银行体系以外的转移、增强了银行资产的安全性、为商业银行经营提供了新的利润增长点①。另有理论和实证研究表明，公司债券市场的发展有利于降低社会融资成本，因为公司债券市场的发展对国债基准利率和企业融资成本具有明确的向下牵拉作用，公司债券市场发展有利于降低整个社会的融资成本，因此，我国债券市场发展的重点应放在公司债券，而不是国债和金融债②。

笔者认为，公司债券市场的发展，还有利于减少非正规融资渠道的自我循环体量。我国民间非法集资的大量存在，与个人投资者缺乏投资渠道、企业正规渠道融资难的境况不无关系。从投资者角度看，逐渐富裕起来的老百姓不愿意把钱存在利率较低的银行，这反映出银行利用自身优势地位垄断利差收入的格局已经遭到抵抗。但股市投资风险又大，房市投资已经日暮西山，于是普通民众便把目光转向了操作简单、回报较高的民间借贷，从而给非法集资者以可乘之机。而从融资者角度看，尽管中小企业为我国经济的发展贡献了不小的力量，但它们很难从银行贷款融资，更难以发行债券的方式从市场直接融资，从而不得不以更高的利率向民间融资，增加了中小企业的经营压力。而且，还造成了非正规金融的快速发展，助长了鱼龙混杂之下的非法集资的泛滥。因此，未来可以考虑放宽对公司债券发行人的资格要求，使部分有发展潜力的、信誉良好的中小微企业能够通过发行公司债券的方式来获得资金，解决资金困难问题。如果我们创新公司债券市场的发行机制、交易机制和监管机制，投资人基于对法治市场的信任而在公司债券市场进行投资，则需要融资的企业不论规模大小都能在公司债券市场融到资金，那民间非法集资就会减少，非正规金融的循环体量就会缩减。而总体上，公司债券市场的发展，当然能为我国资本市场的整体发展和建设注入活力。

---

① 张璨、李秋菊、程东旭：《中国债券市场投资人结构》，《金融市场研究》2013 年第 4 期。

② 金鹏辉：《公司债券市场发展与社会融资成本》，《金融研究》2010 年第 3 期。

第三节　我国公司债券市场创新发展的制度供给不足

一、我国公司债券市场制度建设的概况

我国公司债券市场的发展遭遇困境，与市场创新发展所需制度供给严重不足有关。我国公司债券市场的制度建设，主要包括几个节点：一是以企业债为主的阶段：这在 1993 年的《公司法》和《企业债券管理条例》及 1998 年《证券法》中有所体现，但较为粗糙。二是以公司债为亮点的阶段：2004 年《国家发改委关于推进企业债券管理工作的通知》，2005 年《公司法》《证券法》的修订实施，推动了我国债券融资的发展；而 2007 年证监会制定的《公司债券发行试点办法》，则正式开启了交易所内的公司债券市场。三是银行间债券市场的制度建设：2000 年人民银行制定的《全国银行间债券市场债券交易管理办法》，2007 年银行间市场交易商协会制定的《中国银行间市场金融衍生产品交易主协议》，2008 年人民银行制定的《银行间债券市场非金融企业债务融资工具管理办法》，启动了中期票据市场。四是之后则进入了推进公司债券市场发展的制度建设阶段，主要有 2008 年《国家发展和改革委员会关于推进企业债券市场发展、简化发行核准程序有关事项的通知》以及之后的一系列规范。

二、我国公司债券市场制度建设的瓶颈

如上所述，从长远看，我国公司债券市场需要在困境中博弈发展，制度建设必须积极跟进。从公司债券发行和流通的现状来看，目前制度建设的瓶颈主要存在以下几个方面：

（一）公司债券市场准入机制的不完备

目前，公司债券的发行，在场外交易市场银行间市场推行“注册制”，场内交易市场则实行审批制，这带来几个问题：一是制度不一致导致无法开展同质竞争，不利于公司债券市场在竞争中发展；二是银行间市场扩容面临瓶颈：银行间市场交易商协会作为行业自律管理组织，其权力来源在于《银行间债券市场非金融企业债务融资工具管理办法》和交易商协会制定的配套措施，协会根据注册制，只负责审查发行申请人提供的信息和资料在形式上是否完

整、合规，不对企业进行实质判断。由于缺乏行政处罚权，如果公司债券市场进一步扩容，那么债券发行后的跟踪监督工作，将面临困难①；三是配套制度建设，尤其是评级机制和信息披露制度的建设：无论是场内市场还是场外市场，未来发展方向是市场化，故而场内随着 IPO 注册制的推行，公司债券发行的审批制也可能向注册制度转变，但实行市场化的注册制，需要客观公正的债券评级机制和公开透明的信息披露制度，这有赖于证券评级行业的规范发展和信息披露体系的构建，但当前我国评级行业乱象丛生、缺少规范，债券信息的搜集、管理和发布系统混乱，需要银行间市场交易商协会充分发挥自律管理的功能，也需要证监会等监管部门从长计议。首先做好个别制度的逐步构建和修改、完善，其次做好《公司法》《证券法》的联合修改规划，在市场成熟之际及时推出配套制度的供给。

（二）公司债券市场交易制度的不足

证券市场的活力在于证券的流通性，公司债券市场的发展，必须以公司债券良好的流通性来吸引更多的投资者进入。而做市商制度是促进市场流通的重要手段。我国银行间债券市场自引入做市商制度以来，市场功能逐步发挥，有效提高了流动性并促进了市场价格的发现。但交易所内市场则尚未引入做市商制度，未来随着公司债券品种的多样化和交易平台的建立，是否引入做市商制度需要检讨。此外，公司债券能否打破以往大宗交易的特点，设计出适合普通个人投资者投资的交易品种；撮合成交的系统能否针对个人投资者增加的趋向做出改善等非法学的技术性问题，在此不作多论。

（三）公司债券持有人利益保护制度

2014 年 3 月“11 超日债”违约，成为国内首例债券违约事件；虽然重整计划在 10 月 23 日“＊ST 超日”的第二次债权人会议上获得通过，且重整计划若最终获得通过，所有债权人均将获得本息全额受偿②，但此事件向市场敲响了公司债券违约的警钟。更为重要的是，“11 超日债”的债券持有人，通过长达数月的艰难维权之路，向我们检视了我国公司债券持有人利益保护制度的高度缺失。有关于此的详细论述，参见另文③。

---

① 曾泱钦、王海江：《中国公司信用类债券对比分析及展望》，《中国证券期货》2013 年第 3 期。

② 于南：《我国首例企业债违约终获化解》，《证券日报》2014 年 10 月 24 日 C2 版。

③ 李立新：《论公司债券持有人利益的司法救济——以“11 超日债”事件的证券法治观察为视点》，王保树主编：《中国商法年刊 2014》，法律出版社 2014 年版。

第四节 我国公司债券市场创新发展的制度借鉴

——以日本为例

日本的公司债券市场发展及其制度建设，在近几年也颇受关注，这主要也是由于日本传统的以银行直接融资为主的融资模式，已不适应经济和市场发展的需要。随着债券市场及包含其内的公司债券市场的发展，日本的债市监管制度建设日趋完善，建立起了以监管法律体系为基础、以信用评级制度和信息披露制度为重点、以担保清偿机制为保障的完整体系，其核心价值在于通过这些制度的实施，有效控制债市风险、保护债券持有人利益。日本企业债市场监管体系设计体现出从防（降低风险发生的可能性）到控（风险损失发生后的补救）的整体性及连贯性特征，且有较强的可操作性，是日本企业债券市场赖以约束发债企业行为、规范市场运作的宝贵经验①。

这几年，日本《公司法》修改针对公司债券的监管，重点放在公司债券持有人保护制度的改良，关注的焦点是公司债券管理人制度。其基本观点是针对投资者和公司债券发行人的多样化需求建立公司债券管理者制度，以公司债券管理者权利、义务的具体化、责任的明确化和自由裁量权的缩小为方向，具体检讨和修改《公司法》；同时，扩大公司债券托管协议约定公司债券管理者权利义务的范围，以协议双方约定权利义务为基础，配以《公司法》上规定的公司债券管理者的强制性义务和责任，真正落实好公司债券管理者对受托管理的公司债券的管理义务和责任。而在制度的具体构建上，突出注意几个要点：一是公司债券管理者善管、注意义务的明确化，及其法定最低权限、责任的明确；二是公司债券管理者向公司债券持有人披露和报告公司债券相关信息的义务明确；三是公司债券持有人意思的形成和表意规则构建；四是利益相反规制的建立；五是必要时经法院许可，可对公司债券发行人的业务和财务状况进行调查。这些对我国公司债券持有人利益保护制度的构建均具有借鉴意义。

第五节 我国公司债券市场创新发展的制度改良

我国公司债券市场创新发展的制度改良，围绕着公司债券从出生到死亡

① 张自力、林力：《日本企业债券市场的结构特征及监管制度》，《证券市场导报》2013 年第 8 期。

经历的债券发行、转让交易和消灭这一主要过程，应从公司债券的发行制度、交易制度及退出制度三个方面，针对每个节点亟待着力解决的问题有序进行。

一、改善公司债券的市场发行机制

（一）建立公平的公司债券市场准入制度，全面实行公司债券发行注册制

公司债券的市场准入制度，决定着谁可以发行公司债券。今后应实行市场化的公司债券发行方式：首先在《公司法》中确立公司平等的融资权，然后修改《证券法》中的发行条件限制，取消对发行主体的严格审批制，允许不同信用等级的公司在场内、场外不同的市场发行不同品种的公司债券，并通过公开透明的信息披露制度，让投资者自主选择适合其风险—收益喜好的公司债券。

目前银行间市场已实行的注册制使我国公司信用债券的规模大幅增长并运行良好，但在场外市场成功的注册制能否在场内交易所市场中得以复制，关键还在于与其配套的制度建设能否及时跟进。笔者认为，面对普通投资大众参与的交易所债市，注册制的推行必须以信息披露制度和债券欺诈发行的民事责任赔偿机制等为坚实基础，形成“信息公开→自我识别风险→自担责任、信息虚假→混淆风险→承担欺诈责任”的良性机制。这点应该在《证券法》的修改中加以完善。

（二）建立客观公正的公司债券信用评级机制

目前，我国评级机构的权威性、独立性不足，合理的信用评级机制尚未形成，评级机构的诚信责任、专业性和独立性受到质疑①。

基于我国债市多头监管格局，笔者认为评级机制的改良重点在于统一标准。信用评级是公司债券的定价基础，也是公司债券市场发展的基础性制度建设，如果场内、场外两个市场对公司债券实行两套评级标准，投资者难以识别、有效的价格形成机制难以确立、有效的风险—收益曲线难以形成，这对公司债券市场的发展将形成极大的阻碍。而从发达国家经验看，公司债券信用评级制度的建立当围绕以下几个方面：一是评级准入制度，包括评级业务的资质取得、机构准入、人员资格确认等；二是评级质量制度，即保证评级独立、中立的制度，包括质量违规、评级虚假的责任追究制度；三是评级操作制度，

---

① 郑秀君、魏文静：《我国公司债券信用评级现状分析及建议——兼论企业债券和公司债券的分立》，《征信》2011 年第 6 期。

包括评级的标准和方法、评级信息的使用和保护，评级委员会的组成和权责等；四是评级监管制度，包括监管主体、监管职责和权利，监管范围和标准等。《证券法》的修改应加强这一制度建设。

（三）建立充分及时的信息披露制度

投资者投资公司债券，必须考虑风险和收益，其决策时所依据的信息，主要来自公司债券发行人。如何保证披露信息的高质量，是发行信息披露制度建设的关键。现实中发行企业在发行公司债时，除了对公司基本的资产、经营及财务情况进行披露外，对所发行公司债以外的其他债务是否附有财务上的特别约定、一旦破产公司债券持有人与普通债权人的债权优先顺位如何处理等，规定和开示不明，容易造成对投资者的损害。因此《证券法》的修改，应研究公司债券信息披露制度不同于股票之处，明确信息披露的范畴，对债券存续期间的信息披露，规定由公司债券托管人向债券持有人披露债券相关信息，并明确义务违反的责任。

二、改良公司债券的市场交易制度，推进交易市场良性竞争

笔者认为，我国公司债券市场是以场外交易还是场内交易为主，很大程度上取决于这个市场的投资主体定位主要是针对机构还是个人。如果投资主体以机构为主，那公司债券市场应以场外交易为主。但即便是在存在主、辅的情况下，探索在两个市场均能实现交易的机制，并非全无可能。随着电子信息系统的高度发达化，短期融资券等在交易所内实现交易，将社会闲散资金吸引到市场内、进入金融体系内循环，减少体外循环体量，或许能够成为减少民间非法集资及 P2P 等网络金融乱局的一个抓手，值得进一步尝试。

2014 年 10 月 15 日上交所、深交所分别发布《证券公司短期公司债券业务试点办法》，就意味着交易所券商短期公司债试点正式启动。可见，从债市创新发展、拓宽融资渠道、丰富债券品种、满足投资者多元投资需求的角度来看，在交易所内市场实行多品种公司债券上市交易，制约因素或许不在技术，而在发改委、人民银行与证监会、银行间市场与交易所市场之间的博弈。至于投资者是否适宜、适应，关键则看投资者适当性原则的完善。应建立不同层次、结构、水平的投资者分层机制，将不同风险等级、不同结构的公司债券面向分层次的投资者。同时，借鉴美国债市监管的透明性原则，在《证券法》中加强交易中的信息披露制度建设，建立信息发布网络平台，通过技术改善实现公司债权交易信息的及时公开透明。

三、建立公司债券的市场退出机制（债券违约后的救济制度）

建立公司债券持有人利益保护制度，重点包括：建立公司债券托管人制度；建立公司债券持有人会议制度；建立公司债券欺诈发行的民事责任追究制度。

四、建立统一协调的公司债券监管制度

笔者同意多头监管的有效竞争说，即监管部门之间的竞争关系，为市场化监管提供了另一种解决路径①。在笔者看来，差异化的竞争因为互补而得以存在，同质化的竞争因为趋同而逐渐交融。场内、场外两个市场的存在，将推动它们在竞争中探索新的债券品种上市；而当竞争走向同质化，必然会从债市品种的同质，转向要求监管规则的趋同。故多头监管部门的存在，会促使它们为搏出位而积极探索更加有效的监管方式，制定切实可行的监管法规，这终将有利于我国公司债券市场的交融发展和债市监管制度的统一协调。

结　语

笔者认为，我国公司债券市场的创新发展，应该看到多元化的投资者需求结构，在公司债券品种的分层开发和投资者的分层定位上多下功夫，加强信用评级、信息披露等基础性制度的建设。在此基础上，鼓励股权与债权相互结合、转化的债券品种的开发；鼓励有担保、无担保公司信用债券的发行；鼓励公募、私募公司债券的流通交易；鼓励民营经济与公有经济的竞争。同时加强公司债券受托管理人制度的建设，筑好债券违约后的救济机制，以博弈中的竞争促进公司债券市场交融发展的创新格局的形成。而从根本上，则要做好《公司法》《证券法》以加强公司债券发行人、保荐人、托管人等义务和责任为中心的联合修改。

---

① 宋常、韩斯玥、张羽瑶：《中国债券市场的多头监管：低效监管抑或部门竞争》，《上海金融》2013年第2期。

下编　城投债偿付风险的后期处置 >>

第九章

城市建设融资中城投债偿付问题法律研究

【**核心提示**】税制改革使地方政府减少财权,城镇化发展使政府陷入资金困境;面临国际金融危机,国务院出台“4 万亿计划”,在这一契机下,城投债成为地方政府融资的宠儿,其发展势不可挡。然而城投债在其迅速发展的过程中,也暴露出各种问题,隐藏着各种风险,最终直接导致城投债兑付风险突出,以致难以偿付。所以有必要从法律的角度分析城投债偿付风险问题,提出偿付风险防范和化解的法律方法、建议,确保城投债健康发展,为城市建设添砖加瓦,促进社会经济稳定发展。

解决城投债偿付问题,首先需要明确城投债性质归属。城投债应定性为准市政债券,未来城投债应发展成为市政债券。近几年来,城投债的发展带来很多问题如城投债发展中的信用违约事件频现、担保不合法不合规等,这些问题的存在,都势必会成为城投债未来的偿付风险。城投债的偿付问题,必须从法律的视角去具体分析。法律关系包括主体、行为和责任,并且这三者具有一致性,但是城投公司性质上的矛盾导致城投债的偿付责任主体与行为主体不一致。发行主体责任能力低、增信措施单一并且增信担保权利难以实现、信用评级制度不完善、外部监督欠缺等各种问题皆能引起城投债的偿付风险。

在城投债偿付问题的规制和解决上,首先需要从法律行为、担保情形和城投债的市政性质三个方面来明确城投债偿付责任主体,确保投资者获得偿付保障;其次从法律条文完善、基础制度夯实和保障制度建设三个层面来提升城投债偿付能力和防范城投债偿付风险。

引　言

自20世纪90年代，第一只城投债发行以来，近20年间我国的城投债市场经历了长期的探索发展历程，城投债从无到有、从小到大。特别是在2008年为应对国际金融危机，国务院出台4万亿元的经济刺激计划这一契机下，城投债市场经历了跨越式发展。城投债在快速发展的同时出现了很多问题，如政府隐性担保无法律上的保障、增信方式单一、增信担保权利难以实现、信用评级制度不健全、城投债保障制度缺乏等，这些问题增大了城投债信用风险。

"城投债，魔鬼还是天使？""城投债是绽放的带刺玫瑰"，这充分揭示了城投债具有两面性。一方面能够给城市建设带来资金，促进社会经济发展；另一方面城投债的信用风险不可小觑，尤其是其偿付问题，若不予以重视和防范，将会波及整个债券市场。2011年城投债市场涌现信用事件，诱发债券市场的全线下跌而且波及基金市场范畴。城投债出现信用事件，直接影响城投债的兑付。2014年3月"11超日债"的违约，成为债券市场的首例债券违约事件，打破债券刚性兑付，这警醒我们债券兑付风险依然存在。在法律未给地方政府的担保提供保障的情况下，城投债到期偿付责任难以明确，地方政府隐性担保自身就是一枚"炸弹"，随时都能引爆城投债偿付的风暴。而我国城投公司自营能力弱，现金流稳定性差，城投债的增信方式单一，完全依靠自身难以偿付债券，并且即使地方政府自愿承担偿付责任，但是地方政府自身债台高筑，在城投债即将到来的偿债高峰期，其也难以支付巨额的偿付资金，届时城投债市场势必会出现多个"11超日债"，出现兑付违约，难以保障投资者的利益。

城投债是我国创新的品种，类似于国外市政债券，关于城投债的相关国外研究目前很难找到。相似研究只有关于市政债的综合问题，如美国泰米尔的《美国市政债券》一书是一部专门论述美国市政债券的专著，不仅谈论了市政债券在一级和二级市场的发布和交易规则，而且阐述了市政债券的信用风险、信息披露和监管。现阶段国内关于城投债最终偿付风险在法律防范上的研究相对比较少，相关成果主要是从经济学角度对城投债的信用风险问题、融资问题、担保问题进行研究，也存在相关论文谈及城投债的发展现状、特征、成因，并存在部分成果是从地方债的财政风险控制规范方面进行分析研究；国内学者对世界各国相关市政债的比较、美国市政债经验对我国启发等领域的研究也比较多。虽然在城投债法律问题及法治化领域上有数篇硕士论文，并且存在一本专著对城投债进行综合的阐述，但是以法律的角度对城投债偿付问题进行研究的成果基本没有，只有刘晶将城投债清偿作为其硕士论文研究的一部分。

周沅帆的《城投债——中国式市政债券》是我国目前唯一一部系统介绍我国城投债的专著，该书从基础理论、国外市政债券经验、我国城投债信用风险问题等多方面进行阐述，并且从制度和法律层面对防范城投债信用风险提出可行的对策和方法。

贾春辉（中国政法大学）的硕士论文《市政债券法律制度研究》是以法律的角度分析地方政府现有的以城投债的形式变相发债的不足和矛盾，并进一步阐述我国地方政府发行市政债的必要性和可行性，最后借鉴国外有益经验对我国市政债券的发行设计出一套完整的法律制度体系。

柏传芳（安徽大学）的硕士论文《我国地方政府融资平台法律制度研究》研究了地方政府投融资平台存在的法律问题，并在借鉴国外市政融资的成功经验的基础上，通过完善我国财税体制、融资平台内部治理和强化外部监管对地方政府投融资平台存在的问题进行法律完善。

刘晶（华东政法大学）的硕士论文《我国地方政府债券发行与清偿法律制度研究》重点分析地方债券发行、监管和清偿制度中存在的法律问题，在借鉴国外相关成果的基础上，提出完善的建议。

法律是社会经济稳定发展的制度保障，城投债偿付问题的解决，城投债迈向健康发展的道路，同样需要法律的保驾护航。所以有必要从法律的角度出发，在文献整理分析的基础上，对城投债的偿付风险问题进行实证研究和比较分析，借鉴国外有益经验，在我国现有法律制度规范的基础上，建立各种保障城投债偿付的法律制度。这样不仅有利于完善规范城投债发展的相关制度存在的不足，而且能够防控城投债的偿付风险，解决城投债偿付的实际问题，促进城投债健康发展，维护投资者的利益。

第一节　城投债的内涵及其发展带来的问题

一、城投债的内涵

（一）城投债的性质归属

城投债是地方政府通过设立的投融资平台公司发行的债券。在中国债券市场上，城投债发行上市于企业债券市场，其类型主要包括企业债、中期票据和短期融资券。虽然城投债依照企业债券等相关债券的发行条件在债券市场上发行，但是其在内涵上是完全区别于一般的企业债券的。

1. 城投债定性——准市政债

目前对于城投债的性质归属问题，国内官员和学者或相关债券人士纷纷作出了相关的阐述。

就城投债问题，徐林司长曾在记者招待会上作出发言，他认为城投债在性质上属于准市政债券，但是它的发展还不完善，不是无限的融资工具。他明确表示应该在制度设计上，对城投债的发展作进一步规制和改进，促使城投公司能够在债券市场发行出真正具有市政债券属性的债券，且具有长期融资效用①。债券分析人士代旭表示，中国城投债在本质上与美国的市政债券中的收入债相似。这种收入债是一种项目建设债券，融资是为了市政基础设施建设，其发行主体不是美国地方或州政府，而是政府的授权机构或公共实体单位。这种债券的偿付完全依靠在建项目本身的收益，即项目未来实现的现金流②。周沅帆先生对城投债的性质归属界定明确，从其《城投债——中国式市政债券》一书的题目中即可看出他将城投债视作中国的市政债。而且其在此书中提道："……地方政府只能以间接方式发债，这导致中国目前没有真正意义上的市政债券，而只有名义上的市政债券，即城投债。"此外也有相关证券人士表示，对未来城投债的发展并不看好，未来将由中国地方政府发行的债券最终将其取代。但是由于近期地方债的发展不成熟，在中国只是试点发行，其迈向成熟发展的道路仍然需要一个漫长过程，所以在地方债成熟发展起来之前，我国对于城市建设和城镇化建设的资金来源仍然需要依靠城投债在债券市场上发挥融资效用，因此在近期内应该重视城投债的存在，同时在它的发展过程中对其进行有效的规范。

上述官员、学者等人士都是从不同的层面来界定城投债的性质，但是其共同点在于：皆将城投债定性为我国的准市政债。

2. 城投债的定性分析

城投债具有市政债券的一般特征，即发行主体具有行政背景、融资资金用于公共建设、偿还资金依靠地方政府、债券信用级别高。

（1）在发行主体上。我国城投债的发行主体虽然是城投公司，但是城投公司与地方政府之间关系密切。城投公司全称为城市建设投资开发公司，即

---

① 徐林：《就地方政府债务和城投债问题答记者问》，http：//cjs.ndrc.gov.cn/gzdt/t20110829_430971.htm，最后访问日期：2014 年 1 月。

② 曹志为、王婷、王燕：《城投债发展成为市政债券应是时间问题》，http：//finance.ifeng.com/money/bond/20120105/5401702.shtml，最后访问日期：2014 年 1 月。

地方政府投融资平台。发改办财金〔2010〕2881号[①]文明确界定了地方政府融资平台的含义，认为其是法人经济实体，是由政府出资设立的，其注册资金来源于土地和股权等政府财政资产。地方政府设立城投公司的目的是通过城投公司进行银行贷款或发行债券，所得资金用于政府的市政建设，如城市中道路、桥梁，用水用电等公益性或非公益性的城市基础设施建设。城投公司实质上是地方政府的融资工具。作为城投公司的出资人，地方政府往往是城投公司的唯一股东，或者是控股股东。相应的，城投公司的内部机构和组织人员也往往离不开政府的行政色彩，如公司的董事，监事等高级管理人员往往是由当地的行政长官担任或由当地政府委任派遣。这与市政债券发行主体拥有政府背景的情形一致。

(2) 在资金用途上。城投债与市政债的融资资金皆是用在城市基础设施的建设上。发改办财金〔2012〕3451号文对城投公司发行债券募得资金进行了明确的规定，该文指出对按照地方政府融资平台进行规范的城投公司，其发债融资应用于政府投资或相关政策设计的城市基础设施建设，如城市产业园区建设，城市用水用电、道路交通等基础设施建设，城市开发区、旅游区等相关区域建设。由此可见城投公司发行城投债募集所得的资金，不像一般企业那样，完全用于企业或公司自身的投资发展建设，而是完全投入地方政府的市政建设等基础设施建设项目。

(3) 城投公司是地方政府的融资平台，城投公司的融资活动伴有地方政府的担保。地方政府根据公司设立标准将土地收入或财政资金等国有财产，组建成现金流，设立登记城投公司。城投公司在向银行贷款时，地方政府通常会以财政补贴或出让土地收益等作为还款保证；在发行债券时，因存在地方政府的背景关系，市场投资者相信其有政府的担保，城投债券风险率可比国债。此外，地方政府时常充当城投债的最终还款人，市场上出现政府兜底的城投债还款的事件不在少数。

(4) 在信用级别上。城投债的信用级别高有其三点理由：其一，城投债是基于地方政府财政资金紧张，寻求债券市场资金，进而通过城投公司发行的债券。其发行本身暗含着政府的担保；其二，发行时信用评级要求高。城投债在其发行准备阶段需要信用评级机构对其主体和债券的信用进行评级，符合要求的才允许发行债券。如信用等级符合AAA或AA+等；其三在增信

① 《关于进一步规范地方政府投融资平台公司发行债券行为有关问题的通知》指出，地方政府投融资平台公司是指由地方政府及其部门和机构等通过财政拨款或注入土地、股权等资产设立，从事政府指定或委托的公益性或准公益性项目的融资、投资、建设和运营，拥有独立法人资格的经济实体。

方法上。城投债发行时除了第三方进行担保、银行担保，还有政府以承诺函、财政补贴、土地收入、回购协议、经营许可等作为还款保证，为城投债发行提供增信措施。

综上所述，城投债是中国债券市场上的特色产物，具有准市政债的属性。笔者认为，城投债即是由地方政府出资设立的城投公司在证券市场上发行的，有地方政府信用或国有资产等作为债券增信措施，并且具有准市政债性质的债券。

（二）城投债的未来发展方向

准确定位城投债的未来发展方向对于区分城投债与一般企业债券之间的标准、区分地方政府与城投公司之间的责任归属具有重要的作用。

1. 关于城投债未来发展方向的主要观点

第一种观点认为，城投债最终将会发展成为真正意义上的市政债券。如上文中提到的徐林司长认为在进一步改进和规制城投债后，其成为真正意义上的市政债券。周沅帆认为，现阶段中国债券市场理应将城投债作为快速发展和推进的对象，并最终将城投债规范发展成为符合中国国情的市政债券。①

第二种观点认为，地方债取代城投债，城投债将不复存在。② 如有相关证券人士对地方债的发展持有积极的看法，认为地方债将逐渐在我国领域内推开，并会逐步地将城投债取代，城投债的最终结局是在债券市场上归于消亡。

第三种观点认为，城投债的未来或将始终归属于企业债券类，并在其发展的过程中将其进行改进和完善。有债券相关人士认为，国家相关监管部门相继出台一系列文件对城投债各个方面进行限制和防范，这不是说明政府要将城投债格杀勿论，而是充分说明政府对城投债的重视，因为现阶段城投债是不可替代的，仍然是地方政府解决财政资金困境的有效途径。③

2. 观点述评

上述三种观点，笔者认同第一种观点，城投债将会发展成为我国真正意义上的市政债。第二种观点认为城投债完全被地方债替代，即城投债该类债券品种完全不存在。这种观点将城投债作为我国地方债的一个替代品，当真正的地方债发展起来后，就抹杀城投债曾在经济发展中发挥的作用。这是值得思疑的。新事物不断产生，这是哲学的基本原理。城投债在债券市场上作

---

① 周沅帆：《城投债——中国式市政债》，中信出版社 2012 年版，第 263 页。

② 王梅：《让地方政府债取代城投债》，《财经》2012 年第 35 期。

③ 黄文涛：《城投债，魔鬼还是天使?》，http: //www.p5w.net/newfortune/fxs/px/zqyj/201110/P020111005430617862433.pdf，最后访问日期：2013 年 10 月 12 日。

为新事物出现，有其自身规律，它发展壮大，有其自身价值。并且城投债的融资效用对促进城市发展建设起着重要的作用，在缓解政府财政危机方面扮演着重要的角色。第三种观点，未能意识到目前城投债的准市政债性质，也未能考虑到事物是不断发展前进的，纵然是城投债，其未来发展方向也应是积极和向上的。综上所述，笔者认为未来城投债应该作为我国地方债的一个品种，成为真正的市政债。

2012 年银监会对地方政府融资平台公司实行名单制管理，对于不在名单内的公司，不得承担政府公益性项目的融资；对于仍在银监会名单内的企业按平台类进行监管。自此我国共有四类城投公司可以直接发行城投债，第一类为符合六真原则①的产业类公司，如高速、铁路等公司；第二类为因全民所有制企业而进入银监会名单的企业；第三类为曾经退出银监会名单，但因承建地方保障房项目又进入名单的公司；第四类为国发 19 号文②规定的可以继续承建融资项目进而发债的公司，如地铁、快速轨道等公司。由此可见城投债的发展趋势，一是退出名单的平台公司不再承建公益性项目，实现公司发债即为公司债；二是在名单内的上述四类平台公司仍发行城投债，这类公司发行的城投债在性质上更加类似于国外市政债，可以直接发展为市政债。

另外，虽然我国目前已经试点发行地方债，但是地方债成熟发展仍然需要漫长的过程。所以随着地方债的试点发行，城投债在地方逐渐发展成熟的过程中也应当得到相应的规范完善，使之最终归属于地方债，成为中国真正意义上的市政债券。

3. 城投债成为真正意义上的市政债券的必要性

首先，缓解政府财政资金紧张。1994 年，我国开始实行分税制，但是我国的分税制，是中央政府掌握财权，将事权下放地方政府。这种结果导致地方政府事权和财权极不对称，地方政府可以自由支配的财政资金明显减少。而地方政府承担着地方城市建设的重任，却缺少建设资金。按照国家开发银行的统计和展望，在 2014—2016 年的三年内，我国城镇化扶植资金需求量将高达 25 万亿元，按照现在政府的财务实力和债务环境，城镇化扶植资金缺口将超过 11 万亿元。而在 2013 年、2014 年和 2015 年，这三年里，地方政府仅仅只能支撑本年 20%的城镇化新增投资项目。可见无论是现在还是未来，城镇化建设都需要大量的财政资金。此外，我国财政收支划分制度和财政转移支

---

① 六真原则，即真公司、真资产、真项目、真支持、真偿债、真现金流原则。

② 国发 19 号文指出："对承担有稳定经营收入的公益性项目融资任务并主要依靠自身收益偿还债务的融资平台公司，以及承担非公益性项目融资任务的融资平台公司，要按照《中华人民共和国公司法》等有关规定，充实公司资本金，完善治理结构，实现商业运作。"

付制度等尚不完善,地方政府普遍陷入债务危机,地方政府财政资金缺口巨大。虽然目前已经试点发行地方债,但是我国法律尚未明确地方政府可以发行债券,我国地方债全面推行尚需时日。在目前地方债缺位、地方政府财政资金紧张、城市建设资金需求量大的情况下,城投债成为融资工具最佳选择,可以缓解地方政府市政建设资金短缺的困难。

其次,完善债券市场。我国债券市场最近几年发展迅猛,有数据显示,2011 年末中国债券市场上的信用类债券余额的排名进军世界前三的行列,而且在我国经济社会的快速发展过程中,债券市场融资的作用不可小觑。但是不得不承认虽然我国证券市场繁荣兴盛,但是我国债券市场结构性不足,如政府债券建立不全、债券期限较短①。当前在中国政府债市场,国债第一,地方政府不能发债。虽然 2011 年国务院下发通知,指出上海、广州等地方试点发行地方债,但是我国《预算法》明确规定,地方政府不列赤字,不能发债,在法律层面地方政府仍然没有发债的权利。试点发行地方债不能弥补政府债市场的结构性缺陷。而当前债券市场上存在的城投债,其具有市政债的一般性特点,在目前中国地方债缺位的情况下,将其归属于准市政债券,在其发展规范中发挥市政债券的作用,可以弥补政府债市场结构性的不足。目前我国大多债券品种的期限较短,这限制了企业发展期限长的建设项目。城投债是一种主要以中长期为主的债券品种,这点正好弥补我国债券市场长期债券短缺的不足。

二、城投债发展带来的问题——未来偿付风险

业界一般将 2005 年以前称作城投债的起步阶段,这一时间城投债的发行数量非常有限。2008 年和 2009 年,是城投债飞跃发展的阶段。2008 年,为了应对国际金融危机,国务院出台"4 万亿"经济刺激计划,为顺应这一计划,城投公司发债融资的渠道成为重点关注的融资渠道。因此在 2008 年末,我国城投公司发行企业债、中期票据和短期融资券共计 126 期,累计金额高达 1 600 亿元。2009 年银发〔2009〕92 号文②指出对于有条件的地方政府,给予支持,成立城投公司,发行城投类债券。在这一政策的支持下,债券市场上城投债迅猛发展。2009 年 1—12 月城投公司发行的城投类债券包括企业债券、中期票据和短期融资券在内,累计 131 期,发行金额达到 2 200 亿元左右,其中发行金额大约是 2008 年的 1.5 倍。

---

① 周沅帆:《城投债——中国式市政债》,中信出版社 2012 年版,第 91 页。

② 中国人民银行、中国银监会《关于进一步加强信贷结构调整促进国民经济平稳较快发展的指导意见》指出:"支持有条件的地方政府组建投融资平台,发行企业债、中期票据等融资工具。"

2011 年债券市场出现城投类债券信用事件，以致整个债券市场进入低迷状态，这一市场行情导致一些正要发行城投债的城投公司，持观望态度，甚至部分城投公司决定暂停发行。经过上一年的发行抑制，2012 年城投债发行增长迅速，上一年没有发行的城投债全部汇集在 2012 年发行。根据 Wind 资讯统计报告，2012 年第一季度新发行的企业债仅有 97 只，其中城投债有 71 只，占比约 74%①。按照《证券市场周刊》的报道，2012 年 1—11 月城投债发行总额或超 8 000 亿元②。2013 年是城投债市场多事之秋的一年，企业债频现流动性紧张且自查力度加大；各地政府对当地的投融资平台的监督和控制的力度加强；债券市场涌现出“打黑”风暴。虽然这些事件因素在一定程度上使城投债的发行受到限制，但是城投债依然表现出强势劲头，2013 年新增发行累计金额为 4 016.8 亿元。

城投债自 2008 年以来成为地方政府融资的香饽饽，发展迅速，一度成为投资者的投资新宠。但是城投债在飞速发展的同时也出现很多问题，包括信用违约事件频现、增信担保违法违规、信用评级标准逐渐降低。

（一）城投债信用违约事件频现

近年来，中国城投债在快速发展的同时涌现出许多信用违约事件。2011 年市场上出现投资者纷纷抛弃城投债的现象。这首要归结于城投债信用违约风波的爆发。

2011 年 6 月底，上海一家城投类企业，上海申虹投资公司，由于项目建设需要，将公司大量流动资金包括银行贷款投入在建工程，这种将企业大量流动资金进行长期投资的做法，导致公司流动资金紧张，被爆料出债务逾期无法偿还③。而同时导致的另一结果是城投债的信用风险增加，影响投资者对其到期偿还的信心。紧随其后，云南省投资控股集团作为该省政府设立的最大的投融资平台，明确声称将其拥有的电力等公司的重要财产转移到其新成立的一家公司④。作为民事主体，云南城投公司这一做法明显侵害到债权人的利益。尚不谈云南城投公司自身债务是用电力等重要资产作为抵押或作为还款保证，单就其发行的城投债券来说，在这一举措下，债券的信用等级，

---

① 董云峰：《企业债“城投化”愈演愈烈，中低评级涌现》，http：//business.sohu.com/20120416/n340614850.shtml，最后访问日期：2013 年 11 月 1 日。

② 李畅、孔驰：《城投债评级泡沫》，《证券市场周刊》2012 年第 46 期。

③ 史尧尧：《上海申虹债务调整始末》，http：//news.hexun.com/2011 - 07 - 04/131127129.html，最后访问日期：2014 年 2 月 15 日。

④ 赵大春：《云南最大融资平台核心资产划转，数百亿债疑悬空》，http：//money.163.com/11/0719/15/79B976AO00252G50.html，最后访问日期：2014 年 2 月 15 日。

将会受到很大影响，很难保证其债券到期的偿付。再者云南高速城投公司违约债务达到千亿元、川高速将核心资产转移、广州建设面临巨额债务偿还，这一系列信用违约事件引发市场对地方政府投融资平台债务规模和城投企业信用风险的极度担心，以致引发整个债市的恐慌。① 再加上近年来国家对银行贷款的限制，银根紧缩，资本市场出现“钱荒”。“钱荒”加之投资者的“心慌”，2011 年 7 月出现“黑色债市”。

此外，城投债市场的低迷状态，影响到整个债券市场，引起债市的大面积下跌，深企债、沪企债甚至沪公司债，指数都跌破 5%，其中深企债跌破将近 9.5%。债券市场的全面暴跌，引起基金市场投资者的心慌恐惧，出现大肆抛售的现象。

（二）城投债担保无规化

2010 年 6 月之前城投债担保多样，存在抵押、质押、地方政府担保、不可撤销的连带责任担保等。其中以不可撤销的连带责任担保为主。但是城投债发行担保一直存在良多问题，如出现关联企业之间担保、类型相同的企业连环担保和地方政府无权担保等。为了规范城投债担保无序、违规的问题，2010 年 6 月国务院下发国发〔2010〕19 号文，同年 7 月财政部、发展改革委、民银行、银监会发出财预〔2010〕412 号文，对城投公司的担保问题进行规制。

这些规制城投债担保的文件陆续出台导致 2010 年 7 月以后，城投债发行以无担保居多。针对城投债担保违规化问题，国家作出相应的限制，但是这致使发行主体另寻他法，因此出现银行变相担保。在城投债募集说明书上，很多城投公司都会标上有某银行作为还款后盾含义的话语。如某公司在招股说明书上曾表示，该城投公司在公司成立之日起，在公司融资的各方面，取得相关银行的支持，并且表示没有违约的不良记录，债务到期及时还款，因此拥有较好的市场信誉。即使因资金流动性的周转发生障碍，到期债券的偿付，会得到某银行最后支持，该银行会保证其在符合国家有关规定，并根据该银行内部自有的贷款条件，经过相关程序后，提供相应的现金流支持②。

（三）城投债信用评级标准降低

20 世纪 90 年代，上海城市建设开发总公司成功发行了首个城投债，该城

---

① 金融界：《城投债风波不断，债市恐慌蔓延》，http://bond.jrj.com.cn/focus/tdbfzyc，最后访问日期：2014 年 1 月 20 日。

② 衡道庆：《银行变相担保城投债，个中风险值得警惕》，http://finance.people.com.cn/bank/GB/17810920.html，最后访问日期：2014 年 1 月 20 日。

投债属于省市级别的债券。自此至2010年这段时间，城投债发行主体大多是我国二线城市，其次为我国省、直辖市和省会城市，最后为县级城市。根据Wind资讯的数据统计，截至2012年4月中旬，县级城投债达到30只，其规模达到约340亿元①。而到2013年8月，我国县级城投公司发行的城投债达72只，发行金额超过1 000亿元，达到1 484亿元。城投债主体级别下移，县级城投债品种大量出现，必然会带来一些难以治理的问题。对此国家也出台了相应治理对策，如规定只允许全国百强县发行城投债，由此来对县级城投债的发行进行限制。但是百强县发行城投债，同样也面临着信用风险和偿还困难的难题。因为纵然是百强县，其财政实力与上级政府还是无法比拟的，县级以上政府设立的城投公司在债券偿还上尚有压力，那么对于百强县来说，何尝不是一个大包袱。

城投债不仅在发行主体的层级上下降，而且在信用等级上同样出现下降趋势。对于主体信用等级及债券信用等级大都由原来AAA+、AAA变成AAA-、AA、AA-甚至出现垃圾债，而县级地方政府投融资平台公司发行的城投债，其信用等级基本上没有出现过AAA级。

综上所述，城投债在快速发展的同时带来了很多的问题，这些问题都预示着城投债未来偿付风险的存在。城投债发行时信用评级标准的降低，增信担保的违规违法，都将增加城投债偿付风险，加之近年来，城投债信用风波不断，不得不怀疑，在未来偿付高峰期到来时，城投债是否能够得到偿付。

第二节　城投债偿付问题法律分析

一、城投债偿付责任主体不明

城投公司通过发行债券融来的资金，最终都是由政府进行统一支配和使用。城投公司扮演着融资工具的角色，不是资金的使用权人、不是融资项目的受益人，这就导致融资资金的使用实际上完全脱离债权人的监控②。加之，地方政府为城投债发行提供的隐性担保为法律所禁止，最终导致的结果是：城投公司融来资金的“借、用、管、还”责任主体不明。

有学者指出几点疑惑：“(1) 由于受政府直接控制，平台公司并无公司之

① 陈果静：《城投债迎来爆发式增长》，http://bond.hexun.com/2012-05-11/141298894.html，最后访问日期：2014年1月25日。

② 徐文华：《发展地方政府融资平台的对策建议——以江西省为例》，《企业经济》2011年第3期。

实，其能否独立承担责任？地方政府是城投公司的股东，能否仅仅以出资为限承担责任？其对城投公司的债务是否仅承担有限的责任？……(2) 城投公司自身存在出资不实、违规经营、项目管理混乱等等现状，那么其是否适用公司法人格否认制度？……"①从这几点疑惑中，可以看出，城投债偿付责任主体不明，有两点原因：其一，城投公司受地方政府直接控制，无公司之实。这导致发行主体不明进而难以明确偿付责任主体；其二，地方政府是城投债融资资金的实际使用者，但是作为股东，其对城投债只承担有限责任，这导致资金的使用者和偿付者不一致。

根据我国公司法理，公司设立的目的明确，即为公司及其股东创造盈利和收入。并且公司的产权明晰，股东享有公司的所有权，公司以其所有的全部资产对外承担债务和责任，公司全部的资本金都用于公司的自产自营，目的是给公司带来盈利。然而，城投公司虽然是根据《公司法》设立的公司，但是其是由地方政府的相关部门和机构出资设立的，其注册资金来源财政拨款、土地收入等国有财产。大多数城投公司的股东是地方政府的相关部门或机构。城投公司的管理者也是由地方政府部门、机构的分管领导担任。总之，城投公司是在政府财政资金紧缺的背景下，打着法律的"擦边球"，"举公司之名，行举债之实"从而产生的带"帽"公司。城投公司在其性质上具有行政机关和公司法人的两重角色，并不断地在行政职责的履行和公司利益的追求上轮换自己的角色。这种性质的城投公司，无论是在法律意义上还是在现实经验中都与我国依法设立的"公司"大相径庭②。城投公司与地方政府之间实为"一班人马，两个机构"的关系，没有人事任免权，没有自主经营的决策权。空有公司之名的城投公司仅仅是城投债表面上的发行主体，发行主体的难以明确导致城投债的偿付责任主体不明。

从上文分析中可以得知，地方政府与城投公司是"一班人马，两个机构"的关系。城投公司只是地方政府的融资工具，其通过各种渠道融来的资金，去向明显：直接进入政府的口袋，由政府运用资金进行城市化建设。地方政府是城投债融资资金的实际使用者。我国城市基础设施建设的具体操作流程如下："政府决策——地方政府融资平台融资——融资平台投资或其将筹集的资金交由政府投资——建设机构用钱"③可见决策主体、投融资主体、资金使用主体完全分离。财预〔2010〕412 号文明确了地方政府以出资为限对城投公司新、旧债务承担有限责任，在债务人难以偿付债务时债权人需要对未

① 杨松、张永亮：《地方政府融资平台的发展方向》，《法学》2012 年第 10 期。

② 赵旭东：《公司法学》，高等教育出版社 2006 年版，第 4 页。

③ 柏传芳：《我国地方政府融资平台法律制度研究》，安徽大学硕士学位论文，2012 年。

偿还的部分承担责任。从这一规定可以看出，政府仅仅以出资为限承担责任，而债权人和债务人承担连带责任。

地方政府是城投债融资资金的实际使用者，其对城投公司的债务仅以出资为限承担有限责任。这就导致城投债到期的偿付责任难以明确。并且在地方政府为城投公司唯一股东时，城投公司是否适用人格否认制？根据《公司法》的规定，一人公司在相应的条件下，如公司与股东的资产混合不清时，股东对公司承担连带责任。大多数城投公司的出资人仅有一个，即地方政府。并且城投公司自身存在出资不实、违规经营、项目管理混乱的问题，很容易出现公司与股东的资产混合不清的状况。并且地方政府为城投债融资资金的实际使用者，这一点就证实了城投公司的资产归属于地方政府，城投公司的资产不是独立、分离的。

总之，城投债的发行主体、城投债融资资金的使用主体相分离，导致的结果是无法按照“谁投资、谁决策、谁负责”原则来明确城投债的偿付责任主体。

二、城投债偿付风险引发因子

（一）发行主体责任能力低

城投公司作为城投债的发行主体，因法人治理不完善，城投公司自身经营管理不佳，致使城投公司偿付能力不强，对城投债到期的偿付责任难以全面承担。

1. 人员问题

城投公司的控股股东多为国资委、财政局等政府部门机构。而且城投公司都受大股东的绝对控制，股东持股比例为100%的有58家，占比超过93%，即使股东持股比例最低的也高达80%。城投公司是因政府投资而产生，是为政府融资而生存，地方政府的相关人员往往在城投公司中担任要职。而显然，政府与企业是断然不同的组织机构。政府是全心全意为人民服务，不求回报；企业则是完全为营利而生，没有利益企业无立足之地。政府工作人员完全按照上级指示办事，只有好与坏之分；企业的管理者是遵循市场规律和国家宏观调控来进行企业管理和决策，只有盈与亏之分。对于这类没有管理经验、无法掌握市场灵活从而无法抓住机遇的人员来说，又怎会妥善地管理好城投公司，提高城投公司的盈利水平。

2. 机构问题

虽然城投公司内部设立董事会和监事会，但是政府将不懂企业生存和管理之道的政府人员任命企业法定代表人等管理者的职位，再加上城投公司从设立到经营都是政府“一手包办”，导致城投公司政企不分，甚至导致在城投公司运营中的“决策权、执行权、经营权、监督权无法实现有效的分离与制衡”。比如,从庆阳市的情形来看,市级融资平台的董事长由副市长兼任,县级的则由财政局局长兼任,并且“三会”(董事会、理事会、监事会)合一,决议、执行、监督不分。这种决策机构和监督机构之间权责利的不分、混淆对城投公司的发展来说是一种阻碍,难以提高城投公司的经营水平。

3. 出资问题

城投公司的注册资金来源于地方政府财政资金等其他国有资产投入。地方政府是城投公司的大家长即最大的股东和实际掌权者。地方政府设立城投公司的目的只在于通过其进行融资,只要公司能够顺利地成立,对公司注册资本是否缴足、缴实问题,公司股东不会在意或去解决,因为地方政府只需要借助公司的外壳达到融资的效果。由于城投公司“政企不分”、信息不透明加上政府“一手遮天”,城投公司出资不实、虚假出资、抽逃出资的现象屡见不鲜。如 2012 年 1 月 4 日审计署发布的《关于 2010 年度中央预算执行和其他财政收支审计查出问题的整改结果》表明,平台公司虚假出资、注册资本未到位等达到 2 441.5 亿元。

城投公司注册资金不到位,出资后股东抽逃出资或者根本就是虚假出资等出资问题,导致城投公司完全成为空壳公司,缺少现金流,城投公司无法通过正常进行经营运作来提高公司的盈利收入。城投公司自身所有的财产不足,公司自身经营无法开展,最终导致城投公司自身无力偿付到期城投债。

(二)增信担保权利难以实现

在我国,城投债发行的增信措施不仅单一,而且增信措施的权利难以得到实现,这导致城投债偿付风险加大,更有可能导致城投债难以偿付。目前市场上城投债发行存在的增信措施主要以担保为主,有政府隐性担保、划拨土地抵押担保、应收账款质押担保和第三方担保包括企业互保和担保机构担保。

1. 地方政府隐性担保问题

城投债的信用风险引发因子多样,其中地方政府隐性担保,更能引起城投债的信用风险。无论城投公司发行债券是否有任何形式的担保,地方政府的隐性担保始终伴随着城投债,这种担保就是地方政府的承诺或无任何形式的担保,其可怕之处在于地方政府隐性担保不受法律的保护,地方政府完全凭着自己的意愿或其他相关因素来考虑是否承担偿付责任。

城投公司背后有地方政府,城投公司依附于地方政府而存在,城投公司是地方政府进行市政建设的融资工具,城投债是城镇化建设资金来源的主力军。城投公司与地方政府存在着密切的关系,城投公司在向银行贷款时,通常会由地方政府提供以承诺函、担保函等各种方式的变相担保。当然在城投公司发行城投债时，投资大众看不见地方政府提供的有形担保，但是城投债在市场上火热发展的一个重要原因就是投资者看到了城投公司背后的地方政府。并且近年来，地方政府为出现债务危机的城投公司兜底还款的实例不在少数，如 2011 年 6 月份出现的两个实例，云南省开发投资有限公司宣布只付息不还本，由地方政府增资、垫款；上海申虹投资发展有限公司债务违约，最后由上海银监局贷款增援。

城投债因有政府隐性担保风火发展，但是我国法律法规明确规定，地方政府没有担保的权利。我国担保法第八条明确指出禁止国家机关作为保证人。国办发〔1993〕11 号文指出“要求各级行政机关不得为国内企事业单位间的经济活动提供担保”。为了规范地方政府投融资平台，国务院及各级领导单位相应发布多项通知，从不同层面规定“制止地方政府违规担保承诺，不得以直接、间接形式为融资平台公司提供担保”。但实际中城投债的发行依然有地方政府的担保。地方政府对城投债的担保是否承担法律责任？按照最高院法释〔2000〕44 号文第 7 条的规定，在担保权人对担保合同无效不存在过错，并且主合同是有效的情况下，担保人和债务人承担完全连带责任。若债权人有过错，担保人只负担债务人无法清偿部分的二分之一。由此可见地方政府担保城投债，一是无法律保障，二是作为债权人的投资者是知情前一点，即存在过错。仅仅就这两点，地方政府担负的责任也只是债务人无法偿还部分的一半。所以地方政府的担保不仅不具有法律效力，而且其担保的范围狭窄。

地方政府为城投债的发行提供有形或无形的担保都是不合法不合规的。正是因为地方政府担保没有法律法规上的保障，才导致城投债偿付风险的加大。在城投债增信方式单一的情况下，地方政府担保或成为城投债偿付的唯一保障。但是由于近年来我国地方政府的负债率增长快、基数大，地方政府偿付的能力在降低。而当政府财政资金紧张，负债高筑时，由于缺少法律上的支持，地方政府或不愿或不能承担到期城投债偿付责任。

2. 划拨土地抵押担保问题

城投公司的出资人一般是地方政府，所以在城投公司对外发债需要增加公司资产时，一般由地方政府以划拨或出让土地使用权的方式来向城投公司注资。城投公司在得到地方政府划拨或出让的土地使用权后，将其作为债券发行的抵押担保物。根据国土资发〔2004〕9 号文[①]的规定，国有土地划拨使

---

① 国土资源部发布《关于国有划拨土地使用权抵押登记有关问题的通知》〔2000〕9 号规定：“以国有划拨土地使用权为标的物设定抵押，土地行政管理部门依法办理抵押登记手续，即视同已经具有审批权限的土地行政管理部门批准，不必再另行办理土地使用权抵押的审批手续。”

用权可以进行抵押,但是需要得到土地行政管理部门的审批和登记。但是现实中,部分地方政府注入城投公司的土地使用权,缺少相关的审批手续,并且很多城投公司将土地使用权进行抵押时也缺少相关登记和审批。这些做法是不符合法律法规的,只是空有表面上的抵押形式,并不能真正实现抵押权利。

对无偿取得划拨土地使用权的城投公司来说,如果公司出现债务危机,甚至出现破产,致使无法偿付到期的城投债时,又是否可以将抵押的无偿取得的划拨土地使用权进行处分,实现抵押权?根据国土资发〔2000〕114号文的规定,地方政府在城投公司因破产或其他相关原因停止使用无偿取得的划拨土地使用权时,可以无偿收回。并且最高院法释〔2000〕6号文第1条明确规定,划拨土地使用权不属于破产财产,地方政府有权收回。虽然根据《关于认定收回土地使用权行政决定法律意见》和《行政诉讼法》的相关规定,对因企业破产而政府无偿收回划拨土地使用权的,抵押权人不服的可以提起行政诉讼予以解决。然而即使抵押权人提起行政诉讼,获得胜利,能够实现划拨土地使用权的抵押权,但这需要缴纳土地出让金,将无偿划拨土地使用权变成有偿出让土地使用权。所以在可以实现抵押权时,抵押权人需要在土地出让金补足的条件下才能就剩余部分进行优先受偿。但是现实中没有统一的土地出让金计算标准,这使得抵押权人权利的实现难以确定。

3. 应收账款质押问题

虽然企业以应收账款作为质押担保标的物符合我国物权法的规定,并且扩大了企业融资质押担保范围,提高债券信用等级,但是这种方式的担保本身存在种种弊端,对投资者利益的实现存在障碍,质押担保权利难以实现。应收账款质押担保需要向中国人民银行征信中心进行质押登记,方可生效。而登记机构只负责就书面文件的审查,没有涉及质押应收债款的实质审查,因此对于质押的应收账款是否存在,债务人是否进行虚构债权,或者虚构账龄等这些欺诈行为的审查与核实责任,皆附加给质押权人。但是现实中又有多少质押权人能做到这些审查?

应收账款是指债务人对次债务人的债权包含行将到期和未到期的未来归还的债权。在对城投债发行提供应收账款质押担保时,质押权人需要承担的风险较大。因质押的未来债权是不确定的,并且是相对的,不仅要受诉讼时效的限制,而且次债务人即质押人的债务人还享有抗辩权。而且应收债款质押担保对债务人和次债务人的信用要求高。因为虽然应收债款质押担保进行了登记,但是应收账款是未来债权,难以掌控,质押人转让容易并且隐秘。甚至次债务人可以提前向质押人清偿,导致质押标的灭失,应收账款质押消灭，其担保的功能就失去了应有的意义，难以保障城投债的偿付，更难以保障投资者的利益。

4. 第三方担保问题

城投公司之间进行互保发行城投债的情况不在少数，如宁波城市建设投资控股有限公司与宁波交通投资控股有限公司互相担保、重庆市水利投资有限公司与重庆交通旅游投资集团有限公司互相担保。在城投公司无法提供其他担保方式予以增信发债时，会寻求企业之间的互相担保，这种担保方式增信的效果差并且对于互相担保的双方主体来说，债券的偿付风险会加大，如果在一个区域内形成规模化的互保将会引发区域经济的系统风险。

虽然在债券市场上，投资者对存在第三方担保公司担保的城投债看好，但是专业担保公司在我国发展的历史短，尚在起步阶段，很多担保公司的实力不强、规模不大，整个担保行业的信用水平偏低。所以在目前城投债发行担保上，该种方式担保并不能发挥其真正效用。

（三）信用评级制度不健全

城投债偿付风险的关键表现为它的信用风险突出。其中防范信用风险的信用评级在我国发展不成熟，信用评级制度不完善、信用评级机构缺乏规制、信用评级的信用等级逐步下降。

我国信用评级市场尚没有形成统一完备的信用评级方案制度。市场上信用评级机构的不规范行为时常出现，以高评级招揽客户，甚至出现以客户的出价高低来评定信用等级的高低。信用机构不及时跟踪评级，评级不尽职，出现兑付风险事件不及时揭示风险。这些行为都表明我国信用评级制度不完善、对信用评级机构规制缺乏。

我国的信用评级机构杂乱，市场上存在各种大小不一的信用评级机构。由于信用评级数量多，这些机构为了自身的经营发展，以高评级争抢客户，以客户自身需求来评价等级。这些现象导致信用评级失真，市场上投资者获得的信用评级信息不对称，降低了市场的有效性。并且在激烈的市场竞争下，这种不正当竞争情况会愈演愈烈。

我国现存的很多信用评级机构与银行有直接的关系，甚至直接是由银行为主体设立的信用机构，如中国人民银行信用征信中心。这些信用机构会直接参与城投债发行的承销，而为了扩大出售，这些机构很难保证信用评级的中立公正性，难以保障信用评级内容的客观真实，这对投资者来说，无疑是一种欺诈，难以保障自己的权益。

就目前而言，我国城投债无论是主体信用等级还是债券信用等级，都逐步地朝下坡发展，信用评级标准下降。近几年来，城投债主体信用等级及其债券信用等级由原来的AAA+、AAA变成AA+、AA。2013年331家城投公司共新增发行339期城投债，其中只有7%的城投债信用等级为AAA，占比最高的为AA级的城投债，比例为64%①。并且自2006年福喜短融垃圾债事件后，时隔六年，山东海龙短融"11海龙CP01"又一度被降为C级的垃圾债。伴随着城投债信用风险的出现，城投债的偿付风险增加。

（四）地方政府财政风险突出

目前我国城投债的偿付依靠地方政府，地方政府担负着担保的责任。但是我国地方政府的财政实力在不断降低，这不仅是因为我国财税制改革将地方财权上交中央，更重要的是因为近几年来我国地方政府的债务急剧增长。有资料数据显示，到2011年初我国省、市、县三级地方政府性债务余额共计10.7万亿多元②，这只是地方政府有据可查的债务，不包括地方政府隐性的债务。2013年两会期间审计署副署长董大胜报告我国的地方政府性债务总额为15万亿—18万亿元之间。2013年6月审计署公布上海、重庆等36地区2012年底债务余额共计3.85万亿元，比2010年增加4 409.81亿元，增长了12.94%③。地方政府自身能力不足，更面临响应党的十八大建设新型城镇化的要求，地方政府财政资金再现紧张，现金流急剧缺乏。即使地方政府以土地等资产作为城投债发行的抵押担保，但是地方政府自辖城市土地有限，并且在当前国家对房地产紧压调控下，土地出让金也会随着房地产市场的波动而受到影响。同样仅仅有土地出让金也并不能保证地方政府财政资金充足有余。

在地方政府财政紧张的情况下，城投债的偿付风险增加，城投债发行融资建设的项目属于公益性的建设项目。在城投公司没有项目收益来源，地方政府财政能力欠缺的情况下，到期的城投债又如何进行偿付？并且市场上的城投债大多是中长期的，期限多是7年和10年期的，而自2008年开始，我国城投债出现爆发式增长，由此计算城投债到期偿付高峰将集中在2015—2020年间。而我国地方政府近几年来的债务呈现逐渐上涨的趋势，财政实力逐步降低，很难应对即将到来的城投债偿付高峰期。

---

① 松柏学勤：《2013年城投债审计市场分析》，http：//www.esnai.com/33/2014/0313/100037.shtml，最后访问日期：2014年3月1日。

② 林敢、陈白燕：《地方政府融资平台的法律风险及防控》，《广西财经学院学报》2012年第4期。

③ 尹深、文松辉：《审计署正全国性审计地方债，多省领导表态全力支持》，http：//politics.people.com.cn/n/2013/0820/c1001-22623402-2.html，最后访问日期：2014年3月20日。

(五) 城投债偿付保障机制欠缺

地方政府在规制城投债发展时，对其增信方式形成了间接的限制。在各种规范城投债担保的法律法规出台后，城投债的发行互保、关联担保现象减少。从表 9－1 中可以看出 2013 年城投债发行担保，以无担保占绝大多数，比例为 66.37%。其中保证担保和抵押担保，占比分别为 18.88%和 13.57%。其他占比较少的主要为混合担保，担保形式主要有抵押和质押、抵押和保证、质押和保证。

表 9－1　2013 年城投债增信方式

增信方式	拟发行期数		拟发行金额	
	期　数	比例(%)	金额(亿元)	比例(%)
无担保	225	66.37	2 832	70.50
保证担保	64	18.88	635	15.80
抵押担保	46	13.57	512	12.73
抵押＋质押担保	1	0.29	5	0.12
抵押＋保证	1	0.29	7	0.17
质押＋保证	2	0.59	27	0.67
合　计	339	100	4 017	100

资料来源：中国会计视野论坛《2013 年城投债审计市场分析》

但是由于城投公司是依托于地方政府而存在，即使不存在任何形式的担保，债券市场的投资人对城投类债券仍是信心十足。正是由于投资者的这种心理倾向，使得增信方式单一甚至不存在任何担保的城投债在债券市场上发行数量持续上涨，这就直接增加了城投债的偿付风险。我国现有城投债偿付资金的来源主要有城投公司自建项目的收益、地方政府的兜底偿还、担保财产。而提及世界上其他市政债券偿付的途径，不可或缺的是偿付保障机制。如美国债券保险制度、日本的双重保障机制和减债基金机制。但是从目前城投债的发展状况来看，城投债增信方式单一，还款的保障机制欠缺，在债券市场上一旦引发城投债信用风暴，整个债券都将会出现下跌趋势甚至祸及基金市场。城投债偿付风险的出现，其中一个重要原因是目前在我国城投债偿付模式上未建立相应的偿付保障机制。这就导致当城投公司和地方政府缺乏现金流偿付债券时，缺少第三方资金的注入，以致出现违约。

(六) 外部监管法律制度不完善

1. 事前准入易

我国没有专门的城投公司法，所以城投公司虽然不存在一般公司的内涵和宗旨，但是其设立的条件和程序却与一般公司一致。从上文中的分析可以看出，城投公司只是借着"公司"的外衣，其实质上与真正意义上的"公司"是不同的。而这种特殊化的城投公司，其内部治理结构特殊，没有相互分离和制衡的机构，并具行政色彩，充分证明城投公司的设立就不能遵照一般公司的设立条件和程序。因为一般公司的设立条件和程序，对城投公司来说无疑是一种"过强梯"，更加方便城投公司，让城投公司在事前没有阻挠的情况下进入市场，发行债券。城投公司的自身质量直接影响着其发行城投债的偿付，这种事前"松口袋"式的做法使城投公司质量降低，同时由于城投公司与地方政府之间的关系更让市场投资者青睐城投债。

2. 事后监督难

2010年6月10日国务院下发的国发〔2010〕19号文第5项指出，财政部、发改委、人民银行、银监会等部门，及时制定相关措施和计划，着重对城投公司的担保、贷款和发债等工作进行指导监督。可见法律明确的城投公司监管主体是多头的。这种多头监管，虽然能够全方位地对城投债券进行监控，促进其迈向健康的发展道路，但是其不利一面表现为"监管众多易导致监管竞次或监管矛盾或监管成果难以保证，甚至监管主体被动。加之监管权限配置不清和责任机制不清，最终产生监管缺位的弊端。"

尽管城投公司表面上是以市场化的方式运作，但是由于受政府直接控制，没有及时有效的信息披露。加之城投公司的贷款和债券皆有政府的隐性担保，实质上城投公司的债务属于政府的隐性债务。所以在城投公司监管的道路上，"由于获取地方政府负债规模的渠道有限、地方政府性债务口径不统一以及信息不对称等因素的存在，使得监管部门、中介机构以及投资者难以真实有效和全面地评估地方政府整体债务水平，"①从而使城投债的监管更加难以到位。

第三节　国外市政债券偿付模式及其借鉴

一、美国市政债券

（一）美国市政债券概述

泰米尔在其《美国市政债券》②一书中对美国市政债进行了详细的阐述。

① 周沅帆：《城投债——中国式市政债》，中信出版社2012年版，第250页。
② ［美］泰米尔：《美国市政债券》，蔡靖、乔嘉译，现代出版社2010年版。

美国是世界上经济最发达的资本主义联邦制国家，实行集权和分权相结合的财税体制。美国的债券市场起步早，至今为止美国已经形成了相当成熟的债券市场，其中美国市政债与国债、公司债和政府机构债等共同形成了完善的美国债券市场。美国市政债最早是由州政府发行，发行的目的是解决修建公路和开发运河所需的资金。随着美国经济飞速发展，州政府已无力承担城市发展所需的建设资金，地方政府开始发行债券，筹集建设资金。

美国制定相当数量的法律对美国市政债券都有规范和约束作用。《联邦法典》和《1986 年税收改革法》对美国市政债券税收减免作出具体规定；《1933 年证券法》是对美国市政债券规定最多的一部法律，除了市政债券的监管机制还包括发行如规定美国市政债券发行实行审批制，不受该部法律规定的发行债券进行注册登记并经上级政府同意的约束。《1934 年证券交易法》《1935 年公共事业控股公司法》《1939 年信托债券法》《1940 年投资公司法》《1940 年投资顾问法》，这些监督法律是美国具有严厉的市场监督机制的最佳例证。此外，美国各个州政府也颁发了相关的法律，对规范自身发行的市政债具有补充的作用。

美国市政债券的品种多样。从发行主体来看，有美国州政府、政府代理机构或授权机构和债券使用机构发行的市政债；从期限来看，分为长期债券和短期债券，并且以中长期债券为主；从信用基础来看，长期债券分为一般责任债券和收益债券，其中一般责任债券的发行程序严格，必须经过当地公民全体或议会投票表决，表决同意才能够发行。除上述的分类外，美国市政债券还包含混合债券、特种债券、上缴税收债券等债券。这些债券丰富和完善了美国的债券市场，为政府进行地方建设提供了大量的资金。

美国的市政债券在世界上知名并且发展最完善，这首要依赖其特有的债券市场模式即准入宽松但市场监管严厉。美国债券市场具有严格的监督制度包括债券发行监督机构和证券监管制度。美国市政债券发行的监督机构有两个，一个是联邦证券交易委员会，它是美国证券的管理机构，其权力包括立法、调查、审判和执行。另一个是市政债券规则制度委员会，它属于独立的自律性机构，其成员主要是由同等人数的证券人员，银行人员和公众人员担任，主要职责是规范市政债券市场上券商、经纪人、银行和交易商的行为。美国证券市场的监管制度主要有上市制度、公开制度、禁止不正当交易规则和证券事故的处理规则。美国市政债券市场上的监管机构职责和分工明确，监管制度系统全面，共同为美国市政债券提供了一个良好、有序、公正的环境。

（二）美国市政债券的偿付模式

1. 偿付方式

美国市政债券的偿付方法采用的是中期偿还法，这种方法主要包含了三种早赎①，即选择性早赎、强制性偿债基金早赎和特别早赎。选择性早赎是指发行人在债券发行前就在债券募资说明书上和债券凭证上，规定具体的早赎的条件。一般规定在债券到期偿还日之前选择偿还全部或者是部分，并且根据债券存在期限不同，赎回时所支付的金额也不同。如债券存满 10 年，赎回资金要达到债券面值的 102%。强制性偿债基金早赎，常常发生在发行人无力归还到期债券，并且债券的宽限期已过的情况。强制性早赎是由政府发起的，且政府在强制早赎时仅需归还债券的票面金额。特别早赎，是指在债券发行之后，如果出现意外事件，则需要当地政府在债券到期之前归还债券。这些意外事件有，收益债券的担保权无法实现或者市政债券减免利息政策取消。

2. 分类归还

美国市政债券分为一般责任债券和收益债券。一般责任债券是用政府的信用作为担保，其还款得到政府的信用保证，并且还款来源主要是政府的财政税收。如果一般责任债券出现的偿还困难只是短期的或技术上的，那么政府只需要与债权人协商，延长偿还期限，待问题解决后偿还；如果一般的责任债券出现真正无法兑付的问题，那么地方政府为了筹集偿付资金，通常会提高税收或收费比例。但是如果政府无法用自己的方法或能力进行补救时，通常会由地方政府或州政府设立的专门管理机构出面解决。如果专门管理机构的做法仍然不能解决偿付问题，那么政府就可以依照美国《联邦破产法》的规定，自愿提出破产申请。

收益债券主要是与特定的建设项目联系在一起的，如医院的建设。所以相较一般责任债券来说，收益债券的偿还方式单一，主要是用收益债券挂钩的项目所得收益来偿还或作为偿付的担保②。一旦发行人难以偿付到期的收益性债券，就只能由投资者自行担负损失。

3. 保障机制

美国独立的信用评级制度、严厉的信息披露制度和特有的债券保险制度

---

① 早赎指政府有权决定提前偿还所发行的债券。政府可以提前全部或部分清偿债券，由发行机构通知债权人，其持有的债券将被提前清偿，并详细说明赎回的条件。债权人收回本金、利息后，还可以得到一些额外的利益。

② ［美］文森特·奥斯特罗姆、罗伯特·比什、埃莉诺·奥斯特罗姆：《美国地方政府》，井敏、陈幽泓译，北京大学出版社 2004 年版，第 201 页。

组成了美国证券市场上的"三驾马车"。美国债券保险制度作为美国债券增信的独有方式,同时也发挥着债券偿还保障机制的作用。美国市政债券保险制度是指,市政债券的发行人在债券发行时或债券发行后,即债券市场的各个环节,向保险公司投保,当债券发行人无法履行偿付义务时,由承报的保险公司偿还债务的机制。美国债券保险业在近年来得到飞速发展,这除了债券发行人的积极投保外,还归功于保险公司的大力支持。一般来说,市政债券的保险可以达到"三赢":发行人的利息节省可能超过其保费支出,保险商获得利润,投资者节约了信息搜寻成本①。

二、日本地方政府公债

(一)日本地方政府公债概述

日本是资本主义中央集权制国家。在二战之后,日本为了地方建设融资,修改宪法,允许地方政府发行债券。日本地方债券分为地方公债和地方公营企业债券。地方公债的发行主体主要是地方政府甚至包括村政府。地方公营企业债券是由地方政府担保,地方政府设立的特殊公营企业发行的债券。地方公营企业不具有企业法人资格,但是《地方公营企业法》给予其经营管理权,并且是以管理者为首的组织机构。管理者一般是从有公营企业管理经营经验的人员中选拔,并且由地方最高的行政长官任命。管理者的职责是管理公营企业的日常经营活动,地方行政长官对地方公营企业进行宏观上的把控。公营企业的管理者职责明确,被禁止兼任公营企业外的其他任何职位,如地方政府的行政职位和其他企业的正职职位。

日本制定了完善的法律制度来规制地方政府的发债行为。除了日本《宪法》规定允许地方自治外,《地方自治法》和《地方财税法》等皆是规范地方政府发债行为的法律。并且日本按照地方融资平台类别的差异,相应地拟定出不同的法律法规,如《地方公营企业法》《地方独立行政法人法》《地方住宅供给公社法》《地方道路公社法》。

日本的地方公债监管系统非常完善。首先在发行上实行严格的审批制。地方政府发债前,必须将建设项目、资金来源和发债额度等申报上级领导,经过上级领导的决议同意后,才能发行债券。即使2006年日本进行了财税制改革,实行分化制,将审批制转为协商制,中央政府对地方政府发债的监管强度仍然很大。这是因为如果地方政府发债前经总务审批,地方政府会获得两项优惠即中央对地方政府转移支付时会考虑偿债;中央政府给予地方政府优惠

---

① 周沅帆:《城投债——中国式市政债》,中信出版社2012年版,第36页。

的贷款。其次日本具有独特的审计监督制度。审计机构由国家会计检察院和地方检察委员会组成。其中地方检察委员会的职责是对地方政府的财政及其行为进行审计监督，并对每次审计活动出具审计报告。对于地方公债，地方审计机构将对地方公债的发行、流通、偿还和资金使用等各个环节进行审计监督。最后在地方公债交易监管上，有证券监管机构规则、交易机构日常的自我监管和社会监督。

（二）日本地方政府公债的偿付模式

1. 双重保证偿债机制

日本地方政府公债包括的地方公营企业债的偿付责任完全由政府承担，包括地方政府和中央政府。日本是中央集权制国家，上级的法律或道义事权常常成为下级的事权，下级的债务不可避免地成为上级的或有债务，因此上级政府常常成为下级政府债务的最终承担者。可见地方公债存在双重保证的偿付机制。在法律和制度的前提下，地方政府作为债券的发行人或担保者是地方公债的第一次偿还人。相应的，在行政事务和道德义务上，中央政府成为第二次偿付人。

2. 减债基金制度

在日本，一般购买地方政府公债的资金主要有政府资金、公库资金和民间资金。民间资金约占 40％。可见日本地方公债的市场化不高，基本上是带着私下调节的性质，同时具有财政金融属性。甚至在发行前，就明确了公债的购买者。地方政府公债的发行带有地方财政转移支付性质，不是真正意义的市场活动，这就导致地方政府公债带有集中风险和财政风险。所以在日本地方政府财政赤字一路增长的情况下，形成了减债基金制度，以此来增强投资者对政府的信任①。

减债基金制度是指日本地方政府每年从国库中拿出一定资金转交特定机构管理，作为公债偿还的专项资金。日本的减债基金有三种来源方式，一种是从上一年度的国债余额中抽取特定比例的资金；一种是在年度财政预算安排时直接拨出一定资金；一种是从一般会计结余中提出部分比例资金。

三、澳大利亚市政债券

（一）澳大利亚市政债概述

澳大利亚在其经济发展过程中摸索出其特有的一种市政债券模式，即地

① 高培勇、宋永明：《公共债务管理》，经济科学出版社 2004 年版，第 176 页。

方政府通过设立国库公司发行公司债的方法对外进行借债。这是一种完全不同于美国和日本的做法，虽然与我国城投公司发行城投债融资的模式有一定相似之处，但是澳大利亚国库公司的发债模式由于发展早，已经形成了一套较为完备的制度保障体系。周沅帆在其《城投债——中国式市政债》一书中对澳大利亚国库公司进行了综合的阐述。

澳大利亚是由联邦、州和地方政府组成的联邦制国家。虽然澳大利亚的联邦和州政府皆有对外借债的权利，但是州政府的发债权是完全由联邦政府代替行使。这种做法由于缺少信息互通，导致联邦政府在发债的数量、期限等因素上不能满足州政府的要求。并且在二战结束后，澳大利亚处于经济恢复和发展的黄金时期，城市的基础设施建设需要大量的资金，这使州政府转移目标，从金融市场上借债融资。1989 年，澳大利亚州政府以自己的名义对外借债。在澳大利亚南澳洲和新南威尔士洲先后成立政府财务机构和国库公司后，在示范效应带动下，国库公司在澳大利亚各州如雨后春笋般出现。

国库公司是澳大利亚各州依据《州国库公司法》设立的。由于澳大利亚是联邦制国家，各州可以制定相应的法律制度，所以各州在决定成立国库公司之前，先由各州的议会通过专门的《国库公司法》，将其作为国库公司成立的基础法律。各州对《国库公司法》的规定各不相同，但基本上全面规定国库公司的性质、组织结构、客户范围、经营范围等。国库公司与州政府的关系密切。虽然，国库公司是以法人的面貌发行公司债券的，但是因为存在州政府的担保，其实质上属于地方政府债券。国库公司依托州政府的主要表现形式为，各州国库公司的股东，如最大股东或者唯一股东均是州财政厅。按照《国库公司法》，国库公司是州政府债务集中管理机构。另外国库公司的董事会成员主要来自政府部门，或者少部分来自私营部门，并且董事会成员的任命必须经过州国库部长的审批。

（二）澳大利亚市政债的偿付模式

国库公司发行的债券属于市政债券，其存在澳大利亚州政府的担保。在该种债券的偿还上，因存在政府担保的关系，州政府是债券偿付的最后一条途径。国库公司在发行债券融资的过程中扮演者中间者的角色，即国库公司以自有名义在国内和国外两个资本市场上发行各种债券，如国内基准债券、全球可转换债券、海外债券等，并将通过发债融得的资金，贷款给州政府等部门①。并且《国库公司法》明确规定，国库公司贷款的对象范围为政府或与政

① 宋宝云：《澳大利亚国库公司模式及对我国准市政债的启示》，《中国债券》2009 年第 4 期。

府有关的组织机构。从贷款这一法律关系来说，国库公司与州政府是公司与客户的关系，是一种平等的民事关系，国库公司完全充当了商业银行的角色，这一点完全区别于我国城投公司。在贷款行为中，国库公司的收益来源为贷款的利息，对于到期的债券，国库公司以贷款的本金和所得的利息用以偿付债券。

国库公司的资金来源有两个方面：一是州政府闲置资金的投入，二是向国内和国际债券市场上发行债券。其中国库公司吸收政府闲置资金，可以扩充公司的经营资产能力，同时为了更好地吸引政府资金的投入，国库公司设计出一些金融性工具，如政府资金投入可以商业银行存款的方式，包括活期和定期，获得存款利息。国库公司通常将发债或政府投入的资金汇总，形成现款资金池。所以国库公司的现金流充足，很容易应对债券的偿付。

四、对规制我国城投债偿付风险的启示

（一）实行法治化管理

从美国、日本和澳大利亚的市政债券的成功经验来看，健全完善的法律制度是市政债券发展的保障，如美国和日本，都规定了各种完善市政债的法律制度。所以我国在发展和规范城投债，尤其是防控城投债偿付风险方面，从法律层面上着手，是十分必要并且不可缺少的。首先政府发行债券的权利需要以法律的形式予以明确，以此来增强政府的责任。其次在城投公司发债方面，法律对发行条件、发债监督、资金管理等方面应该作出规定，明确债券偿付的权利义务主体。

（二）完善配套制度建设

市政债从发行到偿付，需要行之有效的管理和监督体系与之相适应，包括信用评级、审批制度、监督体系和债券准备金制度等。对债券流通和偿还的过程都实行严格的程序质量管理和把控。如美国有一套信用评级、信息披露制度；日本有严格的监管和审计制度；同样在澳大利亚，所有的国库公司都是由普尔公司和穆迪公司对信用等级进行标准化的评价。所以城投债偿付问题的解决，需要有完善的信用评级制度保障信用评级的真实有效，更需要有严格的监督体制对城投债融来资金的管理使用进行监督，并且在城投债发行上需要有担保对其增信。完善的配套制度体系的建立不仅能增强城投债的信用等级，降低城投债的偿付风险，而且对城投债的最终偿付也起到保障作用。如债券担保和准备金制度，在对城投债增信的同时，为城投债未来偿付提供了资金上的保障。

第四节　城投债偿付问题的法律完善

一、城投债偿付责任主体的明确

“身份对于法律风险的判断至关重要，法律风险主体的身份不同可能导致法律风险的性质不同、法律风险责任承担者不同，甚至决定法律风险存在与否。”①可见城投债偿付责任主体不明，影响着城投债偿付风险的定性、偿付责任承担者的认定，乃至对偿付风险是否存在、大小等问题的判断。所以有必要明确城投债的偿付主体，防范城投债的偿付风险。

（一）基于发债行为明确偿付主体

城投债偿付体系的构建，离不开城投债偿付主体的明确和界定。这就需要我们在城投公司与地方政府于城投债发行这一法律行为中，分清他们各自扮演的角色，明确自身的权利和义务责任。基于法律行为说来定位城投债，明确谁是城投债偿付的真正债务人，在城投债融资中承担的义务内容为何，从而促使城投债从发行到资金使用管理到最后偿付的权利义务主体明确，确保投资者的权利和利益的实现。

从上文论述中可知，目前我国城投债是准市政债券。而在中国地方债试点发行并不断壮大发展的同时，作为准市政债券的城投债如何找到自己的位置，定性自身？城投债的发行本身就是一个法律行为，从其行为主体、行为内容和行为后果进行研究分析，来明确城投债的偿付责任主体，对明确其未来发展方向具有重要意义。

根据民事法律原理，法律行为包含行为主体、行为内容和行为后果即责任。一个法律行为的发生其主体的权利和义务责任完全一致。如此，城投债发行这一法律行为主体的权利义务责任同样具有一致性。

城投债发行的行为主体是城投公司。这是毫无疑问的。城投公司为城市基础设施建设融资，其中方式之一就是以企业债券的方式发行城投债券。债券市场上市交易的任何一类城投债券，均由城投公司在发行债券之前做充足的准备工作即债券发行资料的整理，然后按照企业债券发行的条件报审，

① 吴江水：《完美的防范——法律风险管理中的识别、评估与解决方案》，北京大学出版社 2010 年版，第 12 页。

根据发行的条件和程序，逐步进行债券发行的工作直至城投债券发行上市交易。在城投债发行的整个过程中，城投公司扮演主角并且是唯一主角，可见城投公司是城投债发行的唯一且真正的主体。

城投债发行的行为内容即权利义务。城投债发行的主体是城投公司，相应的发行法律行为的内容即权利义务直接归属于城投公司，城投公司享有权利同时承担义务，即城投公司在满足企业债发行条件的前提下，享有根据城投债发行条件发行债券的权利；同时对于城投债发行过程中法律法规所赋予的义务如募集资金的用途合法等应全部由城投公司承担。

城投债发行的行为后果即偿付责任。法律行为中行为主体的权利和义务责任是一致的。谁享有权利谁承担义务相应的谁就承担责任。在城投债的发行这一法律行为中，城投公司是行为主体，其对城投债发行后的行为后果承担责任，即承担偿付责任。

综上所述，基于发债之法律行为，在城投债从发行、交易到偿付这一过程中，皆由城投公司享有发行的权利和权益，承担发行过程中的义务，所以说城投公司是城投债偿付责任主体。

（二）基于担保情形明确偿付责任

在政府及其相关部门出台相关法规对地方政府投融资平台的担保进行规范和限制后，债券市场上的城投债以无担保的居多。从上文分析中，我们可以明确城投公司是城投债的实质偿付主体，所以在城投债没有其他担保增信的情况下，城投公司对城投债承担偿付责任。

虽然有相关法规文件的限制规定，但是城投债在发行时为了提高债券信用等级，降低发债成本，仍然会提供不同的担保方式进行增信。首先作为城投公司的出资人，地方政府成为城投债发行的隐性担保人。然而法律没有赋予地方政府做担保人的权利。所以地方政府的担保在法律上没有效力，地方政府对城投债的偿还仅担负道德上的义务，债权人无法向其主张自己的权利。虽然实践中存在地方政府兜底的事件，但是地方政府的财政实力在不断下降，对于即将到来的城投债偿付高峰，地方政府无法保证其是否能够支付巨大的偿付资金。所以在法律禁止地方政府担保的情况下，建议城投公司与地方政府签订回购协议，以此种方式引入政府信用，提高债券信用等级，并将回购资金优先用于城投债的偿还。其次，城投公司为城投债的发行提供第三方担保或抵押、质押担保。在此种情形下，城投公司在自有财产难以偿付城投债时，第三方担保和抵押、质押担保的权利的顺利实现是城投债偿付得以解决的主要方式。

（三）基于城投债的市政性质明确地方政府责任

在上文剖析中，本文赞同将城投债发展为市政债。而市政债券，因其一个“政”字，代表政府信誉，在偿付上不允许出现问题，必须刚性兑付。同样，作为市政债券缺少不了政府的担保，根据国际市政债券的相关经验，无论美国、日本还是澳大利亚，市政债券的发行都存在政府的担保。但是我国现行法律法规明确规定，地方政府不能作为保证人。这条规定与城投债市政性质需要政府担保相冲突。法律法规禁止政府担保有其存在的必要性和合理性，就目前来看该条法律法规不适应修改。那么在将城投债发展为市政债券时，如何明确地方政府的偿付责任？

虽然法律法规禁止政府作为保证人，但是实践操作中，城投债的发行皆存在地方政府的隐性担保。并且本文赞同将城投债发展成为市政债券，这就缺少不了地方政府的支持作用。所以建议将地方政府介入城投债的发行阳光化，地方政府不是城投债发行的担保者，而是城投债的间接发行主体，由地方政府委托城投公司以城投公司的名义发行城投债。城投公司无可厚非是城投债的偿付主体，并且是直接的——第一债务人；地方政府成为城投债的第二偿付责任主体——第二债务人。在城投公司无法偿还城投债时，投资者可以向地方政府提出偿债要求，但是前提是投资者对城投公司的权利用尽如城投公司破产仍然无法得到偿付。

近年来，地方政府自身债台高筑，财政现金流差，所以在地方政府成为第二债务人时，就有必要对城投债的偿付做出计划安排。地方政府可以建立城投债偿付基金账户，并于每年年初时，从财政预算资金中划入一笔款项到该基金账户。但该笔财政预算款项必须经过当地人大的决议，并且账户每笔资金的使用需向当地人大或人大常委会备案、审批，接受人大或人大常委会的监督。

二、城投债偿付风险的防范

“广义上，法律环境就是一种制度，它由正式制度——法律制度，以及非正式制度——法律意识、法治观念等组成”[①]，城投债偿付风险的防范同样离不开法律环境。所以有必要在法律条文、制度的完善下提高责任主体的偿付能力，在法律意识和法治观念存在的大环境下，完善基础制度、建立保障制度，从而防范城投债偿付风险。

---

① 王勇：《试论法律环境对经济发展的影响》，《科学社会主义》2008 年第 2 期。

（一）完善法律条文强化偿付主体的偿付能力

1. 强化城投公司的偿付能力

首先，完善《公司法》。从长期发展来看，城投公司应演变为真正意义上的“公司”，实实在在以“投入—收益—再投资”模式不断循环运行。2014 年 3 月份我国出台的新《公司法》，除了对金融类企业如银行、证券公司等注册资本进行限制，对其他股份公司和有限公司的最低注册资本没有限制性要求，自此我国一元设立公司成为可能，并且新修订的《公司法》删除了公司注册资本验资的条款。虽然修订的《公司法》对于我国中小企业的成立和发展具有积极意义，但是对于城投公司类企业，如果在注册资本上没有限制性条件，并且对注册资本的真实性不进行验查，那么更将会引发城投债的偿付风险。根据《公司法》第六条第二款的规定：“法律、行政法规规定设立公司必须报经批准的，应当在公司登记前依法办理批准手续。”所以有必要对城投类这种经营收益来源少的企业的注册资本在法律上进行特别规定。如城投公司最低注册资本为多少适宜？资金和实物出资比例如何分配？以此来提高城投公司准入的门槛，确保城投公司的现金流稳健，让城投公司成为真正的公司、具有真实的资产，落实“六真原则”。

其次，完善《证券法》。虽然城投公司发行城投债是完全依照《证券法》的规定依法定程序和条件进行，但是实践中很多城投公司自身无法达到这些条件。《证券法》规定的企业发行债券的条件之一为“最近三年平均可分配利润足以支付公司债券一年的利息”，但是很多城投公司皆为最近两年，地方政府为扩大融资渠道而仓促成立的公司，大多城投公司都不满三年。所以不满足条件的城投公司就会寻找途径以满足自身条件。如寻找成立三年以上的，并且经营范围相同，具有关联的公司，然后以该公司为前身，变更工商登记。此外，很多城投公司资产规模不大，自身无法满足法律法规规定的对债券发行主体净资产的要求①。因此，很多城投公司在发行城投债时，都需要地方政府提供资产注入。其方式包括土地出让或者城投公司与地方政府签订回购协议，如“11 绥化城投债”，2011 年土地出让收入的比例为 95.97%；“12 迁安债”，2011 年 BT 回购收入占比 90.34%；“11 皋交投债”“皋投债”，在 2011 年中，BT 回购收入比为 53.24%，土地收入比为 32.84%。

这些不满足发行条件或能力欠缺的城投公司在成功发行债券后，如果

① 发改财金〔2008〕7 号文规定了企业发债的条件：“股份有限公司的净资产额不低于人民币 3 000 万元，有限责任公司的净资产额不低于人民币 6 000 万元”以及“累计债券额不超过公司净资产(不含少数股东权益)的 40%。”

BT 项目破产或者土地抵押权难以实现，那么城投债的偿付将面临巨大风险。

所以对于城投公司发行城投债，应该予以严格的限制。首先应注重城投债交易的条件、方式和债券承销机构和方式的选择。根据（发改办财金〔2012〕3451 号）文的规定，企业类债券发行条件审核方式分为三种，第一种为加快和简化审核、第二种为从严审核类和第三种适当控制规模和节奏。在对城投公司发行债券的审核上，不应区分审核方式，应该实施从严审核的方式，加强事前的审查，防止经营规模小、偿债能力弱的城投公司发行债券，力争从源头上把控城投债的质量，防控其偿付风险。

2. 加强地方政府的偿付能力

提高地方政府的财政实力，需要修改《预算法》。首先从总体上来说，应允许政府通过发行地方债融资，实现地方政府列赤字合法化，扩大政府的财政实力。同时，《预算法》的修订应遵循财政平衡的理念，即财政收益权和财政支出责任保持一定的匹配度，财政收益权与财政立法权适当分离①。其次从各项法律制度上来说，其一，完善财政收支划分法律制度。对其各项制度做出具体的规定，增强地方政府在财务上的自力，确保其财政资金流动性强；其二，完善财政转移支付法律制度。制定财政转移支付的方式，促使财政转移支付的透明化、公平化，确保地方政府财政资金使用合理合法；其三，创新和制定财政投资法律制度。“迄今欠缺财政投资的专门法律，事关财政投资权限、规模等重大法律问题，目前全凭地方政府一把手‘拍脑袋’决定，”所以在预算法中，应明确其原则、范围、程序、监督等制度，更好地促使政府投资合理，防范财政风险。

（二）夯实基础制度防范城投债偿付风险

1. 城投公司的现代化改制

防控城投债偿付风险的首要途径是提升城投公司自治和自营能力，因此对城投公司的运作原则、组织结构、经营管理等进行改制是十分重要的。

首先在运作原则上。根据十八届三中全会的精神，在经济方面的建设，强调市场经济的决定性作用。因此在城投公司的设立和运行管理上，应该按照市场规律运行，以现代化的公司模式设立。现代化的公司管理制度，遵循市场的自由规律，市场主体之间公平竞争。并且在市场经济的范围内，企业法人治理完善，有一套系统完备的公司人事、组织等内部的科学制度体系。所以在改制城投公司时，我们应该明确方向以市场化经济为主体，促进企业

---

① 刘剑文：《收入分配改革与财税法制创新》，《中国法学》2011 年第 5 期

自身治理规范化，公司产权清晰，保证公司各种制度科学并且管理高效有方。

其次在组织机构上。城投公司采用市场化的运营模式，需要其分离与政府的关系，独立发展和运作，摆脱政府的影子，完全遵循市场的规律。这就要求城投公司按照新的规章制度对内部的机构和职员进行新一轮的分配。对于能够承建地方政府大型基础设施建设项目的城投公司，其自身设立的条件严格，必须满足法律法规规定的设立条件。城投公司的组织机构应该配置齐全，在位人员应具备高素质。在城投公司内部分设董事会、监事会，其设立条件可以依照法律对国有企业董事会、监事会的规定。为了提高城投公司自身经营收益，其中城投公司的董事会建设，是重中之重。企业设立的董事会，是经营管理的核心机构，它承担着公司的发展方向及各种重大战略投资项目的决策任务。所以在对董事会进行组建时，首先要明确董事会的组成人员其是否具有担当的资格。其次董事会的表决程序和它的会议议事规则都需要进行完善的建立。在城投公司中，监事会要充分发挥其监督的各项权利，对董事会的决议、公司的经营状况、财务运作等公司各项运营情况进行时效的监管和监督，真正落实自己的权责利。

对于公司上层的管理人员包括董事会和监事会人员，一般杜绝由政府行政人员担任。但是对于重大的建设项目，可以允许政府官员担任董事会或监事会的人员。不过他们一旦进入城投公司，进入企业，就需要放弃政府职务，不能身兼数职，并且他们不能参与城投公司的经营管理，只是在城投公司内部担任监督的职务。城投公司内部的经营管理的职位如总经理，城投公司可以聘任职业经理人或将国有企业有管理经验的管理人员调任城投公司任职，并且应充分明确公司高层管理人员如经理级别的管理人的职责范围，做到权利、权力和责任义务的明确，确保其责任清楚、权力制约、权限相当。

再次在经营管理上。城投债的偿付风险来源之一是城投公司自营能力不强，很多项目建设属于公益性项目，完全没有收益，所以在对城投公司改制时，全面清理城投公司的建设项目尤为重要。首先城投公司在日后承建的项目选择上，必须选择承建公益性项目即项目建设有经营性收益。其次对于在建的项目进行清理。对于那些承建过但是属于烂尾工程的项目进行彻底的整治和解决、去除。为了今后城投公司能更好地健康发展，城投公司对于目前自身债务也需要进行全力的整理。

将城投公司进行改制，使其走上市场化的经营道路。排除政府对城投公司的经营干预，完全按照国有企业改制的方式，实行政企分开的模式。在自有的财产范围内，自主经营、自负盈亏，完全按照市场化的方式进行运作。

2. 信息披露制度的完善

信息披露制度即信息公开制度，它是指债券发行主体在债券发行和交易的过程中，将债券主体和债券真实有效的信息公之于众，由此作为债券市场上投资者进行投资选择参考依据的一种法律制度。信息披露制度通过将债券发行人的信息公开，用以监督企业的经营和管理，并可以防止公司财务上的违规操作，保护投资者利益，维护市场正常的交易秩序。在现代证券市场的法律制度中，其中最为核心的制度是信息披露制度。根据国际经验，世界上很多国家的债券市场都十分看重信息披露制度，并且皆将其作为债券市场成熟发展的标志。其中美国的信息披露制度最为完善，并且与信用评级制度和债券保险制度并称债券市场上的“三驾马车”。美国对债券发行的信息披露制度作出详尽的规定，也得到了严格的执行和落实。在美国，债券发行人在进行信息披露时，要求其准确完整地将信息公开，尤为强调的是各个发行人的财务状况信息。并且发行主体公开披露的信息可以在发行主体的公司网站以及其他各大机构如证券公司或银行等网站上搜索查询得到。

城投债未来发展为市政债券，其完全遵循市场自由竞争的规律进行发行和交易。对投资者来说，其投资城投债就必须谨慎并且需要进行多方面的信息综合评价，进而进行优化选择。信息披露制度的具体完善，不仅能够将债券发行主体及其相关资料信息摆在市场投资者的面前，增加社会大众的监督效应，保障投资者的权益。并且能够使债券发行交易的过程更加透明化，节省相关监督机构的监管成本，显示出我国债券市场发展的成熟、规范。所以有必要完善信息披露制度、明确违反信息披露制度的法律责任，保证在城投债发行时，各个债券的信息披露详细真实。

首先，披露的内容。目前我国有关债券信息披露的法律规定很少，在《证券法》中虽规定有信息披露的条文，但是其内容主要是涉及上市公司的有关规定，并且内容不具体，规定得比较粗劣。基于对城投债偿付风险的防范，应在修改《证券法》时对债券发行的信息披露加强规定，并且应该更加具体和翔实，具有可操作性。应该在法律法规中明确，在城投债发行和交易中，发行主体需要公开什么样的信息、具体披露的时间节点、披露信息的审查监管部门等问题。如信息披露的内容包括债券发行公告、债券发行的方案、公司债务报表、城投公司的信用评级、债券的信用评级、债券增信方案如担保措施、债券的偿付计划等内容。其中信用评级、增信方案和偿债计划，是强制性披露的内容，保障投资者及时了解债券信息和城投公司的偿付能力。发行主体应该明确披露偿债计划的内容，包括城投债偿付资金的来源。债券到期后，城投公司资产不足时如何进行偿付等内容。2012 年发改委要求城投债偿付采用分期付款方式，发行人一般须从第三年末开始还本①。所以对采用分期付款方式偿付城投债的，应将分期付款计划进行详细披露。完整具体的偿债计划，是投资者选择投资城投债的重要保障，并且起到事先预防城投债偿付风险的作用。

其次，披露的义务与责任。城投债发行时因存在政府这层关系，导致发行主体盲目信任，投资过热。加上政府提供的信息可能存在失真或者不完整的情况，对于投资者来说证券投资交易的风险就会加大。在信息了解等各方面不平等不对称的情况下，投资者的权益难以得到保障。所以在相关法律法规对信息披露的内容进行具体完善时，强调发行主体信息披露的义务，对违反信息披露义务的发行主体进行惩罚是十分必要的。从法理学角度讲，法律责任可以分为违宪责任、刑事责任、民事责任、行政责任②。对违反信息披露义务的主体，可以对其进行民事、行政和刑事责任的追究。在法律条款中应明确各当事人主体的权限和责任，对于披露不全、不实信息甚至出现违规操作的主体，进行严厉惩处，导致投资者损失的，让其进行民事赔偿。违反情形较轻的如信息披露不全的，可以给予行政处罚，予以罚款、警告，并要求其及时改正；情节严重的如披露虚假信息的，一旦发现，给予刑事法律的追究。严格落实法律制度的执行。

3. 信用评级制度的完善

在规制城投债的偿付问题上，城投债信用评级制度的完善尤为重要。因为独立公正的信用评级一方面能够给债券投资者带来真实可靠的资料，得到高质量的债券投资选择，最终达到投资安全保障的效果。另一方面，正规有序的信用评级市场，对债券市场正常有序地运行，公平公正地竞争具有推进的作用。并且完备的信用评级制度的建立，完善的信用评级市场的确立，为政府有关部门审查债券发行条件提供便利条件，并且利于相关机构的监督管理，更为社会大众减少信息资料盲目查询和搜索的时间和精力，提高效力。

目前我国信用评级制度尚不规范，存在很多虚假的不规范的操作，其中最典型的是一些信用评级机构实行以价定级，即信用评级机构以城投公司支付的服务费的高低来决定信用等级的高低。信用评级不规范的大量出现，与信用评级发展历史短、市场没有统一标准不无关系。因此应严格地把控信用评级制度，将信用评级市场进行统一地规范，有利于债券投资者更好了解债券信息，从而进行明智的投资选择，更好地保护投资者的利益。因此我们可

---

① 董云峰：《发改委收紧城投债审批，监管类平台首当其冲》，http://finance.sina.com.cn/china/jrxw/20120424/012811901064.shtml，最后访问日期：2014年3月1日。

② 张文显：《法理学》，高等教育出版社1999年版，第126页。

以从信用评级的机构、信用评级相关法律等方面对信用评级制度进行完善。

（1）信用评级机构的规范。

我国目前存在很多的信用评级机构，规模不一，市场上竞争很大，导致以级来招揽客户的怪癖现象。世界上信用评级制度最完善的国家是美国，美国的信用评级机构数量不多，基本上不会出现为了市场生存竞争、出现以级争抢客户的现象。并且美国的评级机构一般不会主动为企业评级①，评级机构所做出的任何信用评级内容都必须全部公开。这样一来，每一次无论哪个评级机构在将其做出的评级结果公布出来后，该机构的信誉和荣誉就将被置于整个债券市场的参与者的监督之下，由此信用评级机构将会自觉地做出公平客观的结果，不会因为自身利益问题而有意地降低评级的标准和条件。所以我国有必要在结合国情的基础上，借鉴美国信用评级机构的做法，强制信用评级机构将其所做的评级结果公之于众。此外在信用评级机构的规范上，还需要强调信用评级机构的管理和信用评级工作人员的道德素质要求。

首先，信用评级机构的管理问题。在法律增设信用评级相关的条款时，就信用评级机构设立，需要制定严格的准入条件和宽松的解算条件。并且应当加强信用评级机构的培训和教育工作，在信用评级机构进行业务操作时，要求其严格遵照法律法规规定进行信用等级的确立，并且做到事前依照准确的资料进行定级，事后对评级的公司和债券进行跟踪处理，及时将不符合条件的主体级别或债券级别进行相应的下调。从而保障债券信用评级内容的客观真实、信用等级评定的结果公正有效。

其次，信用评级工作人员的道德素质问题。信用评级工作人员专业化程度和职业道德素质的高低决定着信用评级内容真实公正与否。所以应该要求信用评级人员统一通过专业知识考核，持有资格证。并且信用评级工作人员应具备职业道德素养，一旦发生违规违法的业务操作，实行双罚制，即对信用评级工作人员进行行政责任追究，如进行一定比例的罚款，或者在情况严重的情况下吊销资格证书或者禁止其几年或终身不能从事该种职业，甚至在非常严重的情况下追究其刑事责任；对于信用评级机构，无论其是否有过错均要对其员工的过错承担责任。这样不仅约束规范信用评级工作人员，并且要求信用评级机构对其员工进行职业道德的培养，并对员工工作进行监督，可以更好地防范信用评级不规范的操作。

（2）完善相关法律。

目前我国信用评级杂乱且没有质量上的保障，其中最重要的是我国尚未

---

① 高培勇、宋永明：《公共债务管理》，经济科学出版社 2004 年版，第 276 页。

制定相关的法律法规对其进行约束。所以在完善信用评级制度方面，应制定相关法律法规，如出台具体明细信用评级规则的有关法规，或完善现行的有关法律，如在公司法中增加信用评级条款。法律法规的制定和实施对防范城投债偿付风险给予制度上的保障，这是十分重要的。

4. 监督制度的建立健全

城投债偿付风险的防控，离不开对城投债发行偿付等过程的监督。目前我国城投债市场事前监管松，事后监管混乱，并且没有充分发挥社会公众尤其是投资者的监督意识和作用。监督体系的不严密，导致城投债从发行到偿付的过程出现很多信用风险，导致债券偿付问题突出，风险加大。所以应建立统一的监管机构，对债券发行交易进行统一监督，同时应增强社会监督的广泛作用，从而提高城投债的监管力度，防范城投债偿付风险。

(1) 设立统一的监管机构。

随着地方债逐渐推广，城投债进一步扩大发展，可以设立专门的监管机构，设置市政债券特有的监督和监管机构，进行统一协调的规范管理。结合我国国情，我国可以由证监会作为市政债的监督领导机构，形成对券商和债券交易所进行统一的管理。其中证监会内设专门机构，对城投债管理和监督的各项约束制度进行草拟，形成有效的监督体制。城投公司在发行债券之前，需要经过监管部门的审批，并且根据项目的大小来决定债券发行的数量、金额和期限。监管机构对城投债的报批、发行、交易和偿还等各个环节进行监督和管理。并且根据对城投公司的综合考量，监管机构可以随时向社会公布上市交易的城投债的信用和资信。城投债的发行并不是无限制的，城投债在市场上的数量是需要进行严格控制的。监管机构可以根据不同地方政府当年投资发展的需要，计划当地当年度城投债发行的规模和数量。这种在质量上进行把控，在数量上进行限制的监管形式能够很好地防范城投债偿付风险。

(2) 增强社会监督作用。

由于目前我国证券市场的发展并不成熟，债券投资者中以中小投资者为主，缺乏自身权益的维护意识，更缺少市场监督的意识。所以应该加强投资者的自我保护和监督的意识，提高全员参与度。我国债券市场上的第三方中介机构如会计事务所等相关机构，在债券发行交易过程中，其提供的对发行主体进行审核的资料如财务状况等，存在信息不全甚至出现审查不严的情况。对于承销商在债券发行承销的把关上没有发挥出真正的作用。所以在对城投债券市场的监督和监管时，首先可以建立行业监督机制，实行行业自律。其次债券的发行者，应该充分遵守法律的规定，及时充分地进行信息披露，并做到定期的信息完善。而作为债券发行的第三方中介机构如律师事务所、会计事务所和信用评级机构等，应加强其责任，提高自己的职业素养，充分担负起各自的义务，确保债券发行中监管的真实有效并保证其连续完整。作为债券市场的参与者，广大的债券投债者，应该尽显主人翁的风范，投资之前应该详细了解各种债券品种，对市场上出现的不规范的交易和操作行为上报监管机构，保障自己的权益。

（三）建立保障制度提升城投债偿付能力

根据国际发达国家经验，地方政府融资模式的成功不是因为其选择了正确的融资方式，而是因为地方政府能够设计出实际可行的债务偿付制度，作出合理的偿付安排计划，并且经济发展稳定、债务人和债券人之间权利义务明确、各项保障措施都以法律为前提①。所以在规制我国城投债偿付风险上，缺少不了保障制度的建立，如债券保险制度、准备金制度，以此来提升城投债偿付能力。

1. 发展债券保险制度

保险是损失分摊的一种经济管理方法，它有助于防范风险，并且分散风险。以经济的角度来看，保险是一种多数成员交纳保费，将较小部分的人员的风险损失分担给多数人的行为。保险就是社会生产生活中的一个稳定器，能够调节个人的风险损失，有助于社会稳定发展。虽然我国保险业起步发展晚，也没有西方发达国家发展得成熟，但是保险在我国逐渐深入民心，意外事故的时常发生，经济社会的不断进步，让人们逐渐认识到保险的好处和作用。

我国城投债的增信方式单一，这导致城投债的偿付风险扩大。目前将保险管理风险的方法植入城投债市场，无疑是城投债的一种增信措施，提高了城投债的信用等级，降低了城投债偿付的风险，最终保障城投债的偿付。美国的债券保险制度，即指由私营保险公司为市政债券发行主体提供担保并在违约时承担市政债券偿还责任的保险。借鉴美国债券保险制度的成功经验，不仅可以弥补我国债券担保的不足，还可以提高城投债的信用等级和增加清偿保障。城投债发行时，由城投债发行主体，根据城投债的信用级别和增信需求来考虑是否选择购买债券保险。保险公司调派专门职员来评价城投债所对应的项目中的风险，风险越大支付的保费越高，或按照城投债的综合信用评级，来明确城投债购买债券保险金额的大小。

---

① 宋立：《地方公共机构债券融资制度的国际比较及启示——以美国市政债券与日本地方债券为例》，《经济社会体制比较》2005 年第 3 期。

未来城投债发展为市政债，城投公司对自身的偿付能力要求高，为城投债发行购买债券保险的做法，既可以提高城投债的信用等级和交易能力，又对其到期债券清偿资金的来源提供保障。债券保险的存在相对于其它增信措施如政府隐性担保，更利于城投债的发展。债券保险使城投债更具有市场属性，在发行主体无法偿还到期城投债并满足承保范围时，由保险公司承担城投债的偿付责任。而相应的政府担保就存在由于其自身能力欠缺无法满足偿付的不良后果。并且为了自身利益，保险公司一般会对发行主体项目建设的风险防控提出可行性的建议和方案，为城投公司健康顺利地进行项目建设提供了良好的基础。

2. 建立准备金制度

城投债偿付风险的防范离不开发行主体之外的偿还基金的保障。如同商业银行需要上交存款准备金，在债券刚性兑付的要求下，城投债偿还理应存在债券偿还准备金制度。笔者认同将城投债规范发展为我国地方债的一种债券品种，其性质完全类似国外市政债券。根据国际市政经验，债券偿还准备金制度，在各个国家都有确立和执行，如美国强制性偿债基金，日本的减债基金。偿债基金制度的建立，对于债券到期偿付是一个重要的保障，并且能够增信城投债，保障投资者的利益。

我国目前没有债券偿还基金账户，而城投债偿付的风险随时存在。虽然城投公司发展经营性项目会获取收益，但是决策会有失误、项目会有失败、经营会有亏本，这些不确定因素的存在，对没有任何其他保障的城投公司来说，其偿付债券的能力是不能保障的。并且在投资购买了债券保险的情况下，虽然有保险公司提供偿付资金，但是保险也不会是万能的，并不能将城投债违约情况的方方面面都纳入其承保的范围。

所以，在规范城投债健康发展的道路上，应该建立债券偿付准备金制度。

首先，城投公司可以建立自己的债务偿还预备金账户，定期存入一定款项，预防公司在经营时发生流动资金紧张导致违约情况。同时城投公司应建立债务的风险警报系统，在还款期到来之前，定期清算其自有的资本金和债务，一旦发现公司资产状况不明，经营状况出现危机等情况时，拉响风险警报从而使公司的领导者可以提前制定相关对策，如加快公司正常化经营，或提前申请破产重组等。其次应由国家统一设立和管理债券准备基金账户，由发行债券的城投公司在每期债券成功发行上市后向其缴纳一定的资金，并且这种上交准备金的做法是强制性的要求，属于法定的准备金。该账户将所有发行主体上交的资金融合为一个大的资金池，一旦有城投公司出现债务问题，难以偿付到期债权，其可以向国家准备金账户机构申请借款，同时在还款的期限上有一定的约束。

偿债基金账户成功设立后，存在一个监管和监督的问题。这就需要实行分离的账户管理制度。如由专门的人员管理基金账户资产，有专门的人员执行基金借款，将借款执行人员和账户管理人员完全分离，防范基金账户的恶意挪用，并起到互相监督和制约的作用。

结　语

目前虽然我国已经开始试点发行地方债，但是在法律上，尚未承认地方政府发行债券的权利。城投债是在地方政府财政饥渴的状态下，基于我国国情在法律空白页面产生的创新性产品。我国地方债的全面推广将势不可挡，城投债的融资效果不可否认。在充分考虑我国国情的基础上，借鉴国际市政债券的有益经验，在肯定地方政府发债权的同时，应全面考虑城投债的规范发展。在发展地方债的大趋势下，应重视城投债的偿还问题，并对其偿付风险和监管等作出可行规定，最终将投资者的利益保护作为落脚点和出发点。

(1) 城投债偿付问题的规制，首先需要明确城投债的性质。将其引向市政债券发展，完全归属于地方债的单独品种，承担部分市政建设融资的功能。

(2) 对城投公司进行全面改制，引入市场化资本，使城投公司注册资金来源多元化。在将城投公司与地方政府分离的基础上，对防范城投债偿付风险的各项制度进行设计。

(3) 国外经验的必要借鉴。但是应坚持一切从实际出发，在符合我国基本国情的条件下，适当引进国外有益做法，丰富城投债偿付体系。

(4) 任何事物的发展壮大都有一个过程，城投债在健康发展的过程中也不是一蹴而就的。建议分目标地进行城投债偿付体系的设计和完善。

(5) 城投债偿付问题的解决途径之一是防范城投债的风险。提高城投债的信用等级，建立多元化的偿付保障机制，从而保障债券市场的公平公正，维护投资者利益。

(6) 城投债偿付问题是城投债券制度课题的一部分，但是其也呈现出综合的一面。因此规制偿付问题、构建偿付体系，应该综合多方面的制度考虑。

第十章

城投公司逃废债行为的商事立法规制

【核心提示】分税制改革后，我国地方政府迫于基建资金需求，设立隶属企业城投公司用来举债。城投公司无限制举债使得偿付风险剧增，哈城投、南京交投及江苏苏通等城投公司借重组之名行逃废债之实的案例让人触目惊心。城投债的投资者除机构外还有大量个人，如若风险失控，不排除商事纠纷转化为社会风险的可能。而地方政府的行政干预又使得城投公司事务愈发扑朔迷离，故而通过法制化手段将“权力关进制度的笼子”是缓解这一危机的关键。实体法上，通过《公司法》《证券法》《合同法》及《破产法》的修改完善，重点加强对城投公司资产注入划拨、股权构成及重组信息披露的监管。程序法上，当发生城投公司逃废债纠纷时，给予债权人更多商事纠纷解决途径的选择。

问题的引出

我国地方政府因分税制改革面临财权与事权不匹配的尴尬。根据《预算法》《担保法》的规定，地方政府既不能举债也不可对债务提供担保，然迫于基建资金需求，地方设立隶属企业即城投公司，通过它来举债[①]。但由于城投公司的特殊性，使得其债务偿付变得扑朔迷离。一者，城投债并非地方直接负债，其不在预算内，政府可以假借城投公司的有限责任来规避风险；二者，城投公司举债非由市场调控，在行政主导下不排除低效工程的存在，这更加剧了城投债的偿付风险。而现实中，城投公司自注资成立到融资经营再到资产

① 周沅帆：《城投债——中国式市政债券》，中信出版社 2010 年版，第 5—6 页。

重组及破产，法律法规对其运行的关键环节及地方政府背景重视不足，司法中又存在因法律法规间结构不严谨而导致的适用冲突或真空，这都刺激着城投公司的寻租欲求；加之地方政府介入城投公司的重组，城投公司逃废债行为进一步复杂化。如何通过商事立法有效预防和规制城投公司的逃废债行为，借助法制化手段将“权力关进制度的笼子”为本文所关注。

第一节　城投公司逃废债的背景及实际操作手法

一、城投公司逃废债的背景

由于地方政府不列赤字，而城投举债又在预算之外，在“城镇化”背景下，各地以 GDP 为本位大肆举债建设。2010 年 6 月，“国发 19 号文”[①]着手对已存在的地方举债担保进行彻查，一时间城投债交易陷入低谷。7 月，财政部等四部门发文[②]，细则性解释“国发 19 号文”。11 月，“发改办财金 2881 号文”[③]对地方政府借城投公司发债做了量化约束。2011 年 7 月，发改委办公厅就企业债券存续期等公布“发改办财金 1765 号文”[④]。2012 年底，财政部等四部门又对地方违规举债等做出规制[⑤]。尽管中央三令五申控制地方债务风险，但无可否认，地方显性、隐性债务规模不小，它在政府头上悬了一把刀，结果未知。

在城投公司的逃废债行为中，我们不难看出地方行政的干预，但要研究其通过重组等方式逃废债的行为，不能仅仅归责于地方政府的权力滥用，而且要关注到城投公司作为法人，更多地从法制化角度重新审视法律法规体系的疏漏与构筑。

二、城投公司逃废债的操作手法

（一）资产置换类事例——哈城投事件

2009 年 3 月，哈城投发债称，该期债券按期偿付的保障为其良好的土地

---

① 参见《国务院关于加强地方政府融资平台公司管理有关问题的通知》。

② 参见《关于贯彻国务院关于加强地方政府融资平台公司管理有关问题的通知相关事项的通知》（财预 412 号文）。

③ 参见《国家发展改革委办公厅关于进一步规范地方政府投融资平台公司发行债券行为有关问题的通知》。

④ 参见《国家发展改革委办公厅关于进一步加强企业债券存续期监管工作有关问题的通知》。

⑤ 参见《关于制止地方政府违法违规融资行为的通知》（财预 463 号文）。

运作。但2008年哈市政府用哈物业供热集团有限公司的国有股权置换了原2006年注入哈城投的国有土地资产。联合资信称,哈城投大量经营性土地资产被置换出来将对未来公司经营产生不利影响……①“10华靖债”②也采用了雷同的做法。

（二）资产剥离类事例——南京交投事件

2012年6月,南京地铁集团组建,而按南京市有关重组方案,新组建的地铁集团的资产,有可能全部从南京交投剥离而得,而这些资产占到南京交投总资产的40%。但南京交投未对重组事件做出正式公告。③ 此外,闻名债市的“08云投债”与“10广州建投债”④,也采用了异曲同工的操作手法。

（三）股权转让、出售类事例——江苏苏通事件

2008年12月,江苏苏通决定出资收购苏州绕城高速的股权,并对绕城公司进行增资;2012年7月,绕城公司再度向各大股东提出继续增资要求,江苏苏通决定放弃继续增资。9月,江苏苏通在其债券募集说明书中没有披露任何有关即将转让苏州绕城股权的消息。12月,江苏苏通将其持有的绕城12.71%的股权转让,共计产生损失7亿多元⑤。“10川高速”也以同样的手法炮制了一场危机。

以上几类城投公司重组行为均曝出未履行信息披露之问题,由此引发债市波动和危机,给债权人造成直接或间接损失。因城投公司存在地方政府渊源,在分析其行为时理当注意其特殊性。限于主题,本文仅从商法视角分析城投公司的逃废债行为。

---

① 田文会、聂伟柱:《主体资产已被置换哈城投20亿公司债仍大打“土地”牌》,http://www.nbd.com.cn/articles/2010-03-23/271204.html,最后访问日期:2013年8月17日。

② 张宇哲、田林:《平台贷惊现“腾挪术”、地方债信用风险大增》,http://finance.caixin.com/2011-07-04/100275692.html,最后访问日期:2013年8月17日。

③ 财经网:《城投债核心资产转移隐忧:南京交投近半资产或被划转》,http://finance.caijing.com.cn/2012-07-04/111927584.html,最后访问日期:2013年8月17日

④ 王春梅:《云投债风波》,http://www.qikan.com.cn/Article/cjgj/cjgj201116/cjgj20111602.html,最后访问日期:2013年8月17日。

⑤ 史进峰、苏孟迪:《江苏苏通7亿股权投资万元转让,政府融资平台再现资产划拨》,http://www.21cbh.com/HTML/2013-4-18/wNMzY5XzY2NTEwNQ.html,最后访问日期:2013年8月17日。

第二节　城投公司逃废债行为的商法维度分析

一、城投公司逃废债务行为的法律关系分析

（一）城投公司逃废债务行为的法律定性

城投公司发债，与投资者形成合同关系。债券募集公告，即为买方提供的格式合同，而格式合同的概念，意味着有时并非相对方的真实意愿，由此不可避免地存在隐患。如“09 武进城投债”募集说明书第七条规定：“……本期债券的发行人依据有关法律、法规的规定发生合法变更……，投资者同意并接受这种变更……；在本期债券存续期内，若发行人将其在本期债券项下的债务转让给新债务人……，投资者在此不可撤销地事先同意并接受这种债务转让……。”①此外，“10 宜春城投债”②与“12 江阴城投债”③也异曲同工。格式合同只要未触及《合同法》第四十条“具有本法第五十二条和第五十三条规定情形……或……免除其责任、加重对方责任、排除对方主要权利的”就应认定为有效。城投债权人投入资本，及时获知资金运营风险是其享有的基本权利，故须债务人履行其最起码的义务即信息披露。因此，笔者认为上述债券募集说明书中的“认购人承诺”条款有违《合同法》第四十条当属无效。而我国任何法律法规均未明示知情权的主要权利地位，如寄希望于中央出台政策加以遏制，又会出现尴尬：《合同法》第五十二条规定合同违反法律、行政法规的强制性规定无效，但发改委发布的“发改办财金 1765 号文”属部门规章，效力低于行政法规，故“12 江阴城投债”虽违背部门规章的强制规定，但未触犯《合同法》，且投资者又默认放弃其知晓与决定城投有关事项的权利，结果就让城投公司利用法律及规章间的真空钻了空子。综上，笔者认为城投公司的逃废债行为当属合同违约行为，如进一步造成了投资者的财产损失，亦属侵权行为。

---

① 金融界：《2009 年武进城投公司债券募集说明书》，http：//bond.jrj.com.cn/bv/2009/0608/00000000000001qb0j.shtml，最后访问日期：2013 年 8 月 17 日。

② 金融界：《2010 年宜春市城市建设投资开发总公司企业债券募集说明书》，http：//bond.jrj.com.cn/bv/2010/0430/00000000000002Ue5m.shtml，最后访问日期：2013 年 8 月 17 日。

③ 申银万国证券：《2012 年江阴城市建设投资有限公司公司债券募集说明书》，http：//www.sw2000.com.cn/sw/node189/node200/node798/node801/node861/u1ai1898349.html，最后访问日期：2013 年 8 月 17 日。

（二）城投债的真正负债者

城投公司举债后的资金流向由地方政府把控，地方政府以城投公司的名义募资，是为了规避《预算法》与《担保法》的规定，降低融资风险，必要时还可关闭了之。而除了操控城投公司的业务，地方政府还在一定程度上为城投公司举债提供无形担保（也有通过牵涉到该利益链的其他机构为城投公司发债作担保），一旦因过度举债而地方无法解决，还可让中央政府来兜底偿还。由此，城投公司发债引发的风险，实际上最终会转嫁到纳税公民身上。可以说，地方政府才是城投债的真正负债者和责任人。

（三）城投债投资中的个人

城投债投资者多为机构，如银行、保险公司等。但随着我国金融市场产品的多样化，富裕起来的百姓把目光由传统储蓄转向股票、债券、基金、信托等专业理财。如 2013 年 3 月，用益信托网上就挂出了一款名为南京江宁交通集团应收账款收益权投资集合资金信托计划第一期的信托产品①，个人可通过信托、基金等手段来投资城投债。个人投资虽不比机构，但其庞大的基数值得关注。城投债一旦引发风险，就很有可能由商事纠纷演变为社会风险。

二、城投公司逃废债务行为的商事程序分析

上文列举的城投公司逃废债行为多表现为资产置换与剥离、转让和股权抛售。而城投公司的重组，大多是在地方政府的授权或默认下，经过企业间协商、谈判，在国资委等部门的监督下，经资评机构的评估、会计师事务所的审计与律师事务所的建议（如涉及上市城投公司还要报经证监会批准），经一系列复杂程序才完成。

（一）城投公司重组中的债权人告知

城投公司重组对外涉及债权人利益。以云投事件为代表的城投公司逃废债行为说明，在没有直接利益群体介入时，城投公司重组的合理性与可行性值得商榷。鉴于城投公司的性质及其地方政府背景，城投公司对外披露重组信息的程序必不可少，标准要明确并高于一般企业，这样才能限制行政在资本市场的无节制扩张，才能为债权人合法权益的保护提供可能。因为只有在信息被完全及时地披露、债权人掌握重组情况时，债权人才有可能与公司

① 韩迅：《基建信托凶猛、地方政府隐性担保风险暗藏》，http：//www.21cbh.com/2013/xintuo_37/634753.html，最后访问日期：2013 年 8 月 17 日。

协商维护自身的利益。我们的商事立法与司法理应如此导向。

（二）来自破产重整程序的经验

我国《破产法》第七十条规定“债务人或债权人可……直接向人民法院申请对债务人进行重整……”，第八十四条规定“……出席会议的同一表决组的债权人过半数同意重整计划草案，并且其所代表的债权额占该组债权总额的三分之二以上的，即为该组通过重整计划草案……”。此外，从第八十五条至第八十八条可知，债权人会议掌握着除司法权之外有关公司重组的最大决策权。

不可否认的是，面临重组的公司，与面临重整境况相异，涉及的利益群体亦大不相同。但它们有着相同的外在利益群体即债权人，债权人对城投公司来说是股东之外的第二主人，其理应享有重组时的相当权益，而不应沦为摆设，不被告知重组的相关信息。

第三节　城投公司逃废债行为的商法原因探究

一、地方行政作祟

城投公司实质为披着市场主体外衣的地方政府，我们可从其设立目的、股权结构及财保与人保等方面发现公司背后的地方政府的影子，城投公司的一举一动受制于地方政府。地方可以城投的名义无节制举债，如偿还不能还可借城投公司的法人形式主张承担有限责任，或通过资产划拨等手段金蝉脱壳。

不可否认的是，尽管目前城投公司作为地方权力的傀儡而存在，但在财税体制未变革的情况下，其仍然不失为地方政府融资的一条有力渠道，只不过被滥用了，因此需要通过商事立法划清地方政府和城投公司之间的关系和责、权、利。

二、法律规制缺失

（一）《公司法》规制的缺失

《公司法》第一百七十七条关于减资的规定，即“公司需要减少注册资本时……应当自……决议之日起十日内通知债权人，并于三十日内在报纸上公告。债权人……有权要求公司清偿债务或者提供相应的担保……”，与《公司法》关于“合并”的规定相仿。然《公司法》第一百七十五、一百七十八条关于

“分立”和“增资”的规定，并未明确债权人享有这两项债权请求权。城投公司重组难免会出现合并、分立、增资、减资等情况，《公司法》却仅保护债权人的“知情权”。况且《公司法》并未完全覆盖重组的全部内容，如关于资产置换的规制就处于“灰色地带”，且实务中公司即使做出资产划拨行为，也并不一定会减少注册资本，对此《公司法》无能为力。

（二）《证券法》治理的盲区

《证券法》第六十七条针对“重大事件”作了列举：“……公司订立重要合同，可能对公司的资产、负债、权益和经营成果产生重要影响……公司减资、合并、分立、解散及申请破产的决定……”第六十七条明确当发生可能对上市公司股票交易价格产生较大影响的重大事件，投资者尚未得知时，上市公司应当立即将有关该重大事件的情况向国务院证券监督管理机构和证券交易所报送临时报告，并予公告，说明事件的起因、目前的状态和可能产生的法律后果。但第六十五、第六十六、第六十七条调整的对象是“上市公司及公司债券上市交易的公司”。现阶段我国绝对数量的城投公司仍是非上市公司，处于《证券法》的监管盲区。此外，还有一些城投公司发债时只针对特定机构与极少数个人进行定向募资而规避《证券法》。

（三）《合同法》衔接的疏漏

《合同法》第四十条：“具有本法第五十二条和第五十三条规定情形……或……免除其责任、加重对方责任、排除对方主要权利的，该条款无效。”第五十二条：“……下列情形……合同无效：……以合法形式掩盖非法目的……损害社会公共利益……违反法律、行政法规的强制性规定。”第五十三条：“合同……免责条款无效：……造成对方人身伤害的……因故意或者重大过失造成对方财产损失的。”笔者前文提及“认购者承诺”触犯《合同法》第四十条规定，应属无效条款。但现阶段各法律法规均未将债权人知晓、同意城投公司重组的信息披露作为其主要权利予以明确，即投资者能否主张违约责任成了不解之谜。此外“发改办财金 1765 号文”与《合同法》的衔接也出现了真空。

总之，我国目前的商事法律尚未把城投公司作为特殊公司加以规范，以上《公司法》《证券法》及《合同法》的法律规制明显存在不足，城投公司完全可以借助这样的规制缺疏去寻租。因此，必须完善商事立法，加强对城投公司逃废债行为的商法规制。

第四节 城投公司逃废债行为的《公司法》规制

除了应将城投公司经营中的资产划拨与置换纳入《公司法》规制外，还应从两方面入手：一是针对城投公司须作特殊规定；二是赋予债权人积极权能。

一、《公司法》关于城投公司的特殊规定

（一）注册资本的规定

由于股份与土地使用权等非现金资本价格的不断波动，极有可能造成担保价值的缩水，给城投债偿付带来风险。2009年《北海市投融资平台国有资产划转和资金注入方案》[①]中，输入资产主要为各种产权与经营权，而现金注入很少。现行公司法取消了股东货币出资占公司注册资本的最低比例的限定，更有可能被滥用而致投入资产不足。

此外，对于城投公司注册资本的价值评估与抽逃注册资本的监督，本级政府应委托资评机构公正、合法地进行。有关抽逃注册资本的监督，原则上应由上级工商行政管理部门定期核查，对非法抽逃注册资本的行为要予以行政处罚，情节严重构成犯罪的，应处以刑罚。

（二）股权结构的设计

在城投公司的股权结构中，地方政府控制的股份应限制在相对多数（低于50%），增加民间资本的股权比例。明确并完善城投公司股东会、董事会和监事会的各项职权，债权人代表进入股东会、董事会与监事会。股东会表决，对于一般投资经营事项，股东所持表决权过半数同意即可；对于重大投资经营事项，须经代表三分之二以上表决权的股东通过。

对于影响债权人利益较大的个别重大投资或经营事项（包括但不限于公司资产重组事项），债权人代表享有一票否决权。

二、债权人积极权能的赋予

（一）债权请求权

部分人会认为当公司分立或增资时，客观上不会给债权人造成偿付风

① 北海市人民政府：中共北海市委员会、北海市人民政府关于印发《北海市投融资平台国有资产划转和资金注入方案》的通知，http：//www.beihai.gov.cn/8777/2009_9_8/8777_84174_1252373236641.html，最后访问日期：2013年8月17日。

险，因此也就没有必要赋予债权人以“清偿债务与提供担保”之请求权。笔者认为，不论公司分立与增资对债权人主张债权有无风险，单从无风险则无权利这一点看就有逻辑错误。权利的作用之一的确是为了防范风险的发生，但除此之外权利还代表着与交易对方对等的法律地位。由此，权利的享有只是防范风险的充分条件，而非必要条件。

还有人会认为法律如此规定是有利于隔离不必要的主张而保证商事的效率。笔者认为，一方面，债权人享有债权请求权是民事法律赋予的基本权能，债权人有权在任何时间主张债权，只需告知而无须经过债务人的同意。另一方面，现阶段公司的信息披露规制很不完善，除上市公司等大型公司的情况相对乐观外，多数企业履行状况堪忧，法律法规的失位使得债权人的风险被无限放大。而仅赋予债权人消极的“知情权”，完全不能有效防范可能发生的风险，尤其是在城投公司的背景下，“大风险—小权利”的法律规制格局显得更加失衡。

（二）提前终止权

赋予债权人以债权请求权就必然要考虑其实施后果，一为债务人清偿债务或提供担保，另则相反。当债务人不履行时，债权人如何做也亦有制度保障。在交易双方地位不平等的情形下，法定比约定效力更强、成本更低；另，鉴于目前我国司法程序与纠纷调解机制的高成本使债权人往往赢了官司丢了利益。赋予债权人以特定前提下的提前终止权，能使其及时确保自身利益，更加符合商事理念。

在城投公司被行政权力滥用的背景下，保护债权人利益的难度更大。没有官方背景的投资者面对城投公司，只有仰仗法律法规赋予的保障性积极权能才能防止利益受损，同时牵制和监督行政权力的扩张。

（三）特别表决权

现阶段，城投公司重组大都在企业内或企业间就资产、股权、债权做划转、置换、转让等协议。债权人了解重组只能通过通知或公告，一旦城投公司未及时或未履行信息披露义务，债权人便只能寄希望于政府信用。债权人在城投债的投资中往往处于弱势，不仅缺乏实体积极权能，而且缺乏程序积极权能。

将债权人代表引入城投公司，在维护其自身利益的同时还能在一定程度上制衡地方权力的滥用。然变革城投公司是个渐进过程，地方政府始终要扮演重要角色。在具备官方背景的公司中，弱势债权人的介入难免会因表决权的相对少数和其他复杂因素而遭排挤。《公司法》需要在保证城投公司运营的情况下，使债权人能够有效维权，对涉及其自身重大利益的问题，可规定债权人代表享有一票否决权。

在股东会提出重组建议时，公司内债权人代表应及时告知当事债权人（通知或公告），满一定期限如无债权人异议，债权人代表则作为处理重组事务的全权代表与城投股东进行商议。商议达成阶段性成果时，公司应公告并及时披露信息；如债权人代表认为重组有损债权人利益，则一票否决。这将有效改变城投公司重组由地方行政操控的局面，同时城投公司重组的信息披露义务由公司与债权人代表共同承担，二者可以相互监督。

现阶段可将“发改办财金 1765 号文”中“在债券存续期内进行资产重组……政府部门或主要股东……履行必要的程序。一是重组方案必须经企业债券持有人会议同意……四是重组方案应报送国家发展改革委备案……”升格为行政法规或法律，以备在过渡期内督促城投公司重组及时披露信息以保护债权人合法权益。

第五节 城投公司逃废债行为的《证券法》规制

城投公司逃废债的根本原因是信息披露不畅，而《证券法》又未能解决、缓解这一尴尬。2010 年“国发 19 号文”下发后，各部门也着手制定了针对城投公司的若干规定，但这些规章的法律位阶低，城投公司完全可以借口法规规章与法律规定相异而怠于执行。城投公司屡屡利用法律盲区换取巨额利益，这是法治国家不应出现的局面。

《证券法》领域能够遏制城投公司逃废债行为的杀手锏是信息披露。可将《证券法》第三章第三节的调整范围扩大至包含但不限于城投公司的债券发行。《证券法》第七条第二款提到的“证监会派出机构”可联合当地国资委双管齐下，对城投公司进行监督，前者主要监督城投债券的发行、交易与偿付；城投公司应实行中期、年度报告及重大事件披露制度。通过证监会派出机构有效监管并确保城投公司信息披露的规范履行。

第六节 城投公司逃废债行为的《合同法》规制

针对《合同法》之于城投公司逃废债行为的规制无力，或许有学者会提出投资者可事先与城投公司约定其享有积极法律权能……。然而，实践中优势方的城投公司怎会无条件同意与债权人作出限制己方“特权”的约定？

面对城投公司，《合同法》应进一步强化合同无效及可撤销等强行性规则的适用。《合同法》第五十二、第五十四条对于债权人的保障力度远比通过协商主张权利成本更低、效率更高。第五十二条“……以合法形式掩盖非法目的……损害社会公共利益……违反法律、行政法规的强制性规定”，第五十三条“合同中的下列免责条款无效：……因故意或者重大过失造成对方财产损失的”，及第五十四条“下列……当事人一方有权请求……变更或者撤销：……在订立合同时显失公平的”，司法中，法官完全可视城投公司逃废债行为的具体情形适用如上条款，对个别条款不排除进行个案扩张解释和法律拟制，以切实保障城投债权人的权益。故笔者认为，城投公司的举债行为是商事行为，其与投资人之间的合同是不同于普通民事合同的商事合同，在思考合同法领域如何规制城投公司的逃废债行为时，可由法官运用商事裁判思维，对现有法条加以扩张解释或依法律拟制加以解决，而没必要谈及立法。当然，这对于我国司法来说是一种挑战和考验。

结　语

综上，对城投公司逃废债行为的商事立法规制，应遵循以《公司法》为主线，《证券法》和《合同法》为两翼，《破产法》为最后的模式。《公司法》承担更多责任，与《证券法》《合同法》和《破产法》相呼应。《合同法》《破产法》这两部与公司重组无直接关联的法律，针对城投公司逃废债行为并不需要特别修改，但应在现有领域内进一步明确调整范畴。

城投公司逃废债行为的商事立法规制，不应仅是某几部法律的修改与适用。提升相关法律位阶，把可以有效规制城投公司逃废债行为的规定纳入行政法规乃至法律中，也是构筑完整法律规制体系的重要组成部分。此外，在保障债权人实体权能的同时，还应注重赋予其程序性权利。当陷入逃废债纠纷时，应给予债权人更多纠纷解决途径的选择。此外，无论是国家司法还是民间调解机制，对城投公司逃废债行为的举证责任分配，应适用举证责任倒置，以体现商事立法既重效率又不失公平之价值理念。

第十一章

债券违约刚性兑付的形成机理与破解法门

【核心提示】我国债券市场陷入刚性兑付迷阵越来越深,以至于其中的市场主体明知其危害,却已找不到或不想找破解逃生之门。有人说这是市场绑架了政府,实乃债券发行人、中介机构、投资人以及政府等几方法律主体交互作为、交互影响而形成的困局。表面看,信用的弱化和缺失,是刚性兑付预期形成的社会基础;实质上,基于债券持有人利益保护原点的债市法治供给不足,导致债券投资者无法预判投资行为的风险底线,从而越界要求刚性兑付。打破刚性兑付,必须加强债市法治,明确不同债券的法律性质和责任主体,夯实债券持有人的请求权基础,建立和完善以债券持有人会议制度、债券受托管理人制度及破产偿债制度等为中心的债券违约救济机制。让刚性兑付从"权利"状态回归至"义务"本质,此乃破解债市刚性兑付迷阵的不二法门。

第一节　问题引出:债券市场刚性兑付的破解迷阵

我国债券市场自 2015 年秋季以来,真正是进入了肃杀的多事之秋——保定天威英利、山水水泥等一批企业债券相继违约,债市能否终结刚性兑付,再次成为市场热议的焦点。据彭博社汇编的数据,山水水泥 2015 年 11 月初未能如期兑付 20 亿元人民币到期境内债券,由此成为 2015 年来至少第六家境内债券违约的中国公司,投资者寄望于大股东天瑞集团助其偿债,致其债券价格月末出现攀升①。

① 新浪财经讯:《山水水泥债券大幅攀升投资者寄望于天瑞帮助偿债》,http://finance.sina.com.cn/money/bond/20151130/160523889989.shtml,最后访问日期:2017 年 2 月 11 日。

而“11 超日债”，则通过引入资产重组得以最终兑付。大批理论界和实务界人士呼吁打破刚性兑付，但也有人指出，市场存在“伪刚性兑付”，对“刚性兑付”现象要加以甄别，对那些不真正的“刚性兑付”不应贴上“刚兑”标签，而对真正的“刚性兑付”则要坚决打破①。如是，则需要思考和研究：如何认识我国债券市场的“刚性兑付”？“刚兑”背后的本质是什么？如要破解债市刚兑迷阵，法治维度当如何做好应对策略？

随着我国资本市场向纵横双维度的拓展，债券，已经成为地方政府、企业的重要融资手段。而不同的举债主体一旦发债，便成了债务承担者，其债务偿付能力，直接关系到债券持有人的利益。近年虽然尚未出现大规模的债券违约现象，但债市违约事件已然呈明显增长趋势，因此，债券违约之后的偿付问题，便成为一个突出问题。根据公开报道，从 2001 年到 2014 年 3 月，我国债券市场并未发生发行主体的实质性违约；时至 2014 年 3 月，由于“11 超日债”没能足额兑付，债市无违约的状况被终结。同一年中，“12 华特斯”“12 金泰债”“12 津天联”等私募债纷纷出现不同程度的兑付危机，其中“12 津天联”私募债于 2014 年 7 月 28 日正式违约，但在当地相关部门的大力协调之下，还是向投资者支付了利息。而 2015 年，则是我国债市风雨飘摇、险象环生的一年。2015 年 4 月，天威集团未能支付 15 亿元的 2011 年度第二期中期票据利息，不幸登上了国企债券的违约榜首。是年 4 月，还有“ST 湘鄂债”出现了实质性违约，成为国内公募债券本金违约的首例角色。时间流至 2016 年 6 月，细数我国信用债市场中还未出现违约的债券品种，竟然只有城投债，而即使是它，从 2015 年开始，实际上也已出现城投担保的债务违约②。市场一度认为“11 超日债”事件将是我国债市“刚兑”的终结符③，结果它在一系列的波折之后，最终仍然得以刚性兑付！市场一次次预期刚性兑付将被打破，现实却一次次推翻了人们的预期。基于刚性兑付对我国债市带来的危害，有必要深入认识其形成机理并分析现象背后的本质，寻找破解之策。

第二节　成因探析：债券市场刚性兑付的形成原因

我国债券市场为什么会形成刚性兑付？笔者认为与债券市场法治落后

① 熊月圆：《信托产品‘刚性兑付’的法学思考——以中诚信托兑付案为例》，《河北金融》2016 年第 9 期。

② 《上半年 36 只债券违约案涉 200 亿　10 年刚性兑付打破》，《中国经济周刊》财经综合报道 2016 年 6 月 28 日。

③ 新浪财经：《2014 堪称中国债市违约元年刚兑恐成过去式》，2014 年 8 月 1 日，http://finance.sina.com.cn/money/forex/20140801/102019885974.shtml，最后访问日期：2017 年 2 月 11 日。

相关。投资者在购买债券时，最重要的是要了解风险底线，模糊了风险界限，投资者容易越界要求刚性兑付。我国正处于经济结构调整的重要时期，政府简政放权，一方面要求拓展融资渠道，加强从资本市场发债直融；另一方面，要求充分保障投资者利益，使他们根据真实融资信息理性判断投资行为，自主决策，自担风险；如果债券发行中不能保证信息真实，债券存续中又不能及时披露风险，一旦出现债券违约，投资者便会在现行违约救济机制欠完善的背景下，要求刚性兑付以保障自身利益的实现。这就好比一架天平，当债券发行之初，权利砝码过多地集中于发行人而忽视了对投资人的充分风险开示和利益保护，实则加大了投资人的风险。因为，风险的未知和不确定实乃最大的风险，故而，在债券违约之后，投资方便会将责任砝码过重地加到发行方，要求其刚性兑付，以此求得高风险下的稳固收益，平衡双方权利义务天平。但我国债券法律制度中，关于债券持有人利益保护的现行规定过于笼统，对债券违约风险的预见性和违约救济的操作性缺乏应有的重视，加大了债券持有人的投资风险和利益保护成本，导致其逆向选择不遵守现有的模糊求偿途径来救济自身权利。可见，债市刚性兑付的形成，围绕着“你不守规范即不可苛求我守规范、你不守规范则我也可不守规范”的规则破坏型逻辑展开，对债券市场的法治极为不利，必须深入研究其形成机理，寻找破解法门，保障债市健康发展。

一、不同种类债券的性质、本相之区分度不强

城投债市场的火爆，从某种程度上模糊了政府作为发债主体与公司作为发债主体的不同。有几年机构投资者甚至把城投债视作无风险的安全产品进行投资购买。而事实上，不同的债务融资品种之间，其法律关系和利益冲突截然不同，例如，和普通小额债券投资者相比，银行在获得信息和开展监督方面具有明显优势，故其信息不对称问题和道德风险问题较小，所以贷款合同的设计必然会与债券契约的设计不一样。而从发行程序来看，企业债，归属于发改委审核；公司债，交由证监会审核；短期融资券，则采用备案制，它们存在于我国特殊的制度背景并不断谋求自身发展。可以说，在我国，由于债券市场的分割性，不同种类债券其性质内涵、法律关系、权利行使等面临各自不同的问题，需要对不同类型的债券负债即债券本息兑付义务加以区分，才能准确界定义务履行可能导致的冲突，从而避免债券持有人的义务履行请求不当。

二、信用债的内部信用基础及风险

民无信不立，国无信不强。现代经济堪称信用经济，信用，几乎可以说是

公司的灵魂。对债券投资者而言，投资债券，首先必须要了解债券发行人的信用情况，其次则需要了解所发行债券的信用情况，因此，债券发行一般采用发行人信用和发行产品信用双重评级制度，以使债券发行建立在充分披露信息、充分揭示风险的基础之上，以利于投资者了解风险、自担责任。而债券发行人的资产负债情况、经营和盈利的能力及水平、未来发展趋势和潜力等，都实实在在地构成发行人的信用基础。对发行人的信用评价有内部主观、客观履约条件等，包括由资本、能力及品质构成的债券发行人的综合信用，通常采用信用 5C 评价法，包括资本(Capital)、品质(Character)、能力(Capacity)、抵押(Collateral)和条件(Condition)等五个方面①。而对所发行的债券，针对其信用风险主要来自宏观经济风险、中观行业风险和微观企业风险等，会对发债所募资金的投向行业及其外部经济环境条件等作出综合判断。如处于周期性行业的债券发行人，如果选择不开示行业风险，由于债券持有人不同于股东，不享有股东的知情权，投资者事实上处于严重的信息不对称状态。此种信息不对称的客观存在，使信用问题逐渐演变为怎样采取有效措施来抑制信息优势方的机会主义行为，使得信息劣势方有充分理由去相信交易对手方不会做出使自己遭受损失的行为。从这个角度而言，信用，实际上涉及合同或约定执行的预期结果的确定性。从信息→信任→信用交易，我们可以看到，困扰债券投资者的信息不对称问题，通过受法律约束的交易框架得到了现实的解决，但其蕴含一个基本逻辑起点，即信息真实→可信任→债券交易契约结构设计→交易完成→利益实现，一旦信息失真、起点垮塌，债券违约就无可避免，债券持有人的利益毫无疑问就会受到损害。

三、信用债的外部信用增强及风险

为更好地促进债券发行与节约融资成本，债券发行人除了通过抵押、质押等制度内部增信外，不少还会选择引入第三方机构为所发行的债券提供担保，以增进债券信用等级。如深圳市新国都技术股份有限公司就曾在公司债券发行中引入深圳市中小企业信用融资担保集团有限公司作为担保人，提供无条件不可撤销的连带责任保证担保②。但当所发行的债券真正遭遇兑付危机时，一些担保公司却未能如约履行相应责任，如在 2014 年 3 月“13 中森债”

① 资本：可能偿还债务的背景，如财务实力和财务状况；品质：履行其偿债义务的可能性；能力：指顾客或客户偿债的客观能力；抵押：拒付款项或无力支付款项时能被用作抵押的资产；条件：指可能影响债券发行人付款能力的经济环境。

② 参见深圳市新国都技术股份有限公司“关于公开发行公司债券方案的公告”，证券代码：300130，证券简称：新国都，公告编号：2015－139，http：//www.cfi.net.cn/p20151201001976.html。

的发债人偿付不能时，迫于压力作为该债券的担保公司中海信达还是作出了承诺代偿，但其信用问题引发了市场的广泛关注；到 2014 年 7 月，“12 津天联”的担保公司海泰担保仅仅代偿了半年利息，剩余利息和本金全部拒绝代偿。本来是想借助外部第三方的力量增强债券信用的，却由于担保方的信用问题进一步加剧了信用风险的恶化和债券违约的可能。

四、市场对发行人及其债券的信用评级

信用评级是对债券或债券发行人的信用风险，尤其是对偿债能力的评估。评级机构决定最后的信用等级时，既要考虑信用强度，还要考虑一旦发生违约，投资人债权的被清偿程度，故而，信用等级包含信用强度和违约回收程度。对投资人而言，对发债主体的信用评级及其所发债券的信用评级，二者均甚为重要。然而，我国信用评级业各方面的发展比起美国等信用评级业发达的国家尚有巨大差距，整个社会对信用评级结果抱着“不信不用”的态度，很少有债券投资者由于不当的债券评级结果而去追究信用评级机构的民事责任。而这种对信用评级机构的责任放松，事实上又加剧了信用评级乱象。而一旦债券违约，投资者又宁愿选择抓住债券发行人、承销商等索要利益，使评级机构的市场评价作用势小力微。进一步探寻投资者为什么不愿意追究评级机构的责任会发现，我国债券法律制度中对该类主体的责任划定和归责落实，均缺乏必要的基本规则。

五、信息披露中的风险限缩

在债券发行中，作为证券市场中介的债券发行承销机构，本应发挥“看门狗”的作用，督促并帮助发行人向投资者充分披露和揭示投资风险。然而，我国证券市场中介机构由于其业务利益函数与发行人利益函数的趋同性，导致其在信息披露过程中反而极尽可能地限缩风险，甚至为发行人虚假包装，帮助发行人财务造假，散布虚假信息误导投资者。此类手法和套路，在“11 超日债”中就有突出表现，在此不再赘列。而这种失信行为的突出危害就是为投资者虚设了一条所谓的债券发行“审查线”，实际却是信息披露义务懈怠或违反可能给投资者造成不利。

六、企业对政府的绑架

政府一直提倡以市场化的手段发债融资，以市场化的手段解决债市违约。然而，作为市场最大主体的企业群体，它们是市场经济舞台上独立的商事主体，政府对它们只能进行引导，不能实行强制。而政府掌握了各种各样

的引导手段,政府被强烈地驱使着为企业提供它们所需要的东西,以换取企业的作为。

七、债券市场法治的缺失

由于债券发行的分散化,债券持有人利益保护机制在法律上被设计为一个集团利益保护机制,而集团利益的公共物品性质,容易引发集团成员的搭便车现象,从而导致集团利益保护行动难以实施。如公司债债券持有人中的普通社会公众,他们既分散不好组织,又缺乏专业知识,如果允许他们个别地行使权利保护自身利益,又不符合全体债权人的利益。有鉴于此,各国公司法一般都会设立公司债债权人的团体保护机制,通过该机制在公司债债权人的个别利益和全体利益之间寻求平衡。笔者无意否认集团利益保护机制的必要性和合理性,但机制的现实运行,需要诸多细节设置的保障,目前,我国这方面甚为欠缺,导致债券违约之后债券持有人维权难。具体表现为:要求兑付债券本息的请求权在程序上具体如何作出?在形式上如何表达?向谁提出请求?可能的追责主体有哪几方?可能的责任形式又有哪几种?……该事后救济机制的不完善,容易招致债券违约后司法救济途径的阻塞从而转向要求刚性兑付。

第三节　论据探寻:债券市场刚性兑付的本相分析

虽然"刚性兑付"并非规范的法律语言,但从法律行为的角度观察,"刚性兑付"行为的发生,无非基于两种情况:一是主动而为,即兑付人自觉理亏,主动承担兑付义务;二是被动而为,即兑付人基于市场压力、舆论压力等外界压力不得不为之。

兑付是一个给付行为。给付不同于赠予,赠予是双边行为,其双边性体现为一个给、一个受;给付也是双边行为,其行为的发生以另一方的正当请求为基础。简言之,一方的给付基于另一方的请求。债券的内容是债权债务关系,债权本质上为请求权,债权人的请求权是针对债务人的特定行为而行使的,债务人的义务也正是此特定行为,此债权人得为请求及债务人所应实行的行为即为给付。因此,给付是特定人之间的特定行为,一方是债权人,其得为给付请求的请求权基础是债之关系的存在;一方是债务人,其得为给付行为的前提条件是债权人的正当请求,于前者是权利,于后者是义务,联结双方的是“债之关系”。也就是说，当给付是一个义务之际，它对应的必然存在一个权利，而权利的行使必须正当。故而，要检视刚性兑付的法理基础，从债权人即请求权人一侧去观之，必须从以下几个方面入手，即请求刚性兑付的请求权之正当性；请求刚性兑付的请求对象之适当性；适格义务主体义务履行之可能性。而从债务人即给付行为人一侧去观之，则必须包含履行兑付义务之义务主体的当然性、履行兑付义务之替代义务的必然性、履行兑付义务之履行程序的合法合规性几个方面。

一、主动而为的刚性兑付：非真正刚性兑付

主动而为的刚性兑付，又分两种情况：一种情况是债务人主动而为，另一种情况是债务人的保证人主动而为。从上述债市刚性兑付的成因分析可见，债务人主动而为的刚性兑付，本质上还是基于既存的债之法律关系，债务人是兑付义务的当然义务主体；而债务人的保证人主动而为的刚性兑付，则基于兑付义务之替代义务的必然性。主动而为的刚性兑付，由于义务履行人的义务承认，相当于其默认请求权的正当性和义务履行主体的适格性，对此两条标准无须检视。然而，对“适格义务主体义务履行之可能性”标准则不能无视其存在。债券违约本就是履行不能，从“履行不能”到“履行可能”，如果是一时流动性不足无法还本付息的状况得到了改善、从而可以还本付息，此乃应尽义务之义务履行的延后而已，并非真正的刚性兑付，不存在打破之说；而如果是把“履行不能”化解为拆东墙补西墙的“勉为其难”，并且在此履行行为中损害到了其他权利人的权利，实乃扭曲的刚性兑付，必须打破。因此，主动而为的刚性兑付，基于债券违约之后债券持有人的正当请求，刚性兑付的请求权基础正当，“履行可能”之兑付非真正刚性兑付，应当履行亦必须履行；“勉为其难”之兑付存在损害他人利益之嫌，难脱“刚性兑付”之帽，必须谨慎观察、操作甚至监管、制止。

二、被动而为的刚性兑付：真正刚性兑付

被动而为的刚性兑付，债券发行人不理亏却选择兑付，这又是为什么？担心不兑付自己的客户跑了——这是娇宠投资者的行为，其兑付行为明显缺少法理依据。

以“债之关系”的存在为前提，债权人即债券持有人享有到期给付请求权，但从请求到给付，这里必须要跨越一个长长的时间轴，而时间就是风险。换句话说，享有权利，并不等于最终一定能够实现权利，从享有权利→行使权利→实现权利，中间过程受多重因素影响而产生风险。对于这一风险，本该

由债券持有人承担，正如学者所指，法律设计债券交易规则与投资者保护条款→投资者认可并接受债券违约现象→根据债券评级信息进行风险判断并投资→自行承担债权违约的后果→依据法律规定解决债券违约问题。但是，在笔者看来，投资者自担风险的上述逻辑体系中，存在严重的漏洞，即投资者的“认可并接受”必须建立在与债券的发行和交易相关联的规则和信息满足充分性、公开性、准确性、及时性等条件的基础上才成立，如果相关规则和信息不健全、不披露，投资者在“灰箱”甚至“黑箱”中无奈地认可和接受了，最后却要由其自行承担风险，这就有违权利义务对等的规则了。

由此可言，于债券的发行人：债券发行中的信息披露。于债券发行的承销商和保荐机构等中介组织：对担当专业职责的债券披露信息的审查。于政府监管机构：对债券发行与交易规则的建立和对债券持有人利益保护机制的建立等，这些均是债券市场上各方法律主体应尽之义务。当前的刚性兑付迷阵，就是由于各方义务履行不当所致。既然是各自义务履行不当所致的乱局，各个法律主体就应当做好自己当为之义务，并为自己的义务违反承担相应责任。债券投资者之所以拒绝接受债券违约，要求“债之关系”的义务主体甚或非“债之关系”的义务主体兜底承担债券违约责任而刚性兑付，往往存在前期无法接收全面而准确的信息、中期基本被无视、后期救济无门等的窘迫境况，此时，投资者认为“我拒绝、我有理”，于是债券违约处理的逻辑演变为“法律设计债券交易规则与投资者保护条款→债券兑付危机或违约事件发生→投资者拒绝接受债券违约→政府介入并干预或兜底→投资者的违约损失得到非正常救济→债券信用评级机制/风险预警机制/债券违约救济机制失效→债市保持无风险的表面假象→投资者更加盲目地投资高风险债券→债券兑付危机或违约事件继续发生→投资者拒绝接受债券违约……”，从而在刚性兑付的迷阵中越陷越深。在这里，勿论由非“债之关系”的主体承担兑付义务的非正当性欠缺，即使是由“债之关系”的义务主体在政府干预下被动而为兑付行为，也缺乏正当法理基础——因为，刚性兑付的兑付乃义务，该义务的履行以权利人的正当请求为基础，如果债券发行时经过了债券持有人对发行、交易规则和相关信息的确认，那么，从请求到给付这一时间轴中可能发生的风险，本应由投资者承担。现在恰恰相反，出了风险，居然转变为了由兑付方来承担。投资者与兑付方之间的法律关系在权利义务上发生了彻底的变化。

三、刚性兑付下义务主体之解明及可能危害

在前述真正刚性兑付中，刚性兑付的义务主体存在两种情况：一是“债之

关系”的义务主体出于各方面的压力而不得不兑付，二是由非“债之关系”的主体承担兑付义务。前者表面看有“债之关系”作为兑付义务履行行为的法律关系基础，债券发行人在债券违约后通过出售资产或追加抵押、质押品等方式从银行取得贷款或从其他渠道融到资，最终完成债券本息的兑付。在此，兑付行为可能构成对特定债权人的先行偿付，从而违反债权平等原则；或说，债券持有人的权利行使和实现，可能构成对其他债权人的利益损害。后者由非“债之关系”的主体承担兑付义务，详细又可分为几种情形：一是由债务保证人承担兑付义务，即依靠担保方或第三方代偿完成兑付。此种情形发生在债券有担保增信的情况下，由于担保方代偿能力和代偿意愿较弱，未能在债券到期时即行代为偿付，随后迫于市场、政府等的压力而不得不替违约债券代偿，从而完成债券本息的兑付。此种情形下的可能危害是保证人代为偿付的保证条件是否真正成就，条件不成就而成为兑付义务人，则对保证人自己的真正债权人及其股东利益构成损害。二是由资产重组方或债务重整方完成兑付。即有市场主体认识到债务人重组、重整的可能性和利益性，从而通过契约接纳其债务，这属于正常的债务关系转让，新进来的股东通过注资完成债券的最终兑付。“11 超日债”即属于此种情况。三是由政府兜底偿还。此种刚性兑付的危害前文已述，必须坚决打破。而对此，如果依然站在投资者立场，依然从投资者是债券市场法治建设不健全的受害人角度去认识、理解刚性兑付，并彻底推翻刚性兑付，显然犯下了路径选择失误之症——债券投资者是刚性兑付的既得利益者，他们不可能革自己的命、放弃本息支付请求权，他们只会坚决要求兑付。因此，要打破刚性兑付，只能从兑付方下手寻找出路。

四、刚性兑付从“义务”到“权利”的异变

当债券投资人提出违约债券的本息支付请求，债券发行人或相关法律主体是否履行义务，出于两种情况：一是出于理亏，明知道自己应当支付而未支付，现在有可能兑付就履行兑付义务完成本息支付，这前文已述、并非真正刚性兑付；二是不理亏却选择支付，此乃真正刚性兑付。读者可能会认为天底下哪有这样的傻瓜？事实上，刚性兑付方担心的是，一旦从自己这里打破刚性兑付，追求绝对收益的投资者就弃其而去追逐其他牟利渠道了。

针对后一种情况，本文的讨论焦点，就不是债券投资者有无还本付息的请求权基础了，而是给付行为的法律依据是否存在，也就是说，必须把问题聚焦在兑付方而非请求方。当刚性兑付失去当为之义务的正当性基础，它就从义务蜕变为一个不当的权利，对此必须追问：兑付行为的行为主体基于什么

权利而为兑付行为？观察出现在我国金融领域的刚性兑付，最早现身于信托行业，后来延伸至债券市场乃至整个资产管理界，当融资类产品出现损失时，管理人就出面兜底、为投资者的亏损买单。抛开其他领域、但就债券市场而言，刚性兑付很容易打着“投资者利益保护”的幌子，损害兑付方自身的利益或股东利益或其他债权人利益甚至整个债券市场的法治秩序和利益。在“劣币驱逐良币”的市场上，刚性兑付方假装站在道德高地上干着一件保护投资者利益的好事，实质在干着一件与其自身能力无法匹配的风险累积事宜。一旦刚性兑付在更大范围内普遍化并被投资者视为共识，那将是极具爆炸力的风险隐患。也正因为如此，我们不得不设问：刚性兑付，到底是义务还是权利？如果透过现象看本质，我们不难发现，兑付方披着刚性兑付的“义务”外皮，错将义务当权利。在缺乏正当性基础的情况下，无视义务履行能力问题，实质上做着累积风险之事。打破刚兑，其重要之处，绝不在于强调兑付方没有兑付的义务，而在于兑付方没有刚性兑付的权利！唯有通过法治脱下刚性兑付方“义务”外皮下真正遮风挡雨的“权利”铁衣，还刚性兑付真正的义务本相，通过债券契约约定给付主体、给付内容、给付条件等等，各方真正依约请求权利、依约履行义务，才能逐步打破刚性兑付的迷阵。而由于债券契约的制定者目前深陷刚性兑付的迷阵并享有刚兑“伪权利”带来的利益，靠其自力无法自觉打破刚兑迷阵，可能的路径选择便只能是外力牵引，即经由债市法治将迷阵中的利益方逼出阵来。

第四节　预案设计：打破债券刚性兑付的法治方略

综上所述，债券市场刚性兑付迷阵的正确破解方式，唯有债市法治。即通过债券市场一系列的法律制度建设，将债券中的本息兑付法律关系理清，继而基于明晰的法律关系提出正当的支付请求，而后适格的义务履行主体、基于其义务履行的可能，正确履行义务。一旦义务违反，依法定程序启动债券持有人保护机制，给予他们及时有效的救济，有效减少债券持有人的逆向选择，有利于债务人效率化地清理债务并重新起步前进。

一、债券本性之确定：区分债券种类

不同种类的债券，在法律关系主体、风险责任主体等方面存在不小差异。区分债券种类的目的，在于确定债券的本质法律属性，先定性，再定权利义务

和责任，定性乃定责之基础。以日本为例，它将债券分成附担保债券和无担保债券两大类，并在1905年制订颁布了《附担保公司债信托法》，要求在发行附担保公司债时，受托人依据该法与发行人签订信托契约，为公司债债权人的利益保管，实施担保物权，为债权人的利益服务①。日本对债券进行区分立法的经验值得我国借鉴，我国亦应区分不同的债券品种，分类设计债券契约条款，分类规范债券发行。

二、债券个性之强化：重视条款设计

债券的信用风险，首先来自发行人及其所发行的债券自身，要加强对投资者的保护，第一要夯实发行人及其所发债券之信用基础，让投资者了解投资的风险底线；第二要从基本的债务契约条款出发，在合同中充分重视债权人利益保护条款的设计及其对投资者的影响。

（一）债务契约条款设计的目的和作用

债券发行人关注融资成本、投资者关注投资收益均为必然，但投资者可以为安全而降低一定的收益。所以，如果债券合约中的条款设计能给投资者提供更好的权益保护，投资者是能够接受为保护而应付出的对价的，这便带来债券融资成本的降低。由于刚性兑付打破后，投资者会对发行人主张自己的债权，而基于债券即“债之关系”的本息请求权属于契约权利，债权不像股权，债券持有人不能像股东那样参与公司治理，因此，他们要在债券违约或濒临违约时保护好自己的利益，就只能在保护节点的设置上提前至契约条款设计环节，也正因为此，在全球高收益债券市场上违约风险监控的国际经验之一即为违约条款的设定。可以说，通过有效的合约条款设计来保护债权人权益，是未来的发展方向。

（二）债务契约条款设计的核心内容

法律的工具作用之一，就是通过契约条款的设计，在法律关系当事人之间公正、合理地分配权利、义务和责任。债务契约条款的设计，就是在债券法律关系当事人之间，从不同角度，给予其适当的权利义务及与之相匹配的责任。条款设计中值得有如下几处：一是对发行人：主要是权利的赋予和限制，如赋予发行人“上调票面利率选择权”，在出现债券违约迹象时，限制发行人

① 陈赤：《附信托私募企业债设计思路》，http：//finance.sina.com.cn/zl/bank/20140919/172520364189.shtml，最后访问日期：2017年2月12日。

的红利分配、资本性支出，限制高管薪酬、高管离职等(限薪、限离必须注意避免引发劳动纠纷)。二是对担保人：根据担保人情况设定相宜的担保方式条款。三是对投资者，可设“投资者回售选择权”等。四是可设定“偿债保障措施”条款：如不分配股利，暂停对外投资，高管减薪，限制主要责任人调离等①。

(三) 债务契约订立中的信息不对称问题

有学者认为，公司法没有规定债权人知情权，不意味着债权人的信息权利就不需要研究，并且提出债权人知情权的法定化能够有效降低债权人的信息成本。笔者深以为是。如债务契约的订立过程中，债权人和债务人所掌握的信息不对称，债权人有可能因此而遭受利益侵害。尤其是在债券发行中，潜在的投资者、未来的债券持有人并不直接与债券发行人签订债务契约，他们只能通过债券发行人对外公布的重要法律文件(包括债券募集说明书、债券发行公告、债券评级报告等)了解相关情况。由此，笔者建议对文件所披露信息的真实可靠性，应适用《证券法》的规定，由发行人、发行人的董监高、中介机构等承担保真法律责任。在未来区分债券的发行审核与上市审核的情况下，债券发行亦应适用债券公开上市的强制信息披露规范，保障债券持有人的知情权。

三、债券外援之扩大：强化担保增信制度及其监管

强化担保增信制度，从担保主体、担保物品、担保类型等方面创新发债担保方式并落实担保责任。在通过担保增信发债的情形下，对担保财产的权属一定要明晰界定，且尚未被设定担保或采取保全措施的，其财产评估价值不应低于担保金额。除此基本之外，笔者认为还应参照国外做法构建和完善我国的信用担保体系。

国外信用担保体系的结构和形态主要有三种：一是采用公司制的互助担保协会+风险基金模式，它主要由私人资本出资，建立在私法体系基础上，借助的公共援助一般是风险基金；二是公共基金/国家计划模式，是在地方、区域或国家层面上由政府首创的；三是商业/公司协会模式，由特定机构或公共行政机构/部门进行管理。研究还表明，公共支持，对许多公共性质的信用担保机构的生存和发展具有根本的必要性。总结以上，可见公司制、协会制、基金制及其它们的交叉组合，本质就两种，即建立在私法基础上的信用担保体

① 参见深圳市新国都技术股份有限公司“关于公开发行公司债券方案的公告”，证券代码：300130，证券简称：新国都，公告编号：2015－139，http：//www.cfi.net.cn/p20151201001976.html。

系和建立在公法基础上的信用担保体系，我国可借鉴运用双维信用担保体系。

但债券发行是私法上的商主体的市场行为，在债券发行中设立公共担保基金是否会被质疑不当介入？笔者认为，发债行为虽为从资本市场的直接融资，但关系一国金融体系的安全，且在我国债券投资者主要为银行等机构投资者而非个人投资者的背景下，更加凸显政府介入的意义所在。政府可双维立体介入：一是私法维度上，政府作为“裁判者”角色，侧重于监管私法基础上以盈利为目的的信用担保机构；二是公法维度上，政府成为“运动员”角色，直接设立公共担保基金，增加公共担保人的供给，满足发债主体对担保人的需求。

四、信用评级机构的责任落实

信用评级机构虽然与保荐机构性质不同，但其实质同为提供信息担保的中介服务。虽然我国信用评级机构尚在成长发展中，但在债券违约频发的背景下，亟须建立信用评级机构的行为规范及其对债券投资者的民事责任制度。以行为规范和民事责任体系来规范信用评级业，有利于更好地规制债市各方主体的权利义务责任，减少政府公权力对市场的不当干涉。

五、债券持有人团体保护制度的重新设计

为保护公司债券持有人的个别利益和全体利益，不少国家的法律专门设置有债券持有人团体保护制度。这一制度在英美法系国家，是公司债券受托人制度。而在大陆法系国家，则是债权人会议制度。我国应以国情实际为根本，在《公司债券发行与交易管理办法》规定的债券受托管理人制度的基础上，借鉴国外经验，尽快完善债券持有人权益的团体保护机制。而最佳的制度设计，笔者认为应该把债券持有人会议制度嫁接到债券信托制度中去，将二者有机融合，创设一个新的制度。有学者提议通过重构信托法制“激活”信托司法诉讼机制，也是认为有必要在这方面实现创新。对此，笔者将另文探讨。

六、债券违约之救济：建立和完善破产偿债机制

当发债企业出现资不抵债时，债权人可先召开债权人大会商议对策，如果认为企业能够通过破产保护实现重整，则应积极推动企业走向破产保护。债权人还可以利用市场力量加大对债务人的监督，让信用评级机构进行跟踪评级，并提出非常情况下信息披露的特殊要求，使发债企业必须面对市场的压力。如果对发债企业资不抵债的情况知道得比较晚，已经错失利用破产保

护的时机，债权人就要迅速向法院提出破产清算申请。

综上，债券违约刚性兑付的破解法门，隐藏在债券违约发生的源头，即债券发行、信息披露、担保、信用评级、偿还义务主体等各个方面。唯有理清“债之关系”，分清权利义务，方能对债市刚性兑付进行去伪存真的鉴别，并通过债市法治，打破真正的刚性兑付。

第十二章

债券违约风险控制与后期处置法律问题研究

【核心提示】“11超日债”的违约被学界称为打破债券市场“零违约”怪象的里程碑，但是从最后通过重组全额兑付的处置结果来看，我国债券市场的“刚性兑付”并未被打破。近几年债券违约事件频现，债券违约趋于市场化，但是我国债券市场应对债券违约风险以及违约后期处置的相关制度还存在很大的问题，不能从容迎接债券市场的风云突变。本章结合近几年发生的债券违约事件，提出了我国债券市场在违约控制中存在的发行人怠于履行信息披露义务、发行人与承销机构的利益冲突、评级机构公信力不足以及债券持有人会议制度的缺陷等问题；同时指出我国在债券违约后期处置中存在的债券违约条款欠缺、债券受托管理人职责虚空、债券违约保险的欠缺以及行政权力过度介入等问题。本文首先着重介绍美国和欧洲债券市场值得我国借鉴和学习的相关制度或规定，并对比分析我国债券市场与境外成熟债券市场之间，在信息披露理论与投资者保护理论上的差异，发现我国债券市场乃至证券市场理论基础的偏倚之处。尔后，从债券市场三大类参与者的角度出发，对发行人的风险自控，承销机构、评级机构、审计机构以及律师事务所等中介机构的风险把控，以及投资者利益的代表机构——债券受托管理人相关制度之创新，提出了一些想法和建议。最后，结合债券违约风险控制阶段中各项制度的完善，论述在债券违约后期处置中政府隐形担保彻底退出的重要性，倡导债券违约后期处置应逐步市场化，并从私力救济与公力救济的角度，提出债券违约之后持有人与发行人自主和解具有重要意义。

引　言

与国外成熟债券市场相比，我国的债券市场还是一个相对不成熟、不规范的市场。虽然如此，根据国际清算银行(BIS)统计的最新数据，中国债券市场规模已排名世界第三位，亚洲第二位①。然而在债券市场生机勃勃的背后，偿债危机与债券违约风险紧随其后。通常来说一个成熟完善的债券融资市场出现一定比例的债券违约事件是市场化运作的必然结果。可值得一提的是，直到2014年3月5日，上海超日太阳能科技股份有限公司公告宣"11超日债"违约，到期无法支付全部利息8 980万元，只能支付部分利息400万元，我国债券市场上才打破了近三十年来"零违约"的怪象。

我国债券市场正是在政府的督导和担保下逐渐建立的，虽然说政府在债券市场中提供隐性或显性担保是不符合债券市场规律的，但是考虑我国债券市场刚起步时，投资者投资意识差，社会很多闲散基金无法进入资本市场，在如此背景之下由政府担保和主导的债券市场应该说是符合当时我国国情的。如今，中国经济正在努力实现市场化的转型，政府也在逐渐放开束缚市场发展的过度监管，向服务型政府转型。如此一来，债券市场逐步市场化，债券违约作为市场正常现象也是必经之路。然而，我国债券市场正处在刚刚打破"零违约"的新时期，市场规则还不够健全，债券市场相关制度还不是很完善，很容易引起债券违约井喷式的爆发，甚至引发系统性的金融危机。

正值《证券法》修改之际，债券市场本就是证券市场的一个重要部分，也是《证券法》调整的重要领域。在市场化的进程中，债券市场不可避免地要面对各类风险，所以应对债券违约等风险的相关监管措施以及法律措施势必要跟上市场化的步伐。本章的研究意义便在于：研究国内外成熟债券市场的债券违约风险控制与后期处置，分析我国当前债券市场的法律制度现状，从债券违约风险控制和债券违约后期处置两大方面研究如何完善我国的债券市场，加强对债券违约风险的控制和处置。

本章试图从国外成熟债券市场借鉴适合我国制度土壤的债券违约风险控制和后期处置，并结合当下中国国情，提出一些具有理论和实践意义的制度设计建议，以保护投资者的利益。众所周知，一般情况下法律是滞后于社

① 徐红娟、姜子彧：《我国债券违约处理机制探讨——基于资产打包处理模型》，《浙江金融》2015年第1期。

会发展的。我国的债券市场逐步市场化，正在向前发展，所以相关债券市场的法律规范和法律制度也要跟上社会发展的步伐。作为证券市场一部分的债券市场，同样有保护投资者利益、规范交易以及维护社会经济秩序和社会公共利益的宗旨和责任。本章的研究目的在于：为我国在债券市场市场化过渡期必须要面对的债券违约提供一些理论研究支持，介绍境外成熟市场债券违约风险控制以及后期处置的经验，为我国债券市场的违约风险控制以及后期处置提出自己的一些想法和建议。

第一节　新常态下债券违约的现状及问题分析

一、新常态下债券违约的现状

（一）债券违约的出现

债券违约是债券市场的必然现象。纵观我国债券市场的发展历程，从我国债市诞生伊始至今也不例外地出现过债券违约的事件。在20世纪90年代，有一些企业债券是在未经政府审批的情况下自行发行的，其中不乏资质不佳、信用状况不良的发行企业，因此导致大量的债券到期不能如约对付投资者的本金和利息。当时的投资者多为个人投资者，并没有足够的债券投资知识储备，大面积的债券违约导致了一定程度的社会不稳定现象。进入21世纪后，政府主管部门严格把控债券发行、发债主体的资质和信用水平，而且有银行等金融机构为债券发行人或者债券提供担保，极大程度上降低了债券违约的风险。尽管如此，也出现过比较典型的违约事件，譬如2006年“06福禧CP01”债券违约事件①，2012年“08鞍钢MTN1(0882040)”中期票据未按时交付本息兑付款事件，山东海龙“11海龙CP01”、江西赛维“11江西赛维CP001”和新疆中基“11新中基CP001”三只短期融资券兑付危机事件，“10中关村”“10京经开SMECN1”“10黑龙江SMECN1”三只中小企业集合票据以及“11常州SMECNII001”一只中小企业集合债券无力兑付事件②。

自2014年以来，由于宏观经济不景气，部分行业进入低谷期，部分企业经

① 非上市民营企业福禧投资控股有限公司由于涉案违规拆借32亿元上海社保基金，主要财产被法院冻结，10亿元短融券面临不能如期偿付的风险。该事件在主承销商工商银行以及相关政府部门的协调下，最终全额支付本息。

② 李振宇、李丹、聂逆：《2012年违约事件为债券市场敲响风险警钟》，《金融时报》2013年4月11日。

营出现困难等一系列原因，导致广义上的债券市场陆续爆出违约风险事件，如信托市场中诚信托诚至金开1号集合信托计划、吉林信托“吉信—松花江77号”等兑付危机引起了社会普遍关注。银行间市场的“11天威MTN1”“天威MTN2”“13华通路桥CP001”等也一时爆出违约风险①。

（二）刚性兑付仍未打破

狭义上的“刚性兑付”应当是指债券出现违约之后，或者在发行债券之时，通过政府监管部门或者地方政府的行政干预以及政府信用的背书，对发行债券进行兜底性地支付本息。目前市场对“刚性兑付”的理解和认识是比较宽泛的，只要违约的债券最终付清本金和利息即是“刚性兑付”，此时应当理解为广义上的“刚性兑付”。那么，广义上与狭义上的“刚性兑付”区别在哪呢？笔者认为，其区别在于促成全额支付本息的方式，狭义上的“刚性兑付”通过政府的行政干预或者政府信用背书以达到全额支付本息，而广义上的“刚性兑付”不仅包括此种方式，还包括违约债券的发行人通过与债权人协商宽限期，或者发新债还旧债，甚至通过破产重组等方式最终全额支付违约债券的本息。或者说广义的“刚性兑付”是一种状态，指的是我国的债券市场无论是否违约，也不论如何违约，最终的结果都是债券投资人的本息会在违约处置之后得到全额支付。本文所论述的“刚性兑付”即为广义上的“刚性兑付”。需要说明的是，“刚性兑付”并不是某种法律术语，而是市场上衍生出来的对一种现象的描述。从法学理论的角度讨论债券违约，其实应当明确两个阶段或者概念，即“违约”与“兑付”，其实两者存在一个先后顺序，即先有“违约”出现，才具备讨论“兑付”与否。而且“11超日债”最终通过重整的方式，完成了债券全部本息的兑付，从参与重整的公司的股权结构不难发现，重整过程当中仍然有政府幕后参与的影子。所以，打破零违约并不一定代表着打破刚性兑付。

（三）债券违约趋于市场化

自“11超日债”违约以来，债券市场之后又出现多起债券违约事件。2015年4月3日，中科云网科技集团股份有限公司公告称无法在到期日之前足额支付“ST湘鄂债”利息及回售款项，并在同年4月30日公告称支付投资者全额利息及违约金并部分支付本金；2015年4月21日，国有企业保定天威集团公告称，因发生巨额亏损，不能按期兑付中期票据“11天威MTN2”的当年利息；同年5月，珠海中富无法按期全额支付“12中富01”债券本金；2016年1

① 吴伟央：《债券违约应对处理法律机制探析》，《证券法苑》2014年第4期，第189—214页。

月 13 日，江苏绿陵润发化工有限公司作为江苏省宿迁市 2012 年度第一期中小企业集合票据“12 宿迁 SMECN1”联合发行人之一，未能按期偿付 5 310 万元本息，担保人江苏省信用再担保有限公司进行了代偿；2016 年山东山水水泥集团公告称，“13 山水 MTN1”应于 1 月 21 日兑付的本息，因公司内部控股股权纷争，将不能按期支付，随后招商银行 2 月 16 日在中国货币网公告称，山东山水水泥集团 2015 年度第二期超短期融资券未能在到期日足额兑付，构成实质性违约；2016 年 3 月 8 日，亚邦投资控股集团有限公司公告称，确定将在 3 月 10 日足额支付原到期日为 2016 年 2 月 9 日的“15 亚邦 CP001”本息，延迟支付也构成违约。

部分债券违约事件归纳整理：

违约时间	发 行 人	债券名称	事件概述	处理结果
2014.3.4	上海超日太阳能科技股份有限公司	11 超日债①	无法按期全额支付利息 8 980 万元，仅支付 400 万元	通过重整全额支付
2015.4.3	中科云网科技集团股份有限公司	ST 湘鄂债②	无法在到期日之前足额支付“ST 湘鄂债”利息及回售款项	通过重大资产出售以及债务重组，最终支付投资者全额利息及违约金并部分支付本金
2015.4.21	保定天威集团有限公司	11 天威 MTN2③	由于巨额亏损，公司无法按期兑付“11 天威 MTN2”2015 年度利息	到期未能兑付本息，目前正在重整当中
2015.5.28	珠海中富实业股份有限公司	12 中富 01	无法按期全额支付公司债本金	逾期五个月之后，全额支付剩余本金近 3.8 亿元及相应利息
2016.1.13	江苏绿陵润发化工有限公司	12 宿迁 SMECN1	未能按期偿付 5 310 万元本息	担保人江苏省信用再担保有限公司进行了代偿

① 我国债券市场首单债券违约。
② 我国债券市场首单本金违约。
③ 我国债券市场首单国有企业债券违约。

续 表

违约时间	发行人	债券名称	事件概述	处理结果
2016.1.21	山东山水水泥集团	13 山水 MTN1	因公司内部控制权之争导致不能按期支付债券本息	本息仍未支付，发行人发行的其他债券相继陷入兑付危机，多只债券至今无法兑付①
2016.2.15	亚邦投资控股集团有限公司	15 亚邦 CP001	发行人董事长应相关部门要求协助调查，导致部分银行收贷、压贷，造成公司资金链紧张	发动集团全体员工参与集团增资扩股，筹集资金最终兑付债券本息
2016.3.8	淄博宏达矿业有限公司	15 宏达 CP001	淄博宏达爆发债务危机的直接原因是股票市场下跌导致股权质押借款需要补缺，而根本原因则在于秘鲁邦沟铁矿项目沉重的投资压力	在当地政府的介入和积极协调下，资金筹集，最终兑付债券本息

自 2014 年以来，出现的债券违约事件不胜枚举，构成实质性违约的也不在少数。单单 2016 年一年之内，发生重大信用违约的债券就多达 27 只，其中涉及 12 家民营企业、6 家国有企业以及 5 家央企，涉及的行业包括零售、钢铁、电力、煤炭、食品加工等多个行业，涉及的债券类型有企业债券、短期融资券、中期票据、城投债以及公司债等类型②。虽然有不少违约债券最后通过重组或担保人代偿以及延迟支付等方式足额支付了债券本息，但从合同法的角度来看均已构成实质性违约。而与以往债券违约处理方式不同的是，债券市场逐渐接受违约事件的市场化，认同债券违约发生之后的法制化处理途径，无论是违约诉讼，还是进入重组程序，抑或者请求担保人代偿，再或者与违约主体协商延迟支付等方式，都是债券违约市场化的表现。

虽然“11 超日债”最后通过重整的方式完成了债券本息的全额支付，没有打破我国债券市场“刚性兑付”的魔咒，但是债券市场“刚性兑付”神话打破是

① 截至 2017 年 3 月 2 日，山东山水发行的“13 山水 MTN1”“14 山水 MTN001”“15 山水 SCP001”“15 山水 SCP002”等多只债券均已构成实质违约。

② 李奇霖、李昭函：《违约后债市的规范化发展》，《中国金融》2016 年第 9 期，第 47 页。

债券违约的市场化的必经之路。债券违约处理的市场化也就意味着债券市场本身愈发趋于市场化，之前债券违约之后的处理主要由政府部门主导，以维护社会稳定为重，近几年政府部门逐渐转为幕后，甚至逐渐淡出债券违约的处理过程。

二、债券违约风险控制中存在的法律问题及分析

面对债券违约的风险，一个成熟的债券市场应当有完善的风险控制制度。我国的债券市场有相对完整的风险控制制度，譬如信息披露制度、债券承销制度、信用评级制度等保护投资者利益和维护债券市场安全运行的制度。虽然我国债券市场在制度设计上比较完整，但是从具体制度的执行以及制度实效上来看，仍然存在发行人信息披露义务的怠于履行、承销机构市场地位的不中立、资信评级机构公信力弱化以及债券持有人会议制度不完善等诸多问题。

（一）发行人信息披露义务的怠于履行

《公司债券发行与交易管理办法》中规定的信息披露义务人有：债券发行人、债券受托管理人以及其他信息披露义务人。其中，信息披露义务最重的当属债券发行人自己。在笔者看来，信息披露制度的设计初衷是为了弥补债务人（融资方）与债权人（投资人）①之间的信息不对称，平衡交易双方的优劣地位。债券发行人基本上都是公司法人②，而作为债券发行人的公司或企业都是以营利为目的的市场主体，在生产经营过程中所产生的不利于其经营的负面信息，从本质上讲发行人是不愿意履行披露义务的。

发行人怠于履行信息披露义务主要表现在四个方面：一是发行人信息披露不及时。众所周知，时效性是债券市场乃至证券市场上相关信息的重要特性，如果信息披露不够及时，就会影响投资者的决策，给投资者带来不可估量的损失。由于债券发行人与债券投资者之间存在严重的信息不对称，投资者不能及时地知悉其投资的债券以及债券发行人的相关信息，投资者也就不能及时地调整投资策略。在债券市场的实践中，发行人常常不及时披露公司的重大不利信息，想方设法尽量延迟信息披露。二是发行人信息披露不全面。债券市场上的部分发行人存在大量的关联交易问题，而关联交易在财务报表

---

① 债券法律关系的本质是债权债务法律关系，融资方即为债务人，是有资金需求的公司法人，而投资方或投资者则是债权人，通常有自然人投资者和机构投资者。

② 国债与政府债券的发行人是国家和地方政府。

中是很难体现出来的，给发行人披露相关信息时提供了不完全披露的便利。另外，发行人打着保护商业秘密的幌子，披露不完全的信息①。三是发行人信息披露不真实。部分发行人在出现经营情况恶化、资金链断裂等风险后，为了获得较高的信用评级以及商事信用，不仅仅隐瞒相关信息，甚至披露不真实的信息。这样就导致发行人在信息披露制度下，披露出来的信息并不一定是完整真实的信息。四是发行人信息披露不主动。发行人为了获得良好的企业形象和评级，为了能够使融资的成本更低，发行人更愿意向市场披露利好信息而不愿意披露利空信息，甚至是不愿意进行信息披露，大多数发行人进行信息披露只是为了满足法律最低限度的要求。发行人将信息披露视为一项负担，而并非应尽的义务②。

（二）承销机构市场地位的不中立

债券承销机构多为证券公司等券商，券商为债券发行人提供发行债券的服务并收取相应费用。从制度设计上讲，承销机构是主导债券发行的重要角色，其职责主要包括：一是债券产品的设计；二是申请报批材料的制作；三是牵头律师事务所、会计师事务所以及信用评级机构等中介机构的工作；四是以某种方式承销债券。与此同时，承销商还担任着资本市场“看门人”的角色，必须遵守《证券法》和《公司债券发行与交易管理办法》等法律规定的勤勉义务。如此一来，承销机构一方面收取发行人发行债券的相关费用，另一方面还要履行法律规定的“看门人”义务。承销机构为了完成业绩或者成功承揽业务，或者更直白地说为了收取债券发行的费用，在其债券承销过程中势必会更加偏向发行人一方。这样就为其所发行的债券埋下了违约风险的种子。

（三）资信评级机构公信力的弱化

资信评级机构的收费模式与债券承销机构的收费模式如出一辙，都是由发行人支付相关费用。这与评级机构独立客观地对发行人以及其发行的债券进行评级存在利益上的冲突。具体到制度本身，虽然评级业统一定义了评级符号的意义，但并没有统一评级标准体系。现行信用评级制度要求评级机构针对发行人以及发行债券出具信用评级结果时不得受任何包括发行人在

---

① 徐娜：《我国证券市场信息披露制度研究》，郑州大学 2015 年硕士学位论文。

② 冯果、谢贵春：《构建我国债券市场风险预警机制的法律思考》，《证券法苑》2014 年第 4 期，第 174 页。

内的单位和个人的影响，但是在目前评级市场竞争激烈、“发行人支付评级费用”的情况下，以盈利为目的的评级机构在开展评级业务时所出具的评级结果不可能完全不受到影响。如此一来，现行评级制度不但违背了揭示信用风险的制度目的，导致信用评级机构公信力弱化，信用评级制度实效降低，同样留下了债券违约风险爆发的隐患，更严重的是将会扰乱债券市场的交易秩序，阻碍债券市场的健康可持续发展①。例如，一年短期融资券“13华通路桥CP001”的发行方华通路桥集团有限公司其应收账款和其他应收账款在总资产中占比很高，资产运营能力也较差，资金链存在明显隐患，而其主体长期信用等级竟然为AA－，直到其董事长涉嫌违法后才连降4级，调整为BB+②。

（四）债券持有人会议制度的不完善

债券持有人会议是债券市场保护投资者的一项重要制度，然而从已经发生的债券违约事件来看，持有人会议制度所发挥的制度实效是极其有限的。例如，在“11天威MTN2”募集说明书中，召开持有人大会的条件包括：“1. 发行人未能按期足额兑付债务融资工具本金或利息；2. 发行人转移债务融资工具全部或部分清偿义务；3. 发行人变更信用增进安排或信用增进机构，对债务融资工具持有人权益产生重大不利影响的；4. 发行人减资、合并、分离、解散、申请破产或被接管；5. 单独或合计持有50%以上同期债务融资工具余额的持有人提议召开；6. 募集说明书中约定的其他应当召开持有人会议的情形；7. 法律、法规规定的其他应由持有人会议作出决议的情形。”可以看出，“11天威MTN2”持有人会议的召开条件基本为明显的信用资质恶化情形，缺少具体细致的情形约定。这也就导致当上市公司“天威保变”将亏损资产通过某种方式置换给“天威集团”时，从外在表现看似乎是没有影响“天威集团”对“11天威MTN2”的偿付能力，但实际上却为“11天威MTN2”债券的违约埋下了伏笔。之后“天威集团”因丧失对上市公司“天威保变”的实质控制权，导致集团偿付能力骤降，可是从始至终都没能触发募集说明书中债权人会议的召开条件。除此之外，持有人会议审议事项的实际意义并不大，虽然投资者可以提出议案，但是其所提出的议案并不具有直接的强制执行力，能否得到执行仍需要投资者与发行人进行协商，这使得投资者在保护自身权益时显

---

① 陈秀梅：《我国债券市场信用风险管理的现状及对策建议》，《宏观经济研究》2012年第2期，第64页。

② 冯果、谢贵春：《构建我国债券市场风险预警机制的法律思考》，《证券法苑》2014年第4期，第170页。

得十分被动①。

三、债券违约后期处置中存在的法律问题及分析

我国债券违约后期处置总的来说包含两大部分内容，一方面是以债券契约为主导的违约处置，另一方面是以监管部门为主导的事后处理。通常来说，债券违约事件发生之后的处理途径可以分为两种，一种是各主体间的私力救济，另外一种则是包含法院和政府监管部门在内的公力救济。在我国，无论是债券违约的私力救济还是公力救济，都存在着或大或小的问题。从私力救济的角度看，我国债券契约中违约条款过于简单，欠缺交叉违约条款，难行受托管理之实；另外，债券受托管理人制度难以发挥作用，徒有受托管理之名；还有，债券违约保险在市场中仍不普及。从公力救济的角度分析，债券违约处置时，行政权力的过度介入仍是债券违约处置不能走向市场化的一大顽疾。

（一）债券违约条款的欠缺

我国债券市场上，在债权契约中有关债券违约的条款比较简单粗放，缺少更为细致的条款约束，比较典型的就是缺少交叉违约条款的设置。交叉违约条款，是指如果本合同项下的债务人在其他贷款合同项下出现违约，则也视为对本合同的违约。正是由于我国债券普遍程度上不设置交叉违约条款，债权人即债券持有人只能在其持有的债券到期时才能追究债券发行人的违约责任。这样一来，如果先到期的其他债权人已将发行人的资产实施保全、查封等法律措施，后到期的债券持有人在法律清偿顺位上就处于不利地位②。交叉违约条款的缺位，使得债券持有人与发行人之间的地位天平更加向发行人倾斜。

我国债券市场除了欠缺交叉违约条款之外，还缺少一些更有针对性的限制性条款。所谓限制性条款，指的是发行人在发行债券时，根据公司自身特性和经营情况，与债券持有人在债券契约中约定的限制发行人行为的条款，目的是更好地保证债券持有人的权益，约束发行人进行不利于持有人利益的行为。常见的限制性条款包括：限制发行人的负债比率、限制债务人的重大资产重组行为、约束发行人的股权投资等重大投资行为、限制发行人关联交易等。这些限制性条款在美国的高收益债券市场是非常常见的，具体将在下文论述。

---

① 王瑞娟、姬江帆：《债券违约求偿途径及相关问题探讨》，《债券实务》2015 年 9 月刊，第 61 页。
② 王瑞娟、姬江帆：《债券违约求偿途径及相关问题探讨》，《债券实务》2015 年 9 月刊，第 62 页。

（二）债券受托管理人的职责虚空

债券受托管理人的诞生基础是债券受托管理协议，而实践中债券受托管理协议的签订双方是发行人和受托管理人，其中涉及第三人即债券持有人的利益，但是协议中却约定没有参与合同签订的第三方即债券持有人为委托人。从合同性质上分析，该债券受托管理协议的性质是第三人利益合同还是委托合同，抑或者是信托合同？

如果将公司债券受托管理协议解读为第三人利益合同，那么协议的订立就无须债券持有人知晓或者同意，可是在债券市场中这是不可能的，毕竟债券管理人的存在是为了最大限度地保证债券持有人的利益，并且《公司债券发行与交易管理办法》第四十八条规定："发行公司债券的，发行人应当为债券持有人聘请债券受托管理人，并订立债券受托管理协议；在债券存续期限内，由债券受托管理人按照规定或协议的约定维护债券持有人的利益。发行人应当在债券募集说明书中约定，投资者认购或持有本期公司债券视作同意债券受托管理协议、债券持有人会议规则及债券募集说明书中其他有关发行人、债券持有人权利义务的相关约定。"可以看出，公司债券受托管理协议的订立是需要第三人即持有人同意的，只不过这种"同意"是持有人认购该公司债券的必要条件而已。

如果将公司债券受托管理协议视为一种信托合同的话，《信托法》第六条规定："设立信托，必须有合法的信托目的。"第七条规定："设立信托，必须有确定的信托财产，并且该信托财产必须是委托人合法所有的财产。本法所称财产包括合法的财产权利。"那么，公司债券受托管理协议中委托人委托受托人管理的是其合法所有的财产吗？说信托目的的话，我们可以认为公司债券受托管理协议中有合法的信托目的：保护债权人即公司债券持有人的利益。可是，信托财产呢？我们都知道公司债券受托管理协议中受托人管理的财产其实是债权人的债权，而代表这项债权的公司债券的所有权人是债券持有人，那么问题就来了，既然委托人（公司债券发行人）对协议标的——公司债券，都没有所有权，何谈信托呢？

综上，根据《公司债券发行与交易管理办法》的规定，公司债券的受托管理人仅仅对发行人基于法律规定而为的信息披露进行鉴别，并负责通知债券持有人，同时负责执行债券持有人会议的决定等。如此看来，债券受托管理人基本上只是债券持有人与债券发行人之间传递信息的桥梁，并不具有本质上的管理债券职能①。

---

① 陈洁、张彬：《我国债券受托管理人制度的构建与选择——以公开募集的公司债为视角》，《证券法苑》2016 年第 3 期，第 68 页。

（三）债券违约保险的不普及

在债券违约“刚性兑付”的时代，可以说债券违约风险微乎其微，在几乎不存在风险的投资产品市场，也就不可能出现与风险对应的保险产品。可是，随着近年来债券市场“刚性兑付”的打破，债券产品的违约风险逐步显露出来，这就给债券违约保险产品提供了诞生的土壤。

2015 年 11 月 30 日，国家发改委发布《国家发展改革委办公厅关于简化企业债券审报程序加强风险防范和改革监管方式的意见》，其中第十四条明确指出要探索发展债券信用保险：“鼓励保险公司等机构发展债券违约保险，探索发展信用违约互换，转移和分散担保风险”。其中提到的信用违约互换（CDS）本质上就是债券违约保险，是一种衍生保险产品。债券持有人即投资人可以通过支付信用违约互换产品对价，将其持有债券的信用风险转移到第三方机构，从而锁定其持有债券的违约风险。随着债券市场信用违约的市场化，债券违约保险类产品的定价也逐步成熟，外加监管部门的政策支持，信用违约互换等新型对冲工具赖以生存的土壤逐渐改善，债券违约的处置也将逐步市场化①。

（四）行政权力的过度介入

虽说在近年出现的债券违约事件中，政府隐形担保的影响相比于之前弱化了不少，但从数起债券违约事件的后期处置情况来看，仍然有当地政府积极协助化解危机的现象。迄今为止仍未有违约债券最终不能完成全额兑付，债券发行人走向破产清算，导致债券持有人最终承担损失。例如本章第一节所列表格中，违约债券“15 宏达 CP001”最终就是在当地政府积极协调下，最终完成兑付。而即便是打破“零违约”的“11 超日债”，最终通过重整的方式完成全部本息的偿付，而为重整计划提供担保的两家企业：中国长城资产管理股份有限公司以及上海久阳投资管理中心，而前者是国有性质的企业。而且，在参与超日债重整的公司中，查询其股权结构情况，不难发现，“11 超日债”的最终兑付仍是行政权力介入之后的结果。

第二节　境外成熟市场债券违约处理经验借鉴

一、美国债券违约风险管理与后期处置

与我国相比，美国的债券市场是一个比较成熟的市场。我国债券市场的

① 李奇霖、李昭函：《违约后债市的规范化发展》，《中国金融》2016 年第 9 期，第 48 页。

很多制度也是效仿美国债券市场而诞生的，从债券的发行承销到债券的管理，债券的发行承销制度、信用评级制度、债权人会议制度、债券受托管理人制度等制度理念均借鉴了西方成熟债券市场而设计。虽然我们的债券市场从监管制度框架上看，是一个完整的制度体系，但是从具体制度实效上窥视，我们制度骨架下的血和肉还不是很完善。美国债券市场对债券违约的风险管理有一套完善的制度体系，借鉴其成功的经验对促进我国债券市场的发展具有重要意义，对眼下面临的债券违约风险也有很大参考价值。

（一）严格的信息披露

美国对其证券市场的监管是围绕信息披露制度建立的市场监管体系。就拿美国债券市场对公司债券的监管来说，公司债券的发行需要接受美国证券交易委员会（SEC）非常严格的审查，主要审查债券发行人是否依照法律规定，全部披露申请发债所涉及的相关信息，并不会对债券质量等实质性内容进行审查。除此之外，在债券发行之后，发行人等信息披露义务人还应进行持续性的信息披露[①]。美国债券市场的信息披露制度中设有一项“重大性”标准，该标准始现于美国《1933年证券法》，经过各个州法院以及联邦法院大量判例的不断修正，现行的“重大性”标准的内涵为：待披露信息是否达到“重大性”标准，主要考量“是否影响理性投资者决策”[②]以及“是否影响证券价格”两条具体考量规则，只要待披露信息满足其中一条即可界定为重大信息，也就意味着相关披露义务人针对该信息就会产生披露义务。而关于“是否影响理性投资者决策”以及“是否影响证券价格”两条考量规则的判定，并没有既定的标准，需要考量主体结合具体案件事实，对全部待披露信息进行整体考察[③]。

另外，美国债券市场对违反信息披露义务的责任追究制度比较完善。信息披露义务人违反相关信息披露的法律规定，瑕疵履行信息披露义务将承担民事赔偿责任，而在其民事赔偿责任追究方式上，美国债券市场采用集团诉讼的民事诉讼制度，包括债券持有人在内的相关利益损失人以集团诉讼的形式向法院起诉信息披露义务人，请求民事赔偿[④]。这样的集团诉讼制度，使得专业的律师在整个诉讼过程中发挥重要作用，相比之下没有那么专业的投资

---

① 曹萍：《美国公司债券发行制度分析》，《浙江工商大学学报》2013年第4期，第90页。

② “理性投资者”在美国法律中被界定为那些没有敏锐商业判断能力的一般投资者而不是指那些有敏锐商业判断能力的机构投资者。

③ 赵威：《证券信息披露标准比较研究——以“重大性”为视角》，中国政法大学出版社2013年版，第80页。

④ 毛丹：《公司债券违约风险监管法律问题研究》，北京交通大学2016年硕士学位论文。

者则只需要签署授权书即可，大大降低了庞大的债券持有人主体维权的成本，也提高了维权效率。

（二）权威性的信用评级

首先，美国的信用评级制度要求每个评级机构的董事会中必须包含半数以上的独立董事，而且不得少于两个，同时必须有独立董事使用评级信息。信用评机构的董事具有明确的监督职责，其需要监督评级机构处理利益冲突的文件和规定、评级方法和程序以及评级机构人员的薪酬和任职情况。其次，评级机构中应设有专门的合规检查负责人，并按照法律规定出具监督监察报告。再次，美国的信用评级制度明确政府监管部门（证监会）对信用评级机构有监督管理的权力，可以针对评级机构不适当的行为定性处罚，情节严重者则可以责令暂停营业甚至吊销营业执照。第四，在美国早期的信用评级市场，评级机构享有法律豁免权，可以免除很大一部分责任，经过市场的逆向调节，美国信用评级市场逐步废除了信用评级机构的法律豁免权，从而很大程度上加大了信用评级机构的民事责任，表现为使用评级信息的投资者可以起诉发布信用评级信息的机构，追究相应的民事责任。第五，关于评级机构与各市场主体利益冲突的问题，美国信用评级制度要求评级机构对利益冲突问题建立具有针对性的内控制度，将评级分析部门和市场营销部门分开。具体来说，如果评级机构的员工跳槽到承销商或者证券发行机构，评级机构则必须对该员工过去一年参与的信用评级工作进行评估，并出具相关报告，衡量已完成的评级工作是否公正客观。第六，信用评级机构的评级程序以及评级方法需要具有一致性，而且需要公开披露。第七，信用评级机构如果发现任何足以影响信用评级的重大问题或者进行重大信用评级调整时应当及时通知评级的使用者。第八，在监管机构方面，法案要求 SEC 必须成立信用评级办公室（Office of CreditRating），负责制定评级机构的问责机制和处罚规定，同时制定规范评级方法供评级机构参考使用。信用评级办公室将对评级机构进行年检，并出具年检报告①。最后，评级机构需要制定跟踪评估制度②，即意味着已获得评级并发行的债券，信用评级机构仍必须定期对发行债券的企业进行跟踪评估。跟踪评估一般仍是由原先参与评级的评级工作人员进行监督，一般每年至少要会面评估一次。这样做是为了对受评企业的经

① 阎波：《信用评级机构改革及美国债券市场发展》，《中国金融》2010 年第 23 期，第 61 页。

② 主要存在于美国的高收益债券信用评级中。

营动态进行掌控，针对受评企业的经营实际状况和前景准确地作出正确评判①。

（三）高收益债的限制性条款

所谓限制性条款，指的是发行人在发行债券时，根据自身公司特性和经营情况，与债券持有人在债券契约中约定的限制发行人行为的条款，目的是更好地保证债券持有人的权益，约束发行人进行不利于持有人利益的行为。而在美国，限制性条款被大量运用到高收益债券市场中。所谓高收益债券，又称垃圾债券，是指信用评级被主要评级机构评为投资级别低下，甚至未进行信用评级的债券，其特点是投资回报率比较高，与此同时投资风险比较大。也正是因为高收益债券高风险高回报的特点，为保护债权人即债券持有人的利益，约束债务人即债券发行人的行为，高收益债券的债券契约设计更为复杂和严格，无论是在信息披露，还是发行人权利义务，乃至发行人内部风险控制等方面，都有着不同于普通债券的条款设计。这些复杂而又特殊的条款统称为限制性条款，简述之包括：第一，限制发行人的负债比率。该类条款限制发行人包括新增债务在内的净资产和负债率应当保持在约定水平，禁止违反条款约定对外提供担保等间接负债。第二，限制发行人的重大资产重组。该条款限制发行人转移核心资产、合并或分立、资产证券化以及融资租赁等行为，目的是防止债务人以资产重组的方式转移资产，降低发行人的偿债能力甚至是逃避债务。第三，限制发行人股东分红。该条款限制发行人向其股东发放股息红利，具体而言，限制发行人在规定年限内向其股东发放的股息红利不得高于该发行人收益的特定比例，留存的收益设立偿债基金以保护债券持有人利益②。第四，限制发行人股权投资等重大投资。比如限制发行人超过净资产 10%以上的重大投资行为，或者不允许进入特定的新业务领域等。第五，限制发行人关联交易。该条款限制发行人进行关联交易，具体可以控制发行人实际控制人以及其下属子公司的交易价格、资金用途、支付方式等。总而言之，一旦发行人违反了债权契约中的任何限制性条款，债券持有人都有权要求发行人采取积极的补救措施，或者召开债券持有人会议，甚至诉至法院确认发生债券违约，申请发债主体立即进入清偿债务程序③。

---

① 张自力：《美国垃圾债券市场违约风险监管的实践与政策改进》，《证券市场》2009 年第 7 期，第 93 页。

② 曹萍：《美国高收益债券风险特征与投资者保护机制探讨》，《证券市场导报》2013 年第 2 期，第 62 页。

③ 贾昌杰：《美国高收益债券市场发展的经验及其启示》，《金融论坛》2012 年第 11 期，第 68 页。

（四）债券违约保险——信用违约互换

在美国债券市场有一种类似于债券违约保险的金融衍生品——信用违约互换(CDS)。信用违约互换大体包括四类交易主体：融资主体、投资主体(即信用违约互换购买方)、信用违约互换出售方、信用违约互换产品投资者。信用违约互换的交易原理如图 12-1 所示 ①：

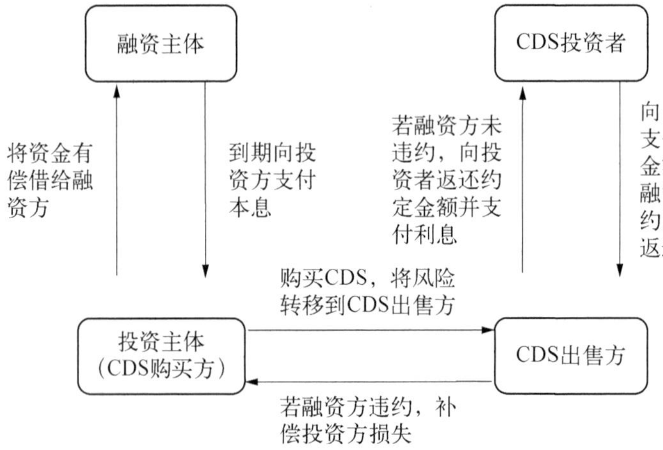

图 12-1 信用违约互换的交易原理

在信用违约互换的交易中，风险从投资主体转移到 CDS 出售方，再从 CDS 出售方转移到 CDS 的投资者，当然风险转移的同时也需要承担一定的风险对价，就相当于保险合同中的保险费用。从合同法的角度分析，信用违约互换合同的双方是购买方和出售方，这其实就是保险合同，投保人是 CDS 购买方，保险人是 CDS 出售方，保险标的是购买方的债权。融资主体违约的风险即是投资主体债权不能实现的风险。而 CDS 出售方在承担了这项风险之后，又通过支付一定的对价将风险转移到 CDS 投资者身上，其实 CDS 投资者与 CDS 出售方之间就是对赌融资方会不会发生违约。CDS 投资者向 CDS 出售方支付约定金额，倘若融资方发生违约不能偿还投资主体的债权，那么 CDS 出售方不用向 CDS 投资者返还约定金额，其实就是由 CDS 投资者补偿 CDS 出售方的损失，让 CDS 投资者承担了风险；如果融资方并未发生违约，CDS 出售方不但要向 CDS 投资者返还约定的金额，而且还要支付约定的利息，本质上讲，此利息就相当于保险合同中的再保险费用。

① 陈雪阳：《信用违约互换在我国债券市场中的应用研究》，沈阳工业大学 2016 年硕士学位论文。

（五）其他投资者保护制度

美国债券市场的投资者保护制度众多，广义上讲，上文介绍的信息披露制度、信用评级制度以及各类限制性条款也是对投资者的一种保护。从制度目的上看，投资者保护制度与债券市场的违约风险控制及后期处置，两者是密不可分的。第一，初期利息支付保证制度。初期利息保证制度要求在债券发行的初期，债券的发行人必须保证其收益能够按照契约约定的时间和金额支付投资者的利息，通常发行人应当建立一个有第三方托管机构托管的储备账户，将发行人的收益按照约定的比例存入该储备账户，以保证能够支付半年利息或者季度利息。该储备账户上的资金仍归发行人所有，只不过使用权受到限制，确切来说账户上的资金只能用于投资风险极低的国家债券和政府债券，而不能用于企业的经营，以此来保证发行人所发行债券的利息支付能力①。第二，偿债担保追索制度。该制度主要存在于美国的高收益债券市场，内涵在于发债主体为其发行的债券担保偿债是无可厚非的，除此之外，该发行主体实际控制的子公司也将承担连带的偿债责任。也就意味着，如果出现债券违约，债券投资人既可以选择向发行人追索偿债，也可以向发行人旗下的任何子公司行使债务追索权。第三，偿债基金及偿债准备金制度。偿债基金是指为确保发行人在债券到期日时，能够足额支付投资者的本金和利息而专门设立的基金。偿债准备金制度是偿债基金的候补制度，是为了弥补偿债基金不能足额支付债券持有人本息的情况而设立的。偿债基金以及偿债准备金制度通常适用于美国债券市场中的市政债券，偿债基金与偿债准备金都有特定的用途，而且只有当偿债基金不足时才能动用偿债准备金。通常来讲，发行人的信用评级越高，其偿债基金和偿债准备金的比率越低，即基金数额占发债总额的比例越低。并不是所有债权都必须设立偿债准备金，信用资质足够好的发行人甚至不用专门设立偿债准备金，也可以用担保物的增信方式等额冲抵准备金额度。

二、欧洲债券违约风险监管机制

欧盟对其债券市场的监管是通过一系列的法律和指令完成的，在欧盟债券市场，涉及债券市场违约风险防范的监管机制在很多指令中体现。欧洲债券市场的监管体系主要存在于两个层面：一是欧盟层面的统一监管，二是欧盟各成员国内部的监管。在欧盟层面的监管，主要是欧盟委员会、理事会以

① 张自力：《美国垃圾债券市场违约风险监管的实践与政策改进》，《证券市场》2009 年第 7 期，第 93 页。

及欧洲会议共同进行立法，颁布相关条例和指令，进而适用于欧盟所有成员国。具体到欧盟各成员国内，成员国的监管部门须执行欧盟委员会等颁布的指令和条例。其中比较有代表性的指令有：投资者补偿计划指令、说明书指令、信用评级机构行为操作指令以及透明度指令。

（一）投资者补偿计划指令

投资者补偿计划指令出台于1997年，当时欧盟主要针对高收益债券市场的跨国交易而颁布该指令，对发债企业在到期日不能偿还债券本息的情况明确规定了违约清偿的触发要件程序。该指令规定，当债券发生违约之后并且在法定或者约定的宽限期内（一般来说，宽限期为发行人向债券持有人发出不能按时支付债券本息的通知后，包括发出通知当天在内的180天之后）履行清偿义务，便应当进入清算补偿程序。与此同时，该指令还规定欧盟各成员国应当建立投资者的专项补偿计划，该计划的目的在于一旦债券（特别是高收益债券）的发行人不能如期支付债券本息时，以保障投资者的权益。该指令要求补偿计划中须规定对单个债券投资者的最低补偿标准，并且所有的债券发行主体都必须受到该补偿计划条款的限制，但是有明确规定免责条款的除外。该指令还明确规定多个投资者联合索赔情形下的补偿方式，即不论投资者持有债券的数量、使用的币种以及投资者所在的国家，该债权将在所有投资者之间平均分配①。

（二）说明书指令

欧盟2003年颁布的说明书指令②中对欧洲市场相关的债券发行做出了相应的规定：债券发行人在欧盟范围内任何成员国公开发行债券之前，必须向公众公布其债券募集办法指引，其中应当包括所有与债券发行的相关信息，以及能使投资者对发行人的盈亏状况、财务状况、债券所附权利等情况全面知悉并充分了解的相关信息。一般而言，由于一种新债券运营需要数年才能成熟，因此债券的发行人对其合理的长期经营规划是十分重要的，也是投资者关注的重中之重。在欧盟颁布的说明书指令中，便特别规定任何规模的债券发行人需要对在未来经营过程中有可能导致发行人陷入困境的一系列风险因素向投资者如实作出说明，使发行人公布的资信及发展状况更加具有参考价值和全面性，一定程度上加强了债券违约的风险控制。

---

① 张自力：《欧洲高收益债券市场违约风险监管研究》，《证券市场导报》2012年第4期，第7页。

② 该指令主要是针对欧盟的高收益债券市场。

（三）信用评级机构行为操作指令

在欧洲债券市场，最先涉及规范欧洲债券市场乃至整个证券市场信用评级机构具体操作要求的是《欧盟 2003/125/EC 指令》，该指令的主旨是要求信用评级机构在内部建立控制程序，以避免利益冲突，从而保证评级结果的公正性。欧盟该信用评级机构行为操作指令对债券发行过程中信用评级机构的具体操作行为提出了以下要求：一是信用评级机构不得向客户提供咨询业务服务；二是没有令监管机构信服的信息和技术来源，信用评级机构则不得对所发行债券进行评级并向公众公布评级结果；三是在信用评级过程中，信用评级机构需要向公众披露所使用的信用评级方法、评级模型及关键推断说明；四是信用评级机构必须向公众提供透明的年度评级报告备查阅；五是信用评级机构必须向投资者公布对自己评级水准的评价；六是信用评级机构董事会中必须有三个以上（其中一人是具有证券及金融相关知识专家）同时经济利益与信用评级机构完全无关的独立董事，任职期不得超过 5 年以上；七是欧洲市场的信用评级机构每年必须要接受来自欧洲证券监管委员会的评估与监督，将从评级方式的透明度、评级过程中的时滞表现、评级过程中存在的欺诈问题等方面对信用评级机构进行综合评定，给予奖惩。

（四）透明度指令

欧盟透明度指令（EU Transparency Directive）于 2007 年生效，并在 2013 年进行了修订。该指令规定财务报表的要求是用来加强透明度，企业必须做年度和半年次的财务报表，还有财政年度一、三季的中期管理报表。该指令还要求及时公布所有重要的财务新闻。依据该指令的规定，这些信息都应由监管信息服务部门（Regulatory Information Service）发布。这些部门依据法律规定行使职权，并把信息传给路透社、彭博社等电子财经媒体。透明度指令还要求成员国保证至少有一个正式任命机构（OAM）用来集中存储规范的信息。根据《透明度指令（2004/109/EC）》的要求，在欧盟范围内的正规市场上进行证券交易的发行人需定期向市场披露信息以确保适当的透明度，这些信息包括：年报、中期及季报财务资料；重大投票权持有情况的持续、连贯披露；按照《市场滥用指令》的规定，对特别事项进行披露。例如，一旦触及《透明度指令》规定的条件，必须尽快向市场公开内幕信息。欧盟债券市场上的透明度指令，实则是信息披露制度的具体要求。2004 年欧盟颁布的透明度指令对债券，特别是高收益债券的发行者提出了统一披露相关信息的要求，其目的是提高债券发行主体所发布的经营业绩和财务状况信息真实性和质量，进而更好地保障债券持有人的合法权益。该指令对债券发行人的年度报告、半年度报告等持续披露义务以及发行人对投资者的信息提供义务方面均作出了具体的规定。①

综上，欧洲债券市场的风险监管机制与投资者保护制度密切相关，其制度的核心也是针对信息披露制度、信用评级机构行为的规范、投资者保护等方面。欧洲债券市场通过欧盟颁布的各种指令来确保这些制度的有效性，保障了欧洲债券市场违约风险的控制，也对投资者的投资决策提供了很好的制度信心。

三、境外债券市场其他债券违约后期处置方案

再完善的债券市场也不可避免地出现债券违约，换言之，债券违约恰恰是一个成熟债券市场应当有的市场现象。而境外成熟的债券市场不但有相对完善的债券违约风险控制机制，在债券违约之后的处置阶段也有我们可以借鉴和参考的处置方案。当债券发行人的经营情况严重恶化，甚至完全不能通过债券担保的处置、追加担保、召开债权人会议、受托管理人履行管理职责等措施来完成债券的兑付，那就要进入债券违约的处置阶段了。债券违约的处置阶段也有不同的方式，总的来说有两个大方向，一是持有人与发行人之间和解结算，另外就是通过法院的破产清算。在境外债券市场中，有两种债券持有人与发行人之间自主和解清算的方式值得借鉴：一种是“伦敦方案”，另一种为“折价交易”。

（一）“伦敦方案”

“伦敦方案”实际上是一种专门针对债务人进行法庭外债务重组的制度。“伦敦方案”的基本内容包括以下几方面：一是债权人同意暂停行使债权。这是“伦敦方案”能够实施的基础和先决条件，一般能够适用“伦敦方案”的发行人多为担负很多债权银行的大型企业，作为债权人的银行机构也不想让债务人破产清算，那样他们也未必能得到足额的本息支付。恰恰相反，各债权人倒是希望债务人能够起死回生。二是债权银行为债务人提供一定比例的紧急信用贷款额度。三是在方案实施期间，无论债券大小与先后，所有债权人都具有相同的地位和受偿次序。也就是说，原本首场顺位在前的债权银行需要舍弃其优先受偿的权利，这一点是值得深思的。四是负责牵头实施方案的债权人（大多数情况下是银行机构），应当对实施方案的债务人的所有债权人及时提供有关信息。五是在条件允许的情况下，可以让未参与的其他债权人

---

① 张自力：《欧洲高收益债券市场违约风险监管研究》，《证券市场导报》2012 年第 4 期，第 7 页。

或者债务人的股东参与到方案的实施。六是为了平衡各债权人之间的利益，如有必要可由英伦银行作为中间人参与方案的实施[①]。如此看来，“伦敦方案”的实施，背后的推手其实是英伦银行，从方案内容来看，其目的是努力挽救经营情况恶化的大型债券发行人，以维护债券市场的稳定发展。

（二）“折价交易”

折价交易，是指债券发行人向债券持有人发行一份或一组新的债券，来替换掉已经违约的原债券。折价交易的实质其实就是“发新债还旧债”，只不过其所发新债的目标投资者是旧债的持有人，而促成发行债的主体也是旧债持有人与发行人，是双方协商的结果。所谓折价交易，其折价之处在于发行人发行的新债券相比于即将违约或已经违约的旧债券，其基于所发债券的金融义务会更少，举例而言，新债券的票面利率可能会低于旧债券的票面利率。从本质上讲，折价交易其实是即将违约或已经违约债券的持有人对发行人做出的妥协，该折价交易的方式具有明显帮助债务人避免违约的特点。而折价交易的好处在于，一旦债券发行人与持有人协商一致，达成折价交易，那么就可以避免发行人的债券违约，甚至是避免进入破产程序。当然，折价交易也不过是发行人进行自我重整的延缓之计。折价交易的方案中，应当包含具体明确的重整计划，确保折价后的新债券不会再度违约。

综上，从上文介绍的“伦敦方案”和“折价交易”两种债券违约之后的和解方案来看，境外成熟债券市场在处置债券违约时更倾向于债券持有人与发行人和解。分析这类和解方案背后的逻辑，我们可以发现在境外成熟的债券市场，无论是市场的监管者还是市场的参与者，特别是市场上的投资者，还是希望发生债券违约的发行人能够继续存续并且能够改善，甚至是起死回生。境外成熟债券市场的参与者与监管主体都秉持着共同的原则，即保护投资者利益，而且是最大程度上的保护。如果死板的套用“违约——诉讼维权——破产清算”的模式，虽然处理起来简单，也有充足的法律依据，但是并不能够最大程度上实现债券持有人的权益。因此，境外发展出了像“伦敦方案”以及“折价交易”这样的和解方案。

四、境外债券市场两大基础理论之启示

研究美国以及欧洲成熟债券市场中关于债券违约风险控制以及后期处置的相关规定和制度发现，无论是美国债券市场的信息披露制度、信用评级

---

① 吴伟央：《债券违约应对处理法律机制探析》，《证券法苑》2014 年第 4 期，第 206 页。

制度以及债券条款的设计等，还是欧洲债券市场的投资者补偿计划指令、说明书指令、信用评级机构行为操作指令以及透明度指令等规定，究其本质其遵循的理论基础无非就两点：一是公开并且充分地信息披露，二是基于“风险自负”原则的投资者保护。相比之下，我国债券市场的“信息披露”以及“投资者保护”有些不同，甚至可以说有点扭曲。

（一）境外信息披露理论对我们的启示

境外成熟市场的信息披露理论注重“公开性”以及“充分性”，但是这里的公开和充分是有一定前提条件和制度目的的，前提条件是不能侵犯披露义务人的合法权利，最终目的其实还是保护投资者。换言之，“公开性”的内涵在于合理的公开，“充分性”意义在于适当的充分。无论是美国债券市场的信息披露制度、信用评级制度，还是欧洲债券市场的说明书指令、信用评级机构行为操作指令以及透明度指令等规定，无一不是强调“信息披露理论”的重要性，根本上还是为了平衡市场主体之间信息严重不对称的优劣地位。

我国证券市场的信息披露理论，在吸收境外成熟经验时似乎有些异化，我国信息披露奉行的理论似乎更倾向于：信息披露得越多越好，尽可能满足投资者的所有披露要求。如此一来，我国证券市场上的信息披露规则不断叠加累积，已经到了过犹不及的程度。信息披露义务人在披露义务越来越重，要披露事项越来越多的背景下，也会有越来越重的应付心态①。而这样过犹不及的扭曲的信息披露理念，并不能很好地达到信息披露的目的，也就不能很好地保护投资者的利益。

（二）境外投资者保护理论对我们的启示

债券市场的本质其实就是民法中的债权债务关系，债券这种债权债务关系更注重“收益性”或者“回报性”，换言之就是具有投资性的债权债务关系，抑或者具体为“投资性的借贷关系”。所谓的“投资性”即体现在将相应的风险溢价包含在较高的回报率中，而此处的“风险”就是债权不能实现的风险，或者说是本金不能收回的风险。我们分析境外债券市场对投资者保护的制度设计，不难发现其并不是一味地追求以投资者为大，反而会在某些方面更倾向于保护债券市场的融资者，即发行人。举例而言，境外债券市场发生违约后，特别倾向于通过和解的方式拯救发行人，更愿意给发行人改过自新的机会，所以才诞生出譬如“伦敦方案”和“折价交易”这样的和解方案。另外，

---

① 缪因知：《论证监会信息披露规则的不足》，《法治研究》2016 年第 2 期。

纵观境外发生违约的债券，如果连和解方案都不能达成一致，持有人通过债权人会议否定和解方案，进而选择破产清算等方式解决违约问题，那么最后投资者未能收回的投资，抑或者债券违约造成的损失，都是由投资者自行承担的，这便是真正意义上的“风险自担”。

我国《证券法》第二十七条规定了股票市场的“投资风险自担”原则①，而《证券法》并没有明确债券市场的“风险自担”原则。虽然在《公司债券发行与交易管理办法》第九条规定了“公司债券的投资风险，由投资者自行承担”，但是该管理办法是中国证券监督管理委员会颁布的部门规章，在法律位阶上低于《证券法》。由此可以看出，我国债券市场的“风险自担”原则在法律上并没有得到足够的重视。不但如此，我国债券市场却存在着以“保护投资者”的幌子，损害投资者利益的现象。笔者如此言论，正是因为我国债券市场多年来未打破的“刚性兑付”。“刚性兑付”的存在严重损害着投资者的利益，因为其极大地麻痹了投资者的风险意识，甚至完全忽略“风险自担”的投资原则。如果不打破“刚性兑付”的怪象，一切所谓的投资者保护都是无稽之谈，这种溺爱会给投资者带来巨大的伤害。

第三节　债券违约风险控制的法律对策

纵观我国整个资本市场，包括债券市场在内，都处于新兴加转轨的时期。在如此特殊而又重要的转折时期，建立健全风险预警机制有利于培育市场主体尤其是投资者的风险意识以及“买者自负”的投资理念；也有利于隔离市场与政府的裙带关系，明确政府辅助市场运行、配合市场运作、监督市场秩序的职能。具体到债券市场，债券违约风险的预警机制即风险控制制度，应当从发行人、承销商、中介机构以及债券监督管理机构等各个参与主体职能的完善出发，增强市场对债券违约风险的控制能力。

一、发行人的风险自控

正如本章第一节中所论述的，发行人在履行包括信息披露义务在内的诸多义务时，主观上并不积极主动。其实，诸多怠于履行债权契约项下义务的债券发行人，并没有认清债券融资的本质。从合同法的角度分析，发行人发

① 《证券法》第二十七条：“股票依法发行后，发行人经营与收益的变化，由发行人自行负责；由此变化引致的投资风险，由投资者自行负责。”

行债券进行融资，投资者购买债券用来投资，实际上就是借贷合同关系。在合同权利义务层面，发行人享有使用融得资金的权利，同时需要承担到期偿还本息的主合同义务，而信息披露义务、通知义务、担保物上的负担义务等可以等同于附合同义务。发行人只有认真负责地履行合同项下的各项义务，才能享受合同项下的各项权利。所以说，发行人积极履行债权契约项下的各项义务，做好自身的风险自控，对整个债券市场的违约风险控制是至关重要的。用法律明确规定发债企业信息披露义务的范围、周期和责任是直接有效的方式。保持债券市场信息披露制度的持续有效，还需要发行人等信息披露义务人的积极配合。在以往“刚性兑付”没有打破之前，政府为发债企业做兜底担保，导致债券的信用基础不是发债企业，却成了当地政府。这样的畸形信用债券，发行人怎么不会降低其对履行信息披露义务的积极性呢？随着“刚性兑付”的打破，政府信用担保的影子逐渐退出债券市场，那么真正为债券做担保的主体回归到发债企业本身。债券违约市场化处理是必然趋势，笔者建议信息披露义务人，尤其是发行人，必须培养积极履行信息披露义务的积极性。因为在债券违约市场化之后，发行人履行信息披露义务的积极程度将与其长期信用评级、发行债券的回报率甚至是再融资难易程度等挂钩。简言之，一个积极履行信息披露义务的发行人，更容易得到投资者的认可。要解决发行人怠于履行信息披露义务的问题，应当从两个大的方面进行改善，一方面要从制度设计上加强发行人的风险自控，另一方面便是加强对发行人履行包括信息披露在内各项义务的监管。

（一）债券条款的设计

具有针对性地设计债券契约的各项条款，是发行人如何进行风险自控的重要参考。通过契约条款的设计，给债券发行人设置合同项下的各种义务，以此来督促发行人进行债券违约风险的自控。针对债券违约的风险，债权契约中势必要设置各种债券违约条款，或者各式各样的限制性条款。本书在第一章第三节中也提到，我国债券市场上缺乏债券违约条款的设置，同时在第二章第一节中也对美国债券市场中的限制性条款进行了介绍。笔者认为，我国债券契约条款的设计，应当从两个方面进行改善：

一是增加违约条款的设置。在债券契约中设置交叉违约条款，使发行多个债券的发行人更加积极主动地进行自我风险控制。虽然交叉违约条款的存在，可能会在一定程度上促使债券违约事件的爆发，但是从长远来看，交叉违约条款的设置能够督促发债企业综合管理其偿债能力，而不是根据债券到期的先后顺序应付债券持有人和监督管理机构。因为，一旦发债企业所发债券中一只债券发生违约，极有可能交叉违约条款的存在而导致其他未到期债券认定违约。

二是增加限制性条款。可有选择性的设置多样化的限制性条款，例如限制发行人总负债率的条款，将发债企业的负债率控制在一定比率，能够在一定程度上保证发债企业的偿债能力，保护债券持有人的利益，降低债券违约的风险，甚至是在债券违约之后提高债权人的清偿比例。但有一个担忧就是，限制了发债企业的负债率，有可能会降低其融资能力。笔者认为，限制发行人负债率的条款不是合同主条款，如果发行人迫不得已需要违反该条款，加大举债比例，那么可以由发行人或第三人向该债券提供担保，用增信的方式弥补。再如限制发行人股东分红的条款，众所周知，从破产法的角度分析，债券持有人的权利顺位是高于债务人股东的，所以为债券设置限制股东分红的条款理论上并无非议，其目的是优先保障债权人的利益。具体操作建议是，在设置限制股东分红条款时也为债务人留有余地，比如具体条款中可以约定一个额度，如果债券发行人当年或当季度的盈利达到约定额度，那么预定数额部分只能用于优先支付债券本息，剩余部分可以向股东发放红利。其它限制性条款像限制发行人重大资产重组、限制发行人重大股权投资以及限制发行人关联交易等条款，发债企业可以根据自身实际情况，与负责债券契约设计的承销商商议，选择适用限制性条款，以达到对债券违约风险进行自控的目的。

（二）发行人的增信措施

发行人通过内部或外部的增信措施，来应对债券违约风险是非常常见的。所谓债券增信，是指债券的发行人为了吸引投资者的关注和购买，通过对债券产品结构和债券契约条款进行设计以及其他特定的协议安排，或运用内部和外部的金融手段，以降低债券违约风险、减少违约损失、提高债券信用等级、保障债券到期足额支付本息的行为。我国目前的债券市场存在两大类债券增信措施：内部增信和外部增信。其中内部增信措施包括：发行人提供的抵押或质押担保、发行人回购债券条款、发行人设立用于支付债券本息的专项基金等措施；外部增信措施有第三人保证（包括一般保证和连带责任保证）、银行出具流动性支持承诺函、第三方回购承诺、政府承诺函、债券保险等措施。以上提到的增信担保措施需要进行有效性、可靠性筛选。笔者认为，外部增信措施中的银行出具流动性支持承诺函以及政府承诺函两项措施需要谨慎考虑，因为无论是从承诺函的法律强制力上看，还是从监管部门对此两项措施的态度和政策上看，都不能确定产生增信的效果。笔者认为，外部增信措施通常比内部增信措施更值得信赖，譬如债券保险、第三方提供的抵押或质押担保、第三方连带责任保证等措施，相比于发行人自己提供担保来说要更加可靠。但是，现存外部增信措施中，也存在弄虚作假的增信措施，例如上文提到的外部增信措施中的银行出具流动性支持承诺函以及政府承诺函两项措施。所以，债券发行人应当本着为投资者负责的态度，谨慎选择增信措施，以防范债券违约风险①。

（三）对发行人行为的监管

监管部门对债券发行人的监管，主要是依据法律规定监管发行人的行为。具体来说，现行适用于债券市场的法律附加发行人各种各样的义务，而监管部门的职责即监管发行人相关义务的履行情况，并对违反法定义务的行为作出处罚。值得注意的是，监管部门只能根据法律授予的职权范围行使监管管理的权力，换言之，监管部门的监管范围只是发行人的法定义务，而对于债券契约中的约定义务则无权监管。笔者认为，监管部门应当从以下几个方面做好发行人行为的监管工作。首先，应当全面充分地监管发行人的信息披露行为。信息披露义务是发行人最重大的法定义务，发行人充分履行信息披露义务能够很好地平衡债券发行人与债券持有人之间信息不对称的问题。笔者建议，监管部门应当从两个层面监管发行人的信息披露行为，一是信息披露文件的全面性，二是信息披露内容的可靠性。披露文件的全面性是指，发行人是否根据法律规定，全面地披露了包括财务状况资料以及其他相关资料在内的所有文件。监管部门可以制定统一的信息披露文件列表，列表根据不同债券类型有相应的调整。信息披露内容的可靠性即指信息披露文件承载的内容是否真实、可靠。监管部门对发行人信息披露的可靠性进行逐一审查是不现实的，建议采取按一定比例抽检的方式行使监督管理职权。其次，应当加强发行人对募集资金用途的监管。发行人募集资金的用途是通过债券契约与持有人约定的，但是其履行约定好的资金用途条款却是法定义务。也就是说，无论双方约定的资金用途是什么，只要债券发行成功之后，发行人就负担了遵守资金用途条款的法定义务。发行人违反资金用途条款，将募集资金用于约定范围之外的经营或投资行为，加大了债券违约的风险，会给投资人带来巨大的投资风险。最后，应当对发行人履行通知义务进行监管。债券市场体量庞大，发行人众多，监管机构不可能做到对发行人通知义务履行情况的逐一监管。笔者认为，应当加大对发行人违法通知义务的处罚力度，

---

① 李环、邓婕：《增信措施如何影响债券风险与信用评级？》，《金融市场研究》2016 年第 1 期。

从事后处罚的角度强化对发行人履行通知义务的监管。发行人履行通知义务有瑕疵或者不到位时，不仅需要承担赔偿投资者损失的民事责任，还要承担监管机构处罚的行政责任，从而促使发行人积极履行通知义务，加强债券违约风险的防范。

二、"看门人"的风险把控

"看门人"其实是对证券市场中具有一定相同特征的中介机构的统称，其共同特点是以自身的职业信誉和专业能力向投资者担保所发行债券的品质，其最本质的特征是保护投资者①。债券市场中的"看门人"主要包括债券承销机构、信用评级机构、审计机构以及律师事务所等机构。之所以称这些中介机构为"看门人"，也正是因为这些中介机构最初创设的本质是为了保护投资者的利益，是以监管者的姿态参与到债券市场以及整个证券市场中。可"看门人制度"发展到现在，不仅在起步较晚的我国证券市场，即便是在成熟的境外证券市场，绝大多数"看门人"机构却是以"服务者"的姿态参与市场活动，而且主要服务的对象竟然不是投资者，而是发行人。为何会出现这样的格局呢？究其根源，在于向各中介机构支付费用的是发行人，而最应受到"看门人"监管的也是发行人，这样的利益冲突，难免会造成如今的格局。笔者将从承销机构、评级机构、会计师事务所以及律师事务所四类"看门人"的角度提出自己的一点点看法和建议。

（一）承销机构的尽职筛选

《中华人民共和国证券法》第六十九条规定："发行人、上市公司公告的招股说明书、公司债券募集办法、财务会计报告、上市报告文件、年度报告、中期报告、临时报告以及其他信息披露资料，有虚假记载、误导性陈述或者重大遗漏，致使投资者在证券交易中遭受损失的，发行人、上市公司应当承担赔偿责任；发行人、上市公司的董事、监事、高级管理人员和其他直接责任人员以及保荐人、承销的证券公司，应当与发行人、上市公司承担连带赔偿责任，但是能够证明自己没有过错的除外；发行人、上市公司的控股股东、实际控制人有过错的，应当与发行人、上市公司承担连带赔偿责任。"债券发行人的公司债券募集办法、财务会计报告、年度报告、中期报告、临时报告以及其他信息披露资料，有虚假记载、误导性称述或者重大遗漏，致使投资者在交易中遭受损

① John C. Coffee："Gatekeepers：The Professions and Corporate Governance"，*Clarendon lectures in management studies*，Oxford University Press，2006。

失的，发行人应当承担赔偿责任，而且承销机构也要承担连带赔偿责任，但是能够证明自己没有过错的除外。也就是说，债券承销机构承担的是过错推定责任。在以往的债券市场中，债券出现违约的可能性小到几乎可以忽略不计，那么债券的承销机构也不会承担任何违约责任的压力，在其与拟发行债券的企业合作时，根本不会考虑该企业的经营风险以及债券违约带来的风险和损失，完全是带着完成更多业绩的目的去操作的。随着“刚性兑付”的打破，以及我国债券市场的逐步市场化和规范化，笔者认为，债券承销机构应当从以下两个方面改善自身的服务水平和管理水平。第一，客观负责地做好尽职调查。承销机构针对拟发行债券企业的尽职调查应当回归到“审查发债企业是否符合发行债券的条件”以及“筛选优质发债企业和优质债券”的制度本意上来，从根本上改变承销机构对拟发债企业的尽职调查是为了帮助企业达到发债标准，完成“包装”的错误观念。第二，积极做好风险提示工作。债券承销机构不单单对债券的发行人具有筛选的作用，另一方面其对债券投资者也会起到分类筛选的效果，关键在于承销机构认真履行风险提示义务，最大程度上让投资者知悉债券产品收益与其背后风险的关系，筛选出风险承受能力与债券产品相匹配的投资者。

（二）评级机构的如实评级

在我国债券市场，资信评级机构为了迎合发债企业而做出不符合实际情况的甚至是虚假的信用评级的现象已经是司空见惯。坦白来讲，无论是债券承销机构还是资信评级机构，他们这种偏向促成发债企业成功发行债券的心态也是迫不得已，因为这些中介机构也都是盈利性的公司法人，在竞争环境扭曲的债券市场，如实履行“看门人”义务，结果只有一个，就是被市场淘汰。笔者认为，随着越来越多的债券出现违约，资信评级市场的警钟也该敲响了。笔者建议，评级机构应当顺应债券市场发展趋势，积极主动地把握债券违约市场化的大趋势，收集已出现违约债券的各项信息和数据，为以后提供真实可靠、受到债券市场投资者认可的评级做准备；另外，摒弃原先仅仅根据发行人提供的材料数据进行评级的工作态度和为发行人服务的错误观念，将服务的重心放到债券市场的投资者身上，为投资者负责，为整个债券市场负责；最后，在实践中积极探索信用评级付费新模式，从根本上摆脱发行人的利益牵制，真正做到为市场投资者服务，为债券市场负责。

（三）会计师事务所的规范审计

会计师事务所按照发行人或者债券承销商的请求，为发债企业进行审计并出具审计报告，审计报告是承销机构判断发债企业是否符合发行债券条件的重要参考资料。2016年6月21日，银行间市场交易商协会对瑞华会计师事务所公开谴责，并作出责令改正以及暂停其发债业务一年的处分。处罚原因是瑞华会计师事务所参与的云峰绿地集团财务审计报告与云峰集团自身披露的财务报告存在巨大差异和冲突，瑞华会计师事务所存在虚假披露行为[①]。会计师事务所等审计机构在债券发行过程中有着举足轻重的作用，审计机构对发债企业财务状况专业化的审计和判断是推荐机构或者承销机构甄别合格或者优质发行人的重要依据，而且审计机构的作用和地位无可替代。笔者认为，审计机构应当严格按照法律的规定提供审计服务和履行职责。笔者建议，在逐渐成熟的债券市场，无论会计师事务所针对发债企业做出符合发债条件的审计报告，还是出具了不符合条件的审计报告，不仅仅应当收取相同的费用，而且，当会计师事务所出具的是负面的审计报告而导致企业未能成功发行债券时，由该企业承担审计费用；相反，如果企业成功发行债券的话，审计费用将以某种方式让债券持有人承担。这样的制度设计，可在很大程度上督促拟发债企业做好自我财务管理和风险控制。目前来看，债券承销机构和推介机构承担了很大一部分帮助拟发债企业完善内部控制制度、进行财务报表美化包装以及经营风险控制的工作。另外，会计师事务所应当禁止向其提供过审计服务的企业提供企业管理咨询服务，以保证审计机构的中立性和客观性。

（四）律师事务所的详细尽调

在目前的债券市场，律师事务所依照法律规定为发债企业出具法律意见书。参与发债的律所应当对发债企业进行详尽的尽职调查并出具客观、中立、真实的法律意见书，该法律意见书亦是拟发债企业能否成功发行债券的重要参考资料。律师尽职调查的内容主要包括：一是发债企业的基本情况，包括其历史沿革、股权结构、控股股东及实际控制人、经营范围和主营业务以及公司治理和内部控制制度的相关情况；二是发行人的财务会计信息，其中包括对会计师事务所出具的审计报告进行核实；三是发债企业的资信情况，需要调查发债企业的纳税情况、所签订各类合同的调查说明、涉及的诉讼案件以及银行贷款授信等方面；四是拟发行债券的评级情况；五是募集资金用

① 参见《债券违约事件多发交易商协会暂停瑞华发债审计》，《21世纪经济报道》2013年6月23日，http：//money.163.com/16/0623/05/BQ7LA8K200253B0H.html，最后访问日期：2016年12月20日。

途以及资金管理计划；六是相关增信措施的安排，包括保证人的相关情况、担保合同审查、抵押或质押担保的评估以及发行人的偿债计划与相关保障措施；七是利害关系和利益冲突调查；八是发行人公司章程和内部决策程序的调查；九是总体合法合规性的审查说明；十是主要风险揭示以及应对措施核查。以上提到的律师进行尽职调查所涉及的十个方面只是法律规定的或者行业认可和流行的基本方面，在律师事务所为债券发行提供尽职调查服务并出具法律意见书的行业，有很多规范的律师事务所能够做到更为细致和有针对性的尽职调查，并出具真正能够揭示法律风险为债券发行保驾护航，切实保护债券投资者的利益。笔者调查发现，很多不太规范的律师事务所仅仅是根据市场上流行的尽职调查模板去完成尽职调查报告，有的仅凭企业提供的材料甚至不去企业所在地进行实地调查，就完成尽职调查报告，出具不负责任的法律意见书。而且通常这类律师事务所的收费比市场水平要低，为债券发行人服务的目的性较强，不顾其所负有的保护债券投资者利益的职责。笔者建议包括交易商协会、律师协会等在内的相关部门规范该市场行为，也建议广大从事债券发行的律师事务所尽职尽责地完成相关调查，这对律师事务所的长远发展以及债券市场的规范化具有重要的意义。

综上，债券市场的承销机构、信用评级机构、审计机构以及律师事务所等中介机构一同组成了把守债券市场大门的“看门人”。这些中介机构在整个债券市场健康可持续发展中有着举足轻重的地位。而监管部门对这些中介机构的监管，确保各机构依法发挥各自的职能和作用便显得至关重要。笔者认为监管部门应当从以下几个方面做好对“看门人”行为的监管：第一，加强对债券承销机构尽职调查与风险揭示行为的监管，加大承销机构筛选优质发债企业和高质量债券投资者的作用；第二，强化对信用评级机构客观独立性的监管，打破我国债券市场信用评级制度名存实亡的现状，充分发挥信用评级制度的内在作用；第三，加重会计师事务所、律师事务所等债券市场服务机构出具有瑕疵甚至虚假的审计报告或法律意见书行为的处罚力度，加大此类中介机构的违法成本，充分发挥审计机构和律师事务所把控风险的作用。需要特别注意的是，评级机构对其作出评级的债券有跟踪评级的义务，债券的信用评级能够在一定程度上反映债券发行人的资信状况，及时的信用评级能够给投资者提供快速可靠的投资决策信息。笔者认为，监管部门应当在以下几个方面对信用评级机构及时调整评级做好监管：第一，监督评级机构调整评级的及时性。在债券市场，信息是投资者做出决策的根本依据，而评级信息是否及时关乎投资者的切身利益，监管部门应当加强监管信用评级机构对违约债券的及时跟进评级，以及及时调整对处在违约边缘的债券的信用评级；第二，监督评级机构评级的真实性。评级机构的费用是由发行人支付的，这样的利益冲突有很大的可能导致评级机构虚假评级，监管部门应当重视违约债券的发行人与评级机构之间的利益关系，监督评级机构对债券评级的真实性；第三，加重评级机构迟延或虚假评级的处罚力度。对于评级机构而言，其自身的市场信用是其能够在评级市场生存的根本来源，一旦评级机构身上背负监管部门的行政处罚将给其带来毁灭性的打击，反过来讲，监管部门对违法违规的评级机构做出较重的处罚，在一定程度上能够促使评级机构及时准确地调整债券的评级。

三、债券受托管理人的风险调控

债券受托管理人在债券发行之后的风险管理和调控中应当起到主导地位的作用。可是，正如本文第一章第三节所述，我国的债券受托管理人基本上形同虚设。在债券市场新时代，受托管理人对债券实时的风险调控是不可或缺的。《公司债券发行与交易管理办法》第四十九条规定："债券受托管理人由本次发行的承销机构或其他经中国证监会认可的机构担任。债券受托管理人应当为中国证券业协会会员。为本次发行提供担保的机构不得担任本次债券发行的受托管理人。"可以看出，我国债券市场上的受托管理人可以由债券的承销机构或者其他证监会认可的机构担任。在实践中，无论是发行人还是证监会，都更加倾向于选择债券的承销机构同时担任债券受托管理人。分析其中的原因，大概有两点：一是债券承销机构可以较低的收费甚至是作为债券发行服务的赠品，为发行人所发行债券提供债券受托管理的服务；二是债券承销机构对发行人以及发行债券最为熟悉，监管部门可能考虑到业务熟练程度的问题所以更加倾向于承销机构同时担任受托管理人。暂且不论这种明显带有利益冲突的制度设计效果如何，在我国债券市场发展过程中，这样的制度选择也确实发挥了作用，提高了债券市场发展的效率，但是不可否认的是，如今这样的制度规定正在带来更多负面的影响，加大了债券市场违约的风险。值得庆幸的是，智慧的规则制定者，为今后债券市场受托管理人制度的规范化发展留下了后路，正是"或其他经中国证监会认可的机构担任"这样的规定，为债券受托管理人制度的完善提供了可能。

（一）承销机构同时担任受托管理人的义务加重

在现行《公司债券发行与交易管理办法》的规定下，债券的承销机构同时担任本次发行债券的受托管理人时，并没有特别规定以加重承销机构也即债券受托管理人的义务。笔者认为，如果承销机构同时担任受托管理人，应当加重该机构的义务：首先，应明确规定同时承担两个角色的承销机构内部应当建立可靠有效的分离机制，将债券承销部门与债券受托管理部门严格分割开来，尽最大可能地排除利益冲突问题①；其次，应当加重债券受托人在违反职责时所承担的民事责任。承销机构基于其对发行人和发行债券的熟悉程度，债券管理的初期投入成本相比于第三方机构担任受托管理人来说更低，也更容易开展工作。如此一来，一个机构分饰两个角色，在收取两份费用的同时应当承担更大的失职风险。当监督义务人与被监督对象是同一主体时，这样的监督机制难以让人信服，所以为了在一定程度上平衡这种利益冲突，应当加重此种情形下债券受托管理人的民事责任。最后，应增加债券持有人对承销机构担任的债券受托管理人的监督机制。原本债券受托管理人对债券承销机构有一定的监督管理职责，当债券承销机构与债券受托管理人为同一主体时，为了保障对债券受托管理人的监督不过分弱化甚至是缺位，应当以债券持有人(可以通过债券持有人会议选出专门的监督管理委员会)为出发点，建立受托管理人的持有人监督机制。

(二) 机构投资者担任债券受托管理人的制度创新

在债券市场中存在大量的机构投资者，相比于自然人投资者，机构投资者往往是资金雄厚的金融机构，其投资资金数量、专业知识、风险识别能力以及风险承受能力都要明显超过自然人投资者。无论是境外成熟债券市场还是我国这类比较年轻的债券市场，都非常欢迎这类机构投资者。笔者设想，如果能够充分利用和发挥机构投资者的专业化，将其与债券的受托管理联系在一起，会不会是一种比较不错的选择？第一种情形是在某一债券的持有者中只有一家机构投资者，那么需要该机构投资者愿意担任债券受托管理人，其需要制作受托管理计划并且通过债权人会议的审议，方可担任该债权的受托管理人；第二种情形是所有债券持有者当中有数家机构投资者有意担任债券受托管理人，此时需要各机构持有人在债权人会议上进行竞选，除去参选的机构持有人之外的所有债权人，可以通过比较各竞选机构的专业水平、债权持有比例、受托管理计划、资信水平以及人员安排等方面投票选出一家最优的机构持有人担任受托管理人。

(三) 信托机构担任债券受托管理人

《公司债券发行与交易管理办法》(以下简称“《管理办法》”)第五十条第

① 徐承志、于萍：《公司债券受托管理人制度的法理逻辑与完善——以债券投资者权益保护为视角》，《上海政法学院学报》2016 年第 6 期。

七项规定:“发行人为债券设定担保的,债券受托管理协议可以约定担保财产为信托财产……”但同时,该《管理办法》第四十九条还规定:“债券受托管理人由本次发行的承销机构或其他经中国证监会认可的机构担任。债券受托管理人应当为中国证券业协会会员。”《管理办法》这样的规定在允许将担保财产设定为信托财产的同时,又没有明确授予信托机构担任债券受托管理人的资格。笔者认为,既然《管理办法》明确规定了可以将担保财产约定为“信托财产”,就不能排除该“信托财产”适用《信托法》的有关规定。也就意味着,信托机构从法律基础上或者法学理论上是可以担任债券的受托管理人的。若由信托机构担任债券受托管理人,不但避免了债券承销机构同时担任债券受托管理人的利益冲突问题,而且比债券持有人中的机构投资者更加专业化,更加能够维护债券持有人的利益。

第四节　债券违约后期处置的制度完善

债券违约风险控制是事前预防,与之相对,债券违约后期处置是事后处理措施。完善的事前控制能够有效减少债券违约的发生,降低债券违约的风险;完备的事后处置则能够及时有效地阻止损失继续扩大,提高债券违约之后的清偿比例。从债券违约的事后救济方式来分,大致可分为债券违约后的私力救济与公力救济。本章将从债券违约后期处置的去行政化、债券违约的私力救济以及债券违约的公力救济三个方面展开论述。

一、债券违约后期处置的市场化

(一)政府信用隐形担保的逐渐退出

债券发生违约是债券市场的正常现象,也是市场优胜劣汰的表现。正如本文第二章对境外成熟债券市场的介绍,即便有更为严苛的信息披露制度、更具权威的信用评级机构、比较全面的债券契约设计、非常成熟的债券违约保险产品以及其他各种投资者保护制度,境外成熟市场也不可能完全杜绝债券发生违约。恰恰相反,债券违约在成熟的债券市场应该是必不可少的,是衡量债券市场宏观环境的重要参考依据。纵观我国债券市场,尽管众多债券发生实质性违约,打破了“零违约”的奇怪现象,可是迄今为止仍然没能打破“刚性兑付”的神话。在债券市场“零违约”时代,地方政府为当地企业发行债券提供担保的现象司空见惯,在债券发行人出现偿债困难,但是仍未构成违约前,政府就很积极地帮助发行人筹集资金支付到期本金或利息,这也是我国债券市场很长一段时间内没有债券发生违约的根本原因。“11超日债”的重组方案显示，参与重整的九家企业中嘉兴长元投资合伙企业的实际控制人是中国长城资产管理有限公司，而长城资管是国有控股企业。从重组参与公司的构成来看，仍然有政府担保的影子，从结果来看也并没有打破“刚性兑付”。笔者认为，无论是在债券发行阶段还是证券承销阶段，以及债券发生违约之后的处置阶段，都应当逐渐淡化政府信用的隐性担保，让政府隐性担保的影子逐步退出债券市场，为债券市场的健康发展营造良好的环境。

（二）债券违约后期处置逐步市场化

尽管近几年有多起债券违约事件，也引起了债券市场投资者不小的恐慌，但最终“刚性兑付”的结果抵消了投资者的恐慌，甚至使得部分投资者更加相信债券市场零风险的假象。一个健康的债券市场应当坚持“买者自负”的风险承担原则，收益与风险并存是亘古不变的准则。笔者认为，我国债券市场要想健康可持续地发展，必须逐步褪去政府信用的隐性担保，在债券违约后期处置阶段逐步减少直至杜绝行政权力的介入和干预，让债券违约的后期处置逐步市场化，由市场和投资者决定违约债券的走向，决定债券发行人的存续与否。

二、债券违约的私力救济

我国债券市场目前处于即将打破“刚性兑付”的新时期，关于债券违约之后的处理经验还非常缺乏，也并没有形成一整套债券违约的处置机制和程序。参考本章第二节对境外成熟市场债券违约的处置经验，我国债券市场应当借鉴境外成熟的制度经验，来弥补我国债券违约处置中私力救济的空白。笔者认为，应当大力发展债券违约保险市场，比如信用违约互换（CDS）的推广；其次，加大发行人与持有人自主协商和解方案的探索；另外，应充分发挥证券自律组织的作用，甚至赋予其调解者的角色，参与到债券违约的处理中。本节笔者将按照债券违约之后的处理程序，从违约保险求偿的触发、附担保债券的处置、发行人与持有人自主协商和解以及证券自律组织进行调节等四个方面展开论述。

（一）债券违约保险求偿制度的构架

笔者认为，债券市场“刚性兑付”打破之后，债券违约逐步趋于市场化，而我国债券市场的体量排名世界第三位，所以债券违约保险市场有很大的发展空间，在债券违约处理中能够发挥的作用不容小觑。如果将债券违约保险引入债券违约的处置当中，从保险法的角度去处理债券违约将会非常便捷和高效。在保险合同关系中有投保人、保险人、受益人以及保险标的等概念，我们将债券市场主体对号入座：债券发行人即为投保人，保险人即提供保险服务的保险公司，受益人当然为债券持有人，而保险标的就是已发行的债券。如此一来，为债券投保的是债券发行人，受益人为债券的持有者，而触发保险求偿的条件为债券发生违约。将保险法的相关制度运用到债券违约处置当中，不但给发行人提供了为债券增信的手段，还可以高效地处理债券违约事件。如果一只债券的发行人为该债券购买违约保险，当债券出现违约后，债券持有人可以直接请求保险公司进行保险赔付，相应地保险公司获得对发行人的追偿权。此时，债券持有人退出债券违约的处理当中，取而代之的是更加专业的保险公司，能够有效地保护债券持有人的利益，并且提高债券违约处理的效率。

本章第二节中介绍过美国债券市场中的信用违约互换(CDS)产品，笔者认为也可以将其运用到我国债券市场当中。发债企业即为信用违约互换交易主体中的融资主体，而债券持有人即为投资主体也即 CDS 的购买方；笔者认为我国的保险公司、商业银行、信托公司以及基金公司可充当 CDS 的出售方，当然，这需要我国相关政府部门的授权和政策支持；那么，CDS 投资者则需要一定的投资者筛选机制，确保投资者能够认识并承担 CDS 产品的风险。另外，笔者建议债券发行人也可以成为 CDS 产品的购买者，只不过受益人是债券投资者。当然，发债企业如果支付了 CDS 产品的对价，也可以将这部分费用计为债券发行成本当中，从而适当调整债券的发行价格。

（二）附担保债券违约的处置

发行人可以为债券设置多种担保，总的包括保证担保、抵押担保以及质押担保三大类。保证担保有第三人一般保证担保和第三人连带保证担保两种类型。对于一般保证，当发生债券违约之后，持有人只能先向发行人诉讼求偿，因为一般保证人享有先诉抗辩权，而连带保证不享有此权利，持有人可以选择向连带保证人或者发行人进行诉讼求偿。当然，在债券违约处置的私力救济中，我们暂且不谈诉讼求偿等公力救济途径。如果是附保证担保的债券发生违约，债券持有人可以向保证人请求赔偿，如果保证人积极配合，则代表债券持有人私力救济成功。此外，对于附抵押或质押担保的债券发生违约，担保权利人可以行使其担保权，与抵押人协议对抵质押物进行折价，或者对抵押物进行拍卖、变卖之后以所获得的价款优先受偿。当然，如果担保人不积极配合担保权人行使权利，只得宣告债券持有人私力救济失败，转诉至法院寻求公力救济。笔者建议，在条件允许的情况下，增加对担保合同的公证环节，一旦担保权人需要行使公正过后的担保权，可以直接请求法院强制执行。对担保合同进行公证之后，担保人势必会更加积极配合履行担保义务，提高附担保债权违约之后的处置效率。

（三）自主协商和解

债券发生违约之后，通常来说债券持有人会行使一切权利尽可能地保证自己的利益不受损或者把损失降到最低。从发行人的角度考虑，绝大多数发行人也不想陷入违约风波，哪怕在确实发生违约之后，发行人也希望通过与债券持有人协商，达成双方都能够接受的和解方案。站在每一个持有人的角度，每一位持有人都想最大程度上维护自身的利益，可很多时候正是这种持有人过度分散化，各逐己利的现象导致发行人只能进入破产清算程序，到头来持有人也不太可能完全实现其债权，甚至受偿比例会很低。外加债券受托管理人制度不能很好地发挥效用，债权人会议召开困难等问题，导致债券持有人难以以集体利益为主导。笔者认为，我国债券市场在处理违约事件时，可以借鉴境外“伦敦方案”与“折价交易”等和解方案。万事开头难，如果有一例或者数例债券持有人与发行人成功和解并最终全额支付债券本息的案例，那么应该会对债券违约的处置起到积极的示范作用。

（四）证券自律组织调解制度的构建

目前在我国债券市场，发生违约的债券的发行人与持有人几乎很难自主和解，笔者分析原因大概有以下几点：一是债权人会议召开难度大，很多持有人是权利上的懒惰者，参加债权人会议的积极性不高；二是无论是债权人会议，还是债券受托管理人都很难完全代表债券持有人与发行人进行谈判；三是目前债券市场鲜有违约债券的发行人与持有人成功和解的案例。深入分析，笔者认为债券违约后，发行人与持有人难以达成和解的根本原因其实是持有人对发行人、承销机构以及债券受托管理人的不信任。其实不难理解，本书在第一节中也多次提到发行人与承销机构和受托管理人之间利益冲突的问题。债券持有人的不信任也即源于此利益冲突问题。笔者建议，利用证券交易所、银行间交易商协会以及证券业协会等证券自律组织的中立性、客观性以及非营利性等特点，将证券自律组织作为调节者主导债券违约之后发行人与持有人之间的和解，构建债券违约后证券自律组织调解的制度。

三、债券违约的公力救济

（一）行政法语境下的公力救济

当发生债券违约时，违约债券的参与主体往往伴随着违反行政法律法规的行为，行政机关针对这种违法行为所作出的行政处罚是对债券违约受害者群体不可或缺的一种公力救济。而我国债券市场存在一种处罚叫做“采取监管措施”，而何为“监管措施”，法律上并没有给出明确的定义。《公司债券发行与交易管理办法》第五十八条规定的监管措施包括：责令改正、监管谈话、出具警示函、责令公开说明、责令参加培训、责令定期报告、认定为不适当人选、暂不受理与行政许可有关的文件等。进而查阅《公司债券发行与交易管理办法》的上位法《证券法》之一百九十三条，其中也规定了责令改正、给予警告以及罚款三类处罚措施。我们发现，在不同位阶的法律中同时规定了“责令改正”，而两个法律规定的监管责任人（即作出处罚的监管机构）同为中国证券监督管理委员会，并且两个法律条文对违法行为的描述也几乎一样：“发行人及其他信息披露义务人未按规定披露信息，或者所披露的信息存在虚假记载、误导性陈述或者重大遗漏的……”这就造成同一个违法行为，可以由同一个行政处罚实施主体，做出同一种处罚，而这种处罚即叫作“监管措施”，又叫作“行政处罚”。这样的混乱给市场主体带来了很多的不可预见性，也给市场参与者履行义务造成了一定的困难。笔者建议相关立法机构，明确“监管措施”的定义，制定层次、处罚力度分明的行政处罚措施。

（二）私力救济失败后的公力救济

债券违约之后的处置可分为私力救济和公力救济两种途径。私力救济相比于公力救济而言更高效，而公力救济是私力救济失败后对债券持有人权利的最后保障。笔者在本章第一节提到债券违约保险求偿、处置担保物、自主协商和解以及证券自律组织主持调解四种私力救济途径，无论哪一种方式，一旦双方或多方之间出现分歧，导致私力救济失败都将进入求偿诉讼程序，请求公力救济。具体来说，债券违约的公力救济也可以分为两个层次，一个是违约求偿诉讼，另一个便是破产诉讼。在笔者看来，破产诉讼虽然是对投资者利益保护的最后屏障，也是对债务人来说最难接受的结局，但是从保护投资者利益的角度上来讲，申请发行人破产并不是最优选择。因为往往进入破产诉讼程序的发行人，如果能够重整成功还好，一旦重整失败进入破产清算程序，到最后债权人所能受偿的债券比例也不容乐观。当然，根据《公司法》以及《破产法》的规定，进入破产程序需要两个条件，一是债务人不能清偿到期债务，二是债务人资不抵债或明显缺乏清偿能力。如果达不到这两个条件，债券持有人只得进行违约求偿诉讼而无法申请债务人破产。对于有违约保险的债券来说，如果发生债权违约，持有人不能通过追偿、协商等私力救济途径获得保险赔偿的，持有人可以基于保险合同关系向保险人诉讼求偿，也可以基于债券契约关系向发行人诉讼求偿；附担保债券发生违约，持有人可以基于债券契约（主合同）以及担保合同（附合同）向法院起诉发行人以及担保人，请求履行持有人担保物上的权利；违约债券的发行人与持有人之间可以自主和解，达成的和解协议并不是终局性的，任何一方有异议仍然可以诉至法院解决争端；同样，证券自律组织的调解目前来说也不具备强制执行力，或者调解不能的，任何当事人一方仍然享有诉讼求偿的权利。

（三）破产程序的启动

破产程序分为破产重整程序、破产清算程序以及破产和解程序，其中破产和解程序只能是债务人提出，破产重整以及破产清算都可以由债权人即违约债券的持有人提起。在进入破产程序之后，法院如果裁定债务人重整，则需要组成重组管理人，与债务人一同管理并商议重整计划提交债权人会议讨论，直到债权人同意重整计划，经法院批准才可执行重整计划。当然，如果重整计划成功则万事大吉，一旦失败或者重整计划不能通过债权人会议，则统统会导致重整失败，宣告债务人破产。法院宣告债务人破产之后，首先应该确定破产人、破产财产以及破产债权，然后确保享有担保权的债权人优先受偿，之后破产清算管理人拟定清算方案，经过债权人会议或法院的通过，接下来清算管理人变价售卖破产财产，支付破产费用以及公益债务，进而清算管理人针对剩余财产制定分配方案，该方案经过债权人会议的讨论，并经法院裁定认可，管理人方可执行分配方案。最后，清算管理人向法院提交分配方案执行报告，法院裁定破产程序终结。

结　语

随着债券违约事件的频频出现，笔者认为在不久的将来“刚性兑付”终归要被打破，也有可能会出现大面积的债券违约。在此之前，我国债券市场的投资者似乎已经被“刚性兑付”宠爱过度，忘记了“投资有风险，风险需自担”的根本道理。然而，该要面对的终归会出现，我们能做的就是未雨绸缪，做好债券市场信息披露制度、信用评级制度、债券受托管理制度、债券持有人会议制度等违约风险控制制度的完善，改善债券违约的后期处置。境外成熟债券市场的各项行之有效的制度是我们借鉴和学习的范例，但要认清成熟制度之所以能够发挥实际效果的制度根本性内涵，万不可让我们债券市场的先进制度流于形式。总的来说，我国债券市场在面对和处理债券违约时，需要从两大方面进行改善：一是政府隐性担保逐渐退出债券市场，让市场自身面对和调解债券违约；二是培养债券市场"投资风险自担"的投资观念，在此基础之上再针对各项具体的制度进行完善和创新。

第十三章
论公司债券持有人利益的司法救济
——以“11超日债”事件的证券法治观察为视点

【核心提示】债券市场经过几年快速发展，迎来了2014年的偿债高峰和债市第一违约案例——“11超日债”违约。当市场将关注焦点集中到“11超日债”身上时，公司债券持有人却面临司法救济的现实困境。他们不仅在实体法上面临诉请缺乏依据的问题，而且在程序法上面临维权展开混乱的尴尬。究其原因，与我国对公司债券的证券市场法治安排不足及对公司债券持有人的利益保护不力有关。立足于证券市场、透过证券法治观察“11超日债”事件，公司债券持有人利益的司法救济，必须充分认识到公司债券发行行为的市场性，以证券市场法治理论和投资者保护理论为基础，将公司债券持有人利益的司法救济置于证券市场法治格局之下，将责任追究的触角伸向损害公司债券持有人利益的市场各方主体，让其各担其责，此乃债券市场法治建设的关键所在。

引　言
——由“11超日债”违约引发的问题

“11超日债”[①]违约，引发公司债券持有人维权难之现实窘境。2014年3月4日晚间，*ST超日公告称，无法按期全额支付“11超日债”第二期利息8 980万元，能支付的只有400万元，原因是公司流动性危机尚未化解，通过公司自身生产经营未能获得足够的付息资金。据此，“11超日债”成为中国债市

① “11超日债”，指“上海超日太阳能科技股份有限公司2011年公司债券”，发行人为上海超日太阳能科技股份有限公司，于2012年3月7日正式发行上市，期限为五年，共募集资金10亿元，票面利率8.98%，保荐机构即主承销商、债券受托管理人为中信建投证券股份有限公司。

首个公募债违约案例，其债民走上了艰难的维权之路。从信访到诉讼，他们尝试了多种维权途径，但至今无果。基于此，证监会表示，将从多方面做好债券市场的制度建设，包括完善债券受托管理人和持有人会议制度，督促债券发行人、中介机构以及投资者按照法律规定以及债券契约切实履行各方权利和义务，进一步健全信用债违约救济的司法审理机制①。可见，当债券违约来临之际，公司债券持有人利益的司法救济问题，已然十分迫切。

第一节　公司债券持有人利益的司法救济现实困境

公司债券持有人，当自身利益受损之际，有权向法院诉请损害弥补，以最大限度地救济其合法权益。但由于司法救济是运用公权力处理纠纷的最终手段，其启动有一定前提，即已穷尽当事人之间的救济可能，并有明确的法律规定作为诉请依据。在公司债券持有人利益的司法救济制度安排严重不足之当下，债民的司法救济维权面临难题。

一、实体法上的困境

"11超日债"债券持有人作为原告，依照债券契约诉请债券发行人还本付息，其原告的适格性不存争议，但能否把承销商、保荐人、信用评级机构等列为被告，可以提起哪些诉请，诉讼依据是什么，诉讼性质是违约、侵权抑或破产，实体法上缺乏明确规定。

（一）违约诉讼

最直接的救济途径是债券持有人基于债券契约诉请债务人、债券发行人支付到期本息，但在发行人存在流动性危机和生产经营困境的情况下，即使胜诉也难以得到有效执行。

（二）侵权诉讼

债券持有人的利益受损，除了债券发行人违反合同规则，还可能由于欺诈发行、恶意隐瞒、非法财产转移及非法分配等非合同因素。对此，债券持有

① 证监会就《证券法》修改草案等答问，中国政府法制信息网，http://www.chinalaw.gov.cn/article/xwzx/fzxw/201403/20140300395318.shtml。

人可通过侵权赔偿诉讼维权,但侵权诉讼明显比违约诉讼更难。“11 超日债”保荐人中信建投曾在《超日债募集说明书》中声明,对募集说明的真实性、准确性和完整性承担相应法律责任。但《证券法》第二十条、第三十一条规定的法定义务,在第一百九十一条、第一百九十二条中仅规定了行政责任,第六十九条规定了民事赔偿责任,据此可向中信建投追责。但虚假陈述民事赔偿诉讼,以证监会的行政处罚决定为前置条件,在证监会调查、处罚之后再起诉,维权之路长、成本高。更有侵权诉讼面临无法可依的尴尬,如“11 超日债”债民意欲追究债券受托管理人中信建投的责任,认为超日太阳与中信保签署了为债券本息偿付提供保障的流动性支持方案①,中信建投应当督促履行;当超日太阳不续保、导致流动性支持方案中断时,应该公告。但我国相关法律对债券受托管理人的义务和职责并无这方面的规定。

(三) 破产申请

“11 超日债”违约后,有债权人向上海一中院提出了破产重整申请②。该申请若被受理,超日公司将进入破产重整程序,重整失败,将被法院宣告破产清算。届时,债券持有人只能作为普通债权人被动参与破产清算分配。但据 ＊ST 超日 6 月 21 日发布的公告,该申请尚未被法院正式受理③。

上述之外,根据目前法律规定,债券持有人利益的司法救济还有以下几种可能:一是对发行人消极不履行债权而致债券持有人利益受损的,可通过代理权诉讼,要求发行人停债并偿付;二是对发行人损害债券持有人利益的关联交易和重大财产处置,可向法院请求撤销。但我国债券受托管理人职责仅包含债券持有人与公司内部诉讼的处理,不包含外部诉讼。

二、程序法上的困境

＊ST 超日宣告“11 超日债”违约之后,陆续发布了关于召开债券持有人会议的通知、授权受托管理人提起民事诉讼的议案等几十个公告④。表面看债券持有人可依公告有序展开维权,实际却步履维艰。因为债券持有人启动诉

① 超日太阳与中信保签署的应收账款卖断保险,若超日出现流动性紧张局面,便将应收账款卖断给银行,快速回款。详见张竞怡:“超日债猝死 投资者抓狂”,《国际金融报》2014 年 6 月 2 日第 11 版。

② 详见深圳证券交易所网站上市公司公告——＊ST 超日:关于债权人申请公司破产重整的提示性公告(2014－04－05),http://disclosure.szse.cn/finalpage/2014－04－05/63797925.PDF,最后访问日期:2014 年 6 月 23 日。

③ 详见深圳证券交易所网站上市公司公告——＊ST 超日:关于公司重大诉讼、仲裁进展公告(2014－06－21),http://disclosure.szse.cn/finalpage/2014－06－21/64159795.PDF。

④ 详见深圳证券交易所网站上市公司公告——＊ST 超日公告页面,http://disclosure.szse.cn/m/drgg_search.htm? secode=002506,最后访问日期:2014 年 6 月 28 日。

讼，首先必须在债券持有人范围内达成一致意见，这就需要债券持有人会议形成有效决议。在超日违约后，中信建投作为债券受托管理人，本应立即召开债券持有人会议；中信建投也曾公告召开债券持有人会议①，但它一直以决议通过需持有本期债券 50%以上债券持有人同意方可②为由，一直延期不开会③。无奈之下，债券持有人自发召集开会，却又由于无法可依，不能有效召开。

第二节　公司债券持有人利益的司法救济障碍分析

公司债券持有人利益受损，除了是公司债发行人违约所致，还可能是保荐人、信用评级机构、托管人等侵权所致。故公司债券持有人利益的司法救济，必须理清公司债发行中的多重法律关系，尤其是各方主体与投资者之间的法律关系，澄清各方主体应向投资者承担的法律责任，唯此才能找到债券持有人利益的司法救济障碍所在。

一、公司债券持有人利益的契约法治保护不强

因公司的有限责任制度和股东会中心主义，公司债券持有人在公司中不同于股东，处于弱势法律地位。如何平衡股东和债券持有人之间的利益冲突，是债券持有人利益保护制度的中心所在。公司债券持有人利益的请求权基础，是其与公司达成的债券契约。美国多数学者主张通过债券契约来保护债券持有人的合法权益，美国法院不支持债券持有人拥有契约以外的权利，因此债券契约的条文便成了债券持有人唯一可以依靠的法律武器④。我国公司债券持有人利益保护存在先天不足，即公司债券募集说明书中的发行条款，陈述性条款居多，限制性条款较少，对发行人的限制（如支付限制、合并或减资限制、所有权变更限制等）薄弱，债券持有人难以通过债券契约的有效约束对发行人追究违约责任。

---

① 2013 年初中信建投就曾召开第一次债券持有人会议，但因持有人数量多、地域分散，最终参加人数未能形成有效决议。

② 根据“11 超日债”《公开发行公司债券募集说明书》中债券持有人会议“会议规则”，债券持有人会议须经持有本期债券 50%以上（不含 50%）未偿还债券面值的债券持有人同意方能形成有效决议。这意味着，只有中信建投达到 50%以上的受托比例，所召开的债权人会议才能有效。

③ ＊ST 超日：关于延期召开“11 超日债”（证券代码：112061）2014 年第一次债券持有人会议的最新参会登记情况公告。有关会议延期的公告已发布多次，详见深圳证券交易所网站上市公司公告，http：//disclosure.szse.cn/m/drgg_search.htm？ secode＝002506，最后访问日期：2014 年 6 月23 日。

④ 吴祺：“债券持有人保护理论的重构”，《厦门大学法律评论》2007 年第 2 期。

二、公司债券持有人利益的证券市场法治保护不力

由于债券契约的不完全性，仅靠它来实现公司债券持有人利益的司法救济，不能完全满足债券持有人权益不受侵犯的法律要求。但我国债券持有人权益保护制度，仅在《公司债券发行试点办法》（以下简称《办法》）中作了粗略安排，《公司法》《证券法》中均未作出具体规定，这就必然导致债券持有人利益的司法救济缺乏诉请的法律依据。

因投资者的分散性，由公司债券持有人个人主张利益救济并不现实，故而设计债券受托管理人制度，由其负责召集债券持有人会议、参与持有人与发行人等的谈判或诉讼等。从制度初衷看，债券受托管理人应该是接受债券持有人的委托、代表持有人向债券发行人等主张权利。但根据《办法》，债券受托管理人由发债人聘请（第二十三条第（一）款），由发债保荐人担任（第二十四条），持有人对托管人的选定没有话语权（第二十三条第（二）款），持有人能做的，只有通过债券持有人会议变更托管人以维护自身权益（第二十七条第 2 种情况），债券持有人会议的召集权，在托管人手中（第二十五条），会议规则的制定权，亦在发行人与托管人手中（第二十六条）。发行人肩负债券持有人的受托人、债务人之双重身份，与债券持有人、债权人存在利益冲突；承销商担当发行保荐人与债券托管人之双重角色，与发行人存在利益关联和趋同。如此债券托管制度规定有违“角色不得错位、利益不得冲突”的法治一般原则之嫌①，无法担当债券持有人利益保护重任。

三、公司债券持有人利益的程序法治保护不实

“11 超日债”债券持有人的诉讼请求比较明确，但由谁来代表他们告超日公司等？如何形成诉请合意？债券持有人会议怎样召开？召集人和会议规则如何确定？有效会议决议如何形成？是否需要得到债券持有人半数以上同意？在没有预想公司债券违约、侵权之害的背景下，对债券持有人利益的司法救济安排，仅有的《办法》程序粗略，实施起来问题重重。

第三节　公司债券持有人利益的司法救济机制完善

放置于市场化背景观察，债市出现“11 超日债”事件并不可怕，怕的是缺

① 孙宇、金丽鑫：《公司债债权人保护问题探究》，《学习与探索》2009 年第 2 期。

乏后续救济制度安排。发改委曾表明2014年债市监管底线是企业债违约“零容忍”，这种非市场化理念，引发了外界的批评和质疑[①]。笔者认为，该做的不是守住底线，而是从理论和制度双方面做好公司债券持有人利益的司法救济。

一、加强公司债券持有人利益之司法救济的理论供给

公司债券持有人利益的司法救济理论，除了传统的契约法治论，更应立足于证券市场，从证券法治角度，认清公司债券作为证券市场交易的证券、债券持有人作为市场投资者的特性，建立公司债券市场法治理论和公司债券投资者保护理论。

（一）公司债券市场法治理论——基于公司债券的市场性

公开发行公司债券，涉及融资方、投资者、保荐人、信用评级机构等多方法律主体，如若给予债券持有人的唯有基于债券契约的合同法保护，显然忽略了其他主体可能对其造成的侵害。依照日本公司法名家上村达男教授在其专著《公司法改革》中阐述的市场法理论[②]，笔者认为，在公开市场上发行公司债券是市场化行为，发行后在市场上交易的债券与股票同样为证券，购买债券并持有者在证券市场上面临市场欺诈、信息不对称等风险，对其利益的司法救济，应当置于证券市场法治理论之下、问责到侵害其利益的市场各方主体。

（二）公司债券投资者保护理论——基于公司债券持有人的投资者特性

公司债券持有人是发行公司的投资者，是公司物质资本的提供者，他们与发行公司之间是一种已经证券化了的债权债务关系，这是公司债券持有人作为证券市场“投资者”的法律特征。为保护公司债券投资者，各国建立了公司债信托制度、公司债债权人会议制度、公司债债权人派生诉讼制度、以信息披露为核心的监管制度等；而关于债券投资者保护的法学理论，则有委托代理理论、信息不对称理论、集体行动理论等[③]。这些均值得我们借鉴。

二、夯实公司债券持有人利益之司法救济的契约法治基础

“11超日债”事件后，证监会表示将引导市场各方依照法律规定和债券契约履行权利义务，依照市场化、法治化原则处置违约事件风险，维护投资者合

---

① 王培成：《超日债违约余震：违约暗潮来袭倒逼市场化改革》，《财经》2014年3月24日。
② 上村达男：《公司法改革》，岩波书店2002年版。
③ 刘迎霜：《论公司债券投资者的权益保护》，《社会科学研究》2010年第4期。

法权益[①]。其中强调了按债券契约维权。纵观欧美发达国家债券持有人法律保护机制，一般都在债券契约中设定严格的保护性条款来限制发债公司的行为，主要有：担保条款、消极担保条款、专项偿债基金账户条款、对支付的限制条款、对合并或减资的限制性条款、对新发行债券的限制条款等[②]。反观“11超日债”的契约保护条款，其中包含有流动性贷款支持条款，但债券持有人依募集说明书上的专项偿债流动资金支持协议提起诉讼，却遭协议银行反对[③]。事实上，限制性协议的义务履行必须遵照约定条件，能否追究义务违反责任，要看义务方的义务履行情况。且根据合同相对性原理，非合同当事人不能诉请强制执行合同。当超日公司因长期经营不善导致流动性短缺时，债券持有人不能要求银行履行义务发放流动性支持贷款。可见，债券持有人利益的契约法治救济，首先必须夯实契约，明确约定双方当事人的权利义务及义务履行条件，严格遵守契约约定。

三、加强公司债券持有人利益之司法救济的证券市场法治中坚

着眼于公司债券发行行为的市场性和发行债券的证券性，从证券法治角度观察债券持有人，与其强调它为公司内部的特殊债权人，不如视其为公司外部的投资者，他们虽有债券契约保护，但游离于公司治理之外，处于弱势法律地位，必须在平等契约之外，通过证券法治寻求利益保护的平衡和司法救济的可能。

（一）公司债券发行人及其股东的责任

公司债券发行人的契约责任，如有关信息披露、募集资金使用、资产保全及本息偿付等，均可依照义务约定来检视、追责。而从证券法治角度，目前《证券法》主要规定了公司债券发行人的强制信息披露义务和虚假陈述民事责任以保护投资者。公司债券发行人负有债券发行前和发行后的信息披露义务（第二十一、六十三条等），并且禁止欺诈（第五条），义务违反致投资者遭受损失的承担赔偿责任（第六十九条）。但《证券法》第六十七条重大事件的临时披露中，缺乏债券临时性信息披露制度安排（如资产抵押变动），需要修

① 侯捷宁：《债市局部违约属正常现象，六项措施防范风险》，《证券日报》2014年3月15日第A02版。

② 胡瑾、王云升：《公司债券持有人利益法律保护研究》，《行政与法》2013年第12期。

③ 银行表示，＊ST超日的公司债券发行公告、募集说明书等公开资料显示该债券发行时为无担保债券，银行签署的流动性贷款支持协议并不构成对债券的担保。银行以超日太阳的财务问题是长期性亏损而非流动性资金短缺为由，拒绝执行支持协议。

法加以弥补。虚假陈述民事责任的追究，亦需进一步细化操作。

公司股东的责任，根据《公司法》规定，如控股股东滥用公司独立法人地位和股东影响力，严重损害债权人利益的，可通过公司法人格否认法理的适用，追究股东连带责任。

（二）公司债券保荐人、信用评级机构的责任

我国《证券法》对保荐人、信用评级机构的责任追究，放在虚假陈述责任框架下。有学者提出在“专家责任”框架下追究中介机构的侵权责任，笔者深表赞同。因为在信赖义务下，可要求专家在专业领域负起高度注意义务，义务违反则追究责任，这相比于虚假陈述下的责任追究，一方面扩大了适用范围，另一方面降低了举证难度，更有利于公司债券持有人利益的司法救济。而实际上，专家责任与虚假陈述责任解决的法律问题是相同的，只是前者是基于整个民法框架下的责任体系而提出的，后者是前者在证券法上就特定主体的责任细化①。

（三）公司债券受托管理人的义务和责任

债券持有人因其分散性和非专业性，一般通过债券受托管理人，由其召集债券持有人会议商讨事宜、形成决议，再与发行人斡旋。我国债券受托管理人制度通过《办法》构筑了基本框架，但有别于国外，未要求托管人在债券发生风险时积极行动、控制损失。

(1) 资格条件：为保护债券持有人的利益，许多国家和地区均立法规定可能存在利益冲突的机构不得担任债券托管人，如日本《公司法》第七百〇三条规定的公司债管理人不包含券商。我国未来修法应将保荐人排除在债券托管人之外。

(2) 义务：公司债券托管人虽然承担为公司债券持有人利益而管理公司债券的权利，但它是接受发行公司的委托、与公司签订委托合同而管理债券，故仅对发行人承担合同责任。在国外公司法制中，公司债券托管人对非为委托合同相对方的公司债券持有人承担义务和责任，此乃法定义务和责任，旨在保护公司债券持有人的利益。如日本《公司法》赋予公司债管理人的一般性义务是公平诚实义务（第七百零四条第一项）和善良管理义务（第七百零四条第二项）②，

---

① 倪受彬、施丹婷：《金融危机背景下信用评级机构的法律责任问题初探》，《社会科学》2009年第8期。

② 日本《公司法》第七百零四条“公司债管理人的义务”规定：“公司债管理人，须为公司债债权人公平且诚实地实施公司债的管理。公司债管理人，须对公司债债权人以善良管理人的注意实施公司债的管理。”

公司债券持有人可以义务违反为由追究公司债管理人的损害赔偿责任(第七百一十条)。我国《公司法》对债券托管人的义务未作规定,导致目前"11 超日债"债民追究债券托管人中信建投义务违反责任难,今后有必要引入日本《公司法》对债券托管人的一般性义务条款。

(3) 职责和权限:将债券托管人的义务具体化为必须履行的职责,这对于债券持有人的利益的司法救济十分重要。因为,如果不明确规定公司债管理人的义务,更容易引发管理人责任事件的发生。关于公司债管理人的责任,如果损害赔偿额度和免责事由不明确,会在法律关系的安定性和预测可能性上产生缺陷[①]。国外对公司债托管人规定积极作为义务的同时,对其权限亦作了明确规定,如日本《公司法》第七百零五条规定了公司债管理人的一般权限,第七百零六条规定了公司债管理人只有在持有债券持有人会议决议下才能行使的权限,而第七百零五条第四项、七百零六条第四项则规定了调查公司债发行人业务经营和财产状况的实质性权限。公司债管理人在公司陷入财务危机之际,必须以债券持有人利益为优先、对是否实施再融资解救财务危机等进行自由裁量[②]。我国《公司法》对此全无规定,《办法》第二十五条、第二十六条规定的债券托管人职责,主要是会议召集、担保管理、处理诉讼、参与整顿和解、制定会议规则等程序性权利,其他实质性权利未作明确界定。今后应当借鉴日本做法,在《公司法》中明确规定债券托管人的职责,包括:在债券存续期间持续关注、督促发行人履行信息披露义务,按约使用募集资金、提取偿债保障金、跟踪外部信用评级、进行担保管理、处理诉讼、参与破产等,并赋予职责行使的相应权限。

(4) 责任追究:国外对债券托管人的法律责任主要有解任和赔偿。债券持有人会议认为债券托管人能力不胜任、违反其义务或有其他正当理由时,有权向法院提出解任债券受托管理人的请求。而我国《办法》第三十一条中只规定了证监会可"认定为不适当人选"的行政监管措施,没有解任诉讼的制度安排。托管人违反法律法规、持有人会议决议或委托契约的相关规定,不适当履行义务,致使债券持有人利益受损的,应承担赔偿责任。而我国《办法》第三十一条中仅规定证监会可"责令整改",并无损害赔偿的规定,因而提起损害赔偿诉讼的司法救济缺乏法律根据。综上,《办法》及《公司法》《证券法》修订中,应加入向公司债券托管人诉讼追责的制度安排。

---

① 森まどか:《社債管理者の義務と責任—実効的な権限行使のために—》,《中京法学》43 卷 3・4 号(2009 年).

② 高橋周史:《発行会社の財務危機時における社債管理者の裁量権行使—利益相反規制を手がかりに—》,《北大法政ジャーナル》No.20,2013.

（四）公司董事的责任

由于债权人的利益通常由合同条款界定，而不是由开放式的受信义务保护。作为一般规则，董事对公司债权人并不负有受信义务，只有当公司陷入财务危机、濒临破产之特殊情况下，股东的所有者权益丧失，基于有限责任制度，公司的剩余风险由股东转移至债权人，董事的受信义务对象才从股东转向债权人，义务内容转为债权人的最终分配而保护公司剩余财产。这一董事信义义务说，在 Credit Lyonnais v. Pathe Communicaitons 一案中得以确立，之后得到美国各州的认可，成为破产临界状态下债券持有人利益保护的主要判例法则①。国内学者亦认为，董事对公司债权人的信义义务只能算作特殊的例外规则——因为，从法人本质论上，无法获得该规则的法理立论根据；而从经济分析方法看，该规定表现了“帕累托改进”效应，其说服力因之得以增强，可作为董事对公司债权人负责的法理正当性来源②。笔者赞同这一观点，建议在《公司法》修改中，加入董事对第三人（债权人）的责任。这样，公司债券持有人起诉董事才有法可依。

四、明确公司债券持有人利益之司法救济的程序法治条理

公司债券持有人利益的司法救济，还需要建立一套程序规则。“11 超日债”事件后，实务界律师建议尽快修订完善《办法》，在其中详细规定债券违约处置程序、债券财务限制性条款、可及时启动的提前偿还债券本金的“交叉违约条款”，加入有关投资者保护机构基金可以实施“诉讼担当”的条款等③。

投资者保护机制的精髓，在于赋予投资者充分的知情权，尊重投资者“用手投票”和“用脚投票”的权利，而持有人大会则是为了创造一个公平、高效的平台，令投资者享有合法的质询权、议事权和表决权④。故笔者认为，程序上首先应修订完善债券持有人会议制度。目前我国该制度主要由证监会的《办法》和银行间市场交易商协会的《会议规程》⑤作出安排，立法位阶较低；而美、日等发达国家一般将其纳入债券市场法治体系，在民商法或公司法等基本法律中作出规定，立法位阶较高。建议提高债券持有人会议制度的立法位阶，在《公司法》《证券法》修改中明确该制度的基本构造，并由相关部门出台细化

---

① 李飞：《英美法上董事对公司债权人的义务》，《私法研究》2011 年第 1 期。

② 李飞：《论董事对公司债权人负责的法理正当性》，《法制与社会发展》2010 年第 4 期。

③ 刘雯亮：《“11 超日债”违约发酵律师联合建议完善制度》，《证券时报》2014 年 4 月 5 日 A4 版。

④ 王媛：《完善违约处理机制比担心违约更重要——超日债 2013 年债券持有人大会侧记》，《债券》2013 年第 2 期。

⑤ 全称《银行间债券市场非金融企业债务融资工具持有人会议规程》。

规章，再由自律组织制定规则指引，进一步完善会议制度。

日本《公司法》在“公司债”编中专列“公司债债权人会议”章作了详细规定。该法第七百十五、七百十六、七百十七、七百十八条规定了公司债债权人会议的种类、会议权限、召集人、召集方式、召集条件等。借鉴日本做法，我国也应对债券持有人会议的召开条件、召集规则、决议规则、决议效力等作出明确规定。如与日本《公司法》第七百一十八条第一项规定的10%以上[①]的比例相比，《会议议程》第六条规定50%以上的比例实在太高，现实难以达成，必须修改。正如日本学者所言，债券持有人广泛分布于世界，变更偿还条件要取得全员同意事实上不可能。在债券契约中特别约定紧急情况下经债券持有人大多数同意可变更偿还条件的集团行动条款，在债务履行陷入困难之际启动该条款，通过多数决减免债务本息，对于确保债务削减的实行性、避免经济、金融混乱的发生大有裨益。[②] 此外，《会议议程》第二十四条对发行人拒绝接受持有人会议决议后如何操作未作规定，今后需加明确。

结语：完善公司债券持有人利益的整体保护机制

公司债券持有人利益的司法救济，必须建立在公司债券持有人利益的整体保护机制之上。首先是通过债券契约加以保护，此乃整体保护机制中的基石；其次是通过《公司法》《证券法》等的修改，赋予公司债券保荐人、托管人等明确的法定义务和职责，确立投资者保护规则，此乃证券市场法治的中坚。当公司债券持有人利益受损之际，若是由债券发行人等相关当事人违反契约造成的，则提起违约之诉；若是由保荐人、托管人等违反法定义务造成的，则提起侵权之诉。最后，完善程序法规则，使债券持有人利益的司法救济按规则有序进行。

---

① 日本《公司法》第七百十八条第一项规定：“持有某种类公司债总额（已清偿金额除外）10%以上的公司债券持有人，可以向公司债券发行人或管理人，提出召开债券持有人大会的请求。”

② 岩井宣章：《国債と社債の債権者保護に関する債券契約、法規定上の相異について》，《証券経済研究》第81号(2013.3).

第十四章

让“病态”的城投公司健康发展*

【核心提示】随着分税制的改革、国际金融危机的发生、国务院“四万亿计划”的出台和城镇化的加速发展等有关政策和环境的变化，地方政府纷纷通过建立公司发债的方式进行融资，缓解财政危机。在此时机下，城投公司势如破竹般地发展。但在城投公司的迅猛发展中，暴露出了各种各样的病症，如性质上的矛盾带来的管理和运营上的缺位，法律和制度的不健全带来的城投公司平台贷款、城投债等的信用违约事件。要纠正城投公司偏离正道的病态运行，促使其健康发展，必须从源头上清理核实城投公司的债务，对城投公司进行内部治理和外部监督，并同时进行相关各项法律法规的修改和完善。

引　言

——城投公司到底为何？

根据发改办财金〔2010〕2881 号文，城投公司是为了公益性或不是公益性的市政建设项目融资，由地方政府、相关部门将自有资产投入建立的并拥有独立人格的组织。2009 年中央人民银行和银监会联合发布《关于进一步加强信贷结构调整促进国民经济平稳较快发展的指导意见》后，中国省、市、县三级的城投公司发展迅速。城投公司的融资资金主要用于缓解政府财政资金的困境，扩大市政建设融资渠道，提高人民的生活水平、条件，促进社会经济的发展。然而，城投公司风光的背后，却是一个矛盾体的存在。“大多数地方

* 本章为2014 年度上海市教委科研创新重点项目“城镇化视域下城投债偿付风险之法律研究”(项目编号：14ZS090)的阶段性研究成果。

融资平台成为地方各级政府事实上的第二条财政收支线，在人事安排、财政收支上与各级政府关系十分密切……”①可见，城投公司具有行政性色彩。城投公司到底为何？其是《公司法》意义上的真“公司”，还是只带“帽”的假公司？如若城投公司只存在名义上的说法，那其又隐藏着多少诟病？带“帽”的城投公司又怎样解决银行贷款、城投债等到期债务的偿付问题？城投公司出现的一系列病症都需要运用法律的思维来加以解决。

第一节　城投公司的发展背景

20 世纪 80 年代上海久事公司成立，意味着中国首家城投公司的诞生。随后伴随着中国社会、经济和法律制度的不断改革和进步，城投公司迅速发展。

一、分税制改革的契机力

根据国发〔1993〕85 号文规定，自 1994 年 1 月 1 日起，中国对省、自治区、直辖市以及计划单列市实行分税制财政管理体制。20 世纪 90 年代我国相继制定了《中华人民共和国预算法》《预算法实施条例》，明确中央、省、地（市）、县、乡，各级别政府实行相应的预算。在这种分税制财政体系建立后，各地方政府在享有财权的同时也享有事权，但相对而言财权上移。这导致的结果是：地方政府只有做事的义务，缺少管钱的权利。加之我国财政收支、转移等法律、制度尚不完善或根本不存在，地方政府财政资金缺口巨大，普遍债台高筑。

二、城镇化发展的助推力

根据发改委研究机构的调查：中国将有 12 个省级城市正在规划建造新城，预计要超过 50 个；县级城市有 67 个要建新城。公布规划面积的 96 个新城，共规划占地 6 105 平方公里。另外国家开发银行认为，2012 年之后的几年，城镇化将快速发展，所需资金大约 20 万亿元，缺位资金将达 10 万亿多元。而在将来的两到三年里，地方政府的财政仅可支撑 20%左右的建设投资。可见，不管是目前还是将来，城镇化建设都急需庞大的资金。而地方政府表现出财政资金饥渴的情况，迫使地方政府寻求其他的融资途径。

---

① 黄志龙：《地方政府融资平台债务问题与对策建议》，《中国物价》2011 年第 8 期。

三、法律和法规的约束力

我国《预算法》规定，地方各级预算按照量入为出、收支平衡的原则编制，不列赤字。除另行规定之外，地方政府不得发行地方政府债券。而根据《贷款通则》第17条的规定，借款人应当为具备民事行为能力的自然人、法人或其他组织，国家机关不在贷款行列之内。由此可知没有任何法律或法规赋予地方政府发行债券、申请贷款的权利。在缺少法律支撑下，地方政府另辟蹊径，以自有土地等资产开办城投公司，再以公司的身份通过各种方式进行融资。城投公司也在这链条式的背景下，从无到有，从小到大，现已成为地方政府融资的主要渠道之一。

第二节　城投公司病态化的症状

城投公司是站在法律边缘的一种创新。城投公司的诞生和发展，促进了社会的进步和经济的发展，但它本身就是一个矛盾体，因此在发展过程中，城投公司出现了诸多问题。

一、矛盾体的存在

（一）本质上的矛盾

根据我国公司法理，公司这种企业组织形态，是依照法定条件与程序设立、以营利为目的的企业法人。在公司体制下，公司是公司财产的所有者，股东是公司的所有者，公司全部的资本金都用于公司的自产自营，目的是给公司盈利。然而，城投公司却是地方政府以土地等国有财产作为注册资本创办的公司。其目的明确，即直接为城市建设提供资金需求。大多数城投公司的唯一股东是地方政府或其部门和机构，且城投公司的管理者也是由行政部门的工作人员担任，具有官本位色彩；其融来的资金去向明显：直接进入地方政府的口袋，由地方政府运用和管理资金实施各项建设。可见城投公司是地方政府站在法律的边缘，“举公司之名、行举债之实”而创办的带“帽”公司。城投公司兼具官僚和企业之双重色彩，在履行政府职责的同时追求经济价值，在追求利润的同时，又兼顾其行政职责，这与我国公司法意义上的“公司”含义及宗旨大相径庭①。

---

① 赵东旭：《公司法学》，高等教育出版社2006年版，第4页。

（二）责任承担上的矛盾

财预〔2010〕412号文中规定了地方政府以出资为限对城投公司新、旧债务承担有限责任，同样在债务人无法偿还债务时债权人需要对未偿还的部分自负责任。从这一规定可以看出，政府仅仅以出资为限承担责任，而债权人和债务人承担连带责任。然而我国《公司法》规定，任何公司皆以全部财产承担公司的债务；股份公司和有限责任公司在出资的范围内，对公司承担有限责任；一人公司在特定条件下，例如公司与股东的财产不清时，股东对公司承担连带责任。可见真正意义上的"公司"对其新、旧债务，皆以其自有财产偿付。大多数城投公司的出资人只有一个，即地方政府。可见只有一个股东的城投公司，在一定条件下地方政府扮演股东的角色对公司债务也应承担连带责任。但事实上城投公司的债务承担主体和范围与我国《公司法》上的规定是不同的。有学者指出几点疑惑："(1) 由于受政府直接控制，平台公司并无公司之实，其能否独立承担责任？地方政府作为城投公司仅有股东，是否仅仅以出资为限承担责任？其对城投公司的债务是否仅承担有限的责任？地方政府为城投公司所负债务提供的担保，其效力如何？(2) 城投公司自身存在出资不实、违规经营、项目管理混乱等等现状，那么其是否适用公司法人格否认制度？……"①

城投公司不仅在其性质上与实质上的"公司"相悖并存在矛盾，加之一些文件对地方政府承担责任的情形进行限制性规定，使城投公司在责任承担上同样是个矛盾载体。

二、内部管理失范

（一）人员问题

城投公司的投资股东大多是地方政府、财政部门或其他政府机构和部门。有调查显示，城投公司都是受大股东的绝对控制，控股比例为100%的有58家，占93.55%，控股比例最低的不低于80%②。可见城投公司是因政府投资而产生、为政府融资而生存的，所以地方行政部门的相关人员往往在城投公司中担任重要职务。可以说，城投公司与地方政府实质上是"一套人马、两个机构"。众所周知，政府是不同于企业的组织机构。中国政府的职责应该是全心全意为人民服务，不求回报；企业则是完全为盈利而生，没有利益企业无法生存。政府工作人员完全按照上级指示办事，只有好与坏之分；企业的

① 杨松、张永亮：《地方政府融资平台的发展方向》，《法学》2012年第10期。
② 周沅帆：《城投债——中国式市政债》，中信出版社2012年版，第250页。

管理者遵循市场规律和国家宏观调控来进行企业管理和决策，只有盈与亏之分。对于那些缺乏管理经验、不善于掌握市场规则从而难以抓住机遇的人员来说，又怎会妥善地管理好城投公司呢？

（二）机构问题

虽然城投公司内部设立董事会和监事会，但由于政府将不太懂得企业生存和管理之道的政府人员任命为企业法定代表人等管理者职位（如甘肃庆阳市的市级城投公司的领导皆由市级分管领导兼任，县级城投公司则由行政机构的分管领导兼任），加上城投公司从设立到运行都是地方政府“一手操办”，导致城投公司企业与行政的色彩不分，甚至导致城投公司难以制约运作经营中的“决策、执行、监督”等权利。并且城投公司通常将设立的董事会、监事会、理事会合并为一，其导致的结果是“决策、执行、监督”的职权不明。

（三）出资问题

城投公司是由地方政府投入资本创办的。地方政府创办城投公司是为了借助城投公司开展多种途径的融资，如向银行申请贷款、发行债券等。所以政府只需要城投公司这件外壳，至于是否真实出资，出资是否到位等问题，政府不需要实质性解决。而由于城投公司的“政企不分”、信息不透明加上政府的“一手遮天”，因此普遍存在出资不实、虚假出资、抽逃出资等现象。2012年1月4日审计署发布的《关于2010年度中央预算执行和其他财政收支审计查出问题的整改结果》显示，地方平台公司虚假出资、注册资本未到位达2 441.5亿元。

三、外部监管缺位

（一）事前准入易

我国没有专门的城投公司法，所以城投公司虽然不存在一般公司的内涵和宗旨，其设立条件和程序却与一般公司并无二致。从上文分析可以看出，城投公司只是借着“公司”外衣，其实质与真正意义上的“公司”不同。而这种特殊化的城投公司，其内部治理结构特殊，极具行政色彩，内部没有相互分离和制衡的约束机制，充分证明城投公司的设立实际上不应遵照一般公司的设立条件和程序。因为一般公司的这种设立条件和程序，对城投公司来说无疑是一种“过墙梯”，更加方便城投公司，让城投公司在事前没有阻挠的条件下进入市场。而这种事前“松口袋”式的做法不仅导致城投公司病态恶化，同时由于政府在城投公司中举足轻重的作用更让市场添加一道不正当竞争之风。

（二）事后监督难

2010年6月10日国务院下发的国发〔2010〕19号文第5项中指出，财政部、发改委、人民银行、银监会等部门，及时制定相关措施和计划，着重对城投公司的担保、贷款和发债等工作进行指导监督。可见法律认可的城投公司的监管主体是多样化的。这种多样化的监管主体，一方面有利于城投公司的健康发展和运行，另一方面则表现出因为“监管众多易导致监管竞次或监管矛盾或监管成果难以保证，甚至监管主体被动；加之监管权限配置不清和责任机制不清，最终产生监管缺位的弊端。”①

城投公司由地方政府直接掌控，其多途径的融资方式皆由地方政府提供隐性担保。由于城投公司缺乏市场化的运作机制，又无动态的信息披露制度，导致城投公司经常发生债务未到期就出现违约的风险。实践中，城投公司发生债务风险，结果大多由政府兜底。可见在性质上城投公司的债务属于政府的隐性债务。故而在城投公司的监管道路上，“由于获取地方政府负债大小的渠道有限、获取地方政府性债务相关信息受阻等因素的存在，使得监管部门、中介机构以及投资者难以真实有效和全面地评估地方政府债务账单，”②从而使得对城投公司的监管无法得到真正有效的落实和执行。

四、债务风险

（一）银行贷款风险

银行贷款是城投公司重要的融资方式。例如，目前武汉市投融资平台在商业性银行的贷款融资总额为425.313亿元，平均负债率为76.80%，其中银行贷款占95%。而城投公司是政府及其机构或者部门筹划出资建立的，其主要责任人也是政府派任的，政府掌控城投公司是不言而明的事实。基于城投公司与地方政府之间的密切关系，银行对城投公司的贷款申请，大多要求地方政府签订相关的还款保证书作为担保，然而我国相关法律法规明确界定地方政府没有担保的权利。地方政府充当担保人缺少法律依据，一些地方政府的担保效力是无效的，是得不到法律认可的。城投公司一旦出现债务危机无力偿还时，即使诉诸法院，地方政府也无须承担偿还责任。虽然在目前的实践中，地方政府会出面解决城投公司的债务危机问题，但地方政府的总债务在逐年增加，并不能排除未来政府有破产的可能。所以在地方政府缺乏充足的现金时，城投公司的一系列到期债务如何处理？是否会重演当年的历史：

---

① 杨松、张永亮：《地方政府融资平台的发展方向》，《法学》2012年第10期。

② 周沅帆：《城投债——中国式市政债》，中信出版社2012年版，第250页。

中央按照国务院成立四大新公司处理国有银行坏账的方式，处理地方政府的债务或将无法解决的债务注入新公司？银行贷款是否会出现同样的悲剧而成为死账？

城投公司向银行贷款多以土地转让收益、道路收费权等作为质押，甚至以未出让的土地作为抵押。这些权利和财产多有不确定性，例如未出让的土地即使完成拆迁，拆迁后拆迁单位只持有土地使用权证，没有正式的转让手续，因此银行的抵押权很难实现。

城投公司在向银行贷款时，经常出现多头贷款，有两家以上的金融机构的贷款占75%。而且对于公益性且没有稳定经营收入的项目，城投公司甚至向银行"打包"贷款。实践中，城投公司互相担保的情形不在少数，互保后的结果是导致城投公司如"多米诺骨牌"，一倒一大片。在实际中，虽然是城投公司出面向银行申请贷款，发行城投债或采取其他方式进行融资，但是城投公司对市政建设没有实际的管理权，也不收取实际收益。融资资金只是变相地通过城投公司的账户流到地方政府的财政上。城投公司不是资金的实际所有人，资金完全脱离债权人的视线范围。最终结果是融资资金的"借、用、管、还"责任主体难以确定归属。

（二）城投债风险

近来各相关部门纷纷出台规制地方融资平台贷款的文件，迫使地方融资平台需要另找途径进行融资，在此基础上，发行债券已成为地方政府融资的重要手段之一。而新型城镇化大战略的提出，对城投债的发展来说无疑是一个加速剂，2009—2012年城投债发展突飞猛进，截至2010年6月份，中国共发行了339期城投债，发行总规模为4 342亿元。然而城投债在得到扩容式发展的同时，却给债券市场带来了巨大的潜在隐忧，城投债市场上出现了"黑天鹅"，如"岳阳城建"债被疑资产注入有假、"山东海龙"主体信用评级下调至CCC、"川高速"划转核心资产、"广州建设"面临巨额债务等，债券市场上的信用风险事件不胜枚举。

城投债的信用风险是城投债爆发危机的关键点，其与信用评级有着密切的关联。信用评级越真实，信用风险越低。然而现实中却出现各种不规范和不真实的信用评级行为和结果。信用评级机构不良的评级行为有：评级前，为求招揽更多客户，寻求经济利益，承诺出具高信用等级；评级时，以客户所付价钱大小来出具债券的评级等级；评级后，评级机构不及时进行跟踪，出现影响评级等级的事件时，也不及时进行披露，不能尽职出具评级报告。而在目前的城投债市场，信用评级的等级在逐渐下调。主体信用等级和债券信用等级由原来AAA+、AA变成AAA-、AA-甚至出现等级为C的垃圾债，如联合资信将“山东海龙”的主体信用等级下调到CCC，将“11海龙CP01”债券信用等级调至C。城投公司向银行申请大量的贷款，发行大量的城投债券，加上大多数城投公司没有稳定的经营收入，城投债经常面临难以偿付的问题，而政府也不是万能的，政府也不能兜底全部的违约城投债，例如“云南城投”和“江苏华靖”，政府皆未出面帮助解决困境。

第三节　城投公司康泰化的发展道路

对于城投公司的上述病态问题，只有对症下药，才能更有利于城投公司的健康发展。城投债未来的发展出路是，创新和修改相关法律法规如《担保法》《公司法》《预算法》等，寻求民间资本进入公司，实现公司股权结构的多样化发展；强调城投公司的市场化运营，袪除行政化色彩。

一、城投公司债务的整顿清算规则

地方政府的建设项目分为公益性项目和非公益性项目。其中公益性项目中有营利和非营利收入之分。在落实国发〔2009〕19号文的相关规定，尽快对平台公司的债务进行清算时，应同时清理掉缺少营利性收入的城投公司和建设项目，将该部分的项目建设资金完全归入政府财政预算范围。这样不但可以减少成立该种公司造成的额外支出，还可以让城投公司摆脱无稳定收入的困境。同时按照“不同类别实施不同管理方式，有分别地处理不同类别的项目”之原则，妥善解决不同建设项目的融资问题。各级地方政府在严格执行清理核实城投公司债务后，应将处理的结果进行公开，接受大众的监督。

二、城投公司内部治理和外部监管的规范设计

现今中国没有一部城投公司法，因此中国目前应完全按照现行《公司法》来治理城投公司。首先在设立条件上，除了依据《公司法》的规定，现阶段内相关监管部门应尽快出台相应的规范性文件，提高城投公司的准入门槛。其中注册资本应为重中之重，例如注册资本为多少适宜？资金和实物出资比例如何分配？等等。其次在公司管理上，应该排除政府相关领导担任城投公司的负责人。城投公司的管理者可以招聘专门的职业经理人担任；或者从国有企业的管理层中选拔人员担任，如日本地方公营企业的管理者从具有地方公营企业经营管理知识的人员当中进行选拔，企业的管理者不得兼任其他职

务。最后在事后监管上，多头监管有利有弊，如果各个监管部门能充分发挥自己的作用，能把自己的权力责任落到实处，就能把多头监管发挥到极致。同时可以建立行业监督机制，实行行业自律。但是对于城投公司的运营监督更应强调国家相关部门的监督作用，因此在全球金融创新和加强金融风险防范的大背景下，建立金融监管协调会部际联席会议制度势在必行。这种制度加强了各个金融监管机构之间的相互合作，并冲破各监管机构树立的各自的利益堡垒。

三、银行贷款的多重防范措施

城投公司在融资的道路上缺少不了银行贷款，所以银行在面对城投公司的贷款申请时，应该坚持不留一点缝隙的原则严格把控贷款审批程序。在贷款方面，对于已经批准的贷款，银行应该坚持对过去每笔贷款进行分类、清理和监督；对正在进行的贷款进行事前严格审核、事中紧密跟踪、事后加强监督；对在建项目工程和“半拉子”工程进行重新考量，清掉“伪”工程，留下“实”工程，确保银行贷款财产的安全。在还贷方面，城投公司应在贷款申请的银行开办专门还贷的账户，并在贷款期限将至的一年或半年内，提前安排必要的还本资金。在贷款偿还责任方面，应该秉着“谁申请，谁负责偿还；谁管理使用，谁负责偿还”的原则，建立贷款偿还的问责制度。在贷款的担保方面，银行应加强审核和监督，防范互保或连环担保。对于抵押担保的，银行应注重抵押物的评估。

四、城投债信用风险的防控机制

为了满足市政建设对资金的要求，城投公司势必寻求融资渠道的多元化，城投债在这一时机就扮演着重要的角色，所以应该完善城投债发行的相关制度建设。首先城投公司在债券承销机构的选择上，应该公平公正，可以按招标方式进行。其次在信用评级上，应该稳住信用等级的下滑趋势，不应再出现如海龙债信用等级为C的类似垃圾债券。信用评级机构的工作人员，应提高综合知识和职业水平，一般应通过专业知识考核，持有资格证书。一旦在执业中实施不正当行为，情节严重的应给予刑事处罚；情节较轻的应给予严格处分如终身不能再从事该职业。对于信用评级的监管，监管部门可以发展协调统一的信用登记制度，加强信息交流。最后在债务偿还上，城投公司可以建立自己的债务偿还预备金账户，定期存入一定款项；国家可以建立统一的预备金账户，由城投公司在每期债券成功上市后向国家设立的账户缴纳一定的资金。城投公司应建立债务的风险警报系统，在还款期到来的前期，定期清算其自有的资本金和债务，一旦发现公司资产状况不明，经营状况出现危机等情况，拉响风险警报，从而使公司的领导者，可以提前制定相关对策，如加快公司正常化经营，或提前申请破产重组等。

五、城投公司未来的发展模式

目前中国已在上海、广州等地开始地方债的试点，所以城投债将来的发展道路即是城投债保留自己的特有风格，可以将其完全作为企业债的一种或者完全的公司债。城投公司也将摆脱政府的掌控，摘下“帽子”，成为实质意义上的“公司”，参与市场的公平竞争。我国城投公司未来发展可以借鉴澳大利亚国库公司的做法(图 14－1①)，完全以公司制的方式运营，与政府机构是一种公司与客户的关系，两者完全平等。城投公司可以直接或间接的方式进行多途径的融资，然后将融资资金借贷给地方政府或其他行政机关。

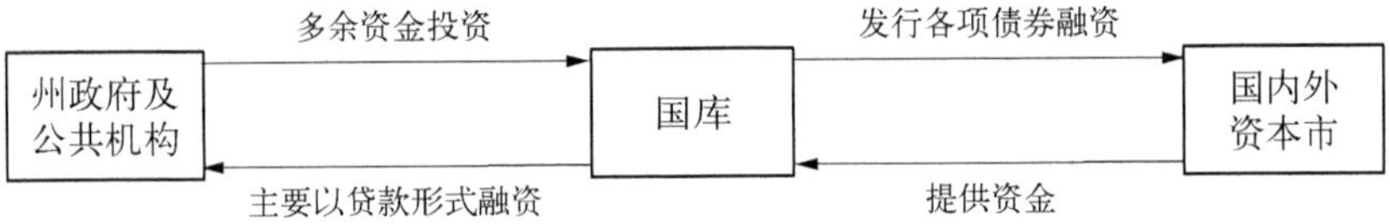

图 14－1　澳大利亚国库公司的融资平台功能

六、完善和创新相关法律制度

城投公司的健康发展需要相关法律法规的支撑。首先修改《公司法》。从长远发展来看，城投公司应有公司之名，也应有公司之实。单独添加关于城投公司相关制度的章节，明确城投公司设立的条件、程序，公司内部组织结构和信息披露制度等等一套完整的公司制度。其次修改《担保法》，允许政府担保，把隐性的政府担保阳光化。最后修改和完善《预算法》。在总体上来说，允许政府通过发行地方债融资，实现地方政府列赤字合法化。在各项法律制度上，其一，完善财政收支划分法律制度。加强地方政府在财政上的独立，对其各项制度作出明确的规定；其二，完善财政转移支付法律制度。制定财政转移支付的方式，促使财政转移支付的透明化、公平化；其三，创新和制定财政投资法律制度。我国“迄今欠缺财政投资的专门法律，事关财政投资权限、规模等重大法律问题未有法律依据，全凭地方政府一把手‘拍脑袋’决定”②。财政投资安全合理，关系着我国社会经济的安全健康发展。所以在

① 周沅帆：《城投债——中国式市政债》，中信出版社 2012 年版，第 48 页。
② 杨松、张永亮：《地方政府融资平台的发展方向》，《法学》2012 年第 10 期。

《预算法》中，要明确其原则、范围、程序、监督等制度，更好地促使政府投资规范化。

结　语

城投公司虽然存在着各种各样的病症但是其在城市发展建设中发挥着举足轻重的作用。所以，加强城投公司自身的治理规范，加强银行贷款的事前严格审批和事后严格监督，修改和创新各项相关法律法规，加强各个监管部门的协同监管效应，是城投公司走上康泰发展道路的有效途径。

参考文献

一、著作类

[1] 中国财政科学研究院：《城镇化、债务融资与风险防控》，中国财政经济出版社 2016 年版。
[2] 胡奕明：《地方政府性债务管理：实证研究与政策分析》，中国财政经济出版社 2016 年版。
[3] 成涛林、孙文基：《基于新型城镇化视角的我国地方政府债务管理探讨》，苏州大学出版社 2016 年版。
[4] 郑春荣：《中国地方政府债务的规范发展研究》，格致出版社 2016 年版。
[5] 董仕军：《中国地方政府——投融资平台公司改革与债务风险防控》，经济管理出版社 2015 年版。
[6] 朱文蔚：《中国地方政府性债务与区域经济增长的关系研究》，中国社会科学出版社 2015 年版。
[7] 缪小林：《权责时空分离下的地方政府债务风险：生成、监测与防范》，经济科学出版社 2015 年版。
[8] 潘功胜：《市政债市场与地方政府预算约束》，中国金融出版社 2014 年版。
[9] 魏加宁：《地方政府债务风险化解与新型城市化融资》，机械工业出版社 2014 年版。
[10] 唐云锋：《地方治理创新视角下的地方政府债务危机防范研究》，中国言实出版社 2014 年版。
[11] 鹏元资信评估有限公司：《我国城镇化过程中地方政府融资研究》，中国经济出版社 2014 年版。
[12] 王永钦：《中国地方政府融资平台的经济学：效率、风险与政策选择》，格致出版社 2014 年版。
[13] 丁伯康：《新型城镇化政府投融资平台的发展转型》，中国商务出版社 2014 年版。
[14] 高云华：《经济学视野下的利益集团理论研究》，华中师范大学出版社 2013 年版。
[15] 赵威：《证券信息披露标准比较研究——以“重大性”为视角》，中国政法大学出版社

2013 年版。
[16] 闫屹：《我国公司债券市场发展滞后的制度因素研究》，人民出版社 2012 年版。
[17] 陈共：《财政学》，中国人民大学出版社 2012 年版。
[18] 李凤章：《土地抵押融资的法律困境和制度创新》，立信会计出版社 2012 年版。
[19] 刘琍琍：《地方政府债务融资及其风险管理：国际经验》，经济科学出版社 2011 年版。
[20] 赵晔：《现阶段中国地方政府债务风险评价与管理研究》，西南交通大学出版社 2011 年版。
[21] 刘立峰：《地方政府融资研究》，中国计划出版社 2011 年版。
[22] 叶陈毅：《公司信用管理》，复旦大学出版社 2011 年版。
[23] 陈洁：《证券法的变革与走向》，法律出版社 2011 年版。
[24] 耿利航：《中国证券市场中介机构的作用与约束机制——以证券律师为例证的分析》，法律出版社 2011 年版。
[25] 时文朝、杨农：《中国债券市场发展与创新》，中国金融出版社 2011 年版。
[26] 周沅帆：《城投债——中国式市政债》，中信出版社 2010 年版。
[27] 周沅帆：《债券增信》，北京大学出版社 2010 年版。
[28] 吴江水：《完美的防范——法律风险管理中的识别、评估与解决方案》，北京大学出版社 2010 年版。
[29] 沈丙熙、曹媛媛：《中国债券市场：30 年改革与发展》，北京大学出版社 2010 年版。
[30] 孙泽蕤：《公司债券价格与信用风险研究》，上海人民出版社 2009 年版。
[31] 李萍、许宏才、李承著：《地方政府债务管理：国际比较与借鉴》，中国财政经济出版社 2009 年版。
[32] 潘国旗：《近代中国地方公债研究：以江浙沪为例》，浙江大学出版社 2009 年版。
[33] 章江益：《财政分权条件下的地方政府负债——美国市政公债制度研究》，中国财政经济出版社 2009 年版。
[34] 刘迎霜：《公司债：法理与制度》，法律出版社 2008 年版。
[35] 马建春：《市政债券市场发展与基础设施融资体系建设》，经济科学出版社 2007 年版。
[36] 时秀红：《财政分权、政府竞争与中国地方政府的债务》，中国财政经济出版社 2007 年版。
[37] 何德旭、高伟凯：《中国债券市场：创新路径与发展策略》，中国财政经济出版社 2007 年版。
[38] 曹海珍：《中国债券市场发展的理论与实践》，中国金融出版社 2006 年版。

二、中文期刊类

[1] 金太军、鹿斌：《社会治理新常态下的地方政府角色转型》，《中国行政管理》2016 年第 10 期。
[2] 李奇霖、李昭函：《违约后债市的规范化发展》，《中国金融》2016 年第 9 期。
[3] 梁伟亮：《经济新常态下债转股的困境及破解机制》，《青海金融》2016 年第 7 期。

[4] 夏小雄：《“得形”、“忘意”与“返本”：中国信托法的理念调整和制度转型》，《河北法学》2016 年第 6 期。
[5] 何文盛、何志才：《地方政府绩效评估悖论形成机理探析——一个基于混沌理论的解释框架》，《北京行政学院学报》2016 年第 5 期。
[6] 徐承志、于萍：《公司债券受托管理人制度的法理逻辑与完善》，《上海政法学院学报》2016 年第 6 期。
[7] 冯辉：《论我国的地方政府竞争及其法治调控》，《广东社会科学》2016 年第 5 期。
[8] 钟伟：《经济转型期下中国债转股路径探析》，《清华金融评论》2016 年第 5 期。
[9] 梁洁璐：《浅议新一轮债转股》，《时代金融》2016 年第 4 期。
[10] 张丙宣：《我国地方政府行为逻辑研究述评》，《浙江工商大学学报》2016 年第 4 期。
[11] 缪因知：《论证监会信息披露规则的不足》，《法治研究》2016 年第 2 期。
[12] 窦鹏娟：《新常态下我国公司债券违约问题及其解决的法治逻辑》，《法学评论》2016 年第 2 期。
[13] 李环、邓婕：《增信措施如何影响债券风险与信用评级？》《金融市场研究》2016 年第 1 期。
[14] 陈洁、张彬：《我国债券受托管理人制度的构建与选择——以公开募集的公司债为视角》，《证券法苑》2016 年第 1 期。
[15] 韩春晖：《行政决策终身责任追究制的法律难题及其解决》，《中国法学》2015 年第 12 期。
[16] 刘晓琴：《论债券违约的法律救济机制——暨对〈公司债券发行与交易管理办法〉的评述》，《浙江金融》2015 年第 9 期。
[17] 王瑞娟、姬江帆：《债券违约求偿途径及相关问题探讨》，《债券》2015 年第 9 期。
[18] 谢贵春：《债券“刚性兑付”该一破了之吗？——兼评〈证券法〉修订草案》，《金融法规》2015 年第 9 期。
[19] 刘晓琴：《债券违约危机事件的对策研究》，《经贸实践》2015 年第 8 期。
[20] 杜国庆：《债券违约风险市场化处置机制研究》，《西部金融》2015 年第 8 期。
[21] 黄文涛、杨晓磊：《融资平台与城投债前景》，《债券》2015 年第 3 期。
[22] 汪洋：《2015 或为城投债转折年》，《社会观察》2015 年第 3 期。
[23] 徐红娟、姜子彧：《我国债券违约处理机制探讨——基于资产打包处理模型》，《浙江金融》2015 年第 1 期。
[24] 张凌云：《有限公司债权人知情权的法定化》，《河北法学》2015 年第 1 期。
[25] 楼继伟：《健全中央和地方财力与事权相匹配的财政体制》，《经济研究参考》2014 年第 18 期。
[26] 李经纬、吴永敏：《中国地方政府融资平台发行城投债的财务方案探讨》，《新金融》2014 年第 11 期。
[27] 杨伟：《新型城镇化，“新”在何处——〈国家新型城镇化规划（2014—2020 年）〉解读》，《金融博览》2014 年第 8 期。

[28] 汤林闽：《我国地方政府资产负债表：框架构建及规模估算》，《财政研究》2014 年第 7 期。
[29] 李立新、皇甫振宇：《城投公司逃废债行为的商事立法规制》，《社会科学研究》2014 年第 5 期。
[30] 张留禄：《美、日地方债发行经验对中国的启示》，《南方金融》2014 年第 5 期。
[31] 陈冬梅：《信用债市场违约的“红与黑”——从“＊ST 超日信用”债券违约说起》，《国际金融》2014 年第 5 期。
[32] 吴伟央：《债券违约应对处理法律机制探析》，《证券法苑》2014 年第 4 期。
[33] 林力、张自力：《美国市政债券市场违约风险监管研究》，《亚太经济》2014 年第 4 期。
[34] 巴曙松：《探寻中国地方债务的薄弱结点：时间、流量、区域三个维度的观察》，《西南金融》2014 年第 4 期。
[35] 闫明、顾炜宇：《我国地方政府信用风险评级体系构建：框架与方法》，《中央财经大学学报》2014 年第 3 期。
[36] 王权：《日本地方政府融资平台分析及对我国的启示》，《现代日本经济》2014 年第 3 期。
[37] 冯果、张东昌：《市场深化下政府投融资体制的治道变革》，《现代法学》2014 年第 3 期。
[38] 李立新：《城镇化建设中城投债融资若干法律问题研究》，《法治研究》2014 年第 3 期。
[39] 林中衍：《中国地方政府债务风险：原因与对策》，《国际融资》2014 年第 2 期。
[40] 康俊：《地方政府投融资平台发展探析——以河南省为例》，《经济研究导刊》2014 年第 2 期。
[41] 刘纪学：《地方政府债务风险评价体系研究》，《现代管理科学》2014 年第 1 期。
[42] 王维维：《地方融资平台债务风险分析与管理对策》，《经济视野》2014 年第 1 期。
[43] 陈超、李镕伊：《债券融资成本与债券契约条款设计》，《金融研究》2014 年第 1 期。
[44] 冯果、谢贵春：《构建我国债券市场风险预警机制的法律思考》，《证券法苑》2014 年第 4 期。
[45] 钱凯：《有效化解城投债风险的观点综述》，《经济研究参考》2013 年第 48 期。
[46] 徐倩旻：《地方政府性债务审计的要点分析》，《中外企业家》2013 年第 31 期。
[47] 于舒：《地方政府债券的现状分析和未来展望》，《商业会计》2013 年第 17 期。
[48] 顾克壮：《中国债券市场发展现状分析及其未来发展趋势》，《财经界(学术版)》2013 年第 16 期。
[49] 李放军：《关于完善公司债上市规则的法律思考》，《经营管理者》2013 年第 15 期。
[50] 洪艳蓉：《公司债券违约零容忍的法律救赎》，《法学》2013 年第 12 期。
[51] 谢芬、肖育才：《财政分权、地方政府行为与基本公共服务均等化》，《财政研究》2013 年第 11 期。
[52] 顾巧明：《地方政府融资平台视角下我国市政债券风险管理的思考》，《科学发展》2013 年第 10 期。

[53] 万其刚：《地方政府发债权须关进法治的笼子》,《中国发展观察》2013 年第 10 期。
[54] 李一花：《财政分权中的中央集中度：评价、问题与改革》,《当代财经》2013 年第 9 期。
[55] 黎晓武：《地方政府举债融资制度的法律思考》,《江西社会科学》2013 年第 8 期。
[56] 曹萍：《美国公司债券发展和制度安排及启示》,《金融与经济》2013 年第 7 期。
[57] 曹萍、高德翠：《日本公司债券市场的发展与管制放松》,《银行家》2013 年第 7 期。
[58] 张捷捷：《论中国公司债券市场若干核心制度之完善——以债市监管、中小企业债券、债券投资者权益保护为视角》,《经济体制改革》2013 年第 5 期。
[59] 胡荣尚：《我国企业类债券发行市场的监管问题探讨》,《求是学刊》2013 年第 5 期。
[60] 曹萍：《美国公司债券发行制度分析》,《浙江工商大学学报》2013 年第 4 期。
[61] 刘水林、郜峰：《完善我国公司债券监管制度的法律构想》,《上海财经大学学报(哲学社会科学版)》2013 年第 3 期。
[62] 黄燕芬、辛洪波：《地方政府融资：老问题、新特点、新风险》,《中共中央党校学报》2013 年第 3 期。
[63] 侯思贤：《“城投债”中应收账款质押担保问题及建议》,《证券市场导报》2013 年第 3 期。
[64] 王志扬：《地方政府自行发行债券：必要性与制度完善》,《投资研究》2013 年第 3 期。
[65] 刘东民：《中国城投债：特征、风险与监管》,《国际经济评论》2013 年第 3 期。
[66] 吴昊：《城市建设融资的风险及化解对策》,《河北学刊》2013 年第 2 期。
[67] 杨筱燕、张大鹏：《超日债事件回顾与启示》,《债券》2013 年第 2 期。
[68] 曹萍：《美国高收益债券风险特征与投资者保护机制探讨》,《证券市场导报》2013 年第 2 期。
[69] 王兵兵：《地方政府融资平台的发展与转型：深圳经验》,《南方金融》2013 年第 2 期。
[70] 王芳：《我国债券市场信息披露的现状、问题与对策》,《证券市场导报》2013 年第 2 期。
[71] 李中义：《地方政府债务：现状、成因与管控》,《国有经济评论》2013 年第 1 期。
[72] 王艳萍：《浅析我国公司债券市场信用评级制度的完善》,《经济与社会发展研究》2013 年第 1 期。
[73] 李光磊：《债市如何助力新型城镇化》,《金融时报》2013 年 3 月 21 日。
[74] 李畅、孔驰：《城投债评级泡沫》,《证券市场周刊》2012 年第 46 期。
[75] 王梅：《让地方政府债取代城投债》,《财经》2012 年第 35 期。
[76] 张波、徐国栋：《地方政府融资平台贷款浅析》,《现代经济信息》2012 年第 23 期。
[77] 贾昌杰：《美国高收益债券市场发展的经验及其启示》,《金融论坛》2012 年第 11 期。
[78] 杨松、张永亮：《地方政府融资平台的发展方向》,《法学》2012 年第 10 期。
[79] 刘凡、柯荆民、魏蒂：《美国债券信息披露制度及其借鉴意义》,《投资与证券》2012 年第 10 期。
[80] 郭久、张毓：《我国债券市场信用评级行业发展及建议》,《债券》2012 年第 4 期。
[81] 何燎原、赵胤钘：《美国市政债券信用风险管理制度及其对我国的启示》,《重庆理工大

学学报》2012 年第 8 期。
[82] 高艺：《信用评级机构利益冲突规避机制研究》,《西部金融》2012 年第 8 期。
[83] 朱相平：《地方投融资平台建设与政府的责任边界——基于风险控制的视角》,《宏观经济研究》2012 年第 7 期。
[84] 欧阳昌朋：《地方政府投资体制改革及其合理化价值取向研究》,《经济与管理研究》2012 年第 6 期。
[85] 王蕴波、景宏军：《地方债管理模式与构建地方政府资产负债管理能力的探析》,《经济与管理研究》2012 年第 6 期。
[86] 蔡德发、肖洁：《美日强化地方政府性债务风险管理模式及其启示》,《经济研究导刊》2012 年第 5 期。
[87] 何杨、满燕云：《地方政府债务融资的风险控制——基于土地财政视角的分析》,《财贸经济》2012 年第 5 期。
[88] 赵利明：《地方政府债务的会计核算：现实问题与改革思路》,《财经论丛》2012 年第 5 期。
[89] 蔡德发：《美日强化地方政府性债务风险管理模式及其启示》,《经济研究导刊》2012 年第 5 期。
[90] 顾功耘、胡改蓉：《如何规制地方融资平台》,《上海国资》2012 年第 4 期。
[91] 蒋大兴：《被忽略的债券制度史——中国(公司)债券市场的法律瓶颈》,《河南财经政法大学学报》2012 年第 4 期。
[92] 张自力：《欧洲高收益债券市场违约风险监管研究》,《证券市场导报》2012 年第 4 期。
[93] 顾功耘、胡改蓉：《如何规制地方融资平台》,《上海国资》2012 年第 4 期。
[94] 李丽虹：《地方政府融资平台土地担保风险研究——基于对武汉市土地相关财政收入的考察》,《经济广角》2012 年第 4 期。
[95] 林敢、陈白燕：《地方政府融资平台的法律风险及防控》,《广西财经学院学报》2012 年第 4 期。
[96] 何志刚：《债券交易市场模式演变动因：美国经验及其启示》,《投资与证券》2012 年第 4 期。
[97] 张自力：《全球高收益债券市场的发展：格局演变及监管借鉴》,《上海金融》2012 年第 4 期。
[98] 湖南证监局课题组：《加快发展我国公司债券市场的思考和建议》,《金融经济》2012 年第 3 期。
[99] 李晓安、周序中：《投融资平台公司信用风险与地方政府信用失序——以法律为视角》,《北京行政学院学报》2012 年第 2 期。
[100] 陈秀梅：《我国债券市场信用风险管理的现状及对策建议》,《宏观经济研究》2012 年第 2 期。
[101] 王晔：《地方政府融资平台的法律审视》,《湖湘论坛》2012 年第 1 期。
[102] 孙海容：《从美国债券保险业的经验教训看中国开展债券保险业务的前景》,《经济研

究导刊》2012 年第 1 期。
[103] 沈炳熙:《我国债券市场的法律基础》,《中国货币市场》2011 年第 12 期。
[104] 任新辉、周波:《中国信用债券市场现状与展望》,《中国货币市场》2011 年第 12 期。
[105] 张自力、刘苡丹、陈思蓉:《监管立法视角下欧洲公司债券市场的一体化发展》,《金融理论与实践》2011 年第 11 期。
[106] 安国俊:《市政债券是地方政府融资市场化的路径选择》,《中国金融》2011 年第 11 期。
[107] 马晓红:《我国城投债市场发展的思考》,《金融经济·学术版》2011 年第 11 期。
[108] 郭玉洁:《债券市场产品的国际比较及其多维度改进》,《投资与证券》2011 年第 11 期。
[109] 何佳艳:《地方债"转正"任重而道远》,《投资北京》2011 年第 11 期。
[110] 杨华:《日本解决地方财政困境的改革措施与启示》,《经济理论与经济管理》2011 年第 10 期。
[111] 黄国桥、徐永胜:《地方政府性债务风险的传导机制与生成机理分析》,《财政研究》2011 年第 9 期。
[112] 郑秀君、魏文静:《我国公司债券信用评级现状分析及建议——兼论企业债券和公司债券的分立》,《征信》2011 年第 6 期。
[113] 邸晶鑫:《防范地方政府隐性债务风险的途径》,《贵州社会科学》2011 年第 5 期。
[114] 朱小川:《浅议我国债券市场的制度改革——从改革〈企业债券管理条例〉开始》,《证券市场导报》2011 年第 5 期。
[115] 庞德良:《日本地方债制度及其变革分析》,《现代日本经济》2011 年第 5 期。
[116] 刘剑文:《收入分配改革与财税法制创新》,《中国法学》2011 年第 5 期。
[117] 徐海波、施光群:《市政债的法律问题》,《中国金融》2011 年第 4 期。
[118] 李昱、陈思宇:《日本债券市场的发展及对中国的启示》,《现代日本经济》2011 年第 4 期。
[119] 唐洋军:《财政分权与地方政府融资平台的发展:国外模式与中国之道》,《上海金融》2011 年第 3 期。
[120] 徐文华:《发展地方政府融资平台的对策建议——以江西省为例》,《企业经济》2011 年第 3 期。
[121] 魏向杰:《地方政府投资行为的取向及制度保证》,《地方财政研究》2011 年第 3 期。
[122] 洪艳蓉:《公司债券制度的实然与应然——兼谈〈证券法〉的修改》,《证券法苑》2011 年第 2 期。
[123] 邹焕聪:《完善我国地方政府债券发行主体制度之构想》,《中国流通经济》2011 年第 1 期。
[124] 阎波:《信用评级机构改革及美国债券市场发展》,《中国金融》2010 年第 23 期。
[125] 杨正荣:《地方政府融资平台设立和运行中的法律问题探析》,《甘肃金融》2010 年第 12 期。

[126] 李湛、曹萍、曹昕：《我国地方政府发债现状及风险评估》，《证券市场导报》2010 年第 12 期。
[127] 郭宝华：《地方政府投融资平台问题研究》，《市场论坛》2010 年第 11 期。
[128] 刘丽杰：《中国企业债券信用评级指标体系研究与创新》，《中国证券期货》2010 年第 9 期。
[129] 魏加宁：《国外地方政府债务融资制度综述》，《国家行政学院学报》2010 年第 6 期。
[130] 刘万钧：《防范地方政府融资平台风险的对策研究》，《天津经济》2010 年第 5 期。
[131] 杨松、魏晓东：《次贷危机后对银行监督权配置的法律思考》，《法学》2010 年第 5 期。
[132] 华国庆：《中国地方公债立法研究》，《安徽大学学报(哲学社会科学版)》2010 年第 4 期。
[133] 刘迎霜：《论公司债券投资者的权益保护》，《社会科学研究》2010 年第 4 期。
[134] 闫屹、李桂香：《论公司债券风险控制体系的构建》，《金融理论与实践》2010 年第 4 期。
[135] 洪艳蓉：《公司债券的多头监管、路径依赖与未来发展框架》，《证券市场导报》2010 年第 4 期。
[136] 金鹏辉：《公司债券市场发展与社会融资成本》，《金融研究》2010 年第 3 期。
[137] 李侠：《地方政府投融资平台的风险成因与规范建设》，《经济问题探索》2010 年第 2 期。
[138] 涂盈盈：《城投债，地方政府信用的透支?》，《经济视角》2010 年第 2 期。
[139] 霍敬裕：《我国地方政府举债行为法治化研究》，《学术界》2010 年第 1 期。
[140] 巴曙松：《地方政府投融资平台的发展及其风险评估》，《西南金融》2009 年第 9 期。
[141] 刘迎霜：《我国公司债券法律制度修订评析——兼与台湾公司债法律制度比较》，《社会科学研究》2009 年第 1 期。
[142] 刘少波、黄文青：《我国地方政府隐性债务状况研究》，《财政研究》2008 年第 9 期。

三、译著类

[1] [美] 泰米尔：《美国市政债券》，蔡靖、乔嘉译，现代出版社 2010 年版。
[2] [美] 文森特・奥斯特罗姆、罗伯特・比什、埃莉诺・奥斯特罗姆：《美国地方政府》，井敏、陈幽泓译，北京大学出版社 2004 年版。
[3] [美] C. E. 林德布鲁姆：《市场体制的秘密》，耿修林译，江苏人民出版社 2002 年版。
[4] [英] 麦克・威廉姆斯编：《政府债务管理：新趋势与挑战》，张伟、余亮译，中国金融出版社 2010 年版。
[5] [意] 保罗莱昂(Paola Leone)、詹弗兰科. A. 托(Gianfranco A. Vento)：《信用担保机构与中小企业融资》，游春译，中国金融出版社 2013 年版。

四、外文期刊类

[1] David Waring. What Happens When a Corporate Bond Defaults? Leave a Comment,